士林哲学与中国哲学

沈清松 著

商务印书馆
创于1897 The Commercial Press

2018年·北京

图书在版编目(CIP)数据

士林哲学与中国哲学 / 沈清松著．—北京：商务印书馆，2018

ISBN 978-7-100-14075-1

Ⅰ.①士… Ⅱ.①沈… Ⅲ.①哲学—研究—中国—现代 Ⅳ.①B261

中国版本图书馆 CIP 数据核字(2017)第 132689 号

士林哲学与中国哲学

沈清松 著

商 务 印 书 馆 出 版

(北京王府井大街 36 号 邮政编码 100710)

商 务 印 书 馆 发 行

北京市艺辉印刷有限公司印刷

ISBN 978-7-100-14075-1

2018 年 1 月第 1 版　　开本 850×1168 1/32

2018 年 1 月北京第 1 次印刷　　印张 16 7/8

定价：52.00 元

目　录

第三部分　中华新士林哲学

自　　序

晚近史学家们根据许多深入的研究，证实了西洋中世纪是一个圣俗并陈、活泼多元、思想深远、文明互动的大时代，值得处于“后现代”的人们在历史的轨迹里，寻索含藏在“前现代”经验中值得启发的路径。的确，若从士林哲学的发展上来说，中世纪的确是一个理性的时代、光明的时代。过去关于中世纪有许多误解，甚至称之为“黑暗时代”；这一名称原是来自彼特拉克（Petrarch），他以“光与暗”为喻，说明古典世界由于经典备陈、文献充分，是一光明时代；然而，中世纪由于经典较少，文献难征，是以称为黑暗时代。彼特拉克一般称为人文主义之父。是以当19世纪布克哈特（Jakob Burckhardt）在《意大利文艺复兴的文明》（*The Civilization of the Renaissance in Italy*）讨论文艺复兴时期的意大利时，针对人文主义而把中世纪称为“黑暗时代”（dark age）。由于布克哈特的著作广受欢迎，许多人受其影响，认为中世纪是“黑暗时代”。

其实，后来发现，公元7、8世纪的中世纪，的确较少经典与人物出现，然而，到了公元9世纪，约翰·爱留根纳（John Scotus Eriugena）则是哲学史上最重要的思想家之一。按照科普尔斯登（F. Copleston）在其《哲学史》（*History of Philosophy*）第二卷中所说,爱留根纳“高耸突出,像是在平原中挺立的峻拔岩石……他产生了中世纪第一个伟大的体系”。如果说,中世纪哲学在公元4世纪的圣奥古斯丁,5、6世纪的笔名狄奥尼索斯(Pseudo-Dionysius)、圣本尼迪克特(St. Benedict)之后,在平庸的公元7、8世纪之后,能在公元9世纪兴起一座思想高峰,那就是爱留根纳了。

再者,相反于布克哈特所谓“黑暗时代”,在20世纪初便兴起许多中世纪研究,要确定人文主义在中世纪的根源,而赫斯金(Charles Homer Huskins)于1927年出版的《十二世纪的文艺复兴》(*The Renaissance of the Twelfth Century*),强调12世纪重视希腊罗马古典主义,强调世俗价值,凸显个人的地位,尤其将个人主义的兴起定位在12世纪。赫斯金认为,中世纪的拉丁文经典是罗马帝国灭亡之后西方文明最重要的内涵,提供西欧文明以最佳的指标,其所谓“古典主义”内涵,不只哲学,还包含法律与科学。在他看来,政治的世俗化来自12世纪文艺复兴时俗人可以研读法律,而阿拉伯人对希腊哲学与科学的翻译,则带来理性的世界观,促进了欧洲的演进。在11世纪,出现了圣安瑟尔谟(St. Anselm),而到了12、13世纪,中世纪思想达至黄金时代,像圣伯纳德(St. Bernard of Clairvaux),里尔的阿兰(Alain de Lille)、阿伯拉尔(Peter Abelard)、大阿尔伯特(Albert the Great)、圣托马斯(St. Thomas Aquinas)、圣波纳文图拉(St. Bonaventura)等人,都是了不起的思想家。其中,圣托马斯的《神学大全》被誉为整个第二个千年最伟大的著作,其思想清澈而体系井然,至今未有能出其右者。

这一了解对当代中国哲学家也颇有影响。例如,我的硕士论文指导教授方东美先生原先推荐学生们去阅读布克哈特的《意大利文艺复兴的文明》一书，借以认识西方人文主义。然而，到了晚年，他却改称中世纪为一"精神光明的时代"，并且告诉笔者说，如果能够，他很想学习拉丁文，以便能阅读圣托马斯的原典，很可惜力不从心，终归道山。另外，我读蔡仁厚所撰《牟宗三先生学思年谱》，其中尝记载："民国三十六年(1947)，丁亥，三十九岁。……是年，选译圣托马斯的《神学总论》。未发表。"(按《神学总论》今译《神学大全》)。可见，牟宗三亦曾于其壮年时代，选译了圣托马斯的《神学大全》，惜未发表，不知所选属何章节？

幸而，士林哲学的发展并不止于中世纪。在 19 世纪，顺应教宗利奥十三世(Leon XIII)《永恒之父》通谕的号召，梅西耶枢机(Cardinal D. Mercier)综合当时科学、心理学、宇宙论、历史学的新发展，重振新托马斯主义；又有布隆德(M. Blondel)的行动哲学，着有《行动》、《存有与存有者》、《思想》三大部著作；又有马雷夏(J. Maréchal)、拉内(K. Rahner)、柯雷特(E. Coreth)、罗讷根(B. Lonergan)等人的超验托马斯主义，结合康德、黑格尔、海德格尔等的哲学与当代科学，创新地诠释了托马斯思想。更不止此，自从利玛窦来华，带入亚里士多德、圣奥古斯丁、圣伯纳德，尤其是圣托马斯的哲学体系，与中国哲学尤其古典儒学融合以来，获得华人学者如徐光启、李之藻、杨廷筠、德沛、夏大常、张赓等人的协助与继承，到了当代更发扬为中华新士林哲学，有于斌、罗光、李震、赵雅博、项退结、邬昆如等人，分别作出贡献。可见，士林哲学的发展，在历史上绵延不绝，自中世纪的士林哲学，到近代出现的新士林哲学，到与中国哲学互动而有中华士林哲学，可谓西方哲学史、中西思想交流史乃至中国哲学史上不可忽视的哲学传统。值得注意的是：中华士林哲学是一个源远流长，自利玛窦迄今已有四百余年的学派，且是西洋哲学史上第一个由西方中世纪起的士林哲学与其他思潮融合而有的新士林哲学；也是中国哲学领域中，第一个融合的思想体系与流派。关于中世纪士林哲学，新士林哲学与超验托马斯主义，西方的研究成果可谓汗牛充栋。可惜在这方面，中国方面的研究成果较少。本书之作，即是为了弥补此一缺憾。

本人自约自四十几年前，就读辅仁大学硕士班时，针对"存有与价值"，取圣托马斯的一、真、善、美等"超越属性"与中国哲学相对应的精神价值，进行比较研究，撰写硕士论文。其后于比利时鲁汶大学就读博士班时，翻译了《中世纪哲学精神》(*L'ésprit de la philosophie médiévale*)一书。可以说，中世纪的士林哲学一直是我的重要研究领域之一，尤其关心其与中国哲学的关系。这一点我在《中世纪哲学精神》译序中已然清楚显示。本书《士林哲学与中国哲学》乃近年来此项研究的成果之一，针对中世纪士林哲学与新士林哲学的重要思想家与哲学议题，乃至中华新士林哲学的发展，及与中国哲学的关系和相互的比较，进行讨论。全书共计十五章，五篇附录，大约分为中世纪士林哲学、新士林哲学、中华新士林哲学三大部分。

第一部分含五章，两篇附录，选论极具代表性的圣奥古斯丁(St. Augustinus)、约翰·爱留根纳(John Scotus Eriugena)与圣托马斯(St. Thomas Aquinas)三位大哲。其中，圣奥古斯丁虽属教父时期，然于中世纪士林哲学扮演举足轻重的角色，我在本书中讨论圣奥古斯丁的时间、陶成与创世三议题，是其思想体系中的核心问题，我将以评析其《忏悔录》十一卷的方式，来加以讲解。进而，我将讨论爱留根纳的密契论，并附录本人所译爱留根纳《神鹰灵音》一文，显示公元9世纪这座思想高峰如何耸立入云。关于圣托马斯，主要讨论其形而上学的思想体系，并特选其自然法思想并与老子天道观进行比较，与其所论天主的智慧来与佛教所论佛的智慧相互比较，作为文明对话与哲学交谈的释例。此外，也附上本人对托马斯《神学大全》第六册中文译本的书评。

第二部分含五章，两篇附录，主要是针对"新士林哲学"，从其创始者梅西耶枢机的新士林哲学计划开始，进而讨论梅西耶甚为推崇的布隆德的行动哲学，然后再讨论新士林哲学家马雷夏以判断为形上学起点、柯瑞特以追问问题为形上学起点，并将两者取与中国哲学进行比较。最后，则讨论我的博士论文指导老师，一直与中国相善的当代新士林哲学大家赖醉叶(Jean Ladrière)先生的思想，以道德、理性与信仰为主题，并附录以我中文翻译的赖醉叶先生所著《物理实在：一个现象学考察》，作为释例，再加上本人对赖醉叶所著《理性的希望》一书的书评，以为附录。最后，这一部分还综合、总结并针对中世纪研究与新士林哲学的走向与未来发展，进行检讨。

第三部分含五章，一附录，主要针对中华新士林哲学。首先讨论利玛窦(Matteo Ricci)将士林哲学引入中华文化，与中国哲学对话，形成了尔后的中华新士林哲学传统，并论及此一路线较少受到讨论的华人士人追随者，如夏大常与德沛。进而，选择"实体"概念，讨论士林哲学引进中国时所遭遇的基本问题。随后，讨论中华新士林哲学与现代性的出路问题，并以罗光思想为例，且在百年来中国哲学发展的脉络中予以定位。最后，并讨论梵蒂冈第二次大公会议五十年来天主教思想的本地化，并在今天的后现代与新科技思潮下加以检讨，且以中华新士林哲学的努力为例加以说明，藉此将士林哲学与中国哲学的结合，回归到当前的普世脉络中来予以定位。最后，并附录我在吉尔松《中世纪哲学精神》一书中译本的译者序《中世哲学精神与中国哲学精神的会通》一文，作为与本书精神相互呼应的早期作品，以为本人为学一以贯之的见证。

以上所作，都是扣紧原典，兼顾文本、历史与哲学三方面，再继之以创造性的诠释。虽然说本书对于中世纪士林哲学、新士林哲学与中华新士林哲学三部分的讨论，于思想家及其论题，皆未尝追求完整，只力求凸显典型，也因此仅选择其最为重要者来讨论，盼望读者能在跨文化脉络与眼光下，借此认识士林哲学与中国哲学相互比较、相互交谈，甚至相互丰富之道。

沈清松序于多伦多大学

第一部分

中世纪士林哲学与中国哲学

第一章　时间、陶成、创世：评析奥古斯丁《忏悔录》第十一卷

一、引言

（一）文本内在性（intratextuality）和互文性（intertextuality）

本文对于《忏悔录》的阅读，主要是针对圣奥古斯丁与现象学、诠释学、后现代哲学与中国哲学的相关性来论述。关于文本的相关性，或许可以用克里斯蒂娃（Julia Kristeva）提出的“文本际性”（intertextualité，intertextuality 或译“互文性”）概念来理解，指出某一文本既在横的一面涉及其当代文本，也在纵的一面涉及其前与其后的文本。也就是说，没有一个文本是孤立的，所有文本都在当时与之前、之后的互文脉络中，有所参照或引述。此外，我有一套诠释学的规则，其中指出“文本内在性”（intratextuality）先于“文本际性”或“互文性”，也就是说，在讨论文本际性以前，要先在文本的内在找到它的理路与一致性。由于建立在某一文本的内在理路与一致性上，才可以进一步谈论文本际性，也就是某一文本与其他文本的相关性。

据此，以下的评析并不急着马上进入对圣奥古斯丁与海德格尔、胡塞尔、德里达等人相关的论述，而应先好好地、一步一步地解读圣奥古斯丁《忏悔录》这一文本。虽然我们免不了在当代的学养脉络中来研读，但也该先把自己放到圣奥古斯丁的文本中。例如，我们该尽量回到《忏悔录》文本里去理解他在那里要说什么，再进一步来看他能说什么，尤其是在后来其他相关文本脉络里来看他能说些什么。这样做，希望能尽量把时间的纵深拉长，回到奥古斯丁文本内在理路与一致性所展现的意义，这对我们有一项好处：不要一下子便把所思考的文本拉到现在，反而由于时间纵深的拉长，我们的胸怀也变得更为宽阔，如此一来，将使我们的思维有了时间的深度。如果我们现在马上就要说圣奥古斯丁某一段话与现代某人讲的东西相似，我们也许会犯了诠释的暴力，或使诠释暴力更为增强。再者，我们借由这一阅读的机会，也会把自己心灵中的时间纵深给拉长了。当然，无可避免地，我们也会涉及其互文性，尤其针当前的兴趣，我会随机指点其中与胡塞尔、海德格尔、利科、德里达甚或利奥塔等人，甚至与中国哲学的相关议题。

首先要谈的问题，是 Confessiones 或《忏悔录》书名的中文翻译，或更好说是拉丁文 confessio 一词的意义。本文所针对的主要对象，是《忏悔录》第十一卷，然而正好从第十一卷开始，圣奥古斯丁所用 confessio 一词的意义有了蛮大的转变，且这在第十卷里已经可以看出端倪。在第十卷里，圣奥古斯丁对于 confessio 这个语词有所讨论。换句话说，第十卷对于 confessio 一词的意义有一总结性的讨论，以便预备第十一卷以后该词意义的重大转变。我们必须注意到，“忏悔录”这一翻译不一定十分恰当。如果我们也注意横的、纵的文本际性，在圣奥古斯丁之前拉丁文作家提到的confessio一词，与后来基督徒使用该词、与圣奥古斯丁本人的使用，其间的确是有一些重大的变化。

（二）Confessio一词意义与圣奥古斯丁使用之意

我们都知道，拉丁文confessio这一语词原先主要的意义是“坦承”，尤其是在公共场合，例如在法庭上，公开承认自己所犯的过错和罪行，也因此是坦承自己的罪过之意。在西塞罗（Cicero）的作品里，我们便已经读到这样的用法。这一意义也在后来天主教徒的使用中继续发展，成为“忏悔”之意。例如圣奥古斯丁在《忏悔录》里，他也坦承自己的罪行，说出自己的诸多不是，讲出自己先前所犯的罪过。这其中，首先有“叙事”（narratio）的成分。许多事件的前后相续与曲折，会组成一个故事，这当中就有叙事的一面。在叙事之时，我承认我所讲出的事情是我做的，或是我的行为所造成的，也因此confessio这个字也有“认罪”的意思。于是，对于天主教徒，原来法学意义的“认罪”有了宗教上的“忏悔”之意。此外，天主教徒也有告解的仪式，借此人可以说出自己所犯的罪或错，并为此而忏悔。Confessio除了“叙事”与“坦承”，且在“坦承”里含有“认罪”与“忏悔”之意，此外也还有别的意思。须知，有些法律意义上的“认罪”，并不就是“忏悔”。

此外，Confessio也有“宣信”的意思，早期天主教徒的confessio即表示“宣示自己的信仰”，尤其是在殉道神学中，对于殉道圣人（martyr）来说，他们宁可丧失自己的生命，也要宣示自己的信仰。天主教殉道圣人托奥多图斯(Theodotus)曾指责罗马人迫害基督徒的所作所为,是相反法律的意旨,因为他们对于受到逼供而承认犯行的,都还会表示宽容;然而,现在这些根本不需拷打刑求,自己就站出来 confess 宣示自己信仰的天主教徒,反而将之送进火堆或钉十字架。可见 confessio 也有“自动宣示信仰”之意。当然,我们也可以追问:经由暴力手段严刑拷打,是不是可以逼出真理?最近我有一位同事桑德斯(Graham Sanders)写到冯梦龙的《拍案惊奇》,其中论及经由拷打审讯问出的一些口供,说出的一些故事,桑德斯探问道:到底经由暴力审问,可不可以逼出真理?这真的是一个重要的问题。总之,Confessio 是有“自动宣示信仰”之意。虽然有些学者认为圣奥古斯丁在《忏悔录》里宣示信仰的意味比较不重要,认为他在前十书中虽然说了许多关于自己过去都做了些什么,只是偶而也有一点宣示信仰之意。其实,我认为,《忏悔录》整部书也可以视为具有宣示信仰的意思,说出他所相信的道理,像是人与天主的关系,天主造天地万物,天主圣三等等。当然,Confessio 作为宣示信仰之意,主要是用在那些殉道者身上。例如中世纪思想家宣信马克西姆斯(Maximus the Confessor),也是一位我心中十分推崇的神哲学家,人们把他的 Confessor 封号翻译成“告解者”,这翻译其实是错误的。因为宣信者马克西姆斯由于宣示了他的信仰,虽然没有被处死,但受了很严重的惩罚,以致双眼失明,也因此被封为 Confessor,实际上应该翻译成“宣信者”。当然,宣信者马克西姆斯也讲了很多重要的道理,例如他的基督学,神的肖像(Imago Dei)概念等,是用讲道的方式做了信仰宣示。

但是，在《忏悔录》十一卷之后，confessio 一词另有一层意义变得特别明显，那就是“赞美”、“赞颂”的意思，是一种“光荣化”(glorification)的作为，说的是“光荣”、“赞叹”、“称颂”之意，这与希腊文的 homologia 比较接近，尤其与圣经里的《诗篇》与《智慧书》的 homologia 传统相接续。从第十一卷开始“赞颂”(上主)的意思很强烈。于是，圣奥古斯丁从自己个人在前十书叙说自己“陶成”(formatio) 的过程，开始转变成赞美上主之意，赞美上主“创造”(creatio)天地的造化之工，这赞颂的意味就十分浓厚了。所以，Confessiones 在这里更好说是“颂谢集”或“赞颂录”的意思，这点在第十一卷到第十三卷，意思显示得最为清楚。

总之，以上这几层意义，无论是“叙事”、“坦承”(包含认罪与忏悔)、“宣信”乃至于“颂谢”，大体上圣奥古斯丁在《忏悔录》中都用到了。尤其是后面从十一到十三卷，“赞美”与“颂谢”的意义转变成为主题。以上总结了有关 confessio 的意义。

我必须在此提醒，关于 confessio 意义的转变，在第十卷中已经有所讨论。在第十卷第一段开始，圣奥古斯丁说到，“但你喜爱真理，谁履行真理，谁就进入光明”[①](周士良中译本)，这在拉丁原文里是说，Ecce enim veritatem delexisti，quoniam qui facit eam，venit ad lucem，其中说到 qui facit eam，venit ad lucem，换句近似术语的话说 veritatem facere，venire ad lucem，也就是说“做出真理，来到光明”。不过，圣奥古斯丁做出真理的方式，是透过写文章

---

① 奥古斯丁:《忏悔录》，周士良译，北京:商务印书馆，1996，页 185。以下本文由于引用该书过多，不另列出页数，仅于各书各章统一列出总页数。

来叙事，也就是透过书写，写出自己的想法与自己先前的经历，这是透过话语的演出来进行真理的制作。我想，这也是德里达(Jacques Derrida)引用圣奥古斯丁的地方，并将之接上了行动语言(performative language)，认为说话本身就是在做事，就如奥斯汀(John Austin)在 How to Do Things with Words 一书中所论，用说话来做事。在圣奥古斯丁这里，是用语言做出真理的意思。中文本翻译为“履行真理”，这是思高圣经学会的译法，其实在此并不是“履行”或“实践”之意，而是“做出”之意。“写作”就是“做出”。写出真理也就是在做出真理。德里达对此加以批评，认为事件的发生会成为做出真理的限制，因为事件是自己发生的，至于人用语言所建构的则并不一定是真的。不过，圣奥古斯丁说的是：谁做出真理，谁就进入光明。换言之，他现在做的 confessio，其实就是在 veritatem facere，“to make truth”，“to do truth”，“做出真理”，是“以叙事做出真里”，无论是前十卷叙述自己过去的行为或思想，或者下一卷开始赞颂上主造化的伟大，都是在做出真理来。而且，谁做出真理，谁就进入光明(venire ad lucem)，拉丁文语词 venire 是“来到”、“临在”之意，换言之，venire ad lucem 是“临至光明”的意思。这两句话加起来，是说要借叙事以做出真理，以临至光明。虽然圣奥古斯丁这一生有黑暗、有光明，然而天主是他真正的光明，现在他要透过叙事以做出真理，临至光明。这是一个综摄性的论述。

此外，在第十卷里，也还可能有另一层意义。有一些学者认为 confessio 本身也是一种“祭献”，在本书中也就是把自己的一生作为祭献。不过，如果要说这是祭献，你还是假定了他透过叙事说出真理，借此不断忏悔，也达到了宣示信仰的目的，甚至进一步达到赞颂并光荣天主的目的。

总之，我们不能把 confessio 当作只是“忏悔”，还需注意其他如“赞颂”之意。至于以忏悔为叙述自己的一生，包含自己所犯的罪过，说出“这就是我”，这是一般对于《忏悔录》的想法。这一用法也形成了后来忏悔录的写作传统，譬如卢梭（Jean-Jacques Rousseau）的《忏悔录》，也就是采取这个意思。他在该书一开始就说道：我现在要写的是关于某一个人，而这个人就是我自己。于是他把自己当成一本书，他说：我这一本书上帝早就读过了。他又说：我别无长处，我不隐瞒过错，也不美化我自己做过的行为，我就是要展现最真诚的我，上帝看到的我就是我书写出来的模样，等等，文中他还带出公审判的谈论。可见，卢梭虽然对当时的教会有诸多批评，不过他在自我忏悔之时，多少有无自觉地也表达了他的基督宗教信仰。卢梭《忏悔录》主要的意义也是“坦承”、“认罪”与“忏悔”。

后来，德里达也是在这个意义之下来谈论忏悔，他特别表明，事实上在忏悔的，不是忏悔我，因为那“我”是有问题的。人所忏悔的，其实都是在逼别人忏悔，德里达也学着奥古斯丁，说奥古斯丁是在母亲过世才写《忏悔录》，德里达说我也是，我的忏悔里面有一部分也是我妈妈的忏悔。是别人在忏悔，不是我在忏悔。在我看来，利奥塔（J.-F. Lyotard）讨论的奥古斯丁《忏悔录》也是采取“坦承”、“认罪”与“忏悔”的意思。不过，值得在此提出的是：德里达和利奥塔这两个人到了晚年都有一个共同的感受，他们都感叹说自己爱得太迟了，爱主爱得太迟。我个人觉得，一个人年纪到了某个阶段，内心的感受往往会回到这一条思路。接近这把年纪，虽然不能摆脱俗务，但内心总会兴起这样子的感受，想要回到内心钟爱的终极真实，而且总觉得爱得太迟了。

（三）《忏悔录》第十一卷到第十三卷的主要结构

前文主要强调，从《忏悔录》第十一卷到第十三卷，Confessio具有“颂谢”之意，继承了圣经《诗篇》与《智慧书》的“颂谢”、“感谢”、“赞美”、“光荣”的传统；同时要把颂谢的内容，也加以内在化。在这方面，可以看出圣奥古斯丁强调内心的感受，虽然是用语言来说出，但却又超出语言。他特别强调，整个过程是一个人返回自我的过程。前十卷旨在返回自我，向上提升，到达天主，以便思考宇宙的创造。这是一个出离黑暗、进入光明的过程。

当然，若说“出黑暗而入光明”，这就表示：既有黑暗的一边，也有光明的一边。从传统神学或圣经研究来说，可以见到圣保罗对于圣奥古斯丁的影响很深。基本上，人会堕落，是因为精神虽然坚强，可肉体却软弱了。人会有朝向罪的倾向。但是，另一方面，圣约翰这位福音作者却说，人们都喜爱光明，并希望走向光明。对比起来，一位说是向恶，另一位说是向善。大体上，这两个传统都被圣奥古斯丁所接纳，并且综合起来。第一，人一方面可经由努力，凝聚精神，在时间当中——这是整篇十一卷很重要的关键——不断向上提升，总可以在时间中进入永恒。第二，人也可以凭借恩宠，来自天主或上帝赠与的礼物，升至永恒。经由这两者的连接，可以处理人向恶或向善，向黑暗或向光明，两种倾向之间的中介。所以说，在《忏悔录》中，无论是在前十卷中叙述自己陶成（formation)的故事,或是在十一卷到十三卷叙述宇宙创造(creation)的故事,而后者是对《创世记》的评注,大体上我们都可以说,两者的结合是旨在说出真理,临近光明,同时也将自我的努力与恩宠的作用连接起来。这点给了我们一个阅读《忏悔录》的一大脉络,这个脉络也是一个人进入永恒、感受主临在的经验。

可见,从第十一卷到十三卷的内容,实际上跟前面十卷不一样。前面十卷的主题,若用一个语词来说,是讲圣奥古斯丁这一个人的"陶成"(formatio);在这之后,从十一卷到十三卷讲的是整体宇宙的"创造"(creatio),特别针对圣经里关于创世的论述进行思考并加以诠释。大体上,从十一卷到十三卷这三卷的整体结构,基本上应该是受到安布罗斯(St. Ambrose)评注的《创世记》七天的创世过程的影响。第十一卷要讨论的是其中第一句"在太初天主创造了天与地"。第十二卷与第十三卷继续关心人与上帝之间的关系,讨论宇宙的创造与人在宇宙中的兴起,这也是厘清人与上帝关系的重要议题。也因此圣奥古斯丁一生中会对此一主题不断加以评注,在他主要的著作当中,一共有五部专著都是讨论《创世记》的,可见这是他一直关心的主要议题。也就是说,自我的陶成与世界的创造,两者之间有密切的关系。换言之,若不了解《创世记》,也就不会了解人这一生要如何成为一个完整的人。倒过来说,宇宙的创造,其实也是要人在其中完成自我。两者是相互辩证的。

进一步,从第十一卷到第十三卷,圣奥古斯丁由于要思考创造,思考上帝,所以他也在其中特别展示了天主三位一体的道理,也就是圣父、圣子、圣灵。大体上我们可以说:第十一卷是对于天主在太初创造了天与地、宇宙万物，在此脉络中所谈论的是圣父，是三位一体理论里关于永恒的圣父，以及祂所创造的时间，以及时间中的人神关系。所以，这时间的议题是放在人与永恒圣父之间的关系中来讨论的。

关于这一点，海德格尔对这种讲法很有意见，可以说他是在批评圣奥古斯丁。他说：永恒并不在我们手里，所以，如果要讨论时间，不能够在人与永恒的关系中来讨论，而是要在人“面向死亡”的处境来思考，因为人是一定会死的，人是迈向死亡的存有者（Sein-zum-Tode）。人在迈向死亡的过程中不断走出，形成了时间化的历程，至于时间则应该放在人的时间化过程里去讲，而个人由生到死之间，则是他的历史的时间（historical time）。换言之，历史的时间是从时间化的过程中衍生出来的。然后，在历史时间里，才有日常时间。由于有了日常时间，才进而有了可计量的时间。

关于时间计量的问题，也是十一卷所要讨论的。不过，圣奥古斯丁显然是要把时间放在人与上帝之间的关系，亦即陶成（formatio）与创造（creatio）之间的关系中来思考。圣奥古斯丁是顺着时间与永恒之间的张力来思考时间，而不是像海德格尔那样从死亡的确定性出发来思考。当然，海德格尔可以这样认为：“时间不在我们的掌握里，只有死亡是确定的。”不过，圣奥古斯丁也可以如此质问海德格：“那么，难道死亡就在你的掌握里面吗？”对于死亡，人只能确知自己非死不可，而且没有人可以替代，在此显示人的本真性（Eigentlichkeit），人只能以没有人能替代的方式去死亡。不过，人在什么时候死？到底死亡是怎么一回事？这些都不在人的手里。我想这一质问也是有道理的。在这方面，海德格尔与圣奥古斯丁的想法是有分野的。

总之，第十一卷讨论圣父关于永恒与时间的创造。然后，第十二卷基本上旨在讨论圣子，若从神学角度看，圣子就是太初、智慧、真理、光明。第十三卷论及教会的机制，与人在教会里面，按造圣灵的光照，去完成自己的陶成。可见，若从三位一体的道理来看，可以说《忏悔录》第十一卷到第十三卷，是针对圣父、圣子到圣灵的论述。这也可视为这三章的结构。

圣奥古斯丁在晚年撰写《订正录》（*Retractations*）之时，很清楚地知道《忏悔录》这本书是他最受欢迎的著作。他在《订正录》里特别说明，前十卷与后三卷是不太一样的。他说："从第一卷到第十卷，写的是我自己。其余三卷写的是圣经，从'在太初天主创造了天和地'，直到第七天安息日。（创世记 I. I，ii. 2）"当然，有关《忏悔录》的结构问题，曾经引起许多学者讨论的兴趣。从第十一卷开始，圣奥古斯丁便明说：他的写作不是为了让天主知道，因为天主自永恒便已然知道，而是为了激发自己和读者的热情，让我们都说，"主，你是伟大的，你应该受到一切的赞美。"这时候，他几乎是在邀请全人类来思考。在此，他的读者或写作对象，就阅读理论来说，也已经转变了。在前十卷，他的读者多少都有点偷窥狂，想知道奥古斯丁到底干了些什么坏事；现在，从第十一卷开始，不再是这样了，他邀请我们一起参加，一起赞美，一起光荣天主的造化之功。可见，在论述上，在修辞方式上，也都转变到新的脉络。虽然前面的论述到此毕竟还在继续着，但已然转入了一个全新的脉络之中。

二、从认识自己转往认识永恒天主，从讨论自我的陶成转往天主的创造，从叙述自我的故事转往研究天主的律法：集中精神于圣经诠释(第1—2章)[①]

在以上的新脉络里，我们可以转进到第十一卷，在此奥古斯丁一开始就把上述的意思表明得很清楚。请看在这一书里，他的祈祷倾诉的对象，基本上都是针对圣父，且看他一开始便说，“永恒属于你”。“永恒”指的就是圣父，在天地未出现之前，只有永恒的圣父存在。当然，我们也不能说“之前”，因为“前”、“后”只有在时间里面才可以如此说，但在永恒的天父那里则不然。接下来，圣奥古斯丁说，他的叙事，“是为了激发我和读我书的人们的热情，使我们都一起说，‘主，你是伟大的，你应该受一切赞美。’”拉丁文文本里也明显指出读者角色的转变：ut dicamus omnes，这里“我们”可以指“全体人类”，所以这里不再是写他自己，而是作为全人类的一个代表，请大家、激励大家一起说，magnus dominus laudabilis valde，意即“伟大的主应该受到赞美”。以下的意义都是环绕在“赞美”这一语词上来进行的。这等于是邀请全人类来一起赞颂。在此，confessio 取得了“请全人类一起赞颂”之意。

前曾表明，从十一卷开始，文本的重点已从认识自己转往认识

① 以下引文出自《忏悔录》，页 231—234。

永恒的天主，从讨论自我的陶成（formatio），转向叙事天主的创造（creatio）。关于“叙事”，他在第一段第二句说，“那么我何必向你诉说这么一大堆”（Cur ergo tibi tot rerum narrationes digero?），中译文“诉说”在拉丁文是 narratio，其实应该翻译作“叙事”。在今天，有关叙事文（narrative）的研究甚受重视，像利科的《时间与叙事》（*Temps et recit*，*Time and Narrative*）可以说是接续海德格尔《存有与时间》、伽达默尔《真理与方法》之后的巨著。有关利科的问题，在本文结束前再来略加比较。关于叙事，这里用的就是 narrationes 一词。在第二段，他说，“我竭我的能力和意志，向你叙述许多事情，这是由于你首先愿意我称颂你”。Confessio 在此是“称颂”之意，重点在于称颂天主，称颂他的美善。在此，叙事的重点转向上帝创造宇宙天地的故事，而不再是叙述自己。第二章第二段一开始，圣奥古斯丁表明，他渴望能钻研“你的律法”（lege tua），可见他现在考虑的是自然，是上帝创造的天地与自然的法则；他也明白表示，他要集中精神去诠释圣经。他的思想的根据是他对于圣经的解读；他现在要做的事，是诠释《创世记》。在第二章第三段，他求天主，“使你的圣经成为我纯净的好尚，使我不至于曲解圣经，自误误人。”但是他诠释圣经的目的，是为了了解圣言（Sanctum Verbum）。在这里，圣奥古斯丁也玩文字游戏，因为圣经里面书写的是神的言语，但是透过圣经的言语，他所要了解的是圣子，也就是圣言。圣子就是圣言、智慧、光明、太初、真理。这些概念基本上都是用来说第二位的天主。

有关“三位一体”，这是一个深奥难懂的道理，在神学上也是非常难以了解的。圣奥古斯丁自己讲了一个故事来说明三位一体很难理解。他说：有一天他在海边看到一个小孩在玩沙，他走过去问这小孩在玩什么，小孩子说自己挖了一个洞，想把海水都倒到这个洞里面。他就问小孩说：你怎么会这样子想呢？海洋这么大，怎么可能把海水装到这么一个小小的沙洞里呢？小孩说："对啊，那天主三位一体的道理，以你这个人的小脑袋，要怎么理解呢？"圣奥古斯丁用这个故事来说明自己对于三位一体所能理解的有限性。

虽然如此，我们仍该明白，圣奥古斯丁是认为：在人的"心"或"意识"里面，在记忆的深处里面有着天主，从这里可以通向、连接时间与永恒的所在。他在整书最后的总结中也显示出这点意思。

圣奥古斯丁在本书中祈祷"主阿"，都是在朝向圣父祈祷。宇宙的创造是来自天主所生发的思想与智慧，称作"圣子"，而且圣子在万物受造之后，又在时间中出现，向人说话，教诲人类。他不但是真理本身，而且他开口向人说话。这意思是说，圣子进入了时间，在时间中，道成肉身，向人说话。于是，两者大体上是联系起来了。所以，第三章开始，说天主"在元始创造了天地"，有些版本翻译为"天主在太初创造了天地。"圣奥古斯丁说，这是摩西写在圣经里面的，写这话的摩西虽然已经在时间中死去，但这话其实是真理本身说出的。圣奥古斯丁所诠释的是从"在太初"(in the beginning)，到"创造了天地"(create the heaven and the earth)。他说，摩西写了以后就不存在于我们面前，他已然过世，因为他也是属于时间的，他会过去；但他所留下的这句话正是圣奥古斯丁所要探究的。这句话重点不在于人在时间中说出来的话，它不是某一种话，不是希伯来语，不是拉丁语、希腊语等。它说出来的，是在我们思想深处的一个可理解的事理。圣奥古斯丁现在要讨论的是：这

beginning 究竟是什么？对圣奥古斯丁来讲，那就是圣子、圣言，它是 verbum，是话语，然这“话语”不是我们在时间中所说的话，而是一种存有学意义的揭露，是真理本身的开显。

下文说“天地是受造的”，在这里也有一些亚里士多德思想的痕迹，因为天地万物都在不断地运动变化；而圣奥古斯丁在第四章开始就指出，天地都是受造的，是因为他们都有变化。这里有一点是中世纪神学可以商榷的地方。如果受造物因为会变化因而是受造的，而完美的天主则是不再有任何变化的了。其实，如果天主是富于无穷创造力的，他应该不但是完美的，而且也应更能兆于变化，在行动中、在变化过程中，显示自己丰富的创造力。这一点是可以讨论，再加以厘清的问题。尤其当代的历程神学（process theology）所要处理的，也就是历程与实在之间的关系。不过，明显地，受造物由于不断的变化，所以他们中没有任何一个会认为自己是造物者；他们并不是造物者，他们都是受造者。这一点在圣奥古斯丁的神学里是很重要的一个论点。

三、诠释焦点：《创世记》第一句：“天主在太初创造了天地”：天主经由圣言，亦即圣子、太初、智慧、真理、光……，创造天地（第 3—9 章）[①]

以上的讨论带领我们进入以下的文本，从第三章一直到第九

① 本节引文皆出自《忏悔录》，页 234—239。

章，圣奥古斯丁分别从不同的层面，来讨论太初。太初并不是指时间的开端，太初指的是根原本身（the Origin），也就是真理本身的开显，是用圣言来开显，而这圣言就是智慧，就是真理本身，也就是光明。按照圣约翰的神学或福音来看，这太初说的就是光，或说就是“道”。第五章末尾说：“因此你一言而万物资始，你是用你的‘道’—言语—创造万有。”这里把 logos 翻作“道”，或许是因为吴经熊翻译的“太初有道”，是值得讨论的。不过，若用“道”字翻译希腊文的 logos，拉丁文 verbum，英文翻译作 Word，也就是“圣言”的意思。圣言是可思维的。换言之，永恒的圣父本身，趋向开显，揭露真理。而这揭露，也就是创造的开端。当然，在圣奥古斯丁原文里面，并没有特别使用“揭露”或“开显”这类现象学语词，不过，就我今天的了解来说，太初可以说就是“原初揭露”或是“开显真理”之意。

在此，我想到晚期的海德格尔讲 Es gibt，就是“给予”或“给出”，后来变成像勒维纳斯或德里达所讲的“赠予”（don，gift），也有人称其伦理学为“赠予的伦理学”。如果说的是“赠予的神学”，其最原初的根源应该是出自这太初，祂才是 Es gibt 的原初根源。圣奥古斯丁有关 gift 的讨论，稍后再论，那是把恩宠当作 gift。不过，我们也可以这样想，所谓 Es gibt 并没有说出到底给出什么，而只说“那给出”。那么，是由于“给出”，也因此才有了世间以及世间万物的产生，也就是宇宙的产生，于是开始有了时间。这也是以下圣奥古斯丁所要讨论的。然而，他并不直接进入到对时间的讨论，他要先讲永恒的开显，经由真理的揭露，宇宙的给出，于是有了宇宙，因此才有了时间。这点可以说是从第三章到第九章大体上的意思。请看他在第三章与第五章讲如何会有天地，所讲的都是说创造不是在时间内，因为时间也是被造的，是因为有了宇宙才有时间，而宇宙的给出，是因为有太初。所以，在第五章最重要的就是这一段话，意思是说：圣父，因着你说话，发为圣言，借着圣言，才有了天地，如此天地才被造。所以说，天主是透过圣言而创造了宇宙万有。

第六章一开始，表明天主的圣言不等于我们人在时间当中使用的言语。虽然天主也可能用"有始有终，字音接二连三传递"的语言向人说话，由人的耳朵听到那转瞬即逝的人间言语，但是理智所听到的则是永恒的语言。第七章仍然环绕着圣言，请求天父"召唤我们，教我们领会他的语言"，也就是圣言，他是"无始无终，无先无后，永恒而同时表达一切"。读者可以注意到在第七章第二段，圣奥古斯丁使用 confessio 的赞颂义。他说，"我的天主，我承认我认识这一点，……并且赞颂你"。可见，拉丁字 confessio 这个语词在此是赞颂之意，不应该把这个字仅理解为"忏悔"或"承认"，这边不应该译为"我承认"，而应该译为"我颂谢"。他要说的是："我颂谢我对这点的认识，凡不辜负确切真理的人，也和我一起认识这一点，并且赞颂你"。

第八章表明，"太初本身就是道"。中文圣经翻译为"太初有道"，其中"有"字值得商榷，因为"太初"就是"道"，"道"就是"太初"，而不是说太初"有"道。在拉丁文里说 in principium"在太初"，这是拉丁文对于希腊文 arche 的翻译，arche 就是太初，就是原初。宇宙的太初是圣言，是因为智慧的揭露，是上帝说话，成为圣言，而不是人的说话，圣奥古斯丁常常要提醒人们，不要搞错这一点。基本上讲，原始就是本原，就是太初，都是指向同样的意思。中文译本里用的“道”字，在此指的就是“圣言”的意思。

第九章可以说明白提出了“中介者”的概念，圣言是由永恒到时间的中介者，是经由祂而开始有了宇宙万物，这当然是以圣子作为中介者。所以说，是透过圣子圣言，“在你的德能智慧真理之中奇妙地说话，并奇妙地工作”。圣子既是太初，又降生成人。但是对于圣奥古斯丁，作为一个人来讲，他“既恐惧，又热爱。恐惧因为我和他有所不同；热爱，是因为我跟他有相同之处。”这已经暗示，圣子降生成为人，所以祂有人性，也有天主性。圣言就是智慧，就是光明。圣奥古斯丁在这里特别指出，智慧就是光（wisdom is light）。就人来讲，人虽然也可以分享光或智慧，但人也有黑暗面，所以“真”在人来讲有双重义，一重是揭露，有光明，有智慧；另一重则同时也有阴霾，也就是有遮蔽与黑暗。

四、引起圣奥古斯丁在此讨论时间的问题：“天主在创造天地之前做些什么？”答案之钥：永恒与时间的张力（第10—13章）[1]

从第十一章开始，圣奥古斯丁好像才正式面对了时间的问题，开始针对时间进行思考。引起圣奥古斯丁在第十一卷里讨论的时间问题，是一个更一般的宇宙创造论的问题，也就是：“天主在创造

① 本节引文皆出自《忏悔录》，页239—241。

天地之前到底是在做什么?”正是因为这个问题,也是为了要回答这个问题,他才开始思考“时间”。可以说,回答这个问题只是一个借口,因为他借着这个问题,是为了取来对比并且显示出永恒与时间的张力。不过,显然,这一对比本身的平衡性,往往被后来的诠释者忽视了。有很多学者倾向于二元论的解读,也有一些人用灵修观点来解读这第十一卷,他们往往倾向于认为圣奥古斯丁是在贬低时间而称颂永恒。其实,这是不对的。为什么呢?因为,明显地,圣奥古斯丁花这么长的篇幅,从第三章一直到第十章,都是在讨论圣子作为中介者,可见对他而言,两者之间不是对立的。因为圣子已经降生成人,他既在时间当中,又在永恒之中,且是在时间之前。祂是太初,祂是智慧,祂是真理。所以在第十章开始的问题,只是一个机缘,使圣奥古斯丁得以进入时间,但其中并不一定要采取极端二元论(radical dualism)的想法,认为时间与永恒对立。因为,显然他的整个论述与书写的进行,是在 veritatem facere(做出真理),是在透过书写而做出真理,在这过程里面,他其实是在努力把两者衔接起来。

从十一卷开始,圣奥古斯丁提出一个很重要的观点,这就是后来 intentio(凝神)的依据。拉丁文的 intentio,英文译为 intention,可以视为是关于意向性(intentionality)讨论的依据。一如胡塞尔所言,意向性是意识的动能,一直都在意识到什么。意识在动态过程中,对过去能有回忆,对现在能看或专注,而对未来也能期盼。这是胡塞尔在《内在时间意识》一书中讨论的,意向性像探照灯一样,可以前前后后探照,意向性照到哪里,哪里就被照亮。向过去想,就会照亮过去;向未来想,就会照亮未来。

事实上，在《忏悔录》一书中，intentio 不能一下子就用胡塞尔的时间现象学来解释。其实，在第十一章第二段，intentio 讲的是意识或精神的凝神，内在心神的凝聚。透过内心凝聚，人可以略窥永恒，“稍一揽取卓然不移的永恒的光辉”。在此我们预知，圣奥古斯丁已经种下一个根苗，他将要透过“凝神”一语来说出，所有的过去与未来，都归诸现在、当下的凝神敛虑。那么，人在现在该怎么活着呢？人该借着“凝神”获取永恒。英文译本说 intentio 就是 hold upon their mind，意义也就是凝神，借此可以 grasps the expected eternity，在凝神之中可以掌握永恒。

这使我顺便想道，邓元尉翻译了犹太经师赫舍尔（Abraham Joshua Heschel）所著《安息日的真谛》。这本书很有意思。所谓“安息日”指的就是上帝创世的第七天，上帝休息了。所以犹太人在安息日不做别的，只是静思默想，借此可以进入永恒。所以，赫舍尔说，安息日是时间与永恒的衔接点。当然，在犹太人的传统中可以这样说，而且圣奥古斯丁也可能从犹太传统获得启发，然而，圣奥古斯丁的想法与犹太传统又不太一样。对于圣奥古斯丁而言，人不必等到第七天，因为人在每一天、每一时、每一刻，每一个活在当下的时刻，都可以凝神敛虑，进入永恒。这有点相似禅宗，时时刻刻，不管挑水、砍柴、行走、坐卧，只要直此本心，都可以当下顿悟。

当然，根据与禅宗的比较，也可以显示出圣奥古斯丁的不足，他对于宁静的哲思或许未足，一如在第十四章开头所说“你丝毫没有无为的时间，因为时间即是你创造的。”或许由于受造物变化不已，圣奥古斯丁持有某种类似“即存有即活动”的想法，认为人与万物都属于活动的存有论，也因此他对于“宁静”的态度，尚未达至禅宗慧能所谓“无念”之境——其实，奥古斯丁认为人与万物都还是要运动变化，所以他对于这个“静”字，总是沉静得不够。我们可以追问，在一个时间当中的凝神，是不是包含了一种不只是禅宗北派神秀所谓“离念”，不断离去污浊之念、欲望之念，而且还进而可以达到慧能所谓的“无念”，且在无念之中进入永恒呢？我想，圣奥古斯丁好像还没有到达这一境界，他的自由，仍是“虽有欲望而可以不要去满足”的否定性的自由。不过，他的确认为，人透过intentio，如果能将过、现、未三个时间向度转向当下，活在当下，人是可以经由凝神进入永恒的。

所以，intentio 一词不宜直接运用现象学的 intention/intentionality 将之直接译解为“意向/意向性”。如果是“意向/意向性”，那么意向性又会往前、往后，而不能凝神入于永恒。此外，圣奥古斯丁另有一个语词 distentio，也不宜翻译为“扩展”或“延伸”。因为在时间的“扩展”或“延伸”之中，人的意识状态有好有坏。好的，就是人的 intentio，可以“凝神敛虑”；不好的呢，人就会distentio，会分散，会“耗散精神”。也因此，我将 intentio 译为“凝神”，将 distentio 译为“耗散”。时间是介于 distentio 与 intentio 之间。而这一点，必须在圣奥古斯丁的基本逻辑来看。整部《忏悔录》的逻辑，是一个“上升的逻辑”，也就是讲人的心神逐渐往更好的、更完美的、向上的方向去发展，总之，离开“耗散”，朝向“凝神”。

比较起来，利科在《时间与叙事》一书中，似乎没有把握到由耗散向上升于凝神之意，反而抓住两者的对立，无法解脱。利科说，distentio 与 intentio 是圣奥古斯丁时间观里所呈现的纠结困难之处。其实，若从上升的逻辑(logic of ascension) 来讲，其实耗散与凝神并不是一个平面结构上的二元困境，或说是一个吊诡（aporia）。不是的，圣奥古斯丁明明知道人在时间中会耗散，然而他要由耗散趋向凝神，这是他主要的想法。

也因此，圣奥古斯丁在十一章里说："时间不论如何悠久，也不过是流光的相续（注意这与亚里士多德时间观的不同），不能同时伸展延留；永恒却没有过去，整个就是现在，而时间不能整个是现在，他们可以看到一切过去都被将来所驱逐，一切将来又随过去而过去，而一切过去和将来却出自永远的现在。"在这当下的刹那，人可以凝神敛虑，进入永恒。

然而，在这里有一个问题，就是此处讲的"相续"（succession）与后来讲的绵延（duration），包含了对时间与永恒关系基本看法的转变。比较亚里士多德在《物理学》里所谈论的永恒，圣奥古斯丁的看法有所不同。对于亚里士多德来讲，永恒是一直都临在，总是呈现，尤其思想思想其自身（noesis noeseos），也就是神，祂是永远临在，从不消失的。至于时间呢？属时间之物，是一下在了，但一下又不在，譬如花开了，花又谢了；人生了，人又死了。这些会在，可又会不在之物，有 presence（临在）又有 absence（不在）之物，都是属于时间性的。在月亮以下的世界里，那些生生灭灭之物，都是时间性的；然而那位思想思想其自身，也就是居九重天上的神，与那些恒在的天上星体，则都是永恒临在的。所以，亚里士多德的时间性是依其有 presence 又有 absence 的意义而定，至于永恒则是根据其"一直都临在"的意义而定。但是，在亚里士多德来讲，时间与永恒一直共在永存。那个在月亮以下不断生生灭灭的世界，与那思想思想其自身（noesis noeseus）及天上星体，一直都存在，它们一直都有之,所以是永恒的。

然而,对于圣奥古斯丁而言,属时间之物是会消失,会终止存在的。他在第十一卷里面说,时间与永恒"二者绝对不能比拟",而且他把时间之物的 presence(临在)与 absence(不在)解为时光的前后相续(succession)。如此一来,便从希腊的宇宙观转成直线的时间观,而且时间是相续的,并且也是会终止的。这其中有一种世界终局论 (eschatology),来思考时间以及宇宙的终局。"时间"现在转变成直线而相续,后面用的语词是 duration(绵延)。以"绵延"和"相续"作为时间的意义,而不是以既在又不在作为时间。在这一点上,圣奥古斯丁的思考其实是与亚里士多德有别的。

不过,针对这点,且让我打个岔。对于亚里士多德的时间与空间观,其实在今天仍可以有一个新的了解。因为就空间来说,亚里士多德区分 topos idios,"个别场所",像是我的表所占有的,就是它的个别空间与场所。另一个空间,则是"共同场所"(topos koinos),也就是"天",是所有现象与存在物得以在其中呈现的共同场域。同样地,物理的时间是我们根据"先/后"对物体运动所做的算计之数。这点对于理解圣奥古斯丁的时间观也是非常关键的。虽然很多人说,圣奥古斯丁根本就不同于亚里士多德。但我们不必这么快下结论。因为亚里士多德讨论时间与意识(灵魂)的关系,认为时间出自计量者对运动的计数历程。奥古斯丁也是这样想的,他也是认为对于运动的计数应该有个计数者。亚里士多德讨论物理时间,有"对运动以前后计量之数"的意思;但他又提出"基本时间"的想法。他认为,产生时间的形式的,并不是人的魂或意识,而是世界魂,甚或第一主动者,思想思想其自身或神。而且,一切计量的最后依据，是天上星体的圆形运动，也因此人才把时间认为是循环的。时间是一种圆形运动，而非直线的。可见，亚里士多德的时间与空间是在“天”这概念上结合了。“天”既是共同空间（topos koinos），又是基本时间（fundamental time）。换言之，亚里士多德是把这共同、基本的时空作为万物出现的场域，使万物在其中生生灭灭，然而“天”则是作为一动态组织原理，让万物在其中不断地呈现，不断显现。在今天，可以如此地了解亚里士多德的时空观。当然，在今天来看，亚里士多德的时空观有些是陈旧了，但仍有些想法还是很有意义的。比较起来，圣奥古斯丁因为有创造（creatio）的概念，认为受造物在时间中是相续而有绵延的，这与亚里士多德相比较，是有些差别的。

接着，我们读到十二章与十三章，在其中圣奥古斯丁好像是在答复:“天主在创造天地之前到底是在做什么?”这个问题。其实，他基本上是借着这个问题来说明创造、时间与永恒之间的关系。天主是在永恒内，因此不能说天主在创造天地之前做了什么，因为祂“在创造天地之前不造一物”，在第十二章他如此说。而且圣奥古斯丁现在是把自己的知识提升到那个高度来设想，因此他说道，“巴不得我能知道，而且，我愿知道，而且知之有益的一切，就如我知道在一切受造物造成之前，别无受造之物。”因为当有受造物之时，那就已经是在时间里面了。受造物有其运动变化，也因此有了时间。但圣奥古斯丁所重视的，是意识对于运动变化的计量。他从这一重点，转到心或意识对于运动的计量，在这当中有可度量的，于是就有了数。正如亚里士多德所说，时间不是 number，而是 numbering“计数动作或历程”，而在“计数动作”中，当然就有计数者，就是灵魂或意识。

这点也同样被圣奥古斯丁所重视，也就是说，应当有一个计数者，也就是意识或灵魂。因此在中文译本254页，他说道，“如果在天地之前没有时间，为何要问在‘那时候’你在做什么呢？没那时间，便没有‘那时候’。你也不在时间上超越时间（作者按：应改为‘先于时间’），否则你就不能超越一切时间了（按：应改为‘先于一切时间了’）”。圣奥古斯丁正是透过这一点来说，圣父与圣子是属于永恒，因为永恒都是恒常于现在，没有时间，没有过去与未来，一直都是临在的。这与亚里士多德有密切的关系，且是一种发展性的关系。相续与绵延是对亚里士多德时间观的一种改变，因为这里所谓“临在”，是以永恒作为永恒的现在。他在这里进一步说明了圣子与圣父同属永恒，所以说“我今日生了你”，这意思是说，圣子你是自永恒来的。这一个意思，我先前也已表明，我也没办法用言语清楚解释。但我们仍然可以说，上帝或天主的思维，祂自身的揭露，祂原初的揭露性，从永恒的存有而开显出现象界的存有，这其间有一位中介者，祂是真理、圣言，也就是天主圣子。

五、第二个问题：“时间究竟是什么？……”时间的日常性与奥秘；时间的存有与度量；度量/计数/意识（第14—16章）[①]

现在进入第十四章，从这里开始，我们的文本阅读进入到这个

---

① 本节引文皆出自《忏悔录》，页241—244。

很有名的问题:“时间究竟是什么?没有人问我,我倒清楚,有人问我,我想说明,便茫然不解了。”大家都熟悉这句话,哲学系的学生自从学习西洋哲学史开始,就都知道了。但是,大家通常只读了后面一半,“有人问我,我想说明,就茫然不解了”,都忘了前面一半“没有人问我,我倒清楚”。在日常生活里面,每一个人大概都知道时间是什么,然而,当下一问,却又不知道了。在这其中,圣奥古斯丁的用意是:时间有其日常性,也有其奥秘性。比较起来,海德格尔在《存有与时间》里,是要讲时间的日常性(Taglichkeit)部分。但是,对于圣奥古斯丁来说,时间有两个面向,其一是日常性,所以前面一段说:“时间究竟是什么?没有人问我,我倒清楚。”有什么比时间更常见、更熟悉的呢?时间的确具有熟悉性(familiarility)。我们人每天都是活在时间里面。所以听别人谈到时间,我们大致也能了解。可是,时间究竟是什么呢?有人问我,我想说明,就茫然不解了。对此,圣奥古斯丁在第十一卷里用了一个语词 mysterium(奥秘)。时间也是奥秘。时间本身既是日常性的熟悉之物,同时又是奥秘。时间的奥秘是第十一卷特别要凸显的。这奥秘不是完全不能理解,其中当然也有隐秘难解的部分,但这一奥秘之所以在第十一卷里提出来,是为了接续“创造”的议题。

我要顺便指出,时间作为一个奥秘,晚近的哲学家如胡塞尔也被它所吸引,虽然剥除了宗教意涵,而是以现象学的方式来探问。胡塞尔认为圣奥古斯丁是第一个敏锐觉察时间难题的哲学家,而且胡塞尔也在《笛卡尔沉思》书中引用了圣奥古斯丁的那一段话,就是:“切勿向外奔驰,回归你的内心吧,真理就住在人的内心”(Noli foras ire,in te redi,in interiore homine habitat veritas)。此外，海德格尔也被这一奥秘所吸引，但他不从永恒来讲，因为他认为永恒不在我们人的手里，因而他从人之会死来入手。至于利科，则是在诠释圣奥古斯丁这一奥秘之时，批评了圣奥古斯丁将时间给心理化了。

总之，时间作为奥秘，是第十一卷里很重要的概念。对于圣奥古斯丁而言，时间既是我们日常生活中所熟悉的，但同时也是一个奥秘。这一奥秘概念的提出扮演着一个重要角色。就文本的构成来讲，它是包含在以"写作文本，做出真理"这个意思的脉络里面，是联系前十卷与后三卷的关键。因为对于圣奥古斯丁来讲，天主创造万物，天主是三位一体，这些都是奥秘。事实上，若要讲论整个宇宙，也不是那么容易，宇宙也是个奥秘。但就另一方面来讲，圣奥古斯丁在前十卷中也问道，"这个自我究竟是谁啊？"。可以说，"时间"作为奥秘，是把"自我"的议题与"宇宙"的议题联系起来的一个关键。

那么，时间的存有(the being of time)，或说时间的本质，究竟是什么？这一个问题是非常困难的。我知道，若没有过去的事物，便没有过去的时间；没有将要来到的事物，便没有未来的时间；如果什么也不存在，则没有现在的时间。时间是跟着实在(reality)的运动变化，以及意识面对这运动变化所做的计量，因而出现的。亚里士多德对于时间的定义是：按照事件发生的先后，对于运动所做计量之数，也因此有过去、现在与未来。因为有过去事物的变化，而有过去的时间；有现在的事物的变化，而有现在的时间；有未来的事物的变化，而有未来的时间。

然而，从第十五章开始，亚里士多德的"前后"，转变成圣奥古斯丁对于“长短”的讨论。这是有关“可计量时间”(measurable time)的讨论。我们若读海德格尔的《存有与时间》,便会发现这也是海德格尔很关心的议题:时间为什么是可计量的?海德格尔在讨论日常时间(everyday time)的时候,讨论了可计量的时间,因为我们在日常生活中,常常计算有几天、几个礼拜、几个月、几年……。我刚才稍微提到,海德格尔的讨论与圣奥古斯丁在这里的讨论,是有些相似的地方。

大家都知道,海德格尔是透过人的此在(Dasein)的不断地自我走出——海德格尔解 e-xist(存在)为不断地挺立出去——来讲人的“时间化”。但是,在我看来,海德格尔这一不断走出,显然不是在走向他者,更不是我说的“走向多元他者”。海德格尔用的语词是“跃出”(vorausspringen),其中虽然多少也有一点我所谓“外推”之意,但我的外推概念不但意涵自我走出,而且还要迈向多元他者去走出。海德格尔的“跃出”只是不断自我走出,然而并不走向他者或多元他者。对他而言,人的此在不断地在时间当中挺立出去,自我走出,最后是迈向死亡。对他而言,这一自我走出的动态过程叫作“时间化”,而时间化的历程,介乎由生到死之间者,也就是“历史时间”。“历史时间”是从“时间化”里导衍出来的。历史时间由于表现在日常生活之中,于是有了“日常时间”,也因而有了日常时间中的种种计量。所以说,对海德格尔而言,有了“历史时间”,才会进一步衍生日常时间及其计量。

在圣奥古斯丁《忏悔录》里,对于时间的可计量性,是从第十五章开始讲论时间的度量:为什么时间会有长短?但若从整体的结构看来,他关于度量与计数的思考,也与亚里士多德的思想有关。

亚里士多德讲 numbering，是针对计数的动作与历程，那是由灵魂或意识来进行的。圣奥古斯丁更把重点放在计数者或意识上，这是他从宇宙的时间转往心的时间的转折。在这里，他的重点是放在意识、放在心上，因此他在第十五章里说，“我的灵魂，你该追究一下，现在的时间不能是长的，因为你有辨别快慢、衡量快慢的能力，你将怎样答复我呢?”在此，他是指涉计数(numbering)的主体，也就是意识，或是灵魂当中属精神的那部分。这一架构，是由度量的议题转向计数者与意识，“度量”在拉丁文是 mensura，计数是 numerus，思想或意识是 pondus，这三者是联系相关的。

圣奥古斯丁在第十六章里也说，这时间的度量一定与我们对事物的知觉有关。所以，基本上他的思路的走向，是要透过度量或计数去讲度量者或计数者，而那“度量者”就是意识或觉知者。英文版的第十六章第一段中说，but it is time actually passing(在消逝中的时间)，that we measure by our awareness(是根据衡量的觉察来衡量)。可见，一方面有事物在运动变化，另一方面更重要的是有一知觉的计数者，这一觉知 awareness 是属灵魂的。然而，圣奥古斯丁对于计量这一部分，很明显地表示：对此我没有一个很确切的答案。

六、第三个问题：如何看待时间的过去/现在/未来?(第 17—22 章)[①]

圣奥古斯丁在第十七章表明：“父啊，我是在探索，我不是在断

① 本节引文皆出自《忏悔录》，页 245—249。

定”(Quaero，pater，non adfirmo)。可见，他目前所写作关于时间的思考，都只是一种探索。因为人的有限性，无法断言什么，尤其是关于如何确定时间的性质与计量，这些都仅是出于探索之词，而不是断然肯定之词。关于时间的性质与计量，虽然是圣奥古斯丁主要讨论的对象，然而对此讨论对象，他在第十七章明白表明他只是在探索而已。话虽如此，但他又继续说：“讲述往事的人如果心中没有看到，所讲述的不会真实。”在这一点上，他强调看的知觉对于认知的重要性。须知，人对于当前的知觉是“看见”，对于过去则是“回忆”，对于未来则是“期待”。在这里，“看”或“视觉”胜过“听觉”，智性能力胜过其他能力。这一点对于时间的思考，很值得注意。他所说的，对于讲述往事的人心中若无所见，不会真实，其意何在？须知，在《忏悔录》的第十卷讨论记忆时，曾论及记忆与“象”极其有关。讲述往事的人脑中要有“象”，若是没有“象”，那就是编造的或想象建构的而已。圣奥古斯丁在此的看法与叙事(recit，narrative)的论题有关。圣奥古斯丁正在讨论时间，其实他也是在讲故事，是属于叙事(narrative)的体裁，而且他很清楚地意识到，他是在讲故事。

利科在《时间与叙事》中对于圣奥古斯丁时间观的讨论，指出圣奥古斯丁从现在时间的计量转往意识，将宇宙的时间最后转为记忆、注意与期待等这些心理模态，似乎心理时间会替代了宇宙时间。利科认为，这一替代并没有解决宇宙时间与心理时间之间的关系，因为只有“替代”，并不是“解决问题”。然而，我不同意利科的解读。我认为，其实圣奥古斯丁是将时间的讨论，放在宇宙的创造脉络中，他的重点根本上就是针对宇宙的创造。至于他对于心理时间的讨论，其意义在于此一十分特别的重点：希望人能够注意“现在”，能够“凝神”于现在，并借此进入永恒，分享永恒。也因此，圣奥古斯丁的用意迥异于利科所言，他并不是想用心理时间来替代宇宙时间，而是别有用心。我并不是说：利科是希望透过自我的时间来解决宇宙的时间，或说：用叙事的时间来解决宇宙时间的难题；也就是透过自我的故事和叙事来处理心理时间与宇宙时间的二元困境(aporia)。但若我们仔细考察，利科的目的是要建构他自己关于实存时间与叙事时间之间的关系的理论。但我认为，我们要注意到，这已经是对于圣奥古斯丁时间观的诠释暴力。若我们对文本自身加以留意，圣奥古斯丁已经讲明他是旨在追索，不在断言。显然圣奥古斯丁不想表示自己断定了什么，因为他只是在探问而已。但是，他对于自己做过的事，心中确有明显的图像(象)，所以他的论述的真实性，是立基在他记忆中的“象”上面。

我以上针对第十七章，指出当我们讨论利科对圣奥古斯丁的解读有其问题，必须要引用文本作为证据。下文从第十七章直到第二十二章，都是旨在讨论时间的三个向度：过去、现在与未来。基本上过去与未来都是立基于现在，所以他在第十八章很清楚地表明，过去的是以记忆中的影像存在于我现在对过去的回想中；至于未来，则是存在我现在对于将来的预期中。但是，未来不管怎样，都必须在存在之后，才能被我看见。圣奥古斯丁一直在使用“看见”这个语词。既然指的是将来，而不是现在，人们所谓“预见未来”，虽是指向尚未存在的将来，其实可能是因为看到已经存在的原因或征兆。也因此，对于看见的人而言，是“现在”，而不是“将来”。预言者所看到的是目前的存在。对于过去，是见其在记忆中的“象”;对于未来,则是根据所见原因与征兆来正确预期,换言之,根据因果关系或自然法则,人可以推测未来。有关自然律则,譬如第十八章所举的例子,预见黎明之时,太阳将升,这是对自然规律的考虑。可是,对于人事的法则,则是比较不一定。也因此,在古希腊哲学中,有物理时间(physical time)和悲剧时间(tragedy time)的区别,前者是在亚里士多德的《物理学》中阐述,后者则是在亚里士多德的《诗论》里讨论。这两重的时间,用今天的话来说,就是物理的时间与人文的时间。显然,圣奥古斯丁在这里所说,预见将来是根据所见存在的原因或规则,是属于物理的时间。可惜,他在这里并没有再举一个例子来说明人文的时间。不过,他在二十六章以后,用诗、用唱歌来譬喻,就比较接近人文时间,或亚里士多德《诗论》所论的悲剧时间。这其中,涉及对于自然现象的解释必须诉诸自然规律,对于人文现象的解释则要诉诸动机或想法作为行动原因,后者并不是物理性的因果决定,而是根据目的或欲望、理想等来理解。

不过,在第十九章里,圣奥古斯丁谈到天主也会把未来启示给先知,并说:“你启示的方式远远超越我所能见。……凭我本事我无法上达,但只要你赐我恩宠,我便能,因你是我灵魂之眼的光明。”这是以恩宠(grace)作为上帝的赠予或赏赐。在此,他有“赠予作为恩宠”的想法。比较起来,在今天有人认为,德里达的伦理学是“赠予的伦理学”(Ethique du don)。其实,圣奥古斯丁关于赠予的思想更为深刻。他的“赠予”的观念,不只适用于天主的恩宠,例如,在二十二章当他谈到他热爱研究圣经时,他也说:“把我所喜爱的赐予我,因为我有此爱好。这爱好也是你的恩赐。”我们也可以把天主关于世界的创造，当作是天主的赠予，后来的圣托马斯在《神学大全》中也是这样认为，而且将天主圣灵视为“爱”与“赠礼”。在此处的文本中，圣奥古斯丁将恩宠视为赠予。至于什么是恩宠呢？我们可以将恩宠理解为天主主动地临在于我心之内，这一主动临在就是恩宠，也就是天主不求还报的赠予，而且将成为我从时间进入永恒的契机。当然，这一契机不只依赖于恩宠，也还有赖于我自己的凝神专注。在此，他的“注意”一词比较重视“看见”之意，有某种视觉的主智主义（visual intellectualism）的意味。接着，圣奥古斯丁在第二十章，将从前面到此的讨论，做了一个总结，兹不再赘。

七、第四个问题：时间如何度量？物理时间（第 23—25 章）[①]与人文时间（第 26—28 章）[②]

以下从第二十一章开始，大体上仍是对于时间或过、现、未的性质的讨论。圣奥古斯丁在第二十三章中提问：“时间是不是日夜运动的运行？”或“只是一切事物的运行？”在本章里，他表示反对，认为时间不是只是日月星辰的运行，也不是只是一切物体的运行，因为那些都是物理的现象，然而一定要有人的意识去揭露且意识到它，才有时间。正如前文所述，这也是亚里士多德的想法，圣奥

① 引文皆出自《忏悔录》，页 249—252。

② 同上，页 252—258。

古斯丁一定很深刻地理解了亚里士多德，只不过在此他讨论的脉络并不相同。在第二十二章，他说时间作为一个奥秘，是一个纠缠不清的谜，他有需要依赖天主的恩宠去了解。所以他表示，他对于时间和圣经的爱好，他想要了解这个宇宙的终究和永恒的天主，这一切爱好本身也是来自天主的恩赐。喜爱追问并了解创造，也是一种赠予(gift)。

关于日月的运行与事物的运动，这些在亚里士多德那里都已经有所讨论了。一切的计数或度量，都没有确定不移的标准。只不过，亚里士多德曾指出，计数要有计数者，也就是意识，这一点也是圣奥古斯丁所遵循的：一定要有个计数者涉入，这一点他在第二十四章讲得很清楚。无论你说时间短或长，都与计数者或度量者有关。度量者不但可以估计运动，也可以估计静止。所以，静止与运动的时间都是在计数或度量之内。圣奥古斯丁在此凸显计数者或度量者，也就是心灵与意识。如果说时间里有过去、现在与未来，使得时间倾向于延伸至于种种计数单位中流转，这样子的 distentio 就意识来讲也是一种耗散。心神可以在时间中耗散，但也可以不让它耗散，为此就必须进行凝聚的功夫。从第二十五章到第二十六章，圣奥古斯丁举诗与音乐为例来说明。这些都是人文时间的例子，与前面物理的例子大不相同。为此，应该说有两种时间，物理时间与悲剧时间(后来说是“表演的时间”，如此则不只包含悲剧而已，还包含其他种类的戏剧)，其所表明的意义是：一方面有客观的时间，另一方面有主体的时间。这一个主体，基本上指的是灵魂；至于客观的时间，则是可耗散的。如此一来，在第二十七章一开始，圣奥古斯丁说，“我的灵魂啊，你要再坚持一下，集中你的注意力”，而且，这“集中你的注意力”，只能在“现在”为之。当你集中注意力的时候，你才会关照到那些客观的时间，也才能使客观的时间成为是可度量的。所以，物体在运动经过的历程中，会延伸到一定距离的时间，但由于意识集中注意力，才可能去计量它，而计量是从运动的开始一直到终止。在此，圣奥古斯丁举一首歌曲为例来说明。我认为，从《忏悔录》看来，圣奥古斯丁是一位非常爱好音乐的人，他常常举音乐作为例子。而且，音乐这个例子实际上也是非常恰当的，因为在音乐中，例如一首曲子的许许多多的音，必须在时间中进行，于是你对已经过去的音有所记忆，你对要来的音有所期待，而你现在则集中精神在注意每个出现的音，直到全部成为过去。

在第二十八章里，圣奥古斯丁把整个度量过程归于心理的时间，也就是还原到意向性的期待、注意与回忆三模态。他说：“将来尚未存在，怎样会减少或消耗呢？过去已经不存在，怎样会增加呢？这是由于人的思想有三个阶段，即期望，注意与回忆。”圣奥古斯丁在前文中是用“看”这个字，现在则是用“注意”一词，其原因可能由于事忙，写作过程也是写写停停的。但是“注意”与“看”都是他常用的字眼。此外，还有“记忆”一词。我们所期望的东西，通过“注意”而后进入“记忆”，将来再透过“记忆”回溯过去。所以他说：“并非将来的时间长，将来尚未存在，所谓将来长是对未来的长期等待；并非过去时间长，过去已不存在，所谓过去长是对过去的长期回忆。”他举唱一支娴熟的歌曲为例，来进行期待、注意与回忆的分析。这是用来解释人文的时间。一首歌如此，一出戏也是如此，甚至，他会觉得整个人生如戏。人们的活动是人生的一部分，人生也不过是人类整个历史的一部分，将这看法扩张来看，整个人类的历史也何尝不是如此呢？

八、第五个问题：如何在时间中凝神，避免耗散，在时间内上升、进入永恒？直到最后一段（第 29—31 章）[①]

在第二十九章里，圣奥古斯丁提出他对 distentio 的看法。他说："你的慈爱比生命更好，我的生命不过是挥霍。"中文译本在此将 distentio 翻译作"挥霍"，并不正确，应该译作"耗散"。周士良先生有时将他译成"延展"，后者在拉丁文应该是指 extentio，而非 distentio。圣奥古斯丁希望"忘却过去种种，不为将来而将逝的一切所束缚，只着眼于目前种种。不驰骛于外物，而专心致志。"这段话就是在解释凝神（intention）之意，"要追随上天召我的恩命，那时候我将听到称颂之声，瞻仰你无未来、无过去的快乐。"请注意，在这里的 confessio 完全变成是"称颂"的了。于此可见，对于圣奥古斯丁，每个时间的刹那，只要你如此集中精神，于每一个现在的刹那，你都有机会进入到光明快乐的永恒之中。这时候的 narratio 就不再是说故事了，因为没故事可说了，一切只有赞颂。但这一情况，也不用像赫舍尔（Abraham Joshua Heschel）所说，要等到安息日才来进入永恒，而是在每一个刹那都可以达至，或说每一刹那都是安息日。所以在三十章的最后，圣奥古斯丁要奉劝大

① 《忏悔录》，页 256—258。

家，“希望他们认识到，没有受造之物，就没有时间，不要再这样胡说，更希望他们，专心致意于目前种种，懂得你是在一切时间之前，是一切永恒的创造者。任何时间，任何受造之物，即使能超越时间，也不能和你同属永恒。”然而，人总是可以在现在当下的时刻，凝神敛虑，品味到永恒。

我前面曾提到，圣奥古斯丁谈论到他对于“静默”的体会，或许不如东方灵修那般够深入。他用“衡量”来讲“静默”。在第二十七章最后一段，他甚至提到“度量静默”。这里的“静默”主要是用在集中思考，甚至是“在静默中推算好多少时间，把计划交给记忆，便开始发出声音，这个声音将延续到预先规定的界线。”可见，圣奥古斯丁的静默常是用来筹划用的。我们可以了解，圣奥古斯丁当了主教，承担教务重任，每日必须为种种事物忙碌，连静默之时也不得不这样子了。如此的静默，并没能像老子那样“致虚极，守静笃”，或庄子所言“心斋”、“坐忘”，或慧能所言“无念”，甚或荀子所谓“虚一而静”，并在虚静当中进入到一个新的心灵境界。我看圣奥古斯丁每次提到静默，常在筹划与思考，不过如此罢了。我常觉得“静默”，应该是一个很好的凝神契机。但是，看样子圣奥古斯丁的静默，甚至凝神敛虑，还仍在思考的活动当中，忙作计划的样子，且想要不断提升向上。圣奥古斯丁是一位天才，他鼓励我们在世上磨练、用功、不断行动。所以，他对于在静寂中接近永恒，或闲暇自由中接近永恒的意义，在此体会到的比较少。虽然他喜爱的歌曲或诗歌也可以算是闲暇活动之一，但是他也会提醒我们，不要在其中耗散。

最后一章的意思十分明显，不必多解。我想说的是：对于未来的期待，是发生在现在，这是因为上升的逻辑，应该就是在现在不断自我提升。圣奥古斯丁的 expectatio 可以有两个意思：其一是对未来的期待（expectation futurorum），其二则是延伸至完美（extention ad superlative），这是圣奥古斯丁在当下的“凝神敛虑”中的期待，属于精神的提升，是经由不断的提升而成为完美的期待。这一期待十分不同于单只是对于未来的期待。

九、结语

总之，按照“创造”的意义，圣父生发圣言，揭露了太初/真理，也就是圣子，而圣子经由道成肉身，已经来到人间，接通了永恒与时间。换言之，那永恒与时间的中介者是圣子。同样地，时间虽然不断流转变化，其中事物不断运动、变化，且迈向终局，但我们人的心——对于圣奥古斯丁而言，我们的心，也就是意识，应该是一个奥妙之处——心虽然可以在回忆、注意、期待当中运作，有时候也会因此而耗散，然而心也可以借着凝神而趋近永恒。人心可以以圣子为典范，这一点在此书中可常读到。在人而言，心是中介者，中介了时间与永恒；就如同在宇宙中，圣子中介了永恒与时间。于是，经由人的凝神努力与神的恩宠交融，人可以在时间中进入永恒。虽然人于此生只是略加品味，然就终极而言，趣味无穷。这使我想起亚里士多德《形上学》第十二卷所说，思想思想自身，其所思想者厥为至善。对此人只能偶而有之，然神却是恒然如此。思想思想其自身，这应该是一全面自觉、全盘透明的存在状况。对此，我们人至少可以偶尔有之。这是我的一点体会，虽然只是偶尔有之。我想，由凝神以品味永恒，是圣奥古斯丁在此所要揭露的意思。虽然在当前后现代的论述中，有各种不同的诠释，众声喧哗，话虽如此，像德里达、利奥塔等人晚年都回头留心《忏悔录》，虽然论述各有不同，但他们大概都有同样的体会吧，就是走了那么大一圈，发现了迟来的爱，总感叹"爱祢太晚"。我想，这一点值得我们深加体会。

问与答

（作者按：本文在政治大学哲学系发表后，曾有一段问答时间，其讨论内容于学术上颇有意义，兹录如下。）

汪文圣老师：

第一个问题：我觉得今天印象最深刻的是文本结构，本书的结构到这个地方有一个时空的转接点，这是最有趣的。但在那里我还是有些不太清楚的地方。您提到有三个奥秘：创造，自我与时间。首先"时间"这奥秘讲起来好像是煞有介事，可是这奥秘本身到底是怎么成立的？为何我们去想时间"是"什么的时候，就会突然不知道它是什么？这是怎么样成立的？它和另外两个奥秘成立的方式似乎不太一样，这是第一个问题。

第二个问题，好像时间是一个重要的通道，可以解决或是联结前两者。那这个联结到底是怎么样建立的？是因为我们可以凝神敛虑、一窥永恒，就能把自我的问题与宇宙创造联结起来吗？可是这样讲起来不太能让人家信服。这在奥古斯丁这里到底是如何成立的？

沈老师：Mysterium 这个语词，我们翻译作“奥秘”或更好说是“奥迹”。若只翻译作“奥秘”会有一个问题，是说它会与“秘密”联想在一起。德里达就是这样子理解的，他说：“我在 confess（坦承）一个秘密（secret）”，于是就把 mysterium 解释为一个秘密或一个隐藏的讯息，而且通常是被故意隐藏起来的讯息。这与“奥迹”的意思不相符，因为奥迹并不只是 secret。之所以说是 mystery，是因为它总有超出我们的理解因而隐藏的部分。之所以隐藏，不仅是因为我们使用语言来建构，或是我们的理解不能完全穷尽它，而是因为奥迹作为一个地平线（horizon），它会不断地撤退。所以，作为 mystery 和作为 secret 不一样。很多事实或讯息会因为个人理由、政治理由或社会理由而成为 secret。*Journal of American Academy of Religion* 前此就有一期专门讨论 secret 概念，基本上是以之作为一政治概念。但就奥秘而言，则具有神学和宗教涵义，主要是基于终极真实隐微难明或不可能完全揭露。

时间作为一个奥秘或奥迹的主要原因，是因为时间是受造的（created），时间与万物一起受造，但人又生活在其中，也因此它不是完全的奥秘，因为它还有日常经验的一面，是平庸之所在。我说：时间有庸常的一面，也有奥秘的一面。那么，由于它的奥秘这一面，不能完全使用心理的解释，如记忆、注意或期待的模态，因为它是那规约记忆、注意和期待的地平线，而不只是记忆、注意或期待。像利科（Ricoeur）在《时间与叙述》中讨论圣奥古斯丁《忏悔录》第十一卷时所讲的 distintio animi（耗散的灵魂），intention animi 坚定神的灵魂，就好像变成是心理的时间了。至于我，我比较重视在圣奥古斯丁的文本结构或写作策略里，所显示出来的心理时间与宇宙论时间的动态平衡与内在联系。天主本身是永恒的，这就是一个纯粹的奥秘。这一纯粹的奥秘是远自犹太传统以来，一直到基督宗教传统所强调的“隐藏的上帝”(Hidden God)。你如果说得出天主或上帝是什么，并执以为真，那就变成偶像崇拜，把不是上帝的变成是上帝的，或把揭露上帝时的现象，如打雷、暴风，灌木丛燃烧等等，当作是终极的实在，那就有偶像崇拜之意。所以在神学中有所谓“否定的神学”或否定之路(via negative)。之前万物的美善，天主或上帝皆有之，然而进一步又说，天主或上帝的美善并不是万物的美善，你说的美不是祂的美，你说的善不是祂的善。我想，否定的神学旨在表达奥秘的意涵。

至于“自我”作为一个奥秘，是因为自我与世界、时间等，都是属于受造物的奥秘，之所以是奥迹，是因为与创造攸关。按照圣奥古斯丁的想法，自我是与创造有关联的。所以他透过记忆，不断地延伸回去，探索自我。《忏悔录》前面十卷里的自我探索，都是透过回忆来进行的，最后就在第十卷，对这一历程做了一个总结。在探讨时，发现自我也是一个受造物的奥秘，也不能够完全穷尽，因而必须与创造、时间联系起来思考，于是转入第十一卷。

就圣奥古斯丁是跟随柏拉图思想的路线来讲，记忆是一个非常重要的走向真理的门径，这一点与亚里士多德有很大的不同，因为亚里士多德的灵魂论，认为主动理智可以永存不朽，但在不朽的生命中并不记得这一生曾做过什么。换言之，记忆没有不朽生命。在亚里士多德的系统里，只有理智与意志是属于不朽生命，而记忆则不属之。但对于圣奥古斯丁，记忆、意志与理智都能引人进入永恒，意志的功能是爱，理智的功能在于认识，记忆的功能则在存保来自永恒的讯息以及时间中发生的一切，这三者都是把你连向天主或上帝的关联。圣奥古斯丁对于真理的探讨，与记忆有着密切的关系。

我的意思是说，自我与时间作为奥秘，与天主或上帝作为奥秘，在"奥秘"一词的意义上不一样，两者虽属于奥迹，然而是属于受造物的奥迹。在此，有一点很有意思。在本书 Confessions《忏悔录》或更好说是《赞颂录》里，圣奥古斯丁重视叙事（narration），而且说是在叙事当中用语言来"做"出真理，也就是透过"说"来"做"。但是，在其他地方，可有两个概念来说，一个是柏拉图式的模仿（imitation），另一个是痕迹（vestigio）[10：24]，也就是后来德里达所说的 trace"迹"，或说是痕迹。"迹"在第十卷出现，也在别的地方出现过。至于时间作为一种模仿，当然是柏拉图式的概念。痕迹表示有所揭露，然而其余皆不见了，只见所遗留的揭露之迹的部分。简言之，mysterium 的意思大概可以从《忏悔录》里说的这三个语词 vestigio、narratio 和 imitatio 来思考，作为受造物的奥迹。

依我看，提出时间作为一个 mysterium，在叙事上有一个功能。前面十卷写的都是圣奥古斯丁他自己，但后面三卷写的是则是天主与万物的创造。前面所写的大部分都是在回忆过去。但是从第十一卷开始，就叫人注意要在现在凝神，期待精神的提升。我认为，在此"期待"（expectation）一词有两个意思：其一是对未来的期待，其二是对更高的、完美的境界的期待。其实，在此圣奥古斯丁讲论的是灵魂提升的逻辑，是要走向更高的、完美的精神境界。

但是大家可以注意到，前面十卷，比较属记忆的部分。然而转向第十一卷，则强调对现在凝神与注意，并对未来更高完美境界有所期待。这在第十、十一卷里讨论，可以说有衔接的功能。就整体来说，自我是在宇宙当中。比较起来，前十卷讲的是圣奥古斯丁这个人，他的自我在时间中，或说他的人性、作为人之所以为人的陶成(formation)。后面的部分则指出人的陶成不是孤立事件，而是在宇宙当中进行的，所以它跟着后面的创造(creation)，必须联系起来讲。

在这意义之下，《忏悔录》这一联结的线索是陶成(formation)与创造(creation)，或说人性的陶成和宇宙的创造与历史两者之间的联结。所以，关于你问的问题：连结是如何建立的？当然，人的陶成是在时间中进行的。但在神学上，有一个关键的道理。这联结的建立，并不只是因为人的存在场域，人在时间中展开自我，而其中有人文时间，也有宇宙时间。并不只是这样。它有神学的基础。圣奥古斯丁所谓的中介者是他所理解的"真理"，也就是圣子。《忏悔录》非常凸显圣子的地位，也就是"道成肉身"，"道"是上帝的语言、智能、真理，也就是圣子，是祂作为中介者。

所以，就神学或信仰上的联结来看，是因为道成肉身，圣子既生活在时间里向我们说话，但祂又是天主的圣子、圣言，是天主的思维和显露的开端，于是显露成为"太初"。太初就是道、圣言、智慧或光明。这样讲，也是"不道之道"，有些超越语言的了解，因为语言毕竟还是有限制的，而圣言也是超越语言的，有神学意义的奥秘。总之，在此，"奥秘"不只是作为一哲学概念，也作为一神学观念。

林志明老师：意思是说要模仿圣子，是这样理解吗？有这样的意涵在里面吗？圣子既然作为宇宙的时间和个人时间的联结，那好像他的结论就应该是对圣子的模仿。

沈老师：是的，以圣子为中介，当然也有涉及模仿圣子之意。这在中世纪后来发展成为“模仿基督”(Imitatio Christi)的想法，为此坎皮斯(Thomas à Kempis, 1380—1471)著有 *Imitatio Christi* 一书，中文译作《师主篇》，其实就是模仿基督的意思。就圣奥古斯丁来说，他在前几书追忆自己曾经放荡、不知道如何是好，但后来因为基督的启迪和中介，他才了解到他自己该做什么。

汪老师：顺着林老师问一个问题，沈老师刚才讲到，从十一卷开始，算是凝神的工夫，就是“注意现在”。在前十卷或前九卷中，“记忆”占有很重要的分量。而且，好像觉得，他并不是在度量时间，然而前九卷他是顺着时间，好像跟着时间的踪迹在跑，跟着时间把过去的事迹，一步步地坦露出来。当然，这里忏悔的因素比较多。既然是忏悔，他所忏悔的那些事件就等于是在把时间耗散。但在耗散过程中，他也陆续出现一些灵光闪烁，好像上帝透露的，或往这方面的追求。他一直在这样跟着时间跑，在耗散时间当中陈述，当中偶尔会有一些凝神性。从第十卷开始，特别会注意到，他好像直接在问时间是什么，就是说他开始要去反省、度量时间。他度量时间时，三番几次问说，“到底我是靠什么在度量？”他马上又说，“我是在祢里面度量时间”，在上帝里面度量时间。所以他到底是靠什么在量呢？

沈老师：说得很好，唯独那段翻译要注意一下，那个“你”是指心灵，是在心灵中度量，并没有直接说是在上帝内度量。

汪老师：那么，现在我在量，变成说这量的东西，是靠人呢？还是里面心也有上帝在里面？变成你有一个主动、去量，是一种测量者。测量者当然就会凝视，开始有些蛮主动的现象过来。但是我们会问，赋予这个测量者，这到底是什么？然后，一个重点就会变成，去凝视过去，本来要全神贯注去专心注意，注意这时候当然也会有一点往永恒这边过去，所以说"量"的问题和凝视的问题和过往永恒的问题。跳到过去，是耗散；然又进入到永恒。这边好像有些关联。乃至于说出现了"你的慈爱比生命更好"等等的关联，我不晓得沈老师怎么看。

沈老师：你的第一个问题，有关记忆的部分，究竟圣奥古斯丁回忆的事情是否都是耗散？并不尽然。他需要凝神敛虑进入记忆里面去找寻各种机缘，有的是耗散，有的是凝神。尤其是圣奥古斯丁的母亲对他的启发。他在《忏悔录》第九卷中曾叙述：他和母亲圣莫妮卡共同经历了一个密契的经验，有一段描写他和母亲在窗边，突然他们的心神穿越树林、山河大地，一直到不可用言语说的层面。中译文描述如下：

"相近她去世前的某一天，你冥冥之中安排着，使我们在家中靠近花园的窗边谈话，……[刹那间经历到灵魂的飞升，超越身体、大地、海洋、空气、诸天、灵魂、梦境与想象，直至抵达灵魂深处，在我们心灵完全集中的瞬间碰触到神的智慧，然后在一声叹息中，回到有起头有结尾的语言……]，并说道：

"假如任何人的血肉之躯的喧嚣沉静下来，假如大地、海洋、空气的形象也静寂，假如诸天也沉寂，假如灵魂对自身亦沉默，并借不思考自己而超越自己，假如所有的梦境与想象之心象皆沉寂，假如所有语言、一切符号、一切倏忽起灭之物皆告静寂——这一切种种定要向听者说："我们不是自造的，是永恒常在者创造我们的。"言毕也请它们静下来，在它们的沉寂中，唯有祂向我们说话，不凭其他，让我们听到他的言语，声音不出于尘间喉舌，不由天使传播，不借云中霹雳震响，也不用譬喻瘦辞使人揣度，而径自谛听他自己说话；我们本在万物之中爱祂，现在离开万物而听祂，一如我们现时的奋发，一转瞬接触到超越万有、永恒常在的智慧；如果持续着这种境界，消散了其他不同性质的妙悟……如果永生符合于我们所叹息所想望的，那时一刹那的真觉，不就是进入主的乐境吗？"

以上这是描述一个密契的经验，而且是与母亲共融的，不只是单独的。在他说，"我们又回到有起头有结尾的语言"的层面，然后才开始叙述刚刚发生的事。他这整个对密契经验与语言结构的讨论，很有意思。

可见，就圣奥古斯丁对过去的记忆来讲，至少曾有一刹那，他在时间中进入了永恒，亲临了终极真实。就其柏拉图主义的背景来说，我们的认识其实是在回忆。在柏拉图来讲，并没说这就是真实的，只说这是个仿佛的故事（a seeming story）：灵魂在来此世之前看过理型，所以这一生，无论是眼睛观察、耳朵听到，甚或老师的教导，都只是在回忆。亦即：透过回忆得到真理。

须知，拉丁文 forma 在希腊文就是 eidos，中文译为"相"或"理型"。至于 formatio 则是"陶成"之意。前面十卷讲的是圣奥古斯丁陶成的过程。所以他的 formatio 是在时间中的记忆，其中有些机缘是近乎纯粹的，用柏拉图主义来讲接近纯粹的形式。所以他说，"回归你的内心吧，真理就住在内心。"总之，第一部分是跟着回忆找寻自我形成的过程，是他的 formatio 部分，其中所要找寻的是典范的 forma。这个典范的 forma 在 creatio（创造）里面，就转成了圣言，也是道成肉身，在世间成为基督。在三位一体论来说，则是圣子。

至于回忆的过程，虽然我们若从胡塞尔的《内在时间意识》（该书德文本是由海德格尔整理）的角度来看，你在现前可以回忆过去，在过去中也曾期盼未来。某种意义之下，可以比较普鲁斯特的《追忆似水年华》，其中作者想到过去、在过去中也曾向往未来，类似于这类情形，带出了很多的故事。如果在现象学角度来看，也可加入神学意义，那你也可以像梅洛-庞蒂（Merleau-Ponty）在《知觉现象学·序言》中那样说：意向性可以如此往前回溯，又如此企盼向前，意向性如探照灯般不断转变，但其中有个底层的意向性还是一直在前进的。我想，在《忏悔录》里也可以读到这样的文字，因为在回忆中虽然有"回溯"或"注意"，但基本上时间还是继续前进。这样的话，就有某种双重性。一方面，如你所说，就是会耗散（distentio）。这样，回忆中的事件也会耗散，在回忆中，他也一层一层地讲述，在回忆里常常依靠的是图像。"象"其实有很多意义。不过，后来到了一个阶段，就会超越"象"。例如圣奥古斯丁说：像数字、概念等，就不一定有图像。在记忆里还有很多其他的东西。你也可以注意到，圣奥古斯丁还有一个"真理种子"的想法，甚至那些图像原本也像种子一样潜藏在我们的思维里面。

可另一方面，在时间中也可以凝神敛虑（intentio）。这样说，不能把 intentio 只理解为 intentionality（意向性），而应该是集中精神，凝神敛虑。他在回忆中也要凝神注意过去，寻找其中接近上主的奇迹，形成了他生命中重要的经验。他在《忏悔录》里写出来的，主要都是他生命里的重要经验，是对他个人而言，或对群体而言，重要的事件。

这些事件，如果用利科（Ricoeur）的术语来讲，都是 évènements fondateurs（奠基性事件），也就是奠定这一生中最重要的那些事件。圣奥古斯丁写出来的，都不是杂七杂八的事件，而是陶成（formatio）他一生的奠基性事件。当然，在人类历史上也可以如此说，历史所叙述的，大部分是某一群体的奠基性事件。那些事件，在回忆中，是可以有“象”。但是，人啊你要看破这些“象”，超乎“象”外。也就是说，事实上“象”并不等于事件本身。我想，德里达（Derrida）所强调的正是这一点，也因此他要区别 event（事件）和说出忏悔的故事。他的依据是圣奥古斯丁第十卷一开始所说“透过叙事，做出真理”。德里达说行动性语言（performative language）所创造出来的，并不等于事件，因为事件往往会 dementir（揭穿谎言），揭穿你的谎言。

不过，我觉得圣奥古斯丁对于事件的叙事，基本上还是要在诸多奠基性事件当中，找到他的 formatio（陶成）和宇宙的 creatio（创造）里向上的契机，也就是接近理想形式、典范，以基督或圣言作为典范，一生所要接近的奥秘的契机。汪老师你的第二个问题是？

汪老师：我刚才还问“度量”。

沈老师：是的。关于“度量”，其实，我觉得圣奥古斯丁谈“度量”，或更好说“计量”，他所要带出的是“计量者”，也就是意识或心。至于计量都是在现在量、有缺陷的、而且标准不一。他说：如果度量一百年，拿这一年当现在，那还有九十九年。在这一年内，拿一个月当现在，那还有十一个月或过去或未来。一个月里还有30或31日，一日有24小时，等等。长时间、短时间都是相对的。我想，圣奥古斯丁当时时间的计量方式有小时、日、月、年，但在小时之内就没有分和秒了。你可以从他的文本看到，当时时间的计量没有分，也没有秒。后来由钟表所建构的时间，在时里又有分，又有秒。在他写的《忏悔录》里，还没有钟表建构的分秒时间，只有年月日时辰，而他也还区分白天时间和夜晚时间。

总之，圣奥古斯丁说计量，他真正要说的其实是“计量者”。在亚里士多德《物理学》(Physica 或译《物性学》)中讨论“时间”的部分，说时间是来自对于运动的前与后的计数(numbering)，而其中应该有在计数者，那应该就是意识或魂，但关于意识或魂在计数时间时所扮演的角色，亚里士多德并没再继续仔细讲述。后来，有所谓“世界魂”在计量宇宙时间之说，那是经过阿拉伯的诠释传统，将此计数者解读为“世界魂”。像阿维森纳(Avicenna)后来讨论的理性灵魂(rational soul)，颇类似《大乘起信论》所谓的“一心”，或如陆象山所言，无论东圣、西圣，前贤、后贤，都是一个心。换言之，当人如实地理性思考，便是进入到同一个理性灵魂或心里面。阿维森纳所言的 rational soul，是人的灵魂经过净化过程以后得以进入的一个大理性之魂，这跟佛教有些接近：《大乘起信论》所说“众生心就一是一心”。人在净化己心以后得以进入此一心。

但是，圣奥古斯丁并没有这样的一个看法。亚里士多德留下了一个很大的问题：究竟计量者是谁？如果说是在记忆、期待和注意这样的“计量者”，那指的是我心，是单独一个个体或主体。然而，那只是个别的主体，并不能进到一个像阿维森纳所说的理性灵魂。其实圣奥古斯丁不赞成说进到世界魂或一心的看法。所以关于物理的时间,其计量者基本上是我们人的心,而不是有一个世界魂在那里计量。至于亚里士多德的说法则有这般诠释的可能,这也是后来阿拉伯哲学界的理解。圣奥古斯丁说的却是我意识深奥的地方,我可以在这里面掌握现在,回忆过去,期盼将来,这是我独特的心灵,或说每个独特的心灵都是计量者。总之,关于时间的计量,圣奥古斯丁其实是要归诸计量者。他要讲的正是计量者,而不是要讲计量。计量有很多缺陷,当他在讲年、讲月、讲日,都在指出这点。可见,计量并不是他的重点,他透过计量,主要是要讲出计量者、思维者或凝神者——心灵,也就是他在十一卷第二十七章所说的:"我的心灵啊,我是在你里面度量时间。"

汪老师:计量者好像就是凝神者。

沈老师:是的。

汪老师:凝神者意思就和创造者(creator)去做一种对照,有这样的意思。但到底是不是等同?

沈老师:不不不,对圣奥古斯丁来讲,是不能等同的。但也不能绝然对立,既然计量者的陶成是跟着宇宙的创造联系起来的。个人的小故事与宇宙的大故事是相通的,计量者与造物者之间也是相通的。虽然说,在后现代,像利奥塔便否认大叙事(grand narrative)的成立。在此且不管他。我读过许多研究者的作品,如果是基督徒研究者,他们常会把这两者分立,就是抬高永恒而贬抑时间。但事实上,按照我所了解的,圣奥古斯丁并没有这样做,而且认为两者之间有相通之处。不但说他所相信的上帝的恩宠保障了两者的相通,而且人也可以凝神敛虑,由时间通达永恒,其间仍须恩宠推助。但我是仍不把它们当作等同。更好说是对比的关系，虽差异而仍共属，虽断裂然仍连续。

刘千美老师：接续这个问题，我比较关注的是人的凝神敛虑这件事。沈老师刚才讲到，in the beginning 是讲到圣父；接下来就是……

沈老师：不是。太初 in the beginning 指的是圣子，不是圣父。In the beginning 也不是指时间的开端，而是指"在太初内"，也就是在圣子内。换言之，圣父不是在时间中的开端创造，而是透过开显为思想、智慧或圣言，也就是圣子，并因而创造世界。至于圣父生圣子，圣父、圣子共发圣灵，这在天主教与东正教是有所不同的。天主教说的是：圣父生圣子，圣父、圣子共发圣灵。东正教说的是：圣父生圣子与圣灵。毕竟，三位一体是非常困难的神学议题。不过，圣奥古斯丁的解释要点是说，圣父在永恒中思想，也就是生发了圣子。

刘老师：我的问题接下来就转到卷十二，圣言部分，刚才沈老师讲，有一种中介的思想。但圣奥古斯丁在第九章部分，引用《罗马书》八章二十四节里讲到：赖于希望。所以我对于人的希望、痛苦、热爱、恐惧这个部分，刚才沈老师特别提到"同"跟"不同"的概念，那是不是一个要依靠圣灵的部分……那奥古斯丁有没有讲到圣神？

沈老师：在基督宗教里，"信"、"望"、"爱"三德是基本教义。你提到的那个"希望"是在讲"望德"。解决"恐惧"和"爱"的对比的一个主要因素，就是信仰与道德实践中带来的希望。所以在圣奥古斯丁的著作中，他常常讲"爱"，还有"信"与"望"。他在不同的文脉里讲信、望、爱三德。至于圣灵，按照圣托马斯《神学大全》，圣灵就是爱，就是赠礼。祂是圣父与圣子之间的爱，天主并以此爱去爱所有的受造物，祂是圣父、圣子爱的赠礼，并以此无条件地赠礼予万物。

刘老师：谢谢老师。我是想确定，奥古斯丁在人的信德的部分，是不是需要有圣灵来推动，才有可能？也就是说，人作为一个凝神者，他还是要有圣灵推动？

沈老师：对，这点是可以同意的，因为圣奥古斯丁既讲人的凝神，也讲天主圣灵。对他而言，天主造了宇宙的律法，到了人所形成的组织，就成为教会。就天主而言，圣父生圣子，两者共发圣灵，天主也经由圣灵来启发人类。人必须遵守教会的律法，当然也要尊重人的自由意志、自由选择等；同时这也要和从天主来的圣灵一起接轨。在这部分，他兼顾两面：人的努力、凝神，以及透过天主圣灵的恩宠。针对这两者的纠结，有许多人认为圣奥古斯丁只透过恩宠来解决，我认为不是这样。圣奥古斯丁到处都明确地讲，人要经过修炼与灵修，经由凝神，来向上达到永恒。不过，圣灵的部分，是放在第十三卷来讨论，不是我今天的主题。今天就点到为止。

刘老师：刚才讲到“大叙事”。是否可以再多说一些，因为你说利奥塔(Lyotard)否认大叙事。

沈老师：利奥塔问：什么是后现代呢？他认为：后现代就是拆解所有的大叙事。大叙事有很多种，譬如说基督宗教相信的，也是圣奥古斯丁相信的一个大叙事，是说整体宇宙和人都是天主所造，而宇宙和人生的目的是在迈向一终极真实、也就是迈向天主。或如黑格尔式的大叙事，是讲意识经验的成长，成为精神，完成于绝对精神，这一精神现象学也是一大叙事。马克思所讲的，人透过劳动来全面实现人性，这也是一个大叙事。我觉得，利奥塔由于反对大叙事，也因此他在讲圣奥古斯丁的《忏悔录》时，对于其中大叙事的部分就不怎么理会。

刘老师：我想问：老子"道可道，非常道"的"道"本身，有没有像圣经里"太初有道，道成肉身"这样的叙事和时间的关系？

沈老师：嗯，在这里用"道"一词来翻译圣经的 logos，容易误导。因为圣经的 logos 其实讲的就是圣言，言语，而"道"除了说话，还有别的意思。圣经有关创造的神学大致如此：天主在永恒中思考，发出智慧、真理、光明，也就是圣子，并因而创造了天地。还有，吴经熊的"太初有道"这一中文翻译之所以会误导，是因为"太初"就是"道"，"道"就是"太初"，并不是"太初有道"。"太初"就是代表圣子，或说圣父生圣子。所以，"道"、"太初"是同一个 person，是同一位格。

至于老子则有所不同，"道"也与商朝的上帝，或周朝的天有别。原先、在《尚书》、《诗经》里的上帝或天，都是有位格的神，上帝鉴临四方，体察民瘼。上帝既然能体察人民的痛苦，便应该能够思想、能够爱，可以说是有位格的。周代以普遍之"天"替代了先前与殷商祖先崇拜有关的"上帝"或"帝"。我们看到殷墟卜辞里说，帝曰"若"、"不若"，可见上帝会回应人的卜问。然而周人担心在占卜或祭祀时若继续称呼帝或上帝，会联系到与殷商族人祖先有关的帝那里去了，所以就用更为普遍的"天"来替代，虽然说在开始时还常会混用。然而，无论"上帝"或"天"都是有位格的。可是老子的"道"，就是以无位格的终极真实，取代"上帝"或"天"有位格的终极真实。至于"天"的意义就转变成是天地自然。"道"这一终极实在并没有位格。天地不仁、天道无亲,没有亲、没有爱、不仁,可见不是一个位格者。这和用来代表圣子的"太初"、"道"差别很大。其实,若非要翻译圣言作"道",所使用的并不是老子或道家的意思。

在老子之后,大约在老子与孟子之间,有一位道家作者写了一篇竹简《恒先》,是篇刚刚新出土的文献。其中,"恒"就是代表"道"的意思。该竹简说"恒先无有",也就是"恒"先于"无"也先于"有"。又说:"自厌不自忍,或作。有或,焉有气。有气,焉有有。有有,焉有始。有始,焉有往者。"换言之,道不愿意忍受停留在自己之内,所以走出自己——这点很有意思——于是就生出空间,并在空间里充满了气,从气里又生了万物等具体存在,而事物凡有生的,就会有死的。但是,其中虽然讲空间,但并没有讲时间。关于时间的产生,在《太一生水》里面有讲到"四时"与"岁",整个生发宇宙的过程"成岁而止",可见其主旨是为了定出秩序,之所以说"时",是为了定出春、夏、秋、冬的顺序,而且成岁而止。

所以,从《恒先》看来,"恒"(或"道")自我走出,生出空间,然后充满气,然后落实到具体万物,开始有生有死等等,所讲的好像有空间的优先性。《太一生水》里的时间也是很后来的。《庄子·大宗师》也用某种神话来讲这议题,似乎世界诞生的顺序就是神明出现的顺序,其中也是先讲揭露空间,然后有气,后有星辰,有上下东西南北,等等。在《齐物论》中,讲"六合之外,圣人存而不论,六合之内,圣人论而不议,春秋经世、先王之志,圣人论而不辩。"讲的是圣人对六合(空间)之内的事物才予讨论,然而对历史人文,人各有立场,所以圣人论而不辩。总之,这一线的思考是空间优先论。但在圣奥古斯丁，天主创造万物，有万物就有变化，有心灵计量时间，意义不一样。

刘老师：林老师刚才提到“期盼”、“注意”跟“记忆”这三个向度。我是想说，海德格尔在谈到时间里面，时间其实是一个存在物的三个向度，“已是”、“正是”和“能是”，所以并没有所谓“现在”、“过去”、“未来”。而是因为存在的三个向度，而有这样子不同的状况。现在我在想，海德格尔这样的思维跟圣奥古斯丁相比较的话，因为圣奥古斯丁也是透过一个物的存在，然后去期待物的可能发展、走向，从关注开始。他也在书里说，其实没有未来、也没有过去，那些都不恒在，只有现在，所以你要注意的是现在。然后，你透过现在物的展现，回忆起它的过往，再在这回忆的过往里，觉察到事物的存在。

那当然是在说：上主的灵居住在我的记忆当中，因为这缘故，我能记起祂，但记起的不是祂的过去，也不是祂的未来，而是祂的现在。这样的话，如果将圣奥古斯丁与海德格尔这两个人的观念比起来，因为你刚说 image（模仿）不是 event（事件），可是 image 可以是一个 narration（叙事），因为一个图像出现的时候，它不是静态的，它同时也是指向着它曾经有过的和过往的，它只是一个这样的中介。所以我的问题是，海德格尔和圣奥古斯丁对时间的理解，好像海德格尔是不把时间当作一个存在的向度来看待；但是圣奥古斯丁讲的时间好像是在一个连续性，可他又说，没有过去没有未来。我想，可不可以麻烦您对这一点再说一下。

沈老师：关于海德格尔的时间，有必要注意他的《存有与时间》（*Sein und Zeit*）与《时间与存有》（*Zeit und Sein*），两者不一样。在《存有与时间》里,海德格尔是透过此在(Dasein)的时间化来讲时间。因为 Dasein 有了已是,因而才有过去;因为 Dasein 有了能是(Seinskönnen),因而才有未来;由于 Dasein 有了正是,所以才有现在。可见,过、现、未,是建立在 Dasein 的存有模态上面,主要是因为 Dasein 的已是、能是、正是。所以,时间是来自于人的时间化的过程。至于计量的时间,譬如我们计算昨天、前天、多少天,几个礼拜等等,这些都是后来引申出来的,是我们对于历史时间和日常时间的计量和建构。但是,在《时间与存有》里,他提出了"Es gibt",就是存有,或存有本身,或 Sein 或是再打一个叉,或说 Seyn,是它在自我走出,自我赠予,自我给予。这个不断走出者,不再是人而已,而是存有本身在自我走出,在给予。所以,gift 作为"赠予"、"赠给"、"给予",这一概念可以在这里找到其存有论的依据。在这个意义之下来理解时间,时间是一种赠予。在圣奥古斯丁里你也可以看到后面这样的想法,你也可以这样读它的文本。

当然,海德格尔以此在 Dasein 作为人的意义,人不再是自我意识、不再是主体,而是 Dasein。然而,说来说去,海德格尔所说的时间,就是人的时间,事实上只是人的"时间化"的结果,所以没有过、现、未,有的只是人的已是、正是、能是,其中最重要的是能是。至于圣奥古斯丁,他注重的是现在,从现在你可以回溯、回忆过去,你可以凝神敛虑于现在,你也可以好好计划与期待未来,但是,重点在于现在。海德格尔的重点则是能是(Seinskönnen),你可能成为什么,如何投向于能是。不论如何,这都是人的时间。但别忘了,在圣奥古斯丁的受造物里,还有天使。圣奥古斯丁有个天使学。怎么解释天使，是另外的一个神学问题，然而，天使是在创造之初受造，那时还没有人类，但已经有了时间的计量者。天使也是一种受造物，那也就有运动变化，因此就有时间，虽然它的运动特别神速、当下即是，这也是天使神学的一部分。所以，圣奥古斯丁的时间，并不仅限于人的时间。有受造物就有时间。受造的时间与受造之物同时出现，如此一来，就不能只从人或 Dasein 的角度来看。但时间与受造物作为 gift，则是可以理解的。创造本身作为上帝自我走出的给予，成为赠礼，这一点想法在圣奥古斯丁，在海德格尔，都可以有不同的理解。

汪老师：可不可以说，圣奥古斯丁他回忆过去种种，在海德格尔来看就是 Dasein 被抛的这部分。但现在我们常说，海德格尔事实上是以未来作一个决定性。但就现在而言，一方面，圣奥古斯丁很重视凝视，就是注意现在的一切。刚才说过，好像先把现在弄清楚了，然后再回忆、期待，就会得到意义。如此一来，好像是说，毕竟圣奥古斯丁也是在现在回忆过去，当然过去会有些好的或不好的例子，他都叙述出来。也就是说，好和不好的意义的来源，都是现在。这样的话，是以“现在”作为一个基础。但是现在只是凝视，凝视到底还是与永恒有关的。但是，在海德格尔而言，事实上他的出发点也是永恒所赋给的意义的来源，只不过永恒好像不是现在的关注，而是未来的一个取向。但对于胡塞尔的话，“现在”是蛮重要的。

沈老师：按照海德格尔，他认为人对于未来是一种“投掷”。但是，人的投掷都是被投掷的投掷，因为在人的原初模态中最初有 Befindlichkeit，我译作“境遇感”，在其中人是被投掷在某一境遇中,人的存在并不是出自自由选择。人是在这样的境遇里来投掷于未来。就过去来讲,人没有选择、没有自由。但对于未来,人要成为什么,那是立基于你的决断。对海德格尔来讲,在 Sein und Zeit 里面一个很重要的概念,是“决断”。他的重点还是在朝向未来,虽然他明知朝向未来的最后终点是死亡。人是迈向死亡的存有者。在这之前,就看你的决断,才能够变成 Dasein,成为存有在特定时空的开显。

至于对于过去是否要加以重视,对于海德格尔,人可以温故而知新,但人对于过去没办法改变什么。但是,伽达默尔(Gadamer)则主张对于过去或对传统的重视。人要了解古代的经典,对传统有所了解,而在了解之时,人可以和传统有某种视域的融合(fusion of horizons)。当人真正了解传统的时候,人和传统之间会产生视域交融。那一部分,大概就可视为保留在记忆中的宝藏。我们可以这样说,诠释学对于过去的重视,应该是在伽达默尔那里获得发挥。至于圣奥古斯丁也是一样,很可能圣奥古斯丁的精神也在这里。他认为人要读《圣经》,去了解经典,他从人文学的观点来体会过去的重要性。圣奥古斯丁教希腊文、拉丁文、修辞学等等,都是钻研于过去的典籍。在这一点上,伽达默尔在精神上比较接近圣奥古斯丁。

汪老师:事实上,圣奥古斯丁现在对于过去的忏悔,也不能够加以改变,只是多了一些忏悔。只不过,海德格尔对于过去被抛掷这部分,并没有去忏悔?或许有?

沈老师:关于海德格尔,都是别人在替他写传记,但他本人并不写关于他自己,所以我并没有见到海德格尔的忏悔,虽然他在与纳粹合作的时候,曾经犯了很大的错误!以前历史系的周惠民老师曾经请了一位海德堡大学的马汀教授,当时正在为海德格百年诞辰建立材料,他来本校演讲时曾说:"海德格尔虽然是个哲学的巨人,不过他也是个道德的小人。"

爱希里尔:请问一下,关于"世界创造",我们解释成是上帝的自我给予。老师认为这个是属于圣奥古斯丁本身有的神学,还是比较当代的诠释?

沈老师:表面上看,这是比较属当代的想法,因为当圣奥古斯丁讲到赠礼(gift)时,事实上他是在讲"恩宠",还没明白讲到"创造"也是赠礼。但 gift 这个想法与他的神学并不违背,因为从他的整体脉络来看,创造是"恩宠"的背景。如果没有"创造",其他恩宠都不再成为可能。所以,作为所有恩宠的可能性条件来讲,你也可以把"创造"视为是 gift,是上帝自我走出、给予、赠礼。上帝是所有给予的基础。就这点讲,并不违背圣奥古斯丁。可见,这也不完全只是当代的解读,因为在他的文本脉络中,也可以这样来论述。后来圣托马斯就很明白地在《神学大全》里说,天主圣灵是"赠礼"(gift),天主爱所有的受造物,并对他们做赠礼。

当然,你也必须注意到,当代哲学家所说的"赠予",不论是靳维纳斯或德里达,他们所讲的,其实都是在好客精神(hospitality)这个意义之下来讲的。他们说:赠予是让你所接待或遭逢的人,如其所如,是其所是,你接纳他,使他宛如在家,成为他自己,而不是你要强加于他什么东西。所以,他们讲的赠予,是一种接待时的好客精神(hospitality)。你接待客人回家,有接待上的慷慨之德,叫作 hospitality。这是接纳的慷慨,是一种被动的慷慨。至于主动赠予的慷慨，那是 generosity。在当代思想家中，德里达称赞 Levinas 的《整体与无限》一书，是最佳的慷慨之作，他的意思其实是在讲 hospitality，这是接纳他人的慷慨，使他人如其所如，使其成为自己，而不是我主动走出自己，把我的生命赠送给对方，后者是赠予的慷慨。这就是基督宗教里所讲的，为朋友舍弃自己的生命，再也没有比这更伟大的慷慨了。后者是自我走出的赠予。

为此，我区分赠送的慷慨和接纳的慷慨，主动的慷慨和被动的慷慨。虽然两者都是慷慨，这是毫无疑问的，但其间还是有差别的。

爱希里尔： 如果这样，我们若从这样解释，无论是主张一种存有的连续性也好，或是历程哲学也好，在诠释“创造”时，是否会有一个危机：会淡化上帝的超越性？也就变成说，好像上帝有需要“创造”，才能走到“实现自己”，会有这样的一个危机？还是没有？

沈老师： 有关天主或上帝的超越性的维持，主要是针对天主或上帝既内在又超越来说的。在基督宗教阵营，在神学里面，都希望尽量如此来维持上帝的超越性，圣奥古斯丁好像也有这样的倾向。也就是说，既内在、又超越，并不损失上帝的超越性。如果只说纯粹的超越性而不讲内在性，那就很难解释，在本体论上，上帝与祂所创造的世界之间的关系如何。上帝是完美的，而所谓 perfect，就是完成了，什么事也不必再做了，也就是什么都做完了，没有什么好做的了。上帝不动，然而世界不断地动，这一来，祂与世界的关系就有问题了。另一方面，只讲历程神学或纯粹内在性的，仍然都要注意到，其实内在性与超越性之间，有十分重要的张力(tension)在。

我从前提出一个“对比哲学”。所谓“对比”，就是既有差异、又有互补；既有连续，又有断裂，如此所形成的创造性张力。内在和超越之间，有个对比的张力，这一张力是有必要维持的。如果忽略内在性，你非常难解释世界与人性中的动力。我认为圣奥古斯丁的难题也在这里。因为你如果不讲内在性的话，那你怎么可能在时间中凝神敛虑，品味永恒？如果只讲超越性或外在性，那就凡事只能透过恩宠来做，如此就很难解释，有了世界以后，如何去解释世界的向上变化或其演进历程，及其与上帝的关系。

若就圣托马斯来说，天主或上帝创造了这个世界，又灌注力量于其中，使世界愈来愈丰富。天主透过创造过程，以及世界本身的变化，让众多个体不断地丰富整体存在界。无穷的天主创造天地之后，在宇宙变化历程与人类历史中，由于内在动力，整个存有界获得了更多的自由度与丰富性。这个意思，还可以再加以发展。若只想维系抽离式的超越性，天主或上帝与世界的关系的困难，又出来了。

比较之下，各位若读周敦颐的《太极图说》，由无极而太极，然后太极动，动极又转为静，静而又转为动，于是由无限的太极生出了有限的世界。如此有了阴阳、五行、形成万物，而后人类在万物中兴起，其中物理世界的五行，就变成人文世界的五种德性（仁、义、理、智、信）。换言之，万物与人皆有其内在性。两者之间怎么联结呢？周敦颐提出要“立人极”，由圣人订立人的典范，来提升人类，甚至能与天地合德。

我想，无论怎么说，内在与超越虽不同而仍相互补，虽断裂而仍相续。内在性与超越性的动态关系扣紧了时间与永恒之间既联系又分别的张力。历程神学也不能够忽略这一点。事实上，历程神学并没有忽略于此。以怀特海(A. N. Whitehead)的思想为例，上帝在祂的思想中产生永恒对象(eternal objects)。换言之，上帝思维中隐藏了奥妙的可能性，这世界只是之中可能性的一个诠释而已。世界本身不断经历由一而多、由多而一的创新历程，但世界还有很多的可能性，而且上帝也不断地引进那些可能性入构(ingress)于世界之中。

在怀特海看来，为甚么需要上帝呢？就是因为世间到处都有理想物项，人们总会问：理想从何而来？最后只能说：那些理想来自上帝的思维，那些永恒对象、理想物项是由上帝所思维的。不但由上帝思维产生理想，而且上帝是理想的引入者，把那些理想依照关联性引进这世界。所以，就历程神学来讲，虽然说神也在历程中，甚至与世界一起受苦，但是上帝不断思考永恒对象或超越的理想，并将理想引入世界来说，历程神学也维系了上帝的超越性。

时间差不多了。谢谢各位。

第二章　约翰·爱留根纳的《神鹰灵音》及其密契思想

约翰·爱留根纳(Johannes Scotus Eriugena 800—877AD,以下简称爱留根纳)是中世纪哲学在公元9世纪兴起的一座高峰,其密契经验的要旨在于人与天主或上帝的结合,包含了“神成人”与“人成神”两个历程。本章的重点在于阐述爱留根纳对约翰福音前言的证道,又称《神鹰灵音》,其中所含的密契思想加以探讨,也涉及其哲学、神学与思想史的一些相关问题。本章将首先讨论爱留根纳所继承的传统,诸如爱尔兰精神、七艺的人文教育、奥古斯丁与希腊教父等,并在《论自然的区分》中将他们纳入一庞大的综合体系。他的《圣约翰福音序言证道》,或称《神鹰灵音》,则是一部精巧的小综合,其中蕴含着丰富的密契思想。本章将集中在他所推崇的圣约翰的密契心灵,显示人心必须不断出走,直到走出一切有限之物,融入无限的上帝。这是“自我走出”意义下的“外推”最为极端、最为深刻的例子。接着本章要讨爱留根纳所着重的知神、成神与合神的体验及其哲学意义,尤其要了解其所论的神性光明与黑暗,其中既显示圣言便是光明本身,而万物即使一沙一石,也都是盏盏明灯。然其所论神性的黑暗,则又显示上帝是一终极他者。总之,爱留根纳的思想充满着外推与对比的精神,其体系之深刻与恢宏，堪为吾人启发。

一、密契论与爱留根纳

“密契”是一种走出自我与终极真实（Ultimate Reality）结合的经验，无论是将终极真实诠释为有位格的神或无位格的存在、规律或状态。基督宗教、犹太教和伊斯兰教这些一神论，以及其他形式的有神论，可以说都是以位格神为终极真实，也因此其密契论的核心思想在于与神或天主、上帝、雅威、阿拉等位格神的密切契合，无论“位格”一词如何加以诠解。至于像道家这类的密契论，则其重点在于在冥合于道，而道是一非位格性的终极真实、存在状态或活动本身。至于佛教的密契论，则是旨在体悟缘起性空，达至般若至境，也不从位格来理解终极真实，甚至认为位格低于“空”的体验。

爱留根纳乃中世纪的哲学家，属天主教传统，其密契经验的要旨在于人与天主或上帝的结合。就爱留根纳而言，这包含两个历程：天主成为人，以及人成为神。在哲学理论上，他可以说是继承了普罗提诺（Plotinus）的“流出”与“回归”的形上学，以及基督作为“神—人”合一的神学思想。对爱留根纳来说，基督由天主而成为人的过程，使得人成为神的过程成为可能。如果说基督是神而人的典型，则基督的爱徒圣约翰（St. John）则是人而神的典型，也因此，圣约翰是爱留根纳的密契思想或默观思想的重要模范。透过自己的密契与默观经验，爱留根纳对圣约翰的哲学、神学与密契内涵的探讨，表现在他对圣约翰福音的评注及其前言的礼赞之中。

本文的重点在于阐述爱留根纳对约翰福音前言的证道，又称为《神鹰灵音》，所含的密契思想加以探讨，其中自会涉及其哲学、神学与思想史的一些相关问题的论述。

整体说来，爱留根纳对哲学上的最大贡献，在于他的《论自然的区分》(*Periphyseon* or *De Divisione Naturae*)，可谓中世纪哲学的旷世巨著，其中含括着庞大的哲学体系。爱留根纳的思想对后世启发甚巨，无论是中世纪的格罗塞特(Robert Grosseteste)[①]、圣托马斯(St. Thomas of Aquinas)、爱克哈特大师(Meister Eckhart)、库萨的尼古拉(Nicholas of Cusa)，以及近代的斯宾诺莎(Spinoza)、黑格尔(Hegel)等大哲，皆曾受其影响。爱留根纳的形上体系深刻而庞大，其中融合了密契经验思想。我们若详加阅读，就能体会他的深度。晚近多伦多的宗座中世纪研究院整理爱留根纳(John Scotus Eriugena)的《论自然的区分》(*Scotti seu Eriugenae Periphyseon*)，英文名为 *The Collected Works of Johannes Scottus Eriugena*(《约翰·爱留根纳文集》)。我在多伦多大学利用闲暇，对他较小的著作《圣约翰福音序言证道》(*Homily on the Prologue to the Gospel of St. John*)进行翻译。爱留根纳心目中的神学家与密契经验的典型是圣约翰，以神鹰飞扬为喻，取自天主教传统以"鹰"的形象喻第四部福音作者圣约翰。爱留根纳既评注整本约翰福音，也对其序言另做了深邃的证道。该书手稿之首另注《神鹰灵音》之名，用以表彰爱留根纳对于圣约翰的神思飞扬入

---

①　格罗塞特(Robert Grosseteste)曾屡屡引述《神鹰灵音》，虽然他可能以为那是圣金口约翰(St. John Chrysostom)的作品。

神的礼敬之意。

二、平原上挺立的高峰

在哲学史上，爱留根纳是中世纪最重要的思想家之一。按照科普斯登(F. Copleston)在其九卷本的《哲学史》(*History of Philosophy*)第二卷中说，他“高耸突出，像是在平原中挺立的峻拔岩石……他产生了中世纪第一个伟大的体系”[①]。如果说，中世纪哲学在经历几世纪的平庸之后，在公元9世纪还能兴起一座高峰，那就是爱留根纳了。关于他的名字，虽然哲学史上惯于以“约翰·斯各脱·爱留根纳”(Johannes Scotus Eriugena)三名共称之，其实，后两名都是归属之名。“斯各脱”(Scotus，或正确说 Scottus)，在他那个时代是指“爱尔兰人”的意思，一直要到12世纪，由于爱尔兰人移民到斯格兰(Scotland)地带，才将 Scottus 一词用于“斯格兰”。至于“爱留根纳”(Eriugena)一词，也同样是指“爱尔兰人”的意思。爱留根纳曾在其所译笔名狄奥尼索斯的译文开头，自称为“爱留根纳”，意思是“来自爱尔兰的人”。既然“斯各脱”与“爱留根纳”都是同样的意思，而他本人喜欢自称为“爱留根纳”，也因此，在本文中，我们将以“约翰·爱留根纳”称之，简称爱留根纳。这就有如圣托马斯的全名是“托马斯·阿奎纳”(Thomas Aquinas)，意思是阿奎纳人托马斯。同样地，约翰·爱留根纳是表示

① Copleston, F., *History of Philosophy*, Vol. 2. *Mediaeval Philosophy*, Maryland: The Newman Press, 1960, p. 112.

爱尔兰人约翰。由于“约翰”一名已经用来表示福音作者圣约翰或若望(天主教译名为若望),也因此我们不能再像圣托马斯的例子一样的用法,省称“托马斯·阿奎纳”为“托马斯”,来同样省称“约翰·爱留根纳”为“约翰”。不过,正如仍有许多学者将圣托马斯称为“阿奎纳”,同样地,我们也可以将“约翰·爱留根纳”略称为“爱留根纳”。

以上有关名字的讨论,显示出约翰·爱留根纳对于“爱留根纳”或“爱尔兰人”这一称呼的偏爱,很可以看出他颇以作为爱尔兰人而自豪,这代表着他相当程度继承了爱尔兰人的精神传统。正如麦金太尔(Alasdair McIntyre)所特别指出的,有所谓爱尔兰人的传统,而爱留根纳正是其重要组成因素之一。

三、爱留根纳所继承的传统

以作为爱尔兰人而自豪的爱留根纳,很自然的会从爱尔兰精神传统中撷取资源。人存在与活动其中的生活世界,与作为构成生活世界重要成分的自然环境,是启发人们思考的重要机缘。大体说来,爱尔兰人对于海洋与旅行的经验,是他们生活世界中十分重要的启发灵思之泉源。爱留根纳迷恋海洋,喜以海洋为喻。不同于一般思想家喜以“由海入港”的形象为喻,表达思想得其所哉的感受;爱留根纳反而喜欢说:人要驶离平静的海港,哲学家应远扬海上,在波涛汹涌中冒险,在脚下感受深渊的呻吟。向往自我走出,走向神秘的思想深渊,这些隐喻明白显示了爱留根纳的心灵的恢宏与其外推精神。我们可以说,外推精神是爱留根纳的密契论的要旨之一。如果说康德喜以海洋与高山譬喻崇高(sulime)[①],而利奥塔指出崇高正是后现代艺术的特性[②],可以说,爱留根纳的思想带有海洋的崇高趣味。这对于那些自我封闭于岛国意识的人们,无疑地是一打开心扉的邀请。

爱留根纳喜欢跨海旅行,走向彼岸。他曾航渡英吉利海峡,到达对面的法国。早在公元845—847年间,他便到过高卢访问,更于850—851年,到秃头王查理的宫廷访问,不是为了观光,而是为了学术证真,在当时,特别是为了讨论命运前定问题(predestination)。彼时正是查理曼大帝的加洛林王朝在9世纪的文艺复兴时期,阿尔昆(Alcuin)试图在法国境内建立新雅典,他与查理曼大帝一起为建立西方文明而奋斗。当时,格特沙克(Gottschalk of Orbis)主张有两种命运前定:好人注定永生,坏人注定死亡。在兰斯(Rheims)教区总主教英课马(Hincmar)的邀请下,爱留根纳写了十九章的《论命运前定》(*De Praedestinatione*),主张诉诸理性以解决难题,认为从理性的角度看来,两种命运前定的说法都不能成立。

在加洛林王朝的文艺复兴时期,七艺是教育的重要内涵。爱留根纳重视七艺,认为其中文法、修辞、辩证三艺处理字词,另四艺,亦即数学、几何、音乐、天文,则是处理事物。他同意阿尔昆所说,七艺宛如支持基督宗教智慧的七根台柱。爱留根纳的学术生

① Kant. I. ,1964. *The Critique of Judgment*, Translated with Analytic Index by J. C. Meredith, Oxford: Oxford University Press, pp. 98—100.

② 见 Lyotard. J. B. ,*Leçon sur l'Analytique du sublime*, Paris: Editions Galilée, 1991, pp. 183—193.

涯也是从事教导七艺开始。波埃修(Boethius)的《哲学的慰藉》(*Consolation of Philosophy*)在中世纪七艺教育中扮演极重要的角色，一定也对爱留根纳的思想产生影响，只是迄今无法确证爱留根纳是否曾为《哲学的慰借》做过评注。不过，爱留根纳倒是曾为卡佩拉(Martianus Capella)的论七艺之作 *De Nuptiis Philologiae et Mercurii*《论语言学与雄辩术的结合》做过评注，显示其对七艺的想法，他尤其重视其中的辩证法，视之为七艺之母。爱留根纳从知识论和形上学的角度来看七艺。他认为七艺涉及人的心灵认识能力或习惯，人借之可以超脱较低的能力诸如幻想或影像，并借以认识心灵自己，追求智慧，获得永生。七艺中的每一艺都各自为神学的洪流带来泉源，对于认识圣经，尤其是认识智慧之源的基督，都是不可或缺的。在爱留根纳看来，七艺最终会汇合于基督。这点已然显示了爱留根纳以基督论，或说以“人与天主密合”的观念，为其核心思想，其中已然蕴藏了深刻的天主教密契论思想。

不过，启发爱留根纳最大的，要数圣奥古斯丁(St. Augustinus)和希腊教父笔名狄奥尼索斯(Pseudo-Dionysus)。对于爱留根纳而言，圣奥古斯丁是“最高与神圣的权威大师”，并深受其影响，虽然他在接受圣奥古斯丁之时也会加以修改。他采用了圣奥古斯定的永恒理性与原始之因的学说，也接受后者对于知识(scientia)与智能(sapientia)的区分，以及以理性与权威作为接近智慧的两条路。他也同意圣奥古斯丁以七艺为心灵自低级事物往高级事物上升与返回之凭借，还有圣奥古斯丁的光照说，也接受其以上帝为心灵之光，及其光的形上学。爱留根纳接受圣奥古斯丁的圣三神学，并以此来明白人的心灵结构，认为人心反映了圣三的三分结构，于是在人性论上采取了存有(esse)、认知(scire)与意志(velle)三分之说；在存有学上则采取了存有(esse)、生命(vivere)与睿智(intelligere)的三层说。他也将圣奥古斯丁所谓“圣言在人灵魂中的运作”加以发展，此一想法其后也影响了14世纪的密契论者爱克哈特大师。

不过，一般说来，爱留根纳在引用圣奥古斯丁之时都会加以修改，忽略其对身体与欲望的论述，更强调非物质性与睿智的一面，而且比圣奥古斯丁更明确地表达，人具有内在能力可以知神甚至成神。然而，圣奥古斯丁对身体、对欲望以及对异端思想的关切，在爱留根纳思想中都受到忽视，虽然他也重视自然。此外，爱留根纳对于时间、空间，对于神的超越性与全能，以及对存有的阶层的看法，也多不同于圣奥古斯丁。

在圣奥古斯丁之外，用希腊文写作的笔名狄奥尼索斯对爱留根纳影响更深，后者可以说是在译注笔名狄奥尼索斯的著作为拉丁文之时，学习并内化了笔名狄奥尼索斯的思想。当时查理曼大帝向往君士坦丁堡的希腊文明，命人于宫中讲授希腊文，在君士坦丁帝王致赠给查理曼大帝的礼物中，包含有笔名狄奥尼索斯的著作。爱留根纳承受了希腊教父的思想传统，并致力于翻译笔名狄奥尼索斯的著作。他在学习古希腊文的过程当中，一面从事翻译工作，一面修改译文使其更为拉丁化，借此也衔接了希腊教父哲学与中世纪的拉丁文哲学论述传统。爱留根纳的翻译本成为尔后3世纪了解笔名狄奥尼索斯的主要材料。爱留根纳不但从事翻译，并加以评注，尤其是笔名狄奥尼索斯的《论天体层级》，可见诸爱留根纳的《论天体层级阐义》(*Expositiones Super Ierarchiam Caelestiam*)。

这一译注工作,使得爱留根纳在自己原先熟悉的奥古斯丁派柏拉图主义之外,也清楚认识了与普罗克鲁斯(Proclus)相关的另一支柏拉图主义,并将两者予以综合。可以说,爱留根纳在西方世界进行了第一次两条柏拉图主义思想路线的综合。笔名狄奥尼索斯认为天主或上帝是一,但又超越一,天主超越了存有与本质,完全在己但又是万物的原因,并认为天主是光,从祂发出无穷的光芒。不过,笔名狄奥尼索斯并没说清楚,到底光是天主的本质或其创造物。然而,爱留根纳干脆讲清楚:光就是天主所造。天主是在一切万物之上,也在一切原初之因之上。他将笔名狄奥尼索斯复杂的神学,简化为"肯定神学"与"否定神学"两层,但对于用在天主身上的各种语词,包含"三位一体"、"圣父"、"圣子"……,都使用其否定之意,以符合他的辩证法。

除此之外,爱留根纳也翻译并评注了宣信者马克西姆斯(Maximus the Confessor),由于后者在著作中往往长篇引述,使他更熟悉了希腊教父与希腊神学。爱留根纳翻译了宣信者马克西姆斯的 Ambiguia(疑难段落)和 Questiones ad Thalassium(对达拉修斯的疑问),此外他也翻译了尼撒的格列高利(Gregory of Nissa)的《论像证道》(Sermo de Imagine),其中论述人作为天主的肖像的概念,影响了爱留根纳的人学,也收入爱留根纳《论自然的区分》之中。这些翻译工作影响了后来爱留根纳自己的大作《论自然的区分》以及他对约翰福音前言的证道,也就是《神鹰灵音》一文。在他所译证道者马克西姆斯的序言中,爱留根纳明白表示:他从宣信者马克西姆斯那里学到如何了解上帝既是一又是多，既不变动又推动万物。宣信者马克西姆斯曾明白表示，上帝是存有本身又超越实体。他启发了爱留根纳应如何看待逻各斯（Logos）如何遍润万物，如何在默观自然之中达到神魂超拔，因而产生爱留根纳《论自然的区分》书中对自然的默观。可以说，爱留根纳是在译注希腊教父之时，内化了他们精湛的思想，并将他们纳入自己的思想的创造过程之中，宛如学中国画的人，透过临摹名画与名家书法，最终成为绘画大师一般。

令人钦佩的是，爱留根纳将上述资源做了独特的综合，表现在《论自然的区分》之中，其中将自然区分为动态发展的四大环节：一、能造而不被造的自然，指的是创造万物之前的上帝，是上帝作为万物的最高因。二、被造而且能造的自然：指的是原始的理型，是万物受造的原型因。三、受造而不能造的自然：指的是在时间中生生灭灭的万物。四、不创造而且不被造的自然：指的是上帝作为万物的终极目的。《论自然的区分》一共五书，皆旨在发展此一自然动态区分的观念架构，其中一如普罗提诺（Plotinus）的宇宙论，万物由上帝流出，一直到返回上帝，不过爱留根纳更加上能造、受造等种种组合。在这一过程中，所有的原始理型都统合在圣言之中，借此而化生万物，万物皆将经由圣言而在宇宙终结之时，再度统合于上帝之内。在这下回向与上回向的双重循环过程中，人性居于其中，是受造宇宙的核心，并赋予宇宙以意义。爱留根纳认为：无论是可见的宇宙或不可见的宇宙，都受造在人性之内，且将在人性之内获得重整、获得救赎，乃至成为神明。关心人的“救赎”与“成神”是爱留根纳辩证法的核心。

四、《神鹰灵音》：一个小而精致的综合

爱留根纳对于笔名狄奥尼索斯的《论天体层级》的阐释，他对圣约翰福音的评注及对其前言的证道，与《论自然的区分》鼎立为三，合而为爱留根纳最重要的著作。有人将《证道》视为《评注》的一部分或其前言，其实不然，因为按照文体而言，两者不同，证道是证道，评注是评注。在法国哲学家拉维松（Felix Ravaisson）发现《证道》手稿的时候，手稿起头便已注记了"神鹰灵音"（Vox spiritualis aquilae）一语，也因此该文称为《圣约翰福音前言证道》也好，称为《神鹰灵音》也可以。这是一篇充满原创性思想的作品，其中在拉丁文风格上虽可见如西赛罗、圣奥古斯丁的影响之迹，在学说上也可见圣奥古斯丁、笔名狄奥尼索斯和宣信者马克西姆斯的影响之迹，更可见到其在《论命运前定》、《论自然的区分》、《论天体层级阐释》与《对约翰福音的评注》中的思想与问题意识，可以说是一个小而精致的综合。

爱留根纳对于圣约翰福音的评注，颇受启发于圣奥古斯丁。一如圣奥古斯丁，爱留根纳在《神鹰灵音》中，一开始便称赞圣约翰，认为他超越了受造宇宙的极限，穿越感性世界的顶峰，直达神境。不过，虽然爱留根纳也如圣奥古斯丁一样说：圣约翰展翅直上云霄，超越天使的合唱之上，他更进一步加上"以最迅疾的内在神学之翅，以最灵光、最高致的冥想，超过了一切视野，飞越了一切存在或虚灵之物"，后一讲法可谓更富于哲学趣味。在此，爱留根纳也加上了笔名狄奥尼索斯的想法，在谈论天主之时，认为否定性更

高于肯定性，甚且必须超越两者的对立之上。

随后，在比较彼得与约翰之时，他将重点放在默观对于行动的优先性上。他以约翰代表默观，而以彼得代表行动。在此，他既受影响于圣奥古斯丁，又受影响于宣信者马克西姆斯。他在评注约翰福音前言第三、第四节论及宇宙在圣言中的创造时，几乎是在引述圣奥古斯丁。如同圣奥古斯丁，爱留根纳在讲及第十三节时，也以“肉欲”意指女性。爱留根纳同圣奥古斯丁一样，认为既然圣言取得人身，成为人，同样地，人也将可以成为天主之子。他对于十四节所讲的“满盈恩宠”也是根源于圣奥古斯丁的《论精神与文字》(*De spiritu et littera XIX*，34)。

《神鹰灵音》也受惠于宣信者马克西姆斯和笔名狄奥尼索斯，有时两者的影响还真不易分辨。在爱留根纳看来，宣信者马克西姆斯的思想有助于明白笔名狄奥尼索斯，两人的思想甚为接近。《神鹰灵音》文中用到的“成神”(deificatio，theosis)、“分享”(participatio，methesis)，皆为宣信者马克西姆斯和笔名狄奥尼索斯所常用。爱留根纳喜用的“中心”与“光芒”的意象，亦见于笔名狄奥尼索斯与宣信者马克西姆斯。从笔名狄奥尼索斯那里，他发展了“光照”(XVI)与“上帝的阴影”(XIII)的观念。实际上，爱留根纳甚为推崇笔名狄奥尼索斯，他在《神鹰灵音》中提及后者的名字，称之为“伟大的笔名狄奥尼索斯”。本来是用于弥撒礼仪中的证道词，通常不宜提及人名，即使圣奥古斯丁和宣信者马克西姆斯的名字都未被提及，然而他却特别赞誉了笔名狄奥尼索斯之名，由此可见他对后者的推崇。

爱留根纳主张有两种知识来源，其一为圣经，其二为自然，这可以说是受之于宣信者马克西姆斯的启发。其大意以为：可见的世界也是一本书，是以受造物为其字母，由四大要素所形成；同样，圣经的可理解世界，也是由四大要素所构成。爱留根纳将此一想法加以发展，认为可理解世界的四大要素，便是圣经的四层意义[①]。更重要的是，宣信者马克西姆斯将基督视为宇宙的中心，爱留根纳亦然，并认为圣言在降生之时，是与真正的人性相结合，而不只是取得人的模样而已。且基督之所以受洗，是为了使人终能成为上帝的儿女。由于天主圣子率先取得人身，因而神得以成为人，于是人才有希望成为神。宣信者马克西姆斯提高了人性的地位，视人为宇宙之中介；爱留根纳亦予以采用，推崇人性的伟大，不过，他也不会忘记人的渺小，也使用"死亡阴影之地"、"涕泣之谷"等语词，表达人的可怜处境。

《神鹰灵音》是一篇证道词，是用在对礼仪中阅读的圣经段落的讲道文字，其使用的时间，是在圣诞节当天，有三台弥撒，当天的第三台弥撒通常要念圣约翰的福音前言第一节到第十四节，随后由主礼者加以证道，到今天依然如此，这正是《神鹰灵音》所证道的文字。虽属礼仪文字，但其哲学与神学深意丝毫不因此受损。全文分三大段。第一大段赞美圣约翰（I—V），其后两段阐释圣约翰的福音前言，计分两大段落：其一为神学的高峰（VI—XIII），其二为历史的幽谷（XIV—XXIII）。

---

① 可见的世界含地、水、风、火四大要素；可理解的世界，即圣经，含历史（historia）、道德理性（moralis intelligentia）、物理（physica）、默观（contemplatio）或神学（theologia）等四层意义。

五、约翰：默观思想的典范

爱留根纳的密契论主旨在于人与神的密切契合，包含了神成为人，以及人成为神两历程。一如前述，基督由神而成为人的过程，使得人成为神的过程成为可能。如果说基督是神而人的典型，则基督的爱徒约翰则是人而神的典型。

在爱留根纳心中，宗徒约翰是默观思想的典范，这点经由他在证道一文中表达得特别清楚。约翰宛若一只精神之鹰，“牠不是翱翔于物质性的空气或以太，或盘旋于整体感性世界的一只鸟，而是一只精神之鸟，以最迅疾的内在神学之翅，以最灵光、最高致的冥想，超过了一切视野，飞越了一切存在或虚灵之物。”(283B 5)[①]换言之，以约翰的密契经验为典型，人的心灵必须从感性界出走，不断出走，直到走出一切有限之物，融入无限的天主。这是“自我走出”意义下的“外推”最为极端，最为深刻的例子。在此，我们似乎预示地读到了，圣十字约翰在《登上加尔默罗山》和《暗夜》中所强调的从感官出走，或所谓感官的暗夜。其中第一节诗唱道：

一个暗夜，
点燃着爱的急切渴望
哦，纯然的恩典！

① 所列为拉丁原稿页数编码。中文请参见本人中译《神鹰灵音》。

我出走，未被瞧见，

我的殿堂现在一切静止。[1]

圣十字约翰在《登上加尔默罗山》一书中对这第一节诗的评注是："在这第一节诗中，灵魂渴望以撮要的方式宣称自己在暗夜中出走，被上帝所吸引，且点燃着唯爱主之火。这一暗夜是一种对俗世外物的感性欲望、肉身的喜好和意志的满足的剥落和炼净。这一切剥落是在感官的净化中进行的，也因此，此诗宣称灵魂在殿堂（按：指感官身体）静止时出走，因为感官部分的欲望静止且在灵魂中睡着了，而灵魂也在他们中睡着了。人无法从欲望的痛苦和焦虑中解脱，除非欲望被节制而且睡着了。也因此灵魂宣称，未被瞧见地出走，是一纯然的恩典，没有来自肉身欲望或其他一切的阻挠。"[2]

然而，对于爱留根纳而言，这一自我出走的过程还要不断继续，走出自我心灵与万物之上，包含所有可以感知的存在之物，与无法感知的虚灵之物之上。"我所谓万物，是指那些不能完全超脱感知之物，无论是天使的或人的感知，……至于我所谓的虚灵之物，意指那些实际上超过一切理解［知觉］能力的掌握之物。"（283C10—15）而且这一不断自我走出，外推以至于达到终极真实的历程，已由圣约翰所例释了："蒙神祝福的神学家约翰，飞越了可思可言之境，也飞越了一切心灵与意义。其精神不可思议的飞升，

① St. John of the Cross, *The Collected Works of St. John of the Cross*, translated by Kieran Kavanaugh, O. C. D. and Otilio Rodriguez, O. C. D., Washington DC: Institute of Carmelite Studies, 1979, p. 68. 本人中译。

② Ibid., p. 74. 本人中译。

超越万物,进入了一切万物的唯一原理的奥秘之中。……在彼高处,他清楚分辨……并开始了他的福音,说:‘在太初内,有圣言。’”(283C20)

可以说,这一返回终极真实的历程,是一存有学的还原(ontological reduction),还原至于真实本身,而且还能发出言语,说出:“在太初内,有圣言。”由此可见,密契论并不排除语言,相反地,却是语言的基础,也因此是哲学、神学的基础。若无与终极真实本身的接触,非但无言且无所可言,也就无真理的揭露。更值得注意的是,以约翰为典型的密契经验,其中的第一句话是:“在太初内,有圣言。”是以在圣言中所表达的言语的揭露功能,当作真理揭露的基石。对应圣经出现由天主所说出的第一句话,“有光”,圣约翰所谓“在太初内,有圣言”,便表达了圣言就是光明。以语言为原初的光明,这点赋予了语言以崇高的地位。爱留根纳将语言哲学和光的哲学予以结合,是其密契论的根本线索。

冥想或默观的意义,在于体合终极真实,就此而言,爱留根纳强调冥想优先于行动。他在《神鹰灵音》中,用相当长的篇幅比较代表行动的彼得和代表冥想的约翰。“彼得一直都被当成是信德和行动的表率,而约翰则是智慧和冥想的典型。约翰曾依靠在主的胸怀,这正是冥想的圣事。至于其他人则常感到迟疑,这是无止的行动的象征。”(284B15)行动若无冥合真实的默观为基础,往往会迷惑于感性的阴霾。也因此,人必须以冥合真实的默观为基础,培养良好的习惯,成为德行,才能保障行动的无偏无颇、无所困惑。德行属于实践,但仍不可缺乏默观的智慧。爱留根纳说:“执行神的命令,在成为习惯之前,不但会折损德行的纯粹光辉,也会被感官限定的思想之雾所蒙蔽，而无力于进行判断。另一方面，最深刻的冥想至为敏锐，一旦瞻仰了真理的面容，便既不再迟疑，也不会跌跤，更不会被任何乌云所蒙蔽。”(284C)

基本上，爱留根纳同意圣奥古思丁对于精神与文字的区分，精神的本意在于意义的创造与哲思的昂扬，一但成为文字，而且若只有文字而无精神的奋进，则文字将成为坟墓。对他而言，“基督的坟墓是《圣经》，其中，基督的神性和人性的奥迹，被文字的重量所封存，正如坟墓被石头所封存一般。”(284C5)

六、知神、成神与合神

爱留根纳所谓的神学，包含了知神、成神并合于神。由于重视默观更甚于行动，爱留根纳接近亚里士多德的想法，以理论(theoria)优先于行动(praxis)，不过，他又加上了希腊教父的密契思想，认为默观之人是人的最高类型，并将哲学的理论之知等同于密契之见与变化成神，就此而言，“理论”(theoria)一词在爱留根纳的语境中，应以译为“默观”(contemplation)为佳。人应从感性之知转向道德实践，再转向精神自觉，经由不断地炼净(purifico)、光照(illuminatio)与完美(perfectio)的历程，可以导向精神的冥想，并使人变化成神(theosis)。于是，他以“成神”(theosis)的观念替代了新柏拉图主义所谓与太一(the One)的“合一”(henosis)。

对爱留根纳来说，理论之知最高在于默观或冥想，而冥想的极致则在于知神。对他而言，一切万物皆是在显神(theophaniae)。

“无论是可见的、不可见的、有身体的、无身体的、理性的、无理性的，简单说，无论是天与地，深渊与其内的一切，都在祂之内生活着，都是生命，都永恒地存在着。……你可以……透过在祂之内并经由祂而受造的万物来认识祂。正如同宗徒所说的：‘他那看不见的美善，都可从祂所造的万物，辨认洞察出来。’”(288D5—15)

爱留根纳认为，知识之至境在于合主体、客体为一，这尤其显示在具有真知的人身上。他说：“用你内在的眼睛，观想在一位大师身上，众多艺法与知识融而为一；运用之妙，存乎一心。”(289A25)虽然知识之中总有差异，但异中趋同则是知识之进步所在，最终在能与对象合而为一。哲学便是一种达至对于自然与神作为自然的太初的理论努力，而理论的真正意义便在于显神。达此地步，爱留根纳称之为“理论知神”(gnostica theoria)，或更好称之为“默观知神”(gnostica contemplatio)。一般而言，爱留根纳将“知神”(gnosis)译为“真知”(scientia)或“认识”(cognitio)。

对于爱留根纳而言，圣约翰是进入神内，才能揭示神性的奥秘。然而，他若不先成为神，他就无法升入神内。也因此，成神是知神的优先条件。他以眼睛进入于阳光之中，而能见到万物为喻，来说明成神是知神的条件：“正如同我们眼睛的凝视，若不能与阳光兼容相合，便无法感受到感性事物的形式与颜色。同样地，圣者的灵魂除非先堪得分享那不可思议的真理，也无能接受那超越一切理智的灵性事物的纯净知识。”(285D5—10)“因此，这位圣洁的神学家，在变化成神，并分享了真理之后，宣示说天主圣言实存于太初天主之中，也就是说，天主圣子实存于天主圣父之中。他说：

“在太初内，有圣言。”(286A15)

然而，这一成神的历程有其被动性(passivity)。换言之，是由于无限的存有上帝使他成神，因为若只是有限之物，单凭人自己的有限之力不足以成神。可见人本身就含有无限的神性，神就在其中，此一神性与无限的神本身的相合，使得在人内的神性得以高扬成神。“他拔高直升到一切可见的和不可见的受造物之上，超越一切思想和睿智，然后，他成为神，进入天主之内，天主使他成神。”(285C5)“他由不可思议的智慧之力和至为敏锐的心灵所带领，进入到那超越一切万物之上的存在者之中，也就是进入到那三位一体或一体三位的奥秘之中。”(285D5) 这些文字既表明了圣约翰的被动性，被神所带领，也表明了他拔高直升的潜力，在“不可思议的智慧之力和至为敏锐的心灵”带领之下，而成为神。

不过，虽说在默观之中主客观合一，但这并不足以穷尽真实本身的无限性。由于真实本身无穷，也因此爱留根纳认为，会有无穷的默观，而每一默观终究仍是片面的、有限的，说默观是超越言语、非论述性的、主客观合一的直观，这在由亚里士多德到新柏拉图主义者的诠释中已有所掌握。然而，真实无穷，默观亦应无尽，则是爱留根纳的深刻体验。这就宛如僧肇在《涅盘无名论》中批判“顿悟”之说时所提出来的，若终极真实可在一刹那中悟尽，则终极真实亦有穷矣。换言之，道域无涯，难以顿尽。“正使智犹身子，辩若满额，穷才极虑，莫窥其畔。况乎虚无之数，重玄之域，其道无涯，欲之顿尽耶？”[①]

---

① 僧肇:《肇论》，见《大藏经》，四十五册，页160。

七、神性的光明与黑暗

对于爱留根纳，“光”是极为重要的。上帝是光明之源，他所创造的万物也都充满了光。在爱留根纳的宇宙中，没有任何存在物不是被神性之光所穿透。万物的存在便是分享了上帝的光，如果没能分享光，无物得以存在，只有虚无，只有黑暗。对他而言，“每一物，即便是最低贱之物，都是一盏盏的小灯，点亮了神性之光，哪怕是极微弱的。”[①]终究说来，宇宙的创造只不过是为了以光明来开显上帝。这一点，特别是由吉尔松（E. Gilson）在《中世纪的哲学》一书中所注意到[②]。如果庄子说的是“道通唯一”，那么，在爱留根纳而言，则是“光通为一”。爱留根纳甚至可以在一粒小石子中见到神性的光辉。可以说，一草一木、一沙一石，皆是盏盏明灯。如果说，禅宗将人身比为菩提树，将人心比为明镜台，则对爱留根纳而言，不只人身人心，而且连同万物，无论贵贱，皆是明灯盏盏，明光点点。这似乎比较接近庄子以道在蝼蚁、在稊稗、在瓦甓、在屎溺，道无处不在、无往不是的思想[③]。就爱留根纳而言，光就是圣言，圣言（Logos）在一些中文译本中也译之为“道”，而谓曰“太初有道”。总之，圣言在万物，万物无论贵贱，皆出自圣言，皆是生命，也皆含光明，其中多少也有万物平等、生意盎然、光明遍在之意。爱留根纳说：

---

① J. P. Migne, *Patrologiae Cursus Completus*, Series Latina, Vol. 122, p. 129.

② E. Gilson, *La philosophie au moyen age*, Paris: Payot, 1947, p. 214.

③ 《庄子·知北游》，郭象注，台北：艺文印书馆，页 411。

因此，光明在黑暗中照耀，是由于天主圣子，祂是人的生命与光明所在，他无时不在照耀我们的本性。……祂赋予人性以祂自己的形式，用自己的本性来包容人性；而且祂用恩宠再予形塑，使之成神。(291A30)

不过，虽然爱留根纳强调光明与显神，然而，所显现之神与所知之神，并不就是神本身或神的全部。也因此，自另一角度言，神不可识，不可言，言语道断，不但万物无法认知上主，人无法认知天主，而且连天主本身似乎也无法穷尽对己之知。为此，爱留根纳接下去说：

既然祂自身是万物所无法理解的，黑暗也不能理解祂。因为“天主超越一切意义和智慧”，而且“只有祂自身拥有不朽生命”。由于祂的光明超越卓绝，人们以“幽暗”称之，因为没有任何受造物可以理解祂是什么或祂是如何存在的。(291A30—35)

对于神的无知与黑暗，这是爱留根纳的否定神学中最彻底的一面。在此可以显示，对于爱留根纳而言，天主不但是终极真实(Ultimate Reality)，而且是终极他者(Ultimate Other)，并认为对此终极他者的向度的开放，是人与神性智慧最重要的一部分。他认为，人若能承认自己对于神的本质无知，此一自知本身便是一大智能：了解到上帝不能用存在的万物来了解。如果人能认识到上帝不是什么，人对上帝的认识便能更为深刻。当人认识到天主不是任何受造之物时，人对天主的认识将更为真实，并借此而使人的知识变成是真的智慧。这是一种无知之知或知的无知，超越了知和无知的二分。不但是万物与人无法如实认识天主，天主自己也不完全认识自己。爱留根纳认为，如果神认识祂自己，那祂就会将自己转变成认识对象了。正如同我们必须否认神性本质不是万物,神对自己的无知,也在于神认知自己不是万物。神性的无知(divina ignorantia)本身便是一种无以言喻的智能。在此,爱留根纳的论证,也颇相似于僧肇在《般若无知论》中所言,一切知实为无知:

> 夫有所知,则有所不知。以圣心无知,故无所不知。不知之知,乃曰一切知。故经云:圣心无所知,无所不知,信矣!是以圣人虚其心而实其照,终日知而未尝知也。[①]

僧肇之意,般若之智,并不是对象性之知。若是对象之知,则若知某一对象,便会无知于某另一对象。般若不限于对象之知,亦无主体与对象之分别。这类似于爱留根纳所谓的无知之知。既知而又无知,实处于一种我所谓的"动态对比"状态,爱留根纳喜用"黑暗"、"乌云"的隐喻来表达这一对比状态。他并不使用笔名狄奥尼索斯喜用的旧约西奈山上的乌云作为隐喻。相反的,他用新约耶稣显圣容和升天时的云彩为喻,尤其喜以耶稣再临时乘着云彩而降的意象,虽有遮掩之意,意仍泛发光彩。而且,用耶稣再临的云彩之意象,多少添增了天光云影的末世论意义。

由于神是不可见的,人只能在云中见神,因此,登上"默观之云"将是显神的最高境界,在其中,人将能面对面见神、知神,虽然此见也仅只是片面光彩,仍不免云影泛滥。由此看来,虽然神性本

① 僧肇:《肇论》,见《大藏经》,四十五册,页153。

质终不可见，也终无法全见，然而比起笔名狄奥尼索斯的否定神学来，爱留根纳总是为人性保留了更大的开放性和可能性。比较起圣奥古斯丁将希望托于个人返回内心、照见真理而言，爱留根纳更将个人的修德历程纳入宇宙论与末世论的历程，而不使其仅止于个人的净化与成神而已。对他来说，天主仍在历程中继续开展，直到纳入全体万物与人，也纳入其集体与个体的历史的全面展开，完成于既创造又受造的天主，纳万物与历史于终结，彼处天主将与万物共获全面展开。这样的思想，预示了怀特海(A. N. Whitehead)在《历程与实在》(*Process and Reality*)所谓上帝的原初性(primary nature of God)和上帝的终结性(consequent nature of God)，而且天主与人既合又分、分而又合的动态对比思想，也颇相似怀特海在《历程与实在》所谓上帝与世界的对比。爱留根纳可谓历程哲学的先驱。

八、结语

整体说来，爱留根纳的思想可以说是我所主张的"对比"与"外推"精神的最佳表现。他能在保持差异之中进行综合，他既继承前人的思想又能有所创新。一方面，他对来自圣奥古斯丁和普罗克鲁斯的两条柏拉图主义路线进行了综合，又将希腊教父思想转译为拉丁文的哲学论述脉络，这种能保差异而又得其统一，在断裂之中又能保有连续性，正是对比综合的思想范例；至于他那不断自我走出，将传统思想中的精华放置在新的脉络中，既使新的脉络能予了解，又能创造出崭新的体系，正是"外推"精神的最佳表现。爱留根纳所提出的哲学体系至为庞大，包含了能生与被生的自然的四大动态环节，不但在中世纪扮演着承先启后的作用，而且启发了近代大哲如斯宾诺莎与黑格尔，甚至20世纪的怀特海。就体系之宏伟深刻而言，怀特海的《历程与实在》一书，差可近之。

不过，或许爱留根纳的思虑过于精纯，常保新柏拉图主义与观念论的风格，但于圣奥古斯丁对肉体、欲望与其他异端的关心，则颇为忽视，使他无法在这些议题上对于后现代多所启发。但他对于自然的宏观视野，仍是后现代思潮甚可取法的。

总之，爱留根纳的密契思想，重视人成神、知神、合于神的密契经验，使默观能启发哲学与行动，使哲学得以合主客而不陷两端，使行动不迟疑而能陶成德行，并将个人的成神、知神与合神，放在宇宙论与宏观历史的脉络中，既能契神入真，且能宏思伟构，其所慷慨赠予后世者，真可谓甚深甚厚矣。

附录一　神鹰灵音

爱留根纳(Johannes Scotus Eriugena)著[①]

一、神鹰的召唤

精神之鹰的召唤之声,在教堂的倾听中回荡。愿我们的感官能自外掌握其流逝的声音,愿我们的精神能自内悟透他恒久的意义。

这是一只高飞巨鸟的宏音,他不是翱翔于物质空气或以太,或盘旋于整体感性世界的一只鸟,而是一只精神之鸟,以最迅疾的深刻神学之翅,以最灵光、最高致的冥想,超过了一切视野,飞越了一切存在或虚灵之物。

我所谓"存在之物",是指那些不能完全超脱感知之物,无论是天使的或人的感知,因为他们都是随着上帝之后而来,而且即使数

---

① 本中译本所依据的原典来自 Migne, J. P., *Patrologiae Cursus Completus*, Series Latina, Vol. 122, Paris: Migne, 1863,并参照拉丁与法文对照本 Jeauneau, J., *Homelie sur le Prologue de Jean*, Paris: Editions du Cerf, 1969 ,与英译本 Bamford, C. *The Voice of the Eagle: the Heart of Celtic Christianity*, Great Barrington: Lindisfarne Books, 2000,每节标题由中译者根据每节内容或首句所加。

目众多，也不能超越一切品类的唯一原因的形塑。至于我所谓的“虚灵之物”，意指那些实际上超过一切理解“知觉”能力的掌握之外之物。

蒙神祝福的神学家约翰，飞越了可思可言之境，也飞越了一切心灵与意义。其精神不可思议的飞升，超越万物，进入了一切万物的唯一原理的奥秘之中。在彼高处，他清楚分辨出了超越本质的统一性和超越实体的太初与圣言，也就是圣父和圣子，而两者都是同样超越理解的，并开始了他的福音，说：“在太初内，有圣言。”

二、啊！蒙神祝福的约翰

啊！蒙神祝福的约翰，你被称为约翰，是十分相称的。“约翰”是犹太名字，译成希腊文，其意为“被赋予圣宠者”。在众神学家当中，有谁领受了你所被赋予的，那穿透至善的隐微奥秘，使人心与感官得以亲近在彼高处所揭示于你者。我要问：除你之外，还有谁被赋予了如此伟大、如此品类的恩宠呢？

也许有人会说，这样的恩宠也曾赏给了宗徒之长，圣彼得。当主问他说：“你认为我是谁？”彼得回答说：“你是基督，是永生的天主之子。”不过，我想，我们可以无恐无惧地说，当彼得如此回答之际，他更是以信德和行动的角色来说的，而不是以智慧和冥想的角色来说的。

为什么呢？理由很明显。彼得一直都被当成是信德和行动的表率，而约翰则是智慧和冥想的典型。约翰曾依靠在主的胸怀，这正是冥想的奥秘。至于另一位则常会动摇，这是蹒跚行动的象征。

事实上，行动的目标在于执行神的命令，当未成为稳定性向之前，时而会辨识德行的纯粹光辉，时亦会被感官有限定的思想之雾所蒙蔽，而无力于进行判断。另一方面，最深刻的冥想至为敏锐，一但瞻仰了真理的面容，便既不再迟疑，也不会跌跤，更不会被任何乌云所蒙蔽。

三、约翰与彼得

然而，两位宗徒皆已进了坟墓。基督的坟墓是《圣经》，其中，基督的神性和人性的奥迹，被文字的重量所封存，正如坟墓被石头所封存一般。不过，约翰跑在前头，比彼得还早到达，因为冥想早已湛然纯化，能比行动更为锐利、更为迅速地穿透神圣经典的奥妙力量，至于行动则仍有待进一步加以纯化。

不过，虽然两人都曾跑向坟墓，并且都早已进了坟墓，但实际上是彼得先进，约翰随后而至。如果说彼得象征着信仰，则约翰是象征着睿智。既然说“除非你相信，否则不会明白”，信仰必然会先进入圣经的坟墓，随后睿智再进入，信仰预备了睿智的进入。

彼得认出了神在时间中成为人的基督，并说：“你是基督，是永生的天主之子。”他的精神可以说已经飞扬颇高。然而，那位以睿智认出同一位基督，既是天主，又是由天主在时间之前所生，并说出“在太初内，有圣言”的那位，则比他飞得更高。

我们并不偏爱约翰胜过彼得，我们只是在比较行动和冥想，比较仍须净化的精神和已然净化的精神。我们只是在比较仍在朝向不迁之境而上升的途中的美德，和那已经抵达彼境的美德。在此，我们考虑的不是两位宗徒的人格尊严，我们只是在探究在神性奥妙中多样的美丽资质。

因此，彼得是以行动实践德行，他透过信仰与行动之德，觉知到天主之子以奇妙无可言喻的方式定限在肉体之中。然而，约翰则是对真理本身至高的冥想，他所赞叹的是天主的圣言本身，远在成为肉身之前，是其太初，其绝对与无限的源头，也就是说，是圣父。

真实说来，当彼得在基督身上看到了永恒与时间的结合时，他是受到神的启示所引导。不过，只有约翰引领着信实的灵魂，认识了在基督内的唯一永恒。

四、精神之鸟高飞入神

因此，精神之鸟迅疾高扬，看见了天主。我说的是神学家约翰，他拔高直升到一切可见的和不可见的受造物之上，超越一切思想和睿智，然后，他成为神，进入天主之内，天主使他成神。

啊，蒙祝福的保罗，诚如你所说，你曾被提升至第三重天，到达天堂，但是，你尚未被提升至诸天之上，提升至众天堂之上。然而，约翰超越了已形成的诸天，已创造的天堂，超越了人类与天使的本性之上。

在第三重天，啊，你这被挑选的重器，外教人的导师，你听闻了人无以言说的语言。然而，约翰，最深层真理的观看者，在众天堂的天堂之中，在一切万物的原因之中，倾听到了独一无二且万物借以受造的圣言。

约翰被允许说出圣言，并在可以宣示给人的范围内，宣讲圣言。也因此，他充满自信地宣称："在太初内，有圣言。"

五、成神而后能知神

也因此，当他飞越自己与存在的万物之时，约翰不只是人而已，他更高于人。他由不可思议的智慧之力和至为敏锐的心灵所带领，进入到那超越一切万物之上的存在者之中，也就是进入到那三位一体或一体三位的奥秘之中。

然而，他若不先成为神，他就无法升入神内。正如同我们眼睛的凝视，若不能先与阳光兼容相合，便无法感受到感性事物的形式与颜色。同样地，圣者的灵魂除非先堪当分享那不可思议的真理，也无能接受那超越一切理智的灵性事物的纯净知识。

也因此，这位圣洁的神学家，在变化成神，并分享了真理之后，宣示说天主圣言实存于太初天主之中，也就是说，天主圣子实存于天主圣父之中。他说："在太初内，有圣言。"

看哪，天开了，至高至圣者三位一体的奥秘被启示给了世界。且看神性的天使直升至人子之上，宣示他是圣言，自太初，在万物之前，便已存在。且看他下降至同一位人子之下，并喊出"圣言成为人身。"

当福音说，天主圣言借着童贞女以超性方式成为人，存在万物之中，此时，天使下降了。当福音说，同一位圣言从圣父那里，以超性方式诞生了，在万物之前并超越一切万物之时，天使又超升了。

六、在太初内，有圣言

圣者福音作者写道："在太初内，有圣言。"

在这里，我们必须注意，他所写的"有"字，并不是时态性，而是实体性的。因为由"是"一字衍生了"有"字，包含了双重意义，有时它意指没有时间性变化的实存的形容，这时候我们称之为"实存性动词"。然而，在其他时候，它就像其他动词一样，指称一种时间性的变化。因此，当他说"在太初内，有圣言"之时，好像福音作者是在公开地宣称"圣子实存在圣父之内。"说真的，有哪一位心灵健全的人会说，圣子会以时间的模态实存在圣父之中？因为只有认识了永恒，才能够了解不变的真理。

而且，为了避免有人认为圣子存在于太初之内而无任何实体的差异，福音作者立刻加上，"而且圣言与天主同在。"也就是说，"圣子与圣父以本质为一而位格有别的方式实存。"

再者，为了避免某种误会蔓延，影响任何人——譬如说，圣言只在圣父中且与圣父同在，但并不是天主，不是与圣父同性同体，这样的错误是雅理约派教徒所犯的，为此福音作者立刻加上，"而且圣言就是天主。"

他也预见了，当他写道："在太初内，有圣言"，而且"圣言就是天主"，会有人认为他所指的不是同一圣言。有人会认为"在太初的圣言"和"圣言是天主"有所不同。为了预先粉碎这一异端看法，福音作者又立刻加上"自太初便与天主同在"。也就是说，圣言，是与天主同在的天主，不是别的，就是那在太初内存在者。

这一点意义可以在希腊文本福音中看得更清楚，其中使用的是 autos 一词，表示“同一”，用以表示天主和圣言是同一，因为 Theos（天主）和 Logos（圣言）在希腊文中都是用阳性表示，autos 一词也是。也因此，说“圣言是天主，他在太初内与天主同在”，可比明白宣示说“这一位天主圣言，与天主同在，与我所说的‘在太初内，有圣言’是同一位”，还更为清楚。

七、一切万物都经由祂而受造

一切万物都经由祂而受造。一切万物都是经由天主圣言（deum-verbum）或圣言天主（verbum-deum）自身而受造。到底说“一切万物都经由祂而受造”是什么意思？不就是说：圣言在万物之前是由圣父所生，因此万物都是因着祂、经由祂而受造。因为圣言之由圣父所生，正是一切原因的创造，连同一切出自这些原因的各种各类的行动和结果。一切万物都是经由天主圣言（quippe dei verbi），从天主太初那儿受造（ex deo principio）。

为此，请听这一神性的、不可思议的吊诡，这一无法揭开的秘密、不可见的深渊、不可解的奥秘：圣言是由圣父所生而非受造，万物则是经由圣言而受造而非所生。

圣父是太初，万物从祂而来；圣子是元始，万物经祂而有。圣父说出祂的圣言，这是说圣父生出自己的智慧，借此万物得以受造。先知说：“您在智慧中造了他们。”在另一处，提到圣父亲自说：“我的心动而生物。”究竟何物是由祂所生？圣父自己解释道：“我说出了至善的圣言。”我说出的是至善的圣言，我生出的是至善的圣子。圣父的心便是祂自己的实体,圣子的实体便是由此所生。

圣父生发圣子,不是就本性而言,而是就因果先后言。且听圣子自己说:“我的父亲比我大。”也就是说:“祂的实体是我实体的原因。”我说的是,依照因果先后,表示圣父先于圣子;依照本性,表示圣子先于所有经由祂而受造的万物。万物的实体是经由祂而受造,是在一切世界的世代之前便起始自圣子之内,不是在时间内,而是与时间一起受造。实际上,时间是与一切受造的万物一起受造的。时间既不是在万物之前受造,也不是比万物更值得偏爱,时间是与万物一同受造的。

八、圣言的实效

那么,从至高者之口说出的圣言,其实效又如何呢?可以确定的是圣父所说的并非空言,既非毫无结果,亦非全无宏效。即使是人类,当他们在彼此之间说话之时,都会在听者的耳里产生某些效果。也因此,在这里有三件事我们必须相信并了解:圣父说话,宣示了圣言,圣言实现了万物。圣父说话,诞生圣言,万物受造。且听先知的说话:“因祂说话,一切便完成了。”也就是说,圣父生了圣言,借着圣言,万物都受造了。

为了避免有人认为在那些存在的万物当中,有些是天主圣言自己所造的,有些是在他之外受造或存在,而一切已在、未在之物不一定都参照同一太初,为此福音作者在先前的神学之上又加上了以下结论:“而且在祂之外,无物受造”,意思是说,没有一样东西是在祂之外受造的,因为祂包容全体、综括全体,除了圣父与通过圣子与由圣父生发的圣灵之外，无法想象有任何东西会与祂同样永恒、共一实体、本质为一。

这一点在希腊文中较易明白，因为拉丁文说的 sine ipso（没有祂），希腊文说的则是 choris autou，也就是说："在祂之外"。类似于此，主向祂的门徒们说："没有我，你们什么也不能做。"祂的意思是说："若在我之外，你们不可能受造，怎还可能在我之外做什么呢？"同样地，这里希腊文说的不是 aneu"没有"，而是说 choris"之外"。

为此，我认为希腊文较容易明白，因为听见 sine ipso（没有祂）的人，仍然会想成"没有祂的帮助或指引"，在此并未将全体或万物归之于祂。然而，如果了解 choris 意为"之外"，就不会遗漏任何东西不在祂之内、通过祂而受造了。

九、在祂之内受造的是生命

"在祂之内受造的，是生命。"福音作者进一步揭示了在理性和睿智以外的其他神性奥秘。他指出，天主圣言清楚地启示于天主说话之时，而把由这两位所生发的圣灵，放在后面，让圣经读者自己去默想。譬如一个人在说话时必然会吐气，圣父在生圣子之时，便也在同时随同圣子，并通过如此所生的圣子，生发了祂的圣灵。在这之后，福音作者才加上：通过圣子，万物受造，在祂之外，无物存在。

然后，他俨然是要从另一个起点来展开祂的神学。他说："在祂之内受造的，是生命。"稍早他曾说："万物都借着祂而受造。"然后，好像有人问他有关这些天主所造之物的问题，到底这些借祂而受造的万物是什么？何物在祂之内？福音作者回答说："在祂之内受造的，是生命。"

这句话可以有两种读法。你可以先读为"那受造的"（Quod factum est），随后再读，"在祂之内，是生命"（in ipso vita erat）。你也可以先读，"在祂之内受造的"（Quod factum est in ipso），然后再读，"是生命"（vita erat）。

由于这两种读法，便有两层意义供我们默想。其中一层说的是："那些受造的，分在不同空间、不同时间，按不同种类、形式、数量，无论感性或智性的实体，无论是凝聚的或分散的，这一切在祂之内全都成了生命。"另一层说的是，"在祂之内受造的，不是别的，而是生命。"

且让我们采取以下的意义吧："万物都是在祂之内受造，在祂之内的都是生命并且为一。"万物都曾在祂之内，先以原因的身份，再以结果的身份，因而"是"或"存在"。因为，通过祂而受造的万物，都是以某一种方式在祂之下存在；但与祂为一的万物，则是以另一种方式在祂之内存在。

十、万物皆是生命

也因此，万物都是借着圣言而受造，在祂之内不迁地活着，都是生命。在祂之内，万物过去都不曾，将来也不会，借着时间间隔或空间场所而存在；然而，万物皆在祂之内，与他为一，超越一切时间空间，且在祂之内永恒地存在着。无论是可见的、不可见的、有身体的、无身体的、理性的、无理性的，简单说，无论是天与地，深渊与其内的一切，都在祂之内生活着，都是生命，都永恒地存在着。

如果你想知道，万物是如何、以什么理由，借着圣言而受造，并且以生命、以原因、以统一的方式在祂之内，你可以从受造的自然中选取例子来考虑，透过在祂之内并经由祂而受造的万物来认识祂。正如同宗徒所说的："他那看不见的美善，都可从祂所造的万物，辨认洞察出来。"

且看这全体感性世界所含藏的万物，在这世界的浩光、太阳的光明照耀之下，都同时并生，彼此相似。从祂那里，出现了一切物体的形式，也产生了众多颜色的美丽与多样，以及这感性自然的种种可知的一切。

且考虑种子所包含的无限、多样的能力，有多少样的青草、水果与动物早已含藏在种子之中，以及如何从他们中萌发出美丽、无数、多样的形式。用你内在的眼睛，观想在一位大师身上，众多艺法与知识融而为一；运用之妙，存乎一心。且观想在单独一个点中，有无数的线条可以并存。此外，你在自然中还可以举出其他类似的例子。

从对这些观想，你能借着本性观想之翼，高飞到万物之上，由神的恩宠所照亮和支持，你将可以借着心灵的敏锐，穿透圣言的奥秘，而且，只要是在寻求天主的记号的人所可以获得的范围内，你将都可以看得清楚，借着圣言而受造的万物，如何在祂之内生活，而且都是生命。正如圣经所说的："因为在祂之内，我们活着、行动并拥有我们的存在。"真的，正如同伟大的笔名狄奥尼索斯(magnus Dionisius ariopagita)所说的："万物的存有是神性，而神性超越了存有。”

十一、生命是人的光明

“而且这生命是人的光明。”啊，蒙祝福的神学家，你先前称天主圣子为圣言，现在你将祂称为“生命”和“光”。你如此改变称呼，不是没有理由的，而是为了让我们明白各种不同的意义。你之所以将天主圣子称为圣言，是因为圣父通过圣言说出万物。正如经上写的：“祂说了，一切便完成了。”现在，你称祂为光和生命，是因为同一位圣子，也就是圣言，是一切经由他而受造的万物的生命和光。祂所光照的是什么呢？不是别的，正是祂自身和祂圣父。可见，光是祂自身，也照亮自身。圣言之光启示自身给世界；祂把自己启示给不知道祂的人。

当人离弃了天主，神性之知的光明便从世界撤退。从此以后，永恒之光便以两种方式启示自身：通过圣经和通过万物。神性之知没法子以其他方式在我们内更新，只能通过圣经上的文字和受造物的品类。为此，你应该学习了解这些神性的表达样态，并在你的灵魂内设想其意义，因为你会在你的灵魂内认识圣言。

且用你身体的感官，观察感性事物的形式与美丽，并在其中领悟天主圣言。如果你这样做，真理就会在这一切事物中启示给你，只有祂造了万物，在祂以外，你无可默想，因为祂本身就是万物。因为万物中无论谁是真实存在，都是祂。说真的，正如同没有一样实质的善是存在在祂之外，同样地，也没有一样本质或实体存在在祂之外。

而且，生命便是人的光明。为什么圣约翰神学家要特别说是“人的光明”，宛若那天使的光明与受造宇宙的光明，事实上是整体可见与不可见存在的光明，应该特别是人性的光明呢？那赋予万物以生命的圣言之所以被宣示了，不正是因为特别是为了成为人性的光明，因为在人类之中，祂不但宣示自己给了人类，而且给了天使和一切能参与神性之知的万物。

天主不是以天使的模样呈现给天使，也不是以天使的模样呈现给人类，而是以人类的形象出现给天使和人类。天主的出现，不只是以形象，而是以真正的人性，祂真正在己之内，以实体的统一性，完整地采取了人性。因此祂呈现自己，祂将对自己之知，给予任何可以认知于祂者。也因此，人性之光正是主耶稣基督，他以自己的人性，将自己揭示给一切有理性、有智慧的受造物，启示了祂神性中隐藏的奥秘，而祂的神性等同于圣父。

十二、光明在黑暗中照耀

“光在黑暗中照耀。”且听保罗宗徒的话，他说：“你们有时处在黑暗之中，然而你们现在是在主的光明内。”且听以赛亚先知的话：“那些住在死亡阴影的土地上的人，如今光明照耀在他们身上。”

光在黑暗中照耀，所有的人，由于原罪，都是处在黑暗之中，不是那影响外在眼睛的黑暗，因为外在的眼睛只能看见感性事物的形式和颜色；而是那影响内在眼睛的黑暗，因为唯有内在眼睛才能分辨理性事物的品类与美丽。不是幽暗星球的黑暗，而是对真理无知的黑暗。不是缺少照亮物体世界的光明，而是缺少了照亮非物体世界的光明。这一光明,由贞女所降诞,照耀在黑暗之中,也就是照耀在那些认识祂的人的心中。

全体人类似乎分为两边,一边是那些内心被真理之知所照亮的人,另一边则是那些仍留在不敬和背信的黑暗中的人,为此福音作者加上一句:“黑暗决不能了解祂。”这就好像是在说:光明照耀在信者的灵魂的黑暗,越照越明,从信仰开始,导向认知。然而那不敬之心,由于不信与无知,并不明白那荣耀肉身的圣言之光。正如保罗宗徒所说的,“他们愚蠢的心黑暗了,虽宣称自己是聪明的,其实却变愚蠢了。”这正是黑暗一词的精神意义。

十三、祂的光明卓绝宛如幽暗

对于这些语词,从本性来加以沉思,将会产生“光在黑暗中照耀”这句话的另一层意义。

人性即使未曾犯罪,也无法以己力而发光;因为人性并非按其本性便是光明,它只是分享了光明。人性虽能达致智能,但其本身并非智能;只因为分享了智慧而使他能有智慧。正如同空气本身并不发光,并且也因此才被称为阴霾,然而空气仍可接受太阳的光;同样地,我们的本性,其自身虽有黑暗,但却能接受智慧之光。而且,正如同空气,在分享太阳光线之时,并不能说是自身在发光,不过太阳的光芒却能在其中出现,此时空气并不失去自身无光的性质,而只是接受了附加的阳光进入自身;同样地,当人的理性有了天主的圣言之时,便认识了理性事物甚至天主自身,不是借着自身,而是借着衔接上了神性之光。圣言自己说:“并不是你在说话,而是父的神在你内说话。”

借着这一句话，圣言要教导我们这一普遍的真理，并希望这一意义常在我们心灵之耳回荡：并不是你在发光，而是父的灵在你内发光。换句话说，是祂，圣父，开显了我，圣子，来在你内发光，因为我是世界的可理解性之光，也就是理性和灵智的本性之光。并不是你，借着你的睿智认识了我；是我自己，透过我的圣灵，在你内认识了我。因为你并不是以光为实体，你只是分享了那独立自存者的光明。

因此，光明在黑暗中照耀，是由于天主圣子，祂是人的生命与光明所在，祂无时不在地照耀我们的本性。我们的本性若就其自身来探究和考虑，是一缺乏形式且黑暗的实体。然而，即使人的本性曾经堕落，圣言并不愿意将之抛弃，而且祂永远不会抛弃人性。祂赋予人性以祂自己的形式，用自己的本性来包容人性；而且祂用恩宠再予形塑，使之成神。既然他自身是万物所无法理解的，黑暗也不能理解祂。因为“天主超越一切意义和智慧”，而且“只有祂自身拥有不朽生命”。由于祂的光明超越卓绝，人们以幽深称之，因为没有任何受造物可以理解祂是什么或祂是如何存在的。

十四、曾有一人，由天主派遣

“曾有一人，是由天主派遣来的，名叫约翰。”且看神鹰，以宁静的飞翔，自神学的高峰降落到历史的深谷，放松崇高的冥想之翅，从精神世界的高天下降到大地。圣经实际上是由四部分所构成的理的世界，正如同感性世界是由四大元素所构成的一般。这一理的世界的最底层，一如居中的地球，是历史（historia）。环绕历史并包围着历史的，是道德理性（moralis intelligentiae）的深渊，希腊人称之为“伦理”（ethike），正如同环绕地球的，是水。再来，环绕历史与伦理的，则有自然之知（naturalis scientiae），希腊人称为物理学（physike），一如包容着大地和水的，是气。在这一切之外、之上，则有希腊人称之为神学（theologia）的崇高冥想，没有任何智慧可以超越它，其地位宛如包容万物、净火常燃的晶天。

也因此，伟大的神学家，我说的是圣约翰，在他的福音一开始，便触及神学的最高峰，并穿透精神诸天的深沉奥秘，飞扬于一切历史、一切伦理和一切物理之上。自彼高处，他放松理性之翅，下降于大地，开始叙述历史，依序先提及在圣言降生稍前的事件，于是说：“曾有一人，是由天主派遣来的，名叫约翰。”

十五、神人的先驱

于是，约翰在它的神学中引进约翰。在天主的奥秘中，“深渊与深渊和唱”。福音作者约翰讲述先驱约翰的故事。那位获得恩宠而认识太初圣言的人，向我们讲论那位获得恩宠而成为圣言降诞的先驱的人。他不只说“曾有一由天主派遣者”，他说的是“曾有一人”，但为了有别于其他人类，还说这位是另一个人的先驱，这个人融合了天主性与人性于一身，继之而来。这一来，圣约翰区分了稍纵即逝的声音与永恒不改、常住不朽的圣言。他分辨了出现在天国黎明的晨星，与继之而来的正义的太阳。如此一来，约翰区分了见证与所见证者；传讯者与遣送他的主人；闪烁之光与照亮世界、为全人类摧毁死亡与罪恶之黑暗的灿烂之光。

也因此，主的先驱不是神，而是人。至于这位先驱所侍奉的主，则既是人又是天主。先驱是一个被恩宠所召叫，由人性自我超越，将成为神；至于他为之先驱的那位，在本性上虽是神，却被召叫来屈尊成人，因为他要来拯救我们，赎回我们。

曾有一人被派遣了，被谁所遣呢？被天主圣言派遣，在祂之前，这人先来，他的使命是担任先驱，名叫约翰。他以一声呼叫，让人听到他的声音："在旷野里呼喊者的声音"。被派遣者预备主的来临。他的名字叫作约翰。也就是那位获得恩宠成为万王之王的先驱，为了向世界彰显降诞的圣言；为祂授洗礼，以便万民皆获精神收养，成为天主子民；最后，并以他的言论与殉道，为永恒之光作见证。

十六、给光明作见证

这人来了，是为了作证，为了给光作证，也就是为基督作证。请听他的见证："看！天主的羔羊，除免世罪者。"还有："那在我以后来的，成了在我之前的。"在此，希腊文更为清楚：emprosten mu意思是说："他是在我之前而有，在我眼前。"这就好像是他公开宣称："那位按时间顺序肉身是在我之后诞生的，在我仍在母胎中时便已预见，见到他在童贞之母中怀胎，取得人形。"

"他并不是那光，只是为给那光作证。"在这里应该明白一个先前用过的动词，并如此明白该语句："他并不是那光，只是被遣送来为给那光作证。"光的先驱并不是光本身。那么，为什么人们还常称他为“明灯”、“晨星”呢？他是一座明灯，然而他所燃的火不是他自己的；他是晨星，但他所发的光亮也不是他自己的。是他所受遣那位的恩宠，在燃烧发光，映现于他。他本身不是光，但他分享了光。在他内，并透过他，所发的光，并不属于他。正如前面说过的，没有任何受造物，即使是禀赋理性或灵智，都没有在己的、实体的光明，它们只分享唯一真光、实体之光，以其可理解性，遍在一切，照亮万物。

也因此圣经文本又加上“那普照每人的真光，正在进入这世界。”福音将天主之子称为“真光”，他是自存的实体，在万世之前由圣父所生，而圣父也是自存的实体。他将天主之子称作“真光”，天主之子为了人类，在人间，成为人。祂是真光，称自己是：“我是世界的真光，跟随我的，绝不在黑暗中行走，必有生命的光。”

十七、真光普照进入这世界的每一个人

“真光普照进入这世界的每一个人。”到底“进入这世界”是什么意思？应该怎样明白“进入这世界的每一个人”？这进入这世界的人是从哪里来的？他所进入的是哪一个世界？如果这里说的进入这世界的人，是从自然隐微的奥秘中，经由时间空间中生成而来，那我们就要问，对于这样的存在，诞生若只是为了死亡，成长只是为了腐朽，凝聚只是为了再度分散，从静谧安宁的自然中堕落到扰嚷不安与苦痛之中，到底能接受什么样的光明？请告诉我，为那些出生在短暂与虚妄的生命中的存在，能有什么样的神性真光呢？这个世界为那些脱离真光的人，不正是一个适合的住处吗？这世

界不正是适合称为死亡阴影之地，啼泣之谷，无知之渊，这人类灵性重负的尘土之居，阻止了内心之眼去观见真光？

也因此，“照耀进入这世界的每一个人”不可能用来指称那些出自自然隐秘的种子因，进而取得形躯的人。它指的是那些经由洗礼而获得重生的恩宠，得以进入无形世界的人。他们超克了会腐朽的身躯的生命，选择了属灵的第二次诞生。他们将这下面的世界踩在脚下，以便上升到上面的世界。离开无知和死亡的阴影，他们渴慕智能与生命之光。他们终止了作为人之子，开始成为天主之子；他们离开恶习的世间，亲自加以毁坏，仰望德行的世界，全心全意要升达彼处。总之，真光所照耀的人，是那些来到德行世界的人，而不是那些逃避到恶习世界的人。

十八、祂已在世界上

福音说：“祂已在世界上。”在此，福音作者用“世界”一词，指称的不只是全体感性受造物，而且是特指人内在的理性本性。在所有人中，或更扩大言之，在全体受造的宇宙中，圣言是现在存在、永远存在的真光，永不止息地存在于万物之中。

正如一个人说话，当他停止说话时，他的声音便停止了、消失了。同样的，天父，若停止其圣言，则其圣言之效果，也就是受造的宇宙，也将停止存在。因为赋予受造宇宙以存在并予以维系的，正是圣父的话语之功，换言之，是其永恒不改、生生不息的圣言。

也因此，我们也可以将下一句话用在感性世界而仍毫无非理性之处：“祂早已在世界上，世界原是借他而造成的。”为了避免有人分受了摩尼教的异端，认为感性世界是由魔鬼而非由一切可见与不可见之物的造物者所造，我们的神学家立刻补上一句："祂早已在世界上。"也就是说，祂存在于这世界之中，是祂含容了万物。而且，"世界原是借他造成的。"因为宇宙的造物者并不居住在别人的作品之中，而是住在自己的作品中，他自己所造的作品。

十九、三层世界

请注意：蒙祝福的福音作者提及了"世界"四次，话虽如此，我们须了解一共有三层世界。第一层是不可见、非物质的纯粹精神实体，此外别无其他。凡是进入此一世界者，都能满盈地分享真光。

第二层世界直接与第一层世界相反，因为其中所包含的都只是可见的形体之物。无论这层世界在宇宙中的地位有多低，圣言仍然居住在其中。也因此，对于那些想透过感官升达对真理的认识的人而言，这是第一阶段，因为可见之物的理象（species）将吸引思想的灵魂，迈向对于不可见之物的认知。

第三层世界则宛如一中介者，在自身连结了上层的精神世界和下层的形体世界，并将两者合而为一。这个世界只在人间，在人之内，万物联合为一，因为人有一身体、一灵魂，人联结了此世界的身体和来自另一世界的灵魂，成为人，创造了一个和谐有序的宇宙。由于人身拥有一切形体之物的本性，而灵魂则拥有一切精神之物的本性，这一切合而成为浑一的和谐宇宙，构成了人的世界。这也就是为什么人会被称为"一切"（omnis），因为一切万物都在人内，宛如在一熔炉之中化而为一。也因此，当主在派遣门徒去宣讲福音时，教导他们说："去向一切万物宣讲福音。"

正是这一世界，人的世界，不认识自己的造物者。人，由于身体思维的限制所局限，既不能借着成文法律的符号，也无法借着可见的受造物的范型，认识天主。"而世界并不认识祂。"人既不能在天主取得人性之前，经由其毫无遮掩的真正神性，也无法在祂取得人性之后，经由其肉体的外衣，认识天主圣言。他们既不认识不可见的，也不认识可见的。他们并不去寻找那正在寻找他们的人。他们并不去倾听那在召唤他们的人。他们并不在乎那使他们成为神圣的人。他们并不想去接待那位接待他们的人。

二十、祂来到自己的地方

"祂来到祂自己的地方"，也就是来到他所创造的、也因此隶属于祂的万物中间，但是，他们并不接受祂。"祂自己的"指的是所有的人，是他原先所要救赎的，而且他的确救赎了他们。

"但凡是相信祂的人，即便是那些只相信祂名字的人，他给他们力量成天主的子女。"在此，他不在人的理性世界中，而在其意志中，做了一项区分。他将那些相信圣言降生的人，从那些不信的人中区分开来。信徒们相信圣言已经来了，并热切地接受了他们的主。不信的人则否认祂，并且顽固地拒绝了祂：犹太人是因为忌妒，而外教人则是因为无知。对于那些接受祂的人，祂给他们力量，使成为天主的子女；对于那些不接受祂的人，祂给他们机会，有一天可以接受祂。因为相信天主圣子，并成为天主的子女，这些可能性从未拒绝过给任何人，因为这端视人的自由意志与神性恩宠的合作与否而定。

那么，成为天主子女的力量到底是给了谁呢？是给了那些相信祂并相信祂的名字的人。有许多人接受了基督。例如，阿利安族接受了祂，但他们并不相信祂的名字。他们并不相信祂是天主的独生子，与圣父同性同体。他们否定祂的同实体性（homoousion）——它与圣父同一本质——反而断定它的异实体性（heteroousion），认为祂的本质不同于圣父。借此，他们不能接受基督，还设法否定祂的名字。那些真正接受基督的人，承认他既是真天主又是真人，并且最坚定地相信的人，祂给他们成为天主的子女的可能性。

二十一、圣言成为人身与人圣化成神

"祂不是生自血，不是生自肉欲，不是生自人的意志，而是生自天主。"（在古希腊手稿中，只说："祂不是生自血肉，而是生自天主。"）福音作者说："祂不是生自血"，表示那些由于信德之功而被领养为天主子女的，并非出自血肉的生殖。他们是生自圣父，经由圣灵，与基督共为继承人，与天主的独生子同为圣父之子。

"不是生自肉欲，不是生自人的意志"，在此福音作者引进了两性，许多生自肉欲的人都是由于有性别的肉身而生。在此，福音作者用"肉身"表达女性的条件，用"人"表达男性的条件。

如果你想说，人皆有死，不可能成为不朽；会腐坏之物，不可能免于腐坏；单是人类，不可能成为天主的子女；时间性的万物，不可能成为永恒的。若果如此，那么你就接受信仰为你的困惑所预备的论证吧："圣言成为身体。"如果说最大的困惑已然冰释，为何较小的疑问还会残留呢？如果说天主之子成为人，对此凡接受他的人都毫无疑虑，这么说来那些相信天主子的人将会成为天主的子女，这有何令人讶异的呢？事实上，圣言是为了这一理由而下降，取得肉身，好使得那些具有肉身的人们，由于见了圣言的肉身而相信祂，并将因此而获上升。这就是说，经由那本性上是天主的独生子，许多人将借着领养而成为天主的子女。天主圣言成为身体，并不是为了祂自己的利益，而是为了我们，因为唯有经由圣言的身体，我们才能变化成天主的子女。祂降来时是孤独而来，但他上升时则是伙众而行。祂从天主那里来时，将自己变化成人；但祂从人间去时，则会将人变化成神。

"并且居住在我们中间"，也就是说，他已然拥有我们的人性，以便我们能参与祂的神性。

二十二、瞻仰祂的光荣

"而我们瞻仰祂的光荣，圣父的唯一子的光荣。"蒙受祝福的神学家，你是在哪里看见，降生成人的圣言的光荣，天主子成为人的光荣？你是用什么眼睛看到的？我相信，在山上显圣容的时候，你是用肉眼见到的。因为那时候你也在场，你当时是神圣光辉的第三位见证。我想，在耶路撒冷时你也在场，你听见圣父用这样的话光荣祂的儿子："我已经光荣祂了，我还要再光荣祂。"你也听到群集的儿童们呼喊着："贺三纳！达味之子。"

应该怎样谈论复活的光荣呢？你看见祂从死者中复活，当你与其他门徒锁在门内，祂却穿透闭着的门，走向你们。当他被天神扶持，升天到父那里去时，你也看见他的光荣。在这一切之上，尤其是当你默想祂——圣言，在其太初，与圣父同在，你更在你最高的灵视当中，看见了祂的光荣。在那里，你看见了祂作为圣父的唯一所生者的光荣。

二十三、光荣与真理的满盈

“充满了光荣与真理”，这句话的意义有双重：可以理解为道成肉身的圣言的人性和天主性，其中，恩宠的满盈指的是祂的人性，而真理的完整则指的是祂的天主性。由于圣言道成肉身，吾主耶稣基督按其人性接受了满盈的恩宠，因为祂是教会的首领，宇宙万物，也就是全体普遍人性的首生者，在祂内并经由祂，人性始获得了治愈并恢复健全。

我说“在祂之内”，是由于祂是恩宠的至高与原初的典型，借之我们毫无一己之功便得以由人变化成神，这是因为在祂内，此一典型以最为原初的方式显现了。我也说“借着祂”，因为是“借着祂的满盈，我们全体人才得以接受”：用信德的恩宠换来成神的恩宠，我们是借着信德的恩宠而能信仰祂，借着实践的恩宠而能遵守祂的诫命。

不过，基督恩宠的圆满，也可以理解为是指向圣灵。是圣灵在分配并运作恩宠的赠与(donationum gratiae)，也因此圣灵常被称作“恩宠”。圣灵借着七重运作，充满了基督的人性并且居存其中。

正如先知说的："主的圣灵将降临在祂身上，智慧和理解之神，参议和大能之神，知识和敬畏上主之神。"也因此，如果你想透过"充满恩宠"一语，了解基督本人，你必须知道这话说的是：基督的人性圆满地获得神性化并蒙受祝圣。关于祂的神性化，我说的是祂的人性与天主性结合在一个单一实体的统一性上。关于祂的蒙受祝圣，我说的不只是祂被圣灵所接受，而且祂真实地被圣灵完满的恩宠赠予所充满，而且祂宛如教会中奥秘之烛的顶端，恩宠的明灯在祂之内并从祂发出，照耀四方。

你也可以将道成肉身的圣言的恩宠与真理的圆满性，理解为是指向新约，一如福音作者本人在随后似乎想到的，他说："因为法律是经由摩西颁布的，但恩宠与真理则是由基督而来。"那么，我们便可以适当地说，新约的恩宠的满盈，是经由基督而给予的；而法律的符号的真理，也是在祂之内获得满全的。因此，正如保罗宗徒所说的："在祂之内居住着满盈的原神的身体。"

在此，宗徒称呼那在阴影中的启示是原神的圆满。基督来到世界并居存于身体之中，以身体的形象启示了原神，教导我们并开显自己为启示自身。因为他自己就是恩宠的泉源和满盈，祂是法律的符号的真理，祂是先知的洞见的终极目的。光荣归于祂，连同圣父与圣灵，自今世直到永远。阿门。

第三章　圣托马斯的形而上学体系

一、前言

在西方形而上学的发展史上，古希腊的亚里士多德首先提出形而上学作为一门科学，研究存有者之为存有者（being qua being），以研究存有者之整全，以统摄割裂存有者之某一方面而治之的其他科学，如物理与数学。这在形而上学发展上可谓一极为重要之阶段。可惜亚里士多德仍受其物理学（自然哲学）里面主要思想的牵制，且又遗忘了存有学差异，把实体当作存有者之存有，使其形而上学未臻完备。不过，由于他是第一位以系统方式提出形而上学的哲学家，对于后世哲学影响甚巨。在中世纪一千年思想史的发展之中，若要在形而上学上推出一个能上继亚里士多德，兼又综合中世纪思想的集大成代表人物，则非圣托马斯（St. Thomas Aquinas 1225—1274）莫属。中世纪天主教哲学传统用基督信仰提高并扩充了希腊的人文思想，其主要的哲学旨趣在于调和理性与信仰。圣托马斯继承了亚里士多德形上学传统，但并不只把形上学用来综合各专门科学，却志在调和理性与信仰，综合人生全体经验，甚至为全体存在定位。圣托马斯的形上学不但注意到存有学差异，补充了亚里士多德形上学之不足，而且深明存有与存有者的关系。他对于存有与存有者的差异与关系的思考，在形而上学发展史上乃一极重要的阶段。

本章将依序讨论在圣托马斯形而上学中所处理的(1)存有与存有者的差异与关系；(2)存有与人的关系；(3)存有与价值(即超越属性的问题)；(4)存有与无限实体(神)的关系等重点。

二、存有与存有者的关系及差异

圣托马斯很清楚地看到存有与存有者彼此的差异，同时又注意到两者彼此的关系。通常圣托马斯称呼存有为“共同存有”(Esse Commune，Common Being)或“存有本身”(Ipsum Esse)，它既非“存有者”(ens)；亦非独立自存的无限存有者——神。

首先，圣托马斯从来没有把存有与天主视为同一。天主是独立自存的存有本身(Ipsum Esse Subsistens)。存有是存有者的存在活动，并不具独立自存的实体性，更非无限的实体——天主。所谓共同存有亦非包含天主及全体受造物的实在界之总称，若存有是这样一种普遍的实在，则必须肯定有在天主之先之物存在了。但圣托马斯否认这种可能性，因为天主和受造物彼此的模拟关系是来自于天主本身，而无须肯定一个第三者来包容天主与受造物。关于存有和天主的关系，在圣托马斯形上学中十分重要，本文留待最后再来讨论。在此，我们可以暂时肯定，存有并非独立自存的存有者或至高存有者——天主。

其次，“存有者”(ens)这个概念在圣托马斯形上学中亦十分重要。因为，圣托马斯认为："理智所最先理会，最为认识，而且由此认识来衍生出其他概念者，厥为'存有者'。"[①]存有者就是具体或个别的存在之物，而存有则是此具体个别存在之物的单纯而满盈的存在活动。存有者是其存在活动（存有）的主体，但存有则是这主体所进行的单纯而满盈的存有活动。存有与存有者虽然有密切的关系，但两者仍有重大的差异。存有与存有者的差异就是所谓"存有学差异"。

存有就是一切存有者单纯而满盈之存在活动。在一切存有者内所含有的最深刻、最丰富的，就是它的存在活动。这种存在活动是一种单纯的实现，一种内在的满盈。

首先，存有是存有者单纯的实现。托马斯认为："存有就是实现"；存有"是一切形式或本性的实现性"[②]。换言之，存有"是一切完美中最完美者，因为存有在一切中扮演实现的角色。"[③]"存有是一切实现的实现性，一切完美的完美性所在。"[④]

其次，存有也是一种内在的满盈，一切美好皆由它内在开展出来。托马斯说："存有并非由其他事物所规定，如同潜能被实现所规定，更好说是像实现被潜能所规定一般。"[⑤]。存有是具不断开展的潜能的实现性，一切能有者皆具足于此，所以托马斯说："没有异于存有之外者能被增益于存有之上"[⑥]。而且，这种满盈超越了

① St. Thomas, *De Veritate* 1,1.

② St. Thomas, *Summa Contra Gentiles*, I. 38.

③ St. Thomas, *Summa Theologica*, I. 4,1,3.

④ St. Thomas, *De Potentia*, 7,2,9.

⑤ Ibidem.

⑥ Ibidem.

本质的规定。本质再如何扩大,亦不能穷尽存有。托马斯说:"存有本身就绝对言之乃无限的,因其能被无限多的本质以无限多的方式来分享。"①存有超越本质,表示存有的内在丰富性超越任何人的思想的规定之外。

每一存有者皆有单纯而满盈的存在活动,并且超越本质的规定。每一存有者内在皆含藏丰富,可以说皆是内含无穷奥秘,不能由科学和任何研究所穷尽。这种洞见,使得圣托马斯和一切与他具有同感的思想家能在万物中看到无穷奥蕴,一切皆平等平等。也就因为基于同样的精神,使圣方济各(St. Francis of Assisi 1182—1126)能把树木鸟兽称为自己的弟兄;诗人布莱克(William Blake)会说:"一粒砂中见世界";而马塞尔(G. Marcel)会认为存有含藏奥秘,也都是具有类似的洞见。

圣托马斯既以存有为存有者的存在活动,重视存有学差异,自亦不会再像亚里士多德那样把实体视为存有者的存有。存有乃存有者所进行之存在活动,但它本身并非独立自存之物。实体才是独立自存之物。圣托马斯说:

"存有指称一种满盈和单纯,但并不独立自存。与此相反,实体(substance)指称一种独立自存并立于其他物之下者。"②

不过,"存有"和"独立自存"亦有很重要的关系。但圣托马斯在了解独立自存时,多就消极方面言之。他说:"独立自存就是存在在己内,而不在其他物之内。"③"不在其他物之内"并不能积极

---

① St. Thomas, *Summa Contra Gentiles*, I, 43.

② St. Thomas, *De Potentia* 1, 1.

③ St. Thomas. *Summa Theologica*, I, 29, 2.

说明独立自存。至于“在己内”或“借己力”,圣托马斯并未积极说明之,而亦只赋予消极的意思:“所谓借己力似乎只包含一项否定,因为一个存有者之借己力就是表示它不借外力,这点纯属否定之意。”[①]不过,有些地方圣托马斯似乎预想到一种积极的想法,但并未予以开展。托马斯说:

“一物若能按己之存有而返回自己,则它应能独立自存。”[②]

“返回自己的本质……就是意指独立自存;实际上,凡不独立自存的形式皆必须分散于其他事物中,而不能凝聚在己内,但是能独立自存的形式,当其分散于其他物之时,便予以成全或予以影响,而其本身则仍留居己内。”[③]

在这些文字里,圣托马斯似乎提出了“独立自存”与“返回自己”或“反省自觉”的关系,但并未予以发展,而且没有进一步探讨像“反省自觉”这种精神存有者的特性,如何能与物质实体有关系。圣托马斯提到反省自觉,似乎已经预示了近代哲学的路径,但毕竟他在这方面的讨论仍然不多。在反省自觉问题上的缺乏发展,使其哲学仍停留于先批判期(pre-critical)。反省自觉的问题,有待笛卡尔以后的哲学,尤其有待康德(Kant)和黑格尔(Hegel)的大力发展,但已在圣托马斯埋下伏笔。

究竟,存有与存有者的差异与关系应如何用较简洁的方式来予以陈述呢?我们可以说:存有就是存有者的存在活动,而存有者就是存在活动的主体。托马斯说:“存有并非存有的主体,就如同

① St. Thomas, *Summa Contra Gentiles*, 1, 25.

② St, Thomas, *Lib. De Causis*, Prop. XV, Lec. XV, no. 304.

③ St. Thomas, *De Veritate*, 2, 2, 2.

跑并非跑的主体；我们不能说跑在跑。同样我们不能说存有在存有。正如存有者乃存有的主体，同样，奔跑者乃奔跑的主体。依此理，我们可以说，奔跑者之所以跑是因为它是跑的主体而且参加了跑的行动；同样我们可以说存有者存在因其参与存有之行动。”①

由此可知，存有者的存有指存有者的存在活动，而非如亚里士多德所言指实体。究言之，托马斯认为实体有二义：一指使一物之所以为此物的“本质”；一指“主体”。圣托马斯说：

“所谓实体，第一义指一物的‘此物性’，乃定义之所指，因此我们说定义指事物的实体，此义的实体希腊人称为 ousia，而吾人称为‘本质’。实体的另一义指主体或支持者……”②

由此可见，圣托马斯已有某种主体的思想，因而把实体诠释为主体，只是他之所谓主体，尚无近代哲学如笛卡尔所谓之思想我，存有是主体的实现，但主体在实现其存有时必须透过实现其本质来媒介。因此，由存有者到存有，有以下三层进境：

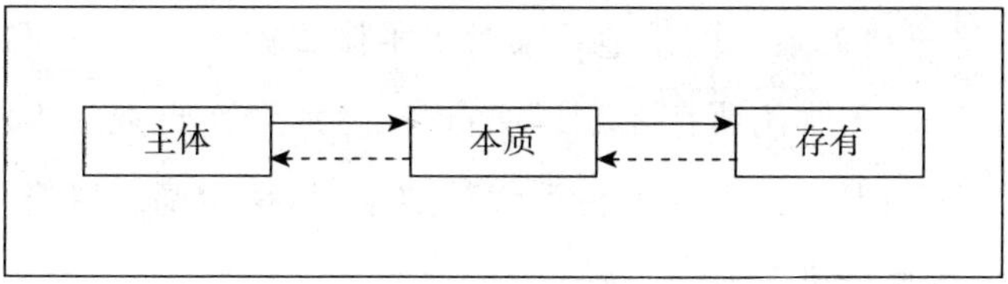

基本上这种进境与儒家所言由尽己之性到尽物之性，到赞天地之化育而与天地参的思想，有其异曲同工之妙，皆是由主体透过实现本质来实现存有。存有乃主体的实现与本质的实现，但圣托

① St, Thomas, Boeth. de Heb. Lect. 2, no. 23.

② St. Thomas, *Summa Theologica*, 1. 23, 2.

马斯并未解决如何在存有内分殊而生出主体与本质的问题，两者似应在存有内有其内在的决定，但表面上看来，圣托马斯似乎只满足于把三者按序陈列，亦即认为存有尚假定了主体及其本质。不过，圣托马斯有一段话似乎表明了：在天主内，存有整体透过本质而返回自己，成为主体。托马斯说：

“在天主内有隶属独立自存、本质和存有的一切。不为在于他物内之存有，乃自存；自存为某物之存有，乃本质；为实现之存有，乃存有本身。”[①]

在以上这段文字内，前面所言三个进境皆涉及了存有。托马斯的意思似乎是存有全体（Totum Esse）之满盈，自己返回自己，而且透过本质，成为独立自存的主体。可见主体为全面自觉、独立自存的存有。惜对此圣托马斯并未多加以深究。

总之，圣托马斯对于存有有一深刻的洞见，指出存有乃一切存有者单纯而满盈之存在活动；而且圣托马斯亦清楚认知存有与存有者的差异和关系。但是他并未对于主体或独立自存有更进一步的陈述，因此无法阐明存有与返回自身、达成全面自觉的主体的内在关系，这种内在关系须等待近代哲学来到，在康德与黑格尔的形上学中，始有更进一步之发展。

三、存有与人的关系

在所有存有者当中，圣托马斯十分重视人性存有者（human

---

① St. Thomas, *Summa Contra Gentiles*, IV, 11.

beings)，因而在他的思想体系中，有着比亚里士多德更为明确、更为详尽的人学。基本上，中世纪的物理学，除了承认自然之上另有超性界，且自然乃天主所创造之外，大致上仍然延续了希腊的物理学。因此，圣托马斯的物理哲学与亚里士多德并无巨大的差异，然而其人学则更为突出。在圣托马斯思想中，“人”之所以会更显突出，其思想背景是因为在基督宗教里面，尤其在旧约和新约里面，人是天主的儿女，而且被认为是天主的肖像(imago Dei)，因为依照圣经的说法天主在造人之时尝谓：“且让我们按照我们的肖像造人。”基督宗教尤其强调人是个完整的个体，而且是一个位格的(personal)个体。这些观念就构成了圣托马斯人学的主干。

综合说来，圣托马斯认为人是一个位格性的完整的个体，具有高等的精神能力，能从事发展并完成其存有的活动。首先，人是一个个体。在中世纪时虽然认为人是灵魂和肉身组合而成的，但丝毫不妨害人是一个完整的实体，因为灵魂是这个实体的实体形式(substantial form)，与作为质料的肉体合而为一个统一的实体。在此可见到亚里士多德形质论的痕迹。人就是一个个具有统一性的个人，并没有集体的人。至于“人类”或“法人”这类名词，则是一种通称，或一种虚构之位格(personae fictae)，真正存在的是一个个的个人。而且，圣托马斯同其他大部分的中世纪思想家一样，认为人是个位格之人。位格(persona)按照波爱修(Boethius)的定义是：“以理性为本性的个体实体。”(Persona est rationalis naturae individual substantia.)。其次，人虽然是一个位格的个体实体，但却具有多元的能力，在这些多元的能力之中，相称于位格地位的能力是理智和意志两种精神能力。理智是认识的能力，意志是欲求的能力。两者都是高度精神性，合乎理性的能力。最后，人根据这些能力，发而为各种行动（认识真与爱好善之活动），借以发展并且实现自己的存有。

这种对人的看法，十分合乎我们上面所提到的"主体——本质——存有"的格式。就人是个完整的个体而言，人是一个主体；就其所具有的精神能力而言，理智、意志是相称于人的本质而有的能力；最后，人所从事的活动，都是在通过自己的本质来实现自己的存有。

从这个角度看来，在圣托马斯的思想脉络里探讨存有与人的关系，就是探讨人的主体如何运用其本质能力来在活动中实现其自己的存有。既然人的本质能力基本上有理智和意志，其活动有认知与欲求两者，则我们可以从这两方面来看存有与人的关系。首先，我们可以就认识方面来看人与存有在理论上的关系。其次，可以就意志方面来看人与存有在实践上的关系。

从理智的方面来看，人的理智可以分为主动理智和被动理智两个层次。首先，一切认识皆从感觉开始。"在理智中者，无一不先经感官"（Nihil in intellectu quod prius non fuerit in sensu）。主动理智首先从感觉材料中抽象出其中的可理解形式，使原先为潜能的可理解性，变成实现的可理解性，因而点化在具体存有者中内在的普遍性。然后再交付被动理智，予以对象化，变成实际的概念，即所谓"心灵之语言"（verbum mentis）。最后，认识程序完成于判断（judgment），判断就是在针对存有者及其本质，用存有予以连接起来。例如"苏格拉底是人"。在此，"苏格拉底"是主词，

“人”是本质,“是”乃存有(to be)作为系词,旨在连接前两者。

可见,在形上层面,有“主体——本质——存有”的格式,在认识层面则有“主体——形式——存有”;把判断发表而为命题,则有“主词——谓词——系词”。可以说,对圣托马斯而言,形上、认识和语言三个层面是层层相应,彼此相符的。在认识的过程中,存有有如一道光明,照亮了所认识的存有者的形式;而在命题中,存有则变成系词,连接主词与谓词。因此,在认识层面来说,存有是使人得以认识的光明,并非人认识的对象;正如同在形上层面,存有是主体的存在活动,是本质的指向与完成;但存有并非存有者,亦非本质,而是两者的存在活动所在。

对于圣托马斯来说,人的主动理智是天主的理智的肖像,亦是分享了天主的理智的美好。主动理智是在人理智内奔向存有之动力,在人全部认识过程当中,扮演光明之职。至于吾人从感觉材料中所抽象出来的象,则是一种可理解的象(intelligible species)。可理解的象借着存有的光明而得以为吾人所看见,因此,由感觉中所抽象出来的形式是有限的、后天的,比起它们来说,存有的光明具有无限的优先性。在形上层次的主体,在认识层次则成为感觉材料之支持者,在形上层次的本质,在认识层次则为可理解之象;在形上层次的存有,在认识层次则为照亮象之光明。对于存有的认识,真可谓是“超乎象外,得其环中”了。兹图示如下页:

其次,再从意志实践的方面来看:意志的欲求活动并不像理智的认识活动,认识的活动是在认识者内在进行的活动;但是意志的欲求活动却是走出意欲的主体之外的一种向外的活动。认识的活动所追求的价值为真理;意志的活动所追求的价值为善。托马斯

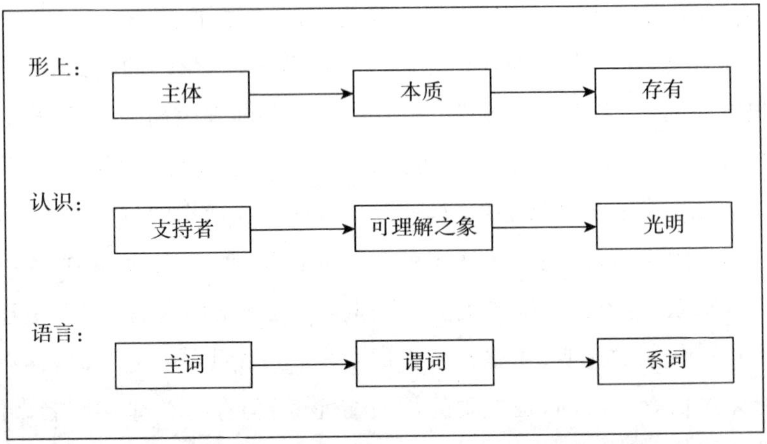

说："善之意义在于事物之可欲；一切事物可欲者厥为善。"圣托马斯在分辨理智的认识活动和意志的欲求活动时，有以下一段名言：

"善指意志之所指，真指理智之所趋。然而意志与理智二者有别，在于所认识之对象在于认识者内在中被认识，而意欲之发生则在于欲求者倾向于外，指向所欲之对象。欲求之目的为善，善乃在欲求者外；认识之目的为真，在认识力（理智）之内。"①

可见，意志的活动主要在于走出自己，趋向外在于己的存有者，以它的存有——以在己之外存有者的存在活动和完美，来丰富我之存在活动。比较起来，认识的活动必须内省而清明，但意志的活动则必须走出自己去爱。所爱者为何？乃在己外的存有者的存有。爱并非自私的、为己的；爱是为他、为别人的，必须走出自己，为别人的满盈和美好着想。我爱的就是所爱者的存有的满盈与完美。只有真正去爱所爱者的满盈与完美，才能真正有益于自己的

① St. Thomas, *Summa Theologica* I. 16, 1.

满盈和完美。

因此，意志从主体出发，其所趋向者乃所欲求的存有者整体，但意志在其身上所欲求者乃其存在活动——存有。所以在意志的实现过程中，其中主要的历程是这样的：

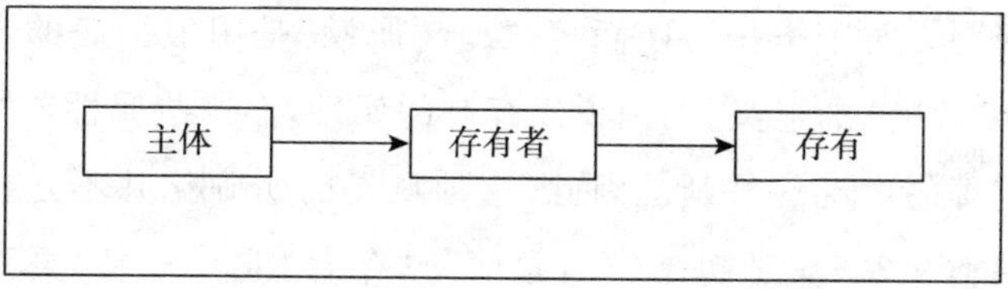

由上可见，对于圣托马斯而言，“真”是人在理智的认识活动中追求存有而成就的限定；“善”是意志在欲求活动中追求存有而成就的限定。真与善既是人在追求存有历程中所成就之限定，同时又是人开展自己的存有的方式。

四、存有与价值——超越属性

在前文中我们讨论到圣托马斯所阐明的存有与人的关系，最后并论及人的理智的认识活动追求存有而成就了真的价值，人的意志活动追求存有而成就了善的价值，真与善同时亦为人开展自己的存有的方式。在此，吾人已进入了存有与价值的关系之讨论。对圣托马斯而言，价值正是人与存有的桥梁。圣托马斯的“超越属性”(transcendentalia，the transcendentals)理论，可以说是历代哲学中一个最为完整而且深入的价值理论。价值并非是一种主观的愿望或评价活动，亦非纯属客观的事物属性，却是结合两者，而且是一切存有物内在动力与完美之开展与完成。首先，价值是立基于存有的，价值就是存有的超越属性。其次，价值亦是立基于人的主体，乃人的本质能力之开展与实现。圣托马斯的价值论调和主客，为其形上学体系中极为重要的一部分。

“超越属性”所提出来的形上学问题，可以说是关于存有的意义的问题。对于圣托马斯而言，“超越属性”是用最彻底的方法来明确化“存有”的意义，明白说出存有的属性，而这些属性与“存有”具有同等的广泛的外延。因此，这种意义的明确化并不是在规定存有的类和象，却是超越类与象而与“存有”同其外延，真正可谓“超乎象外”。超越属性表现出存有的意义，并超越了各个别的存有者及其本质——类与象。不过，既然它们涉及了存有的意义，当然也就涉及了存有对于人的意义，尤其涉及了人的精神，因为所谓精神正是人的开放性，使事物得以在其中呈现而有其意义者。人皆须下学上达，亦即必须从存有者出发以渐次及于存有本身。所以，圣托马斯建立超越属性体系（即其价值体系）的程序，是首先由存有者出发，再看存有者与人内在精神结构的关系，借以升进于存有本身。[①]

圣托马斯指出，超越属性一共有五个：“物”、“某物”、“一”、“真”、“善”。其中“某物”、“物”、“一”，乃克就存有者本身而言者；“善”、“真”则克就存有者与人的精神结构之关系而言者。此五个超越属性可统摄为“一”、“真”、“善”三者言之（因为“某物”、“物”皆可谓一之别目。）此外，圣托马斯对于“美”亦有精辟之讨论，但并未

① 关于托马斯的超越属性，本人在另一专著中有详细之研究。参见拙著：《存有与价值——托马斯存有哲学“超越属性”与中国价值哲学“精神价值”综合比较研究》，辅仁大学硕士论文，1975。

明白列入超越属性，其理由见后。吾人可以说，圣托马斯的价值体系即由“一”、“真”、“善”、“美”所构成的，可以说是对于古典文化所向往的高等价值，一个极为强而有力的系统表达。

简言之，“一”乃表示存有者“在已不分”，皆为完整的个体。“真”、“善”乃表示存有者与人之精神结构的关系。精神能力有二，一为理智，一为意志。存有者与理智之关系为真，存有者与意志的关系为善。可见，圣托马斯之超越属性之获得，初由形器层面开始(ontic level)，其次及于人之超越层面(transcendental level)，最后再及于存有学层面(ontological level)。一、真、善，皆循此路线层层渐进，显明体系。当然，在此我们可以提前指出，超越属性所涉及者，或为存有者与自身之相符，或为存有者与理智、意志之相符，但并非存有本身内在普遍的相符性。这点亦透露出来，圣托马斯虽已注意及存有学差异，但仍受到亚里士多德实体学(ousiology)非常大的影响。

以下我们就分述“一”、“真”、“善”三个超越属性，再及于圣托马斯对于美的看法，其中皆有由形器层面，经超越面，进入存有层面之渐进程序。

(一)首先，“一”这个超越属性，包含三个层次：形器之一、类比之一与存有学之一。形器之一或存有者之一(ontic unity)指每一存有者，既然存在了，便具有本身的统一性，而且对于虚无而言便有判明之别。存有者本身的统一性，指一旦存在，便是一个完整的个体，“在已不分”，不再是分割的状态，个体(individum)的原意便是在已“不分割”(in-dividum)之意。对于虚无的判明之别，则指一旦存在，便不是虚无，不能是半存在半虚无。这是形器层面的一。其次,类比之一(analogical unity)是指存有者就其为存有者而言,便与其他存有者彼此具有相似性。虽然存有者的种类纷陈,但在众多差异之中,扣就其为存有者而言,则皆相同。同中有异,异中有同,此乃全体存有者所具的类比的统一性。最后,存有学之一(ontological unity),则指一切存有者皆出自太一,而且返回太一。纷纭众相的存有物乃出自太一的殊化与创造,而且终究返回与太一在奥妙中结合,此种存有上之结合为一之至境,亦为一切价值之总汇合处,宗教价值亦即悬挂于此。万物在太一中以存有相结合,此谓存有学层面的一。

(二)“真”这个超越属性,乃由于存有与理智活动交接而有之,亦分形器之真、逻辑之真与存有学之真三个层次。形器之真或存有者之真(ontic truth)的意义是指“事物符应于理智”(adaequatio res ad intellectum)此乃真理之客观基础。事物本身之结构呈现出可理解性,在与理智相逢之时,理智可以将此结构把握,进而实现为逻辑真理。其次,所谓逻辑之真(logical truth)则是被人的理智的认识活动所实现的真理,其意义为:“理智符合于事物”(adaequatio intellectus ad rem)。事物所含之结构被精神个体的理智作用在认识行动中表现出来,所表现之认识内容若合于事物之结构,即为逻辑真理。完整的认识成于判断或命题,所以,逻辑之真又可述为“判断或命题符合于事物”。最后,“存有学之真”(ontological truth)则指思想者的能知与所知之同一,存有与真理之同一。对圣托马斯而言,这个综主客、合内外的原初同一,乃在于无限存有者——天主或上帝——的原初理智之中,这个原初的同一者,既是自我认识的存有者,而认识又是其存有的自我呈现。在此，真理不再是理智与事物的相符，而是两者的原始结合与为一。

（三）“善”这个超越属性，乃由于存有与意志交接而有之，亦分为形器之善、道德之善和存有学之善。形器之善或存有者之善(ontic goodness)是指任何个体，就其为存有者而言，都是意志所可欲求的：“可欲之谓善”(Bonum est id quod omnia appetunt)。善即存有的充实。每一存有者既皆进行其存在活动，有其存在之丰盈，便值得意志去予以肯定和追求。存有者之可欲性，乃善的客观基础。其次，道德之善(moral goodness)特指由于人的意志之自由决定，发而为实践行动所肯定和实现的善。存有学之善(ontological goodness)则是指在太一之内存有与善之同一。盖因着各种存有者的为己之爱或纯粹之爱，存有全体紧密地连结起来，善即存有，存有即善，整个存有界为善之王国。与存有同一之善，即为存有学之善。

以上一、真、善三者均为超越属性，皆可与“存有”互换：“一与存有互换”(Unum et ens convertuntur)，“真与存有互换”(Verum et ens convertuntur)，“善与存有互换”(Bonum et ens convertuntur)。换言之，凡是一皆是存有者；凡是存有者皆是一；凡是存有者皆是真，凡是真皆是存有者；凡是存有者皆是善，凡是善皆是存有者。

但问题在于，“美”是否亦为超越属性呢？圣托马斯本人并未明确交代此一问题。法国当代哲学家马利丹(J. Maritain)认为圣托马斯的确把美当作超越属性，但因为圣托马斯既已认为美就是善，所以没有另列之为超越属性。不过，把美与善视为同一，并未积极地指出美独立做为超越属性的资格。柯瑞特(E. Coreth)则认为美是“善和真的统一”,但此一论点亦未说明美为超越属性之资格。另外,慕尼黑(P. de Munnynck)和罗尔当(A. Roldan)皆反对美是超越属性,所持之理由为:美在对象中有物资之因素;其次在主体中亦涉及感性之因素。① 凡属物质性和感性之物皆不是普遍的,因此,美只是局部的,并非普遍的,因此不能成立为超越属性。或许圣托马斯亦因为有此一顾忌而未明列为超越属性。

其实,圣托马斯对于“美”的问题,有极精辟的见解。他在《神学集成》中明白讨论美之三要素:(1)充实或完美(2)均匀或和谐(3)光辉。

“充实”(integrity)指个体充满了适合其完美程度之存有。美的对象饱满了存有之完美,凡欣赏者所能索求于该个体者,个体皆从其存有的完美中流溢出来,而无所缺。但凡在其存有之完美上有了欠缺,则在该欠缺上为丑。

“均匀”(proportion)或“和谐”指在殊多的存有成分中,由于其间恰当的比例,因而有一致的统一性,使得全体纷然杂陈的丰富存有呈现出一片和谐。个别的艺术品或自然物因为具有秩序和结构而呈现和谐,便可称之为美。整个宇宙亦因秩序与结构而透显广大和谐,则整体宇宙亦可称之为美。

最后,“光辉”(clarity)对圣托马斯而言,乃“美之理”,“唯光美

① 以上分别详见 J. Maritain, *Art and Scholasticism*, New York: Charles Scribners' Sons, 1962, p. 173。

E. Coreth, *Metaphysics*, Engl. Ed. By Donceel, New York: Herder, 1968, pp. 144—146.

J. de Finance, *Connaissance de l'être*, *Traité d'Ontologie*, Paris: Desclé de Brouwer, 1966, p. 194.

化,因为若无光,一切皆丑。"美是形式所透显之光辉。形式是一切存有者的完美,亦是事物本质之完成。形式乃自然物与艺术品中的理想和价值所在。形式之所以会透显光辉,是因为唯有形式能表现出艺术家的创造力。

关于美是否为一超越属性,圣托马斯未曾明言,但我们可以透过美与存有的互换可否,来决定此一问题。美与存有的互换包含两方面:(1)"凡美的都是存有者",(2)"凡存有者都是美的"。前一命题可以成立,因为无论艺术品、自然物、幻想物……任何美的事物,皆可称之为存有者。其次,人的精神程度越高,便越会在表面上最无意义、最丑陋的事物中看到美好。秃山废石,皆可点化为美。一切事物内在皆有形式之光辉。若有一全知、无限的灵智实体体察及此,亦可谓"一切存有者皆是美的"。尤其在圣托马斯神学体系中,应可肯定在纯粹精神的天主眼中,一切存有者皆是美的。美既然可以与存有互换,则亦具超越性与类比性而为超越属性之一矣。

美既可与存有互换,当亦可与存有之其他超越属性互换。为此,我们所欣赏的美是真实的美,而真理亦为美之真理——美与真互换。其次,美可以作为欲求的对象,美是善,而善自亦有其美,例如道德之善亦为人格之美——善与美互换。最后,美总归于太一,而太一为至美。每一个体有其殊致之美,而美亦展现在个体的统一性之中——美与一互换。

以上,"一"、"真"、"善"和"美"构成了古典文化所向往之至高价值体系,由圣托马斯形上学予以奠立、明说,并且厘清其在存有与精神两方的基础,以达到存有与精神结合之至境,使价值不偏主观亦不偏客观。价值体系之建立使人在文化创造中追求存有并实现其人性存有。价值为链接人与存有之桥梁，这可以说是圣托马斯形上学最重要的贡献之一。

五、存有与无限实体——神

圣托马斯的形上学在形式上十分相似于亚里士多德的，都在思想的顶峰处来探索至高的实体——神或天主。亚里士多德的神是“思想思想其自身”的最高、最完美的第一实体，以其完美状态作为运动变化中的宇宙之究极动力因与目的因。换句话说，亚里士多德的神学是为了理性地因应其物理学与实体学的最后要求而做之肯定，但此一哲学之神既不是有位格的，因此吾人无法与祂建立“你——我”之关系；而且也不是会创造的神，祂既不创造也不照顾万物，只以其完美“冷淡地”吸引万物朝向祂运动。

圣托马斯的天主就大不相同了。前文提到，圣托马斯的形上学旨在调和理性与信仰，所谓的调和其实是一种辩证深入的动态历程，一方面在对天主的哲学探讨中尽理性之廓清，另一方面，在对天主的宗教信仰中做情感之投注，二者交互进展，逐层深入存在的奥秘。圣托马斯一方面有极虔诚而且深刻的宗教经验，自觉对于圣经传统中的创造主有密切的“你——我”之关系，另一方面亦用严格的哲学论证来思维神这个无限实体，而成为其形上学之盖顶工程。

就形上学而言，圣托马斯对于天主的思维步骤是由对于诸多存有者的肯定到对存有者的存在活动之肯定，再由存在活动的肯定到对独立自存的无限实体之肯定,以做为全体存在活动之最终基础。圣托马斯这种类型的形上思想,正是典型的海德格尔所谓的"存有·神·学构成"的形上学。就存有学而言,乃以存有为一切存有者之基础;就神学而言,则进一步以天主——最高实体为存有之基础,即为其第一因。圣托马斯的五路证明就是在形上学的存有·神·学构成的脉络中提出来的。五路证明乃圣托马斯的自然神学中极为有名亦极为重要的内涵。简言之,第一路证明肯定运动变化之事实,而凡运动变化者必由他物所推动。既然推动者的系列不能延伸至无限,所以最后必须肯定有一个第一推动者。圣托马斯肯定神或天主就是一切运动变化的第一推动者。

第二路证明肯定成因之存在,此点可由物之皆有起始来肯定,而凡有起始者皆不能是自己的成因,否则等于尚未存在者就已成为自己的存在的成因。既然原因不能推到无限,因此必有第一因。圣托马斯认为神或天主即第一因。

第三路肯定偶有物之存在为事实,而凡偶有物必有其原因,既然原因之系列不能推至无限,则必须肯定一个绝对必然的存有者为必然原因。圣托马斯肯定神或天主就是此必然存有者。

第四路证明肯定事物之完美性,例如善、真、高尚等皆有等级,如此则必须肯定一最高等级之完美,其余皆因接近最高完美的程度之不同而有高下之别。圣托马斯肯定神或天主就是最高完美。

第五路肯定万物之秩序与目的,因而认定有一智慧的存有者领导万物走向目的,并管理万物之秩序。圣托马斯肯定神或天主就是管理、领导万物的最高智慧。

这个五路证明在形上学上的根本预设,在于有限存有者与无限存有者的区分，本质和存在的区分，以及因果律的有效性。基本上，圣托马斯认为有限存有者的本质与存在有别，两者的结合乃适然或偶然的(contingent)而不是必然的(necessary)。例如人虽有其本质，但并不必然拥有其存在，因为有本质之人在百年过后，复为尘土，身体生命不复存在。然而无限存有者的本质就是存在，两者的结合乃必然的。适然或偶然的有限存有者的存在需要原因，而且原因的系列不可能无限地后推，正如同一条纸做的牛拉不动车，并不会因为无限地增加纸牛就可以拉动车。因此，有限存有者终须肯定一个最后的、无限的存有者为原因。对于圣托马斯而言，后者便是天主或神。由此可见，圣托马斯的五路证明最后预设了因果律的普遍有效性。

对于这个作为第一推动者、第一因、必然存有者、最高完美、智慧的管理者的最高实体，历来有许多名字称呼之。其中，“神”或“天主”或“上帝”，乃就其绝对面、神学面而称之；“雅威”则是在圣经上希伯来人历史中出现的称呼……然就形上学言，有时圣托马斯亦以“独立自存的存有本身”称呼之。圣托马斯似乎认为这就是从形上学言最适合神的名称。

由于肯定天主是至高的完美，又为恒常的现前，其意在于神乃完全之实现，不再有任何潜能。一切完美皆全盘具现，无可增，无可减。为了避免在天主内渗入任何潜能，圣托马斯会有把天主的完美理解为完全实现，没什么可再增加之处，更由于承受亚里士多德的原则，认为动是由于有潜能、不完美。天主既然是完全实现，因此是不动者(inmobile)。这里我们必须指出，这种以完美(perfection)为已经做完 Par-fait，没什么可以再做的想法，会有把天主或神设想为静态的完美，而且使天主的完美难以在理论上与世界和历史的不完美兼容，因而造成了理论上的困境。若照今天来重新思考之，则吾人必须肯定：神之不动，只表示不被动，不表示不活动。吾人更须肯定：能动的完美比不活动的完美更为完美。所以，天主或神应为此一能动的完美，如老子所言“动而愈出”。而且神更在吾人的不完美中，分担吾人因着不完美而承受之痛苦。

圣托马斯虽然在形上学的结构上有“存有·神·学”之倾向，而其对天主或神之完美性与实现性之讨论亦有静态的倾向，但这并不表示圣托马斯缺乏批判的思考。因为圣托马斯认为神的完美可分为三层言之：一是肯定的，二是否定的，三是优越的。肯定层次指吾人以及万物所具有之完美，神皆有之。否定层次指吾人以及万物所具有之完美，皆非神之完美。优越层次指神之完美，更优越于吾人及万物之完美。后两层次皆显示出圣托马斯的批判思想的运作，当然此一批判性尚未充分发展，必须到康德时始能充分发挥。

六、结语

综合上文所述的圣托马斯的形上学，我们可以概述圣托马斯的形上学的优缺点如下。圣托马斯形上学的优点如下：

(一)圣托马斯把握到存有学差异(ontological difference)亦即存有与存有者的差异。这点把握使得圣托马斯不至于把存有学狭化为实体学，而能把握存有为诸存有者之存在活动，存有者则为存在活动之主体，圣托马斯非常清楚地掌握了此二者之关系。

（二）圣托马斯指出存有为存有者（主体）之实现活动，但是主体在实现其存有时必须透过实现其本质来媒介，圣托马斯所把握的“主体→本质→存有”之程序，正与儒家尽性而知天命（天的存在活动的创造流行）而赞天地之化育与天地参之思想，有异曲同工之妙。

（三）圣托马斯清楚把握人与存有之关系，有一深刻的人学来支持其形上学，使其不至于凌空蹈虚。圣托马斯真正掌握了“道不远人”的要旨。他的人观，由于加上了基督宗教的位格论，因而更近一步完成了亚里士多德的人观。

（四）圣托马斯确立了存有与价值的关系，使人能下学上达，以至实现存有，亦使存有得以落实。圣托马斯为价值奠立了主客相关甚至和谐之基础，乃古典价值体系有力之代言人。

（五）圣托马斯的形上学乃“存有·神·学构成”之典型，此就当代思想而言之，则既为一优点同时又是一缺点。关于“存有·神·学构成”之批判，为海德格尔之贡献，在此不赘。

其次，圣托马斯形上学也有其缺点，兹简述如下：

（一）价值（一、真、善、美）不但指出人与存有者之相和合，而且在理论上这种主客之和合更是立基在存有本身内在之和谐上。然而圣托马斯偏重强调存有者之真（形器之真）与逻辑之真，凸显人与存有者在理智上之相符合，偏重强调形器之善与道德之善，凸显人与存有者在意志上之相符合，而较忽略了存有本身内在之和谐，更未明言其由于存有内在之和谐而能使主客之和谐与相符成为可能的。

（二）圣托马斯虽然重视美的价值，但是并没有把美列为超越属性，使得其美学未能有显态存有学之奠基。

（三）圣托马斯并未思考存有自身之自行分殊，自行条理，因而仍受到亚里士多德的实体学相当的牵制。关于存有之自行分殊与自行条理，乃至衍发为历史，则有待黑格尔思想之发晖。

（四）圣托马斯虽然已注意到反省与自觉是使实体成为主体之重要条件，但仍然未思考人的有限性如何以反省规定存有，因而仍缺乏批判的向度，仅以否定之路和优越之路来表达其对人的有限性之批判。批判哲学的工作直到康德始有完备之发挥，而其精神自觉则要到黑格尔才有所发挥。

第四章　托马斯自然法与老子天道的比较与会通

本章旨在探讨老子的天道观与托马斯《神学大全》所阐释的自然法及其形上学基础。就哲学上而言，老子的"道"表示那能自行开显的终极真实本身；其次表示能生的根源，如"道生一，一生二，二生三，三生万物"一语所示；再次，则表示万物变化所遵循的法则。就此而言，老子往往以"天道"、"天之道"表之，基本上是天地万物（当然也包括人在内）所遵循的律则。老子的重点在于万物皆遵循的律则。至于人定的法律，老子往往加以严厉批判，如说"法物滋彰，道贼多有"之类。话虽如此，黄老道家以及受道家影响的法家仍然发展出立基于自然律则的人为法理论。

托马斯的自然法，是人按照天主赋予的理性本性而行动的法律，可见，托马斯的自然法重点是人，既包含了实然（to be 存有），也包含了应然（ought to be），两者相关而有别。就存有面言，自然法说的是"人依其本性所追求的是善"。就应然面言，自然法的原理是："人应行善避恶"。

本章首先要比较天道与自然法的终极根源，探问老子非位格的道与托马斯三位一体的天主如何化生或创造万物，由慷慨或智慧与爱产生了秩序与法律。然后，再就天道与自然法本身进行比较。最后，论及两者可会通之处，兼及于道教相关概念。

一、引言

就基督宗教与中国文化的交谈来说，过去自利玛窦（Matteo Ricci，1552—1610）来华，在与儒家的交谈方面做了不少工作，然与道家哲学和道教的比较与会通，做得比较少。本章的重点在探讨老子的天道观与托马斯《神学大全》所阐释的自然法，及其形上学基础。无论是老子的天道或托马斯的自然法，都是人必须照着生活的规范。就老子言，人必须合乎天道而生活，培养内在之德，或按庄子言"依乎天理，因乎自然"。对于托马斯，自然法是人按其理性天性、人人共有共遵、不可从人心消灭的法，即使德行的行动也隶属于自然法。

本章首先要比较天道与自然法两者的终极根源，也就是老子的道与托马斯的天主，以及道之生发万物与天主的创造万物，因而有了秩序与法律。然后，再就天道与自然法本身进行比较。最后并论及两者可会通之处，兼及道教相关概念如"承负论"。本文特别关心的论题是：在老子与托马斯思想中，道化生万物的慷慨，以及天主创造万物的爱和无私的赠礼（Gift），如何会转成具有规范性的秩序与约束性的法律？

二、天道或自然法的终极根源：道 vs 天主

就存有学基础的必要性言，要了解老子的"天道"或圣托马斯

的“自然法”,先需厘清两者的终极根源。老子提出“道”为一非实体性终极真实,这在中国古代哲学与宗教思想史上是一件大事。先前殷、周时期信奉上帝与天,视为终极真实。殷人崇拜与其祖先关系密切的“帝”或“上帝”,祭祀上帝并透过占卜向上帝请示。殷商卜辞中有谓“帝若”、“帝不若”、“王占曰:吉,帝若”等,证明殷人向上帝祈祷、占卜并得到上帝的响应——允诺或不允诺。周武革命之后,政权转入周代,周初“上帝”与“天”虽仍混用,然周人很快觉察到不能继续在祭祀、占卜中祷于殷人的上帝,为了避免与殷人祖灵牵扯,乃由“上帝”转向意义较为普遍的“天”。然而,无论“上帝”或“天”都是位格性的神明,仍属多神脉络中的至上神,其下还有日月山川诸神,甚至祖先神灵、灶神等。

老子把位格的神视为由“道”衍出,因此提出“道”以替代上帝与天作为终极实在,不再以终极实在为答应人们要求、关心或赋予人们存在的位格神。“道”一词的哲学意涵有三:

(一)就存有学言,“道”指生生不息的存在活动本身。在道家思想中,“道”不是“存有者的存有”,而是一终极真实。“道”不只是人所走的道路或万物遵循的变化规律,也不只是能生发万物的根源,而是这一切的存有学基础,是生生不息的存在活动本身。位格神只是其开显于有界的神明。如此保持了终极真实既能开显又无穷尽的奥蕴。道是终极的存在活动本身,不可道,不可名,是人只能在复命之后体会的浑全之道。

(二)就宇宙生发论言,道是能生的根源,是生成天地万物的根源力量,例如老子所谓“道生一,一生二,二生三,三生万物。”(42章)此处所谓“生”并无基督宗教神学“从无造有”(creatio ex nihilo)的“创造”之意，而属“开显”(manifestation)或“化生”(giving birth)之意。由道而开显或化生为天地万物，是由存有学过渡到宇宙论，由存有学的道生发出宇宙论的天地万物。

（三）就自然规则言，道是天地变化的规律：例如对立元的构成以及动态的变化，像是有无、动静、阴阳、刚柔等的往复和律动式替换，是宇宙万物变化的规律。老子所谓“天道”，“天之道”或《易经》与《黄老帛书》所谓“天地之道”，类似今日所谓“自然律”。例如老子言“见天道”(47章)、“天道无亲”(79章)、“天之道，其犹张弓欤。”(77章)都属于“道”在宇宙论层面的意义，不过，老子所谓自然，强调的是无所造作、自其本然。

我们有必要先在存有学上，对于道作为非位格的终极真实略加探讨。按《老子》王弼本第25章所言：

> 有物混成，先天地生，寂兮寥兮，独立不改，周行不殆，可以为天下母，吾不知其名，强字之曰道，强为之名曰大，大曰逝，逝曰远，远曰返。①

文中“有物混成”一语，郭店竹简作“有状混成”，较佳，因为道既然使万物成其为物，道本身应不是一物，至多只能说是“有状”，不能说是“有物”。且既属混成，应为所谓“无状之状”(王弼本第14章)。这话表明道是先于天地、未分化之前的整全之状，就此

---

① 郭店竹简读为：“有状混成，先天地生。敚穆，独立不亥，可以为天下母。未知其名，字之曰道，吾强为之名曰大。大曰逝，逝曰远，远曰反。”竹简《老子》甲本，见荆门市博物馆编：《郭店楚墓竹简》，页112。

言，道虽是生生不息的存在活动，并非一实体。老子对于道的思考，属于非实体性的形上思想；道是一非实体性、非位格性的终极真实，与托马斯的天主是位格性的第一实体不同。此外，也没有文本明言道是一关系性存在，虽然道与万物的内在关系是老子的基本主张。道，寂静无声，不可听闻，寥阔无形，无法视见，不依赖他物而能自存，而且道大无所界限①。“可以为天下母”一语，应指道可以成为产生天地万物的根源。这混成之状，无以名之，只好勉强称之为“道”，并勉为其难名之曰“大”，表示人对于道所给予的名称，都不是“实指之名”，而仅只是“虚拟之名”。之后提及的性质，诸如“大”“逝”“远”“反”等，也都不是描述的性质，而是强谓的性质。既然这些是在“可以为天下母”之后陈述的，可以说是针对道已经开显为种种可能性，以及气所弥漫的空间，其运作浩瀚无边，且不断动态扩充、逝离，而且越离越远，越远越返回。这些说法应指道的开显是一不断循环扩大的历程，由道出发，不断进行扩散，再返回于道本身，呈循环往复、逝而后返之状。

老子认为，道会冲虚而用，透过开显历程，生发天地、神明与万物。他说，“道，冲而用之，或不盈。渊兮似万物之宗。……湛兮似或存。吾不知谁之子，象帝之先。”道的存在是在“帝”或“上帝”之

① 王弼本在“独立”之后做“不改”，指恒存而不变迁(unchangeable)之意，然而郭店竹简则做“不亥”，按“亥”假借为“垓”，指“界限”之意。表示道大无所界限，似较为合理。因为若说道不变迁，十分勉强，因为道虽恒存，却也是一切变化的动力根源，可以说，道是“万变之源”。王弼本和傅奕本作“独立而不改”，较难解决道的永恒性与变易性之间的对立问题。然而，竹简本与帛书乙本(帛书甲本于此处缺字)作“独立不垓”，则较无此一难题。

先。相对于《中庸》所言“天命之谓性”，老子认为“夫莫之命而常自然”[①]，老子将“天”或“天地”视为总括全体万物的场域或整体宇宙，后者所尊奉的自然法则，则称为“天道”或“天之道”。“天”、“天地”、“天道”、“天之道”等皆为道所开显的结果，唯道为终极真实。至于人，则与天地中其他一切万物，同为道所开显生成，并且终须复归于道。

总之，老子首先在存有学上，提出以道为生生不息能自行开显的非实体性终极真实；其次，该终极真实不断自行开显，于是成为能生的根源，由本体论往宇宙论过渡，化生万物；再次，由于道在万物之中，成为万物变化的规律，或称为自然律则，或“天道”、“天之道”，因而成立了宇宙论，并在这样的脉络中予人生以定位。从以上的思想脉络看来，老子的天道观是其整体形上思想的一部分，是道在宇宙或自然中的开显，并借此定位人生。

比较起来，圣托马斯所论的天主是有位格的至上神，是至高善(Summum Bonum)，是万物的第一根源与终极目的。老子虽也以道为万物的根源与终极目的，不过，比较起来，道是一非位格的终极真实，而托马斯的天主则是位格性的终极真实，是最完美的精神性存有，是整个宇宙的创造者，人类及一切万物皆来自祂的创造。类似于老子所谓“道可道而非常道”，天主也不是一切人为论述所能解释和言喻。换言之，托马斯的天主论，需经否定神学的批判反省。宇宙与人间所有的美善，天主都有，但其所有的美善，都不是有限的人间和宇宙的美善，而是最为卓越、无限的至高美善。老子

① 在此，郭店竹简老子读为：“民莫之命，天自均安。”见郭店竹简，页112。

的“道可道,非常道”虽也是某种意义的否定神学,但他强调对于道的勉强命名,也因此并不就道的卓越美善方面多所着墨。

托马斯说天主是一切万物的创造者和完美实现的目的,然他并不把天主与存有(Esse,Being)相等同[①]。圣托马斯区别“存有”与“天主”,认为存有(Esse)是存有者的存在活动,而存有者则是一切存在活动的主体;至于天主则是独立自存的存在活动本身(Ipsum Esse Subsistens)[②]。存有并不是独立自存的实体,而天主是独立自存的存在活动。在天主的全能与全知之中,有无可穷尽、无可言喻的理想性与可能性,托马斯称之为“可理解相”,它们都可能存在,但大多尚未实现,难以言喻,只能称之为“无”。若无“无”充盈于存有者领域中,存有不可能再有进一步的实现。由于神的智慧与大能不可言喻的丰富性,使我们不能把天主和存有等同,因为天主既是存在活动,同时也超越存有、超越存在活动。也因此,天主超越了有、无的区分,而且天主是从无中创造(creatio ex nihilo)了万物。

天主是全知、全能、全善的位格的存在,所谓“位格”(person),按照托马斯接受的波埃修(Boethius 475—524)的定义,是“以理性为本性的个体实体”(a person is an individual substance of a rational nature)。对于托马斯而言,“位格指称一切本性中最完美者,也就是以理性为本性的独立自存的个体。既然一切最完美应

① 有些士林哲学家,像吉尔松(E. Gilson)、马利丹(J. Maritain)等人,倾向于把“神”与“存有”相互等同,而且认为其神学依据是在于圣多玛斯。对此本人不表同意,因为圣多玛斯明白区分“神”与“存有”。

② 参见 St. Thomas, *Summa Theologiae*, I, 29, 2; *Summa Contra Gentiles*, I, 25。

该归于天主，既然他的本质包含一切完美，位格一名也最适合应用于天主。不过不适用于受造物那样，而是以最为卓越的方式适用。”[①]天主是圣父、圣子、圣灵三位一体。圣父是元神(Godhead)，是不可言说、无穷奥秘之根源，一切存在的开端。天主是智慧，也是爱。圣子是天主的理智或思想或知识或智能，圣灵则是天主的意志、爱或不求还报的赠予(Gift)[②]。天主的理智发出圣言，天主的意志发出爱。或说，圣父透过圣子来思想自身及其受造物，圣父与圣子相爱并爱宇宙万物与人，是透过圣灵或发出爱[③]。

就此言，托马斯不是一般的实体论者。因为对他来说，天主既是独立自存的第一实体，也是终极的关系性存在。而且，托马斯从全面自我返回或圆满自觉的观点，来定义天主的独立自存。独立自存是“能以己力返回其本质”，也就是能全面自觉。托马斯是以全面自觉来说独立自存的天主[④]。从现代哲学角度看，“能以己力自我返回”，表示祂是个有意识、能自我反省，也在反省中自我返

---

① St. Thomas, *Summa Theologiae*, Prima Pars, Question 29. Article 3.

② 我认为在 *Summa Theologiae*, Prima Pars, Question 38 讨论圣神之为赠予(gift)是关于赠礼及慷慨最高超、最深刻、最美的文字，远胜晚进法国哲学家如德里达(Jacques Derrida)、勒维纳斯(Emmanuel Levinas)等人的讨论。

③ St. Thomas, *Summa Theologiae*, Prima Pars, Question 34. Article 3.

④ 托马斯说：“上帝能以自身之力全面自我返回。正如一个形式在透过给予存有之时完美了质料，可谓倾注自身于质料之上，然而当形式有其自身存有之时，则能返回自身。也因此，那些并非独立自存，而只是某种官能的实现行动的认识能力，并不真正认识自己自身，这在个别感官能力而言正是如此。然而，那些自身独立自存的认识能力，则能认知自身。这就是为什么《论原因》(*Liber de Causis*)会说：‘那认识自己的本质者，能返回自己的本质。’正因为独立自存正属于上帝，也因此，以此方式来说，上帝真的是能以返回其自身的本质而认识自己。”*Ibid.*, Article 2, Reply to Objection 1。本人中译。

回，也因而于己有其透明性的精神性存在。人在某种程度拥有此一能力，也可以说是在此意义上为一主体。就此言，圣托马斯可说是近代哲学主体思想的先驱，而在某种意义下，近代哲学所向往的只是将天主的全面自觉由人的主体性所占有。其实，若说天主能以己力全面返回自己，是一全面自觉的精神存在，人至多只能局部以己力返回自己。

三、道家论万物的化生：从原初慷慨化成万物的秩序与法

道化生万物并驻存其中，成为万物的变化法则。道之化生万物，可说是出自其无穷的慷慨。道先开显为无限丰富而奥妙的可能性，称为“无”；其中有一部分可能性实现为“有”。至于所谓“一”是有之始，再透过不断分殊化和复杂化的历程，开显为林林总总的万物。道既是非位格的，也因此其所谓慷慨，并不是道德性的慷慨之德，而只表示道之化生万物，是出自道本身不自封限于己，而能自我走出，走向万物的外推行动。此一想法可佐证于《恒先》一文[①]：

> 恒先无有，朴、静、虚……自厌不自忍，或作。有或，焉有气。有气，焉有有。有有，焉有始。有始，焉有往者。

① 《恒先》一文大约在老子之后，孟子之前，该文用“恒”一词代表“道”的概念。

在此，所谓“恒”是“道”的另名，这一文献说的是：道虽先于无和有，但在“朴、静、虚”之中，已有向于“作”之动态倾向；而且，道“自厌不自忍”，由于不满意于封限于自己之内，于是起而生发空间，并在空间之中生发了气，有了气之后进而有了个别的存有物及其生灭变化……这一不满意于自我封限，使道或恒展开了化生万物的慷慨外推。

道产生万物的过程，是一因着慷慨无私而生发的过程，由无而有，由一而二而三而万物，是一越来越丰富，越来越分殊、越复杂的过程。而且，道在产生万物之时，亦慷慨地将自己给予各物，成为其中之德。道之生物，是动而愈出的无穷慷慨。郭店竹简《老子》：“天地之间，其犹橐钥与？虚而不屈，动而愈出。”[①]在这段文字中，“动而愈出”一语显示了道在天地生发万物的慷慨[②]。天地是万物出现的场域，且其中含有动态的虚空，万物可从其中不断出现，可理解为道本身在天地中生物无尽的慷慨。

若说儒家《中庸》主张“天命之谓性”，在老子则可以说“道生之谓德”。德为人与万物所皆具，乃人与万物皆平等本具之动能，也因此此一概念并不独特地凸显人类的主体性。此一想法假定了思想者本身的慷慨，不以人为中心、为主体；也不假定有一创造万物的主宰，因为道由于其慷慨外推的存在活动，本然地就会分殊化、

---

① 竹简《老子》甲本，见荆门市博物馆编：《郭店楚墓竹简》，页112。

② 与王弼本、帛书甲乙本、傅奕本等相比较，竹简本此段文字，在前，少了“天地不仁，以万物为刍狗，圣人不仁，以百姓为刍狗”，这段话是以天地与圣人对应，并涉及批评儒家之仁；在后，则少了对人之多言有所劝诫的“多言数穷，不如守中”一句。前、后两段文字的缺如，使得仅有的文本成为完全的宇宙论述，表述天地之间虚空而动态，万物从中不断涌现。

复杂化，成为万物，并内在于万物之中，为其动能，丝毫没有由外在某一主体强加或宰制的必要。道无私的畜长、亭毒、覆养万物。“道生之，德畜之，物形之，势成之。是以万物莫不尊道而贵德。道之尊，德之贵也，夫莫之命而常自然。故道生之，德畜之，长之育之，亭之毒之，养之覆之。”（王弼本 51 章）

由此可见，道是一慷慨自我走出的动力，经由化生历程产生万物与人，并借由复归的历程使万物与人也不断自我走出，体现慷慨，返回于道。人唯有顺随此一历程，始得有真正成就可言，亦即以道为本，发展其德，复归于道，成就所谓“玄德”、“常德”、“上德”或“孔德”。如说：“孔德之容，唯道是从”；（21 章）“上德不德，是以有德……上德无为，而无以为”（38 章）；“常德不离，复归于婴儿。……常德乃足，复归于朴”（28 章）；“常知稽式，是谓玄德。玄德深矣远矣，与物反矣，然后乃至大顺”（65 章）；“生而不有，为而不恃，长而不牢，是谓玄德。”（51 章）由这些文本看来，德的实现就在于去除自我中心，去除主体执着，使德本身的展开，谦冲成为道的过站。《道德经》中不但启发人应效法道的慷慨，而且还应培养谦冲之德。由于效法道的慷慨，也因此人也可以对他人、他物慷慨，并以慷慨的赠予作为丰富生命的存在方式：“既以为人己愈有，既以与人己愈多。天之道，利而不害。圣人之道，为而不争。”（81 章）

在此，我们要问：从道的原初慷慨，如何会转出自然法则，甚至人定法呢？原先，老子所言“法”只有“效法”或“范式”之意，并无“法律”之意。例如第 25 章所言：“人法地，地法天，天法道，道法自然”，说的是人以大地的自然环境为所效法的范式，大地以宇宙为范，宇宙以道为范，而道的范式，则是自然而然、自其本然。不过，在郭店老子丙简所附《太一生水》文中，进一步提出“返辅”或“相辅”的概念，带出了互动的相互性，在相互性中形成秩序，并以秩序作为生发宇宙的终的。这大概可以视为由慷慨而生出秩序此一思路的发展。《太一生水》说：

> 太一生水，水反辅太一，是以成天。天反辅太一，是以成地。天地复相辅也，是以成神明。神明复相辅也，是以成阴阳。阴阳复相辅也，是以成四时。四时复相辅也，是以成沧热。沧热复相辅也，是以成湿燥。湿燥复相辅也，成岁而止。[①]

在此，“太一”代替了“道”之名。太一之首生为水，不同于《管子》道家四篇与《黄老帛书》中所说的“气”，也不是后来区分湿、燥之水，而是某种有利于生发万物的基本介质。道家尚水，因为“上善若水，水善利万物而不争”，是一种有利于万物成长发展的基质。在此“水”是一隐喻性说法，表现太一所最先生发的，是形成万物、有利万物成长发展的基质。太一化生万物，召唤与万物的互动，名之为“返辅”或“相辅”。也因此，“水反辅太一”，是所生者对于能生者的一种响应，并在回应以后化生成天。天这一次生者，又回应能生者，才化生成地。这一前一后化生的天地，又“天地复相辅也，是以成神明”，可见神明显然是多位的。多位神明复相辅，“是以成阴

① 荆门市博物馆：《郭店楚墓竹简》，北京：文物出版社，1998，页125。仅录其释文。

阳”。阴阳是并列的，且以并列的身份相辅，属并列者的互动。其后成湿燥，而“湿燥复相辅”。至于“四时复相辅”，春夏秋冬是按照顺序，依序而动，循环不已。以上这些都是互动的各种形态[①]。

就如同圣托马斯，道家也重视宇宙的秩序化，自神明相辅，经由互动而产生秩序，乃至阴阳、四时、沧热、湿燥，以至“成岁而止”。也就是说，整个宇宙生发的过程，一直到产生抽象的对立状态的结构与动态秩序，与具体的四季与年岁的先后秩序，才不再继续此一历程，而任秩序自行运作。

从《太一生水》所论的“秩序”，到了《黄老帛书》，就转变成为对“法”的重视。《黄老帛书·经法》开宗明义说：“道生法。法者，引得失以绳，而明曲直者也。故执道者，生法而弗敢犯也。法立而弗敢废也。故能自引以绳，然后见知天下而不惑矣。”[②]此文很明确地指出“道生法”，并指出法是判断得失曲直之标准，法的不可或缺，不可侵犯，以及法使认知具有客观性和确定性。

在《黄老帛书》中，“法”一词具有两层意义：其一是广义的法，泛指一切存在及事件的衡量标准，也就是今日所谓“自然律则”。其二是狭义的法，指治世的法律，政治统治使用的法度，也就是“人定法”。

---

① 虽然说“神明”一词在文本脉络中不易精确界定，不过，大体说来应十分接近古希腊哲学里所谓的“睿智（nous）”，甚或后来亚里士多德学者所讲“世界魂”。不过，在中国传统中，是把神明当成自然哲学的一部分。而且，既然说“神明相辅”，显然是多元的。并且对道家而言，神明是由道所衍生，而且是在天地之后生发。这点颇似老子说“吾不知谁知子，象帝之先”之意。

② 见陈鼓应注译：《黄帝四经今注今译》，台北：台湾商务印书馆，1995，页48。本人认为，由于并无足够证据指认这些黄老帛书便是《汉书·艺文志》所提及的《黄帝四经》，也因此我仍保留地称之为《黄老帛书》。

首先,“法”指万物的法则,这些法则是顺道而生的,所谓“道生法”,便是指依循环着道本身的要求,而开显出自然法则来。顺乎道,则谓“理”;逆乎道,则谓“失理”。理既是道在宇宙万物中表现的规则,而宇宙万物是由对立状态构成,则理亦即顺着对立状态之结构与变化的法则。《经法·四度》曰:“极而反,盛而衰,天地之道也,人之李(理)也。逆顺同道而异理,审知逆顺,是胃(谓)道纪。”①

不过,在《黄老帛书》里,万物变化的法则的设定,是为了安立社会的法则,也就是说重点在于成立“人定法”,这是“法”的第二义。是故,《经法·道法》曰:“天地有恒常,万民有恒事,贵贱有恒立(位),畜臣有恒道,使民有恒度。天地之恒常,四时、晦明、生杀、鞣(柔)刚。万民之恒事,男农,女工。贵贱之恒位,贤不宵(肖)不相放(妨)。畜臣之恒道,任能毋过其所长。使民之恒度,去私而立公。”②无论天地的法则、百姓的职业、阶级的贵贱、管理属下的方法、运用百姓的法度,等等,皆有其恒常性,亦即皆显示法的特性,其中除了天地的法则以外,其他四种皆是属于社会的法则。可见《黄老帛书》更将法则的重点放置在政治、社会层面的人定法,而天地的法则只是为了显示社会法则有其宇宙论基础罢了。由此可见,法的第二义,也就是统治者颁布的人定法,最后是总摄于统治者的治理。

总之,从《黄老帛书》所论“道生法”,可以分析出以下几点:一、

① 陈鼓应注译:《黄帝四经今注今译》,台北:台湾商务印书馆,1995,页163。
② 同上书,页48。

以气的分化来说明道经由殊化、复杂化历程而化成万物,并内在万物之中,成为万物所遵循的法则,于是有第一义的法—天地的法则。二、在天地万物之中,《黄老帛书》以人的社会为主要关切点,并认为人的社会有其法则;社会的法则以天地的法则为基础,并由天地法则衍生,是为第二义的法。三、在人的社会中,《黄老帛书》以统治者及其作为主要关切点,并认为统治者根据社会法则可以衍生并颁布统治的规范。

四、托马斯论万物的创造:从智慧和爱到万物的秩序与法

从前面对于圣托马斯天主三位一体来论述"创造",是由圣父生发圣子(理智、智慧与思想),圣父与圣子共发圣灵(意志、爱与赠予),于是可以说,天主是在思想与爱中,创造了天地。天主以智慧和爱创造宇宙万物。天主乃一既是实体又是关系的终极真实,以其思想和爱,以无私的赠予,创造了万物。位格的天主是完美理性的精神体,对于托马斯而言,理性包含了理智与意志。理智的作用在于思想、智慧和理的秩序,而意志的作用则在于爱、慷慨赠予并指向善的完成。

托马斯强调理性,此乃宇宙秩序的来源。然而,托马斯又不是一个枯燥的理性主义者,他也强调爱和不求还报的赠予。正如老子将万物的化生视为出自道的慷慨,在此也可以将天主创造世界视为是出自祂原初的慷慨,天主也是出于慷慨,或托马斯所言的智慧、爱和不求回报的赠予。由于天主的智慧中含藏无穷的理,天主

在创造万物之时，也赋予万物以秩序。然而，由于所有现实秩序皆不能穷尽天主的智慧和理，也因此所有已经实现的秩序都倾向于自我超越，迈向更高的秩序。同样地，所有已实现的爱和赠礼，都不能穷尽上帝无穷的爱和慷慨。天主的智慧和爱是宇宙万物，包含人在内，不断自我超越的动力根源。天主引领万物不断自我走出，走向更高更美的存在秩序，直到有理性、有意志的人类出现，更在精神上不断自我超越。人本应不断自我走出，然而人也会选择自我封闭，甚至不在乎与终极他者或多元他者的关系，自我封闭在自私自利的自我之中，这或许就是原罪的意义。基督降生救世，正是一无条件慷慨的行动，甚至为多元他者牺牲性命，为人类立下万古长存的典范，将人从自我封闭的主体陷阱中救赎而出。万物也应效法天主，不断自我走出，终究返回无限美好的存在。

爱和无私的赠予体现了天主的原初慷慨。然而，创造也是一个不断形成秩序的过程。对于此一秩序，托马斯仅从目的论的角度来讨论，并没有像老子那样提出结构性与动态性的自然律则。在《神学大全》中，托马斯并没有提供自然哲学以应有之地位。托马斯在讨论了天主、创造、天使之后，便进入了对人的讨论，并未留下空间来讨论自然的律则。他的自然哲学，必须在他对亚里士多德的《物理学》所做的评注中去讨论①。篇幅所限，在此不论。

从《神学大全》的结构上来说，托马斯对于"法"的讨论，是放在人论之中，特别是在论人的终的、人的情、人的德、人的恶习与罪之

---

① Cf. St. Thomas Aquinas, *Commentary on Aristotle's Physics*, Translation and Introduction by John Rowan (Notre Dame, Indiana: Dumb OX Books, 1999).

后,恩宠之前。由此可见,托马斯虽然将法主要区分为永恒法、自然法、人定法(此外还有神启法和肉欲法),基本上他所持的是一种人文主义的法学观,其主要关心的是人,尤其关心人如何趋善避恶,成为有德之人。不同于道家思想认为道生万物,且入于万物之中,成为万物之德,使万物各展其德,以返归于道;托马斯认为天主造万物与人,并成为"推动人向善的外在根本"[①],以法律训导人,以恩宠助佑人,推动人返回天主。

在此脉络下,托马斯将法律定义为:"法律无非是由群体的照管者为了公共善所颁布的理性之命令。"此一定义重点有三,我们也借以随机与老子比较:

(一)群体的照管者,若以天地万物为总群体,则其总照管者为天主;若在人间,则为某一社会或政治团体的统治者。就此而言,托马斯类似黄老道家,将法律的颁布综摄于统治者的治理,在道教另有位格、行赏罚的上天,则亦类似天地群体的照管者。

(二)公共善,在宇宙是指全体宇宙万物的公共善,在人间是指某一社会或政治群体的公共善。比较起来,虽然老子说"上善若水,水善利万物而不争",但老子并没有明确的"公共善"的概念,更好说对于老子,每一物因其自然,各有其善,至于道则"善贷且成"。

(三)颁布理性命令:法律为理性命令之产物,对所有现实与可能的宇宙万物,法是来自圣子理性思想中的理,也就是天主的永恒法,至于其在人理性中的分受,则为自然法。人定法则是来自立法

① 圣托马斯·阿奎那:《神学大全》第六册 台南:碧岳学舍/高雄:中华道明会联合出版,2008,页1。为求简便起见,以下凡引自《神学大全》第六册之文字,皆直接于其后注明页数,不另做注。

者针对该社会群体的公共善所做的理性思考。就此而言老子并没有明确的"颁布"观念。他甚至认为:"法物滋彰,盗贼多有"。[①]反对过度颁布太多法律。

针对天主造物的原初慷慨如何转生出秩序与法的问题,或许可以在上述的论述中找到答案。其一,天主本身就是理性的,天主思想中的理会体现为秩序,换言之,理性倾向于秩序而非混沌。其二,天主创造品类万殊的万物,要照管其公共善,避免相互冲突,所以要有秩序,甚至法律。其三,天主的理性和爱会带领人超越任何既有秩序和赠礼,朝向更高的秩序和爱。

对于托马斯而言,法律是有关行动的规定,而非有关存在的规定。永恒的法是"天主的上智之理""天主的统治之理",是天主的思想本身。托马斯用三种模型来理解永恒法。第一,技术模型:天主与万物的关系,就是技术者施予技术作品的关系。第二,管理模型:天主管理每一受造物的行动和动态。第三,推动者模型:天主用以推动万物达到各自目的的上智之理。永恒法无非就是天主指导万物之行动和动态的上智之理。

五、老子思想中的自然律则

道既开显,化生为万物,于是成立宇宙论层面的天道,于是可讨论老子的自然观。"自然"一词在老子可有两层极为相关的意

① 王弼本 57 章,作"法令"。景福本、河上公本作"法物",应指颁布法律的用物,如石碑、石版、铁块等。

义：首先，“自然”指的是万物的原初或本来样态，也就是万物的本然，或说自然而然。其次，亦可把“天地万物”视为所谓的“自然界”。合而言之，老子的自然观是指任天地万物整体与各自还其本然状态，自然而然，自其本然。这样的自然观，不像西方近代科技思想把自然视为科学所发现的自然律所解释与预测的全体现象，和技术所组合与转换的全体资源。就老子而言，自然是道在万物中发显的本然与自发的律动。道在万物之中成为各物之德，所谓自其本然，亦即按每一物本有之德，自发地展开并发展。

由于老子往往以天道喻人事，天道也就是人道的依据，只不过人与万物须一体遵循。换言之，天道也就是人与万物依其本性所应遵循的法。在托马斯言，人依其本性应遵循之法，是自然法。对此，其他没有理性的万物，由于没有理性，虽遵循永恒法，但不称之为自然法。

关于道在万物中如何运动，也就是有关自然法则的探讨，可以“反者，道之动。弱者，道之用。”①（王弼本第40章）一语概括。其中，“反”字既有“相反”之意，也有“返回”之意。就其为“相反”言，是说道的运作是透过有无、阴阳、动静、轻重、美恶、长短、前后……等对立元（opposites）来运作。这可分结构与动态两种相关的法则来说。然而，就其为返回之意而言，则是说万物之运动与变化的最终目的是朝向道本身返回。如此一来，我们可以分析出三种密切相关的自然法则：

① 在老子帛书谓：“反也者，道之动也。弱者，道之用也。”或在竹简老子则谓：“返也者，道僮（动）也。溺（弱）也者，道之甬（用）也。”

第一，结构性的自然法则：由于道是透过有、无两环节，并以分殊化方式生成万物，因而愈分殊愈相反，以至宇宙万物在结构上，皆是由一些对立元结构而成的。例如：美、恶，善、不善，有、无，难、易，长、短，高、下，音、声，前、后（第 2 章）动、静（第 15 章）轻、重，静、躁（第 26 章）阴、阳（第 42 章），祸、福，正、奇（第 58 章），等等。不过，这些对立元彼此皆在差异中有互补、对立中有统一，“万物负阴而抱阳，冲气以为和。”（第 42 章）由此可见对立元彼此有差异性和互补性，凡看待万物，皆必须兼顾其对立面，正如一个铜板，见其一面，一定还有另外一面。

第二，动态性的自然法则：在变化过程中，当某一状态发展至穷尽，便会朝向其对立面转移，以至出现“祸兮福之所倚，福兮祸之所伏，……正复为奇，善复为妖”（王弼本第 58 章）、“有无相生，难易相成，长短相较，高下相倾，音声相和”（王弼本第 2 章）、“曲则全，枉则直，洼则盈，敝则新，少则得，多则惑”（王弼本第 22 章）、“重为轻根，静为躁君”（王弼本第 26 章）等种种情况。

第三，目的性的自然法则：万物之运动与变化的最终目的是朝向道本身返回，万物越是变化至极，越将终返于道。郭店竹简《老子》这段文字作“返也者，道僮（动）也”，将“反”的歧义性及其丰富性简单化，单纯只就其“返回”一义而言，表示万物皆朝向道返回而动，这是道在万物之中运作的动力与效果。因为道既以分殊化的程序产生万物，又内在其中运作，带领万物返回自身。在竹简老子以外，其余各版本皆有“道生一，一生二，二生三，三生万物”一段文字，明确交待由道生出万物，也就是由道论至宇宙论的步骤，可以明白见出存在根源即是变化目的的思想。

关于“弱者道之用”，说的是人面对自然律则的基本态度和精神修养，使道及其律则得以发用，而旨不在增加另一律则。老子所谓强弱是按照主体性的突显与否而定的。“强”是指主体的强烈凸显；“弱”则指不强调主体的意志，自然而动，顺应物势。换言之，“弱者道之用”说的是万物在柔弱而不突显自己是存在主体之时，才能使所对之物中含藏的道揭露出来，显露该物的本性，使物各付物，如其所如，这是道在万物中的运作方式。就人而言，人面对自然律则的态度，必须以被动的方式遵循天道，按照天道的要求而作为，不坚持个人意志，不强调宰制的欲望，总之，不强调人的主体性，使自己成为道的过站，并随道流转，也就是随着道的自发韵律而发展。人由于把握到以上这些自然律则，在行为上便有“道术”可循。老子重视的是依循自然法则，运用道术，而不强调人定法。对于人定法，老子往往加以严厉批判，如说“法物滋彰，道贼多有”之类。话虽如此，其后的黄老道家仍然发展出立基于自然律则的人定法理论①。

关于人定法，黄老道家主张“道生法”，并且由自然律则衍生人定法。不过，人定的法律或实证法，最后仍然统摄于统治者的治理，称之为“法度”。《经法·君正》所谓：“法度者，正（政）之至也，而以法度治者，不可乱也。而生法度者，不可乱也。精公无私而赏

---

① 道术的基本原理在于：（一）若欲保存某种性质的事态，应先从容纳其对立面开始；（二）若欲达到具某种性质的状态，应从与此一性质相对立的状态开始着手，如“将欲歙之，必固张之；将欲强之，必固弱之；将欲废之，必固兴之；将欲夺之，必固与之。”（三）在一切事情上应了解、接受并敦促，一切终须返归于道。万物皆生发于道并返归于道，因而皆以道为源起和终的。

罚信，所以治也。”[1]可见，人定法的作用是为了维系社会秩序，坚持社会规范的精简性（精）、公共性（公）、无私性与客观必然性（信），不致使人们因彼此利益冲突而产生动乱。话虽如此，最后还是要归结于统治者顺应天地法则来施行法治。《经法·论》曰：“人主者，天地之稽也，号令之所出也，为民之命也。不天天则失其神，不重地则失其根，不顺（四时之度）而民疾。……（事）得于内而举得于外。八正不失，则与天地总矣。”[2]而且，统治者运用法治则方可以统一天下。《道原》曰：“得道之本，握少以知多。得事之要，操正以政（正）畸（奇）。前知大古，后能精明。抱道执度，天下可一也。”[3]指出统治者如果具有道的修养，又能运用法的统治，则天下终究可以统一。换言之，统治者是道和法两者最为具体的衔接者和综合者。

六、托马斯所言自然法的意义与内容

托马斯对于一般法律的人文关怀，敦促人避恶以成德的观点，也形塑了他对自然法的看法。他认为，法律区分为永恒法、自然法和人定法，此外还加上神启法和肉欲法，并花甚多篇幅讨论《旧约》与《新约》中的神启法（问题 98—108）。永恒法是天主掌管万物之理，或说就是天主的思想。至于自然法，则是“有理性的受造物所分受之永恒法。”自然法也有一颁布的过程：“自然法的颁布，即在

---

① 陈鼓应：《黄帝四经今注今译》，台北：台湾商务印书馆，1995，页 123。

② 同上，页 177—178。

③ 同上，页 581。

于天主将这些法律置于人的心中，使人自然知道其存在。”托马斯既然强调自然法是置于人心，而非置于万物之中，因为自然法是人的理性对于永恒法之分享，在人以外而没有理性的其他万物，虽然他们也分享了永恒法，但由于他们没有理性，所以不称为法律。托马斯说，“法律是属于理性的东西。无灵物不是以理性分有永恒之法，故不称之为法。”就此而言，托马斯所谓的自然法，指的是人所尊奉之法，而不是动物、植物乃至无生物等自然物所尊奉之法。

如此说来，自然法的“自然”，其实说的是人理性的本性，而不是宇宙万物构成的自然。“自然”一词在近代以后区分为两层意义：其一为人性之自然或人的本性(human nature)，其二为物体之自然或物的本性(corporeal nature)。近代自然法学派如普芬多夫(Samuel Pufendorf，1632—1694)、托马修斯(Christian Thomasius 1655—1728)等人皆承接此一区分，其所言者其实是人性的自然，也就是人的本性。就此看来，托马斯的 lex naturalis 比较适合的译法，应是“人性法”或“本性法”。如此说来，托马斯的自然法似乎比较对应于儒家“天命之谓性”一语对于人性的思考，而不对应道家对于道在万物、万物皆具之“德”的想法。

然而，托马斯的法律观虽表现了人文主义的想法，但是他仍认为万物按其倾向都受天主的思想的规范和度量，也就是说他们都分受了永恒法。托马斯说：“既然凡受天主之上智管辖者，接受永恒法之规范和度量，显然一切东西都多少分受永恒之法，即由于永恒之法的影响，每个东西都各倾向于其专有的行动和目的。”按照天主的创造，万物皆各有其性，也各有其专有的行动和目的，这类似于老子所言，道生万物之后，也仍内在于万物之中，成为其德。

老子主张的“万物各有其德”，可比拟于托马斯所言“万物各分享了永恒法”。虽然由于动、植、矿物并未有理性，也因此并不称之为自然法。

自然法既是立基于人的本性，应视为出自人的内在。就此而言，托马斯也是一内在论者。然依托马斯对于法律本质的看法，法是行为的外在原则，在此说是“外在的”，是说法令产生的根源并不是来自人自身，“严格地说，谁也不能给自己的行动订立法律。”在宇宙论的层面，就法的根源而论，并无康德(Kant)所谓的自律或理性为自己立法。但在人为法的层面，则可以有之，托马斯说：“人可以给属于自己权下的具理性的东西立法，因为他能以命令或宣告的方式，在这些东西的心灵上印上规则，以为行动之根本。”永恒法之在于自然物和人都是出自天主，然就其运作言，也可以说是内在的，因为他们是印记载人内心与万物之中。“对自然物的内部行动之根本的印入，就相当于对人的法律之颁布。因为法律之颁布，便是将人性行为之指导根本印在人的心上。”更精确地说，是印记在人的良知(synderesis)之中。既然印记于人心，就其针对人的行动而非针对法的存在言，便可视为人的行动的内在原理，而非出自外在的束缚，也因此并非完全意义下的“他律”。托马斯认为，人之被法律所束缚，指的是“不心甘情愿屈于法律之下的人，有如屈于一重担之下。……是由于怕法律所威胁之处罚，不是因了爱慕正义而避免行恶的人。”“按这意义，属神的人不在法律的权下，因为由于圣神在他们心中灌输的爱德，使他们自愿实行法律所命令者。”可见，因爱德而自愿同意，也可谓出自内心同意而在行动上合乎法的规范。在这意义下，托马斯也可以说有其法的自律观，是属同意性的自律,而非立法性的自律。

自然法既然是印记或灌注于人心,使人知道什么是善、什么是恶,而能行善避恶,转而陶成德行。按托马斯神学,人分受了圣子或圣言的理性的基础,有知识,有智能;人也分受了圣灵的爱或无条件赠礼,也因此能慷慨自我走出,为他人他物的善而行动,也就是爱天主、爱人。就其人性论言,人的意志自然倾向于善。人的意志所向的是他人、他物之善,而且只有当他人、他物之善得以完成之时,才能完成一己之善,也就是经由无私的慷慨和外推的迂回,因而完成一己之善。至于恶,则是善的缺乏,凡是不能促进人本有形式的完成,不能促进他人和他物形式的完成,也不是指向他人他物之善,而自我封闭在己之内,甚至低下于人本有形式,为人的动物性所决定者,是为恶。托马斯说:"因为善具有目的的意义,而恶具有相反的意义故人本性倾向者,理性自然便认为是善,是应该追求的。与之相反者是恶,是应该避免的。根据各种本性倾向的次序,而有自然法之次序。"(本人将"自然"改为"本性")

既然托马斯的自然法有其"神学·存有学"与人性论的基础,并因此构成人的法律规范,那么他的自然法就兼具了"存有"与"应然",两者密切相关,迭相连续,而层次有别。按照存有(to be)而言,人性的基本倾向,而且人都知道这一点,就是朝向善。因此,存有学与人性论意义的自然法就是:"人性皆是朝向善的。"按照应然(ought to be)而言,规范性的自然法的第一原理是:"人皆应该行善避恶。"

依照托马斯,由于存有与应然两者密切相关而层次有别,且自然法的存有与规范是连续的,便可以在以上第一原理的基础上,发展出其他的自然法原理。按照存有的层级，从最大的共同善到较为专属的共同善，有以下原则：

第一，按照人与其他一切实体共同有的向善倾向：每一实体皆按其本性皆会求保存其存在。按此倾向，凡是可以保存生命并阻止其相反者，皆属自然法。意思是说：人应该尽量保存其生命。这可称为“保存的原则”。既然所有生命皆倾向于自我保存，也因此有“不应伤害他人”、“不可杀人”等道德规范。

第二，按照人其与其他动物共有之向善天性，有专属于人的特殊倾向，例如男女之结合、子女之教育……就此而言，人皆应传衍后代并发展其后代。这可称为传衍与发展的原则。

第三，人有根据其专有的理性而专属其本性的向善倾向，例如人有认识天主的真理的本性倾向，倾向于度社会生活等。凡与此倾向相关者，皆属自然法。换言之，在此有社会性的原则，以及认识根源真理的原则。

此外，还有一些其他次要的指令，以及这些指令与上述原则的个别诠释，可因时空、文化的转变而有所差异。

七、结论：天道与自然法可会通之处

根据前述的论述，我们可以提出以下几点结论：

第一，老子与托马斯两人都认为宇宙万物的生化或创造，是出于终极真实本身的慷慨或无条件的赠予，虽然他们对于终极真实的看法不同，前者主张一非位格、非实体性的终极真实，而后者主张位格性、实体兼关系的终极真实。在慷慨的基础上进行化生或创造，两者的精神是一致的，而在义理上也是可以相互会通的。托马斯所谓的无条件的赠予是以有理性的智慧先行，至于老子的慷慨中理性的角色虽然并不明显，然却仍充满了对在慷慨中始能表现无穷创造力的肯定，以及人必须学习并体现道的慷慨，以至于“既以为人己愈有，既以与人己愈多”（王弼本第81章）的要求。

第二，托马斯所言的自然法虽然只适用于有理性的人类，然而由于自然法是人的理性对于永恒法的分受，而永恒法则是天主以其思想中的理，治理已经存在和可能存在的宇宙万物，就此而言，自然法也有与自然法则相续之处。至于托马斯的自然律则应如何分析与说明，其与老子的自然律则应如何比较与会通，则属另一值得研究的议题。

老子的天道虽然范律万物，然而，人仍须依从天道作为其行为规范，而且可从天道推演出道术，当作人的行动的技术原则。更何况，老子所谓“天道无亲，常与善人”说出了自然律则虽然涉及整体万物，有其必然性，而不偏心于人类或某些特权之人，然而仍恒常归向人的善及其实现。这一点在基本上与托马斯的自然法以人性向善，并且应该行善避恶的基本原则，也是一致的。

第三，关于前述托马斯的三层自然法原则，例如保存生命的原则、传衍与发展后代的原则以及认识根源真理的原则，基本上都应是老子所能接受的。只不过，老子会强调在结构原理与动态原理上，生与死、保生命与不自生是辩证地相关的，而阴与阳的平等互动则是传衍与发展时必须注意的原则。老子会坚持对于根源真理认识的必要性，也不会否认人的社会性，虽然说，他会认为道才是根源，并且在社会性方面，主张“以家观家，以乡观乡，以邦观邦，以天下观天下”，也就是说在任家成其为家、任乡成其为乡、任邦成其为邦、任天下成其为天下之时，来观见家、乡、邦、天下的本质，并且“修之于家”、“修之于乡”、“修之于邦”、“修之于天下”等（以上见老子王弼本第54章），也就是物各付物、观修并进的情况下，发展人的社会性。

第四，托马斯虽在宇宙层面、环境层面、人的社会层面……都关心“公共善”，然而，就其人性论与道德哲学而言，其针对行善避恶的自由决定，强调的重点是在个人理性的判断与自由意志的抉择，并且在判断、决定与行动之后由个人承担责任。然而，老子的自然法则并不特别侧重个人的判断、抉择与个人责任，而主张自然无为、顺道而动。如此不重视个人的自由决定与责任承担，其后逐渐发展成为某种集体责任说，尤其后来在道教里面，加上“群体累积”的观念，以及“上天赏罚”（其中有将道及其开显给位格神化的倾向）的信仰，发展为道教中的“承负说”。

简言之，老子的天道观，经由黄老道家的中介，[①]到了道教，提出承负说。所谓“承负说”是由《太平经》提出，约可分为两种承负，一种是报应式的承负，一种是宇宙论的承负。所谓“承”，是指后代承受前人行动的后果，或宇宙的后起状态承受前此历程的后果。所谓“负”，是指前人有亏欠于后人，或宇宙的前起状态有亏于后起状态。

（一）报应式的承负说，是说前人行动的负面后果，由后人来承

① 例如黄老帛书《称》说：“天有环（还）刑，反受其央（殃）”“有宗将兴，如伐于□。有宗将坏，如伐于山。贞良而亡，先人余央（殃）；商（猖）阙（獗）而栝（活），先人之连（烈）等。”

受，因而前人亏欠于后人。[1] 这一理论往往被用来说明德福不一致的世间情况，譬如说行善而反得恶报，或行恶反得善报之类。[2] 这其中承负的累积，也适合环保议题的思考，因为往往由一点点累积，如汽车排烟、工厂污染、过度开垦等，造成生态失衡、环境恶化，由后代来承受。

（二）宇宙论的承负说，认为由于天地人的互动，会形成并累积了可欲之财，因而培养了贪欲，更因为贪欲的累积，遂生出奸邪，造成破坏，乃至毁灭，复归于虚无。这种宇宙论式的承负说，用以说明天道盈亏、天地循环的过程，以及善行与恶行在宇宙论脉络中扮演的角色。[3]

承负说从报应与宇宙两层面来劝善避恶，避免恶的累积，以行善积德，促成正面的善的累积。道教如此的信仰，一方面设定了一赏善罚恶的上天或上帝，是位格神明；另一方面，则肯定了人作为道德主体的地位及其重要性，透过人的行善积德，甚至可以如《太

---

① 如《太平经》卷三十九《解师策书诀第五十》中云："承者为前，负者为后；承者，乃谓先人本承天心而行，小小失之，不自知，日用积久，相聚为多，今后生人反无辜蒙其过谪，连传被其灾，故前为承，后为负也。负者，流灾亦不由一人之治，比连不平，前后更相负，故名之为负。负者，乃先人负于后生者也；病更相承负也，言灾害未当能善绝也。"见王明编：《太平经合校》，北京：中华书局，1992，上册，页 70。

② 例如，《太平经》"解承负诀"说："凡人之行，或有力行善，反常得恶，或有力行恶，反得善，因自言为贤者非也。力行善反得恶者，是承负先人之过，流灾前后积来害此人也。其行恶反得善者，是先人深有积畜大功，来流及此人也。"见《太平经合校》，上册，页 22。

③ 如《太平经》中云："元气恍惚自然，共凝成一，名为天也；分而生阴而成地，名为二也；因为上天下地，阴阳相合施生人，名为三也。三统共生，长养凡物名为财，财共生欲，欲共生邪，邪共生奸，奸共生猾，猾共生害而不止则乱败，败而不止不可复理，因穷还反其本，故名为承负。"见《太平经合校》，上册，页 305。

平经》所说:"为皇天解承负之仇,为后土解承负之殃,为帝王解承负之厄,为百姓解承负之过,为万二千物解承负之责。"[①]

以上两点都可以和托马斯的思想相沟通,不但是因为其中位格的神的信仰,而且也因为其中赋予行善成德的人的枢纽地位。从道教承负说,我们可以得知,当成为一种宗教信仰时,天道的思想是可以和有神论的、位格的终极真实相配合的。这表示天道的思想并不排斥位格的神明论,虽然就道教言,仍是在多神论的脉络下,并不符托马斯一神论的思想。

然而,无论是道教或是天主教,对于位格神的信仰反而更支持并鼓舞人的行善修德,并重视人的道德努力的核心地位。在中国宗教史上,景教曾与道教有过很深的渊源,[②]也因此在神学上、哲学上与宗教学上的比较与会通,值得继续进行。尤其是道教的位格神与天主教的位格神的比较,当是另一个有趣的研究议题。本章不另赘,就暂止于此一开放性的结论。

---

① 《太平经合校》,上册,页 57。

② 参见拙著 Vincent Shen,"On the Nestorian Introduction of Christian Monotheism into China(635—845):A Preliminary Evaluation of Its Strategies of Strangification," in *Fu Jen International Religious Studies*,Taipei:Fu Jen Catholic University, pp. 15—42。

第五章　士林哲学“天主的智慧”与佛教“佛的智慧”比较研究

关于士林哲学对于天主或上帝的智慧（简称天主之知）的讨论，当然与人对天主的认知相关而有别。本章所论的天主之知，虽与人对天主的认知有关，但并非针对中世纪圣伯纳德（Bernard of Clairvaux）所谓“世俗之知”（scientia mundi）与“天主之知”（scientia Dei）的区分；本文将仅就天主或上帝本身的知识或智能进行哲学的讨论。首先，本章将从比较做起，主要有关佛教所论佛智，与圣托马斯关于天主之知的论述，进行比较，并归纳出他们都着重的全面与圆满的自觉，与对万物兼普遍与个别之知。然后，本文将进一步讨论天主之知是否含有叙事的成分，也就是天主对于发生在个人与群体身上的故事或可能发生、实际发生与想象建构的故事的认知。总之，拙作至多仅能视为管窥之见。既为管窥，则属有限，应可破管以显天地之大；既为论述，则应可解构，以显造物者之无穷。

一、引言

“天主之知”这一议题所含藏的深度与难度，不是我浅薄的知识与思想所能妄议。关于天主之知的讨论，与人对天主的认知虽然有别，但仍属密切相关。托马斯在其《神学大全》（*Summa Theologiae*）中指出，“天主以何方式被吾人认知”（Quomodo Deus a nobis cognoscatur）和“论天主之知”（De scientia Dei）是分属两个不同的问题，不过它们仍息息相关，也因此圣托马斯先在第十二问（Questio XII）中讨论“天主以何方式被吾人认知”，其后才在第十四问（Questio XIV）中讨论天主之知。[①] 显然，这两个议题虽相关而有别。

本章所言的“天主之知”，虽与“人对天主的认知”有关，但我所要讨论的，并不是与“世俗之知”对立的“天主之知”。在中世纪，圣伯纳德（Bernard of Clairvaux）曾区分“世俗之知”（scientia mundi）与“天主之知”（scientia Dei），其所谓“世俗之知”是世俗中人所妄想而导向虚妄的知识，其中往往含有道德上的邪恶意向，属于卖弄巧智以搏虚妄之名、不义之财或其他俗世目的之知。相对于此，则有“天主之知”，等同于圣言或基督，是圣者内心安宁拥有之知，往往也可以出现在圣贤或正直的人身上。此一知识或智能之旨，主要在于知道如何实现爱天主、爱人之旨，因而也是一种有利于人获得救赎之恩的知识。此一区分虽然对于人间所应追求的智慧甚有启发，然而，由于这是人间所能获得，是人借以趋近天主，

① Thomas Aquinas，*Summa Theologiae*，Prima Pars，Questio XII，Question XII。为方便旅行查阅，我使用网络上的拉丁文版本，见 http://www.thelatinlibrary.com/aquinas/p1.shtml。另参考 Alfred J. Freddoso 新的英译本，见网站 http://www.nd.edu/～afreddos/summa-translation/TOC-part1.htm 以下各注仅列其问题号码与条款号码，不另注明网站。

爱天主、爱人之知,也因此并非本文所探讨的天主本身所具有的知识。

一般而言,士林哲学认为,人对于天主并没有感性之知,也就是没有以感性材料为基础的认知,看不见,听不见,摸不着,更无法借此进行对于天主的认知;也不能单以逻辑推理妄断一二。虽然说信仰也是一种知识,但至多也只能为学术的探讨给予导向,并非就是学术真知。正如圣托马斯所言,人以其自然理性虽可以认知天主存在,但并不能知道祂的本质及其如何运作;然而,有关天主的能力、知识等议题,关乎天主的本质及其运作。虽然说,圣托马斯也认为,至福之人,在神恩眷顾之下,也可以相应地认知天主的本质于万一。然而,我只有在静观万物皆自得之时,或在内心静谧,欲言无言之时,体会到内心深处与终极真实的某种联系,或有如亚里士多德所谓,在沉思默想中获致思想与对象无分的至高悦乐,而"此种喜乐状态在吾人一生中仅能片刻享有"。也因此,我至多只能就哲学上,对于天主之知的议题做一哲学的论述。

首先,我将从比较研究做起,主要有关佛教所谓佛的智慧(简称佛智),以及士林哲学家圣托马斯关于关于神智或天主之知的论述,进行比较。其中要兼顾托马斯之前的亚里士多德,与之后的黑格尔,并归纳出他们都着重全面与圆满的自觉,与对万物兼普遍与个别之知。进一步,我将讨论天主之知的叙事性,也就是天主对于发生在每个个人与群体身上的故事或可能发生、实际发生与想象建构的故事的认知。

二、佛、天主、上帝

先须注意到，佛教中所言的“佛”，不能率尔取与基督宗教所言的天主比较，更何况“天主”一词在佛教中另有其指称对象，也因此不易就“佛智”与“天主之知”的议题进行比较。虽然如此，在佛教里面，尤其是来自印度佛教大众部的信仰传统，也相信有一无所不在、无所不能、无所不知、无量寿的佛。就此而言，佛教徒所虔信的佛，当也被信徒认定拥有如同基督宗教所相信的天主或上帝的“全知”(Omniscience)。

有关“天主”一名，在明朝末年耶稣会传入中国时，曾直接音译拉丁文 Deus 为“陡斯”，为当时中国人而言，实不易明白，有碍信奉。期间也曾用过商周之际的“上帝”一名，但为了避免“上帝”一名在商代的多神论脉络及其与祖先崇拜的牵连，因而改用“天主”一名。其实，殷人虽崇拜上帝，属至高神明，然仍与其祖先有密切关系，且殷人相信祖先神灵可中介上帝对人间祸福的决定。此外，殷人并信仰地祇，如山川河岳风雨诸自然神祇。到了周初，虽然“天”与“帝”仍然混着使用，然而，基本上周朝为了摆脱殷商的祖先崇拜，也由于相信天涵盖一切万物，是以转向以“天”为普世的神明，不过仍存在在多神脉络之中。此外，“天”也有“苍天”之义，代表自然之天。

明末来华的耶稣会士决定采用“天”的神学义、普遍义，并改为“天主”之名，代表作为造物主宰的位格神。一般来说，之后的天主教沿用“天主”一名，而基督教则使用“上帝”一名，实际上皆可以相通，且在其神学脉络中，意义十分清楚，并无与商、周多神脉络的“上帝”与“天”混淆之处。

值得注意的是，就比较宗教而言，“天主”这一译名，须避免与佛教中的“天主”有所混淆。在佛教供奉的许多神明中，有原为婆罗门教信仰而来的位格神“天主”，是大自在天外道之主神，信奉祂的信徒被称为“大自在天外道”，此派以天主为一切万物之主宰者，凡人间所受之苦乐悲喜，悉来自天主之苦乐悲喜。祂亦具有救护、治疗的性格，往往以吉祥神的面貌出现。转入佛教之后，此神变成佛教之守护神，称为大自在天，住在第四禅天。佛陀升于忉利天为母说法时，帝释天手持宝盖，担任佛陀的侍从。由以上的例子，也可看出佛教信仰中也有其他的位格神，不过祂们的地位皆比佛陀本身为低。正因为祂低于佛陀，佛教中的“天主”，并不与天主教所称的“天主”、基督教所称而在天主教也通用的“上帝”相对等。倒是大众部所称无所不在、无所不能、无所不知、无量寿的佛，与天主或上帝有某种比较宗教学上的对等之意。

在此，我们需要一些佛教史方面的背景。印度佛教在第二次集结之时，形成了上座部和大众部的分裂。诚如印顺法师所指出，上座部和大众部首次分裂的主要原因，在于他们对佛的本性的诠释的不同。对于上座部而言，佛教是人性化、人间的宗教，关怀现世。在上座部而言，“佛是现实人间的，与一般人相同，要饮食、衣着、睡眠、便利，病了也要服药。佛的生身是有漏的，佛之所以为佛，是佛的无漏功德法身。”①至于大众部，如《异部宗轮论》所说，

① 印顺：《印度佛教思想史》，台北：正闻出版社，1988，页62。

则相信“如来色身实无边际，如来威力亦无边际，诸佛寿量亦无边际。”“一刹那心了一切法。一刹那心相应般若知一切法。”[①]正如印顺法师所指出，大众部认为：“佛身无漏，是不会生病的，当然也就不需要服药。所以说佛有病服药那是方便，为世人做榜样，如比丘有病，就应该服药。大众系的说大空宗以为，佛示现身相，其实佛在兜率天上，所以也不说法。……佛是无所不在的，无所不能的，无所不知的，而寿命是永远无边际的”。[②]

由此可知，大众部也有以佛为全知、全能、无所不在，而且是永恒之神的想法，这点与基督宗教所信仰的天主或上帝的特性有某些类似性。在我看来，既然佛教也有这种将佛神性化，视佛为某种全知、全能、无所不在的神明的信仰，这便构成了佛教中一个对比的情境：一方面主张内在原则，认为所谓觉悟就是人自证其内在佛性；另一方面，也相信一个超越的佛，祂全知、全能、无量寿，宛如天主一般。虽然如此，传入中国的大乘佛教，基本上是属于人间佛教的传统，认为成佛是人修行的终极目标，觉悟是人自证其内在佛性。

在进入对于佛智与天主之知的讨论之前，我们必须比较佛教与基督宗教的终极真实。佛教以“空”为终极实在，其意在形上学而言，是“缘起性空”，指一切法、我皆因缘而起，因缘而灭，并无自

---

① 《大正藏》，卷 49，页 15。

② 印顺：《印度佛教思想史》，台北：正闻出版社，1988，页 62。此外，杨惠南也认为“佛的神性化”是出自印度佛教大众部的传教策略，主张佛是全能的、全知的，在一切场所，一切刹那，以便使佛教能够为更多数的信徒所接纳。杨教授将它称为一种返回婆罗门教的趋势，并且认为这是其后佛教之所以衰败的主要原因。见杨惠南：《佛教思想发展史论》，台北：东大书局，1993，页 6—9。

性，亦非实体；在精神灵修而言，是指心的无执与绝对自由，“应无所住而生其心”；在语言哲学而言，则意指所有名言皆属人为建构，并无在实在界的固定指涉。空的经验至为深刻，甚至超越任何对于位格神的崇拜。从僧肇开始，中国大乘佛学尤其重视空的自由义。为了达致解脱，必须彻底到能将觉悟的经验中所涵的自由，加以扩大，甚至不执着于空，无住于空。按我的理解，心之自由应彻底至毫无执着，是为心无所住，甚至应无住于空。这深刻体验十分接近海德格尔所谓“离本”(Ab-grund)[①]，是不断地从一切基础离去，“无住于本”。就海德格尔而言，基督宗教的天主或上帝观属于其所谓“存有·神·学”(Onto-theo-logy)[②]，既肯定存有作为一切万物的存有学基础，又肯定神作为存有的第一因，也因此成为一切万物的神学基础。比较起来，佛教较接近某种“反基础主义”(Anti-foundationalism)，不执着于任何存有学基础或神学基础，甚至不以“空”为基础。应无所住，亦无住于空，不停限于任何基础，而要不断地离开一切基础，以使人的心灵尽可能地自由，再无任何执着。

中国大乘佛学在发展过程中，虽不离以空为终极实在，但《大乘起信论》以一心或众生心为终极真实，其后天台宗、华严宗、禅宗，皆转言心为终极真实。例如，华严宗四祖澄观接受天台与禅宗的影响，将三祖法藏所言“理”转为“心”，将法藏所言“理性”概念转

---

① M. Heidegger, *Wozu Dichter*, in *Holzweg* (Frankfurt : V. Klostermann, 1938), p. 248.

② M. Heidegger, *Identität und Differenz* (Pfüllingen: Gunther Neske, 1957), pp. 60—63.

为"心性"概念。澄观在《答顺宗心要法门·心要法门颂》中说:"欲达心源静,须知我相空。形容何处实,念虑本无从。豁尔灵明现,真金开伏藏,赫日出暝曚,是将心比佛,与佛始终同。"[①]可见,澄观在众生的平常心中,见到佛心,且认为众生以其灵明,若能将心比佛,终可达至佛智,修成佛果。

比较起来,基督宗教强调位格神天主或上帝是至高善(Summum Bonum),而万物皆以之为根源与目的。对于天主教徒而言,天主是位格性的终极真实,是最完美的精神性存有,是整个宇宙的创造者,人类及一切万物皆来自祂的创造。天主不能用一切人为论述,包含哲学、科学和神学等解释和言喻。任何对于宇宙源起的科学、哲学或宗教的论述,都远不能满足人在这方面的好奇。就基督宗教而言,最后的说明,就在于以天主作为整个宇宙的第一因和终极目的。不过,说天主是一切万物的创造者和完美实现的目的,并不是把天主与存有相等同。[②]像圣托马斯就区别了"存有"与"天主",认为存有(Esse)是一切存有者的存在活动,而存有者则是一切存在活动的主体。至于天主则是独立自存的存在活动本身(Ipsum Esse Subsistens)。[③]存有并不是独立自存的实体,然而天主是独立自存的存在活动。在天主的全能与全知里,有无可穷尽、无可言喻的理想与可能性,它们都可能存在,但尚未存在,只能用

① 《卍续藏经》,Vol. 58,No. 1005。

② 有些士林哲学家,像吉尔松(E. Gilson)、马利丹(J. Maritain)等人,倾向于把"神"(或上帝、天主)与"存有"相互等同,而且认为其神学依据是在于圣托马斯。对此本人不表同意,因为圣托马斯明白区分上帝与存有。

③ 参见 St. Thomas, *Summa Theologiae*, I,29,2; *Summa Contra Gentiles*, I,25。

“否定神学”(negative theology),以否定的方式了解。既难以言喻,只能称之为“无”。若无“无”充盈于存有者领域中,存有不可能再有进一步的实现。由于神的知能不可言喻的丰富性,使我们不能把天主和存有等同,因为天主既是存在活动,同时也超越存有、超越存在活动。也因此,天主超越了有、无的区分,而且天主是从无中创造(creatio ex nihilo)了万物。

三、关于佛的觉悟与佛智的论述

虽说佛教一方面有相信全知、全能、无量寿的佛;另一方面也有人间佛教的主张,认为觉悟就是人自证其内在佛性;不过,大乘佛教,尤其是中国大乘佛教,大体主张后者,也因此会认为佛智是众生成佛的可得之果。“佛”(Buddha),意为觉者、知者、觉,既已自觉,且能觉他,达到觉行圆满,如实知见一切法之性相,成就正等正觉,是佛教修行的最高果位。像声闻、缘觉二乘仅具自觉,也就是自己觉悟诸法空性,我法皆空;而菩萨则不但能自己达到觉悟之境,而且能觉悟他人;至于佛则不但能自觉,且能觉他,而且达到觉行圆满的地步。这也就是说,人修行圆满达至成佛的地步,便能达到全面圆满自觉,而且能使他人觉悟,不但能彻见自己与他人的心性,了悟到人心起始熏染之源,断尽无明困惑,且能通达一切法的实相。佛所证得的菩提,是最上而无有过之者,故称无上觉;又称平等正觉,指佛能觉证诸法皆空,也因此达一切平等之至境。

此一全面圆满之自觉,是人间修练成佛的结果。人经由不断修练,究竟成佛,成就此一觉行圆满境界。也因此,佛是多数的,于过去、现在、未来，皆有得此佛智之人。就时间而言，过去已出现之佛，称为过去佛或古佛，如过去七佛、燃灯佛等；未来将出现之佛，是为弥勒佛。小乘认为一时中不能有二佛并存，大乘则认为于一时中有多佛并存。就界域而言，小乘中之大众部认为三千大千世界中各有其他诸佛存在；有部则主张多界一佛说。本文的讨论主要集中在大乘，于此，佛的觉悟就其自身而言是全面而圆满的，其能觉悟他者也是全面而圆满的。就逻辑上与存有论上言，当然也可以追问，多数佛同时在某界域或多界域中存在，如何理解"全面而圆满的自觉与觉他"中的"全面而圆满"之意？然而，由于重点是在鼓舞众生努力成佛，也因此可以有多佛同时存在，甚至可以认为众佛有如众多光明体，彼此光照，相互辉映。

到底佛的智慧如何？我们也可以借着探讨佛教所谓"三智"或"四智"的论述，加以阐明。所谓"三智"，也就是一切智、道种智、一切种智。所谓"一切智"是指声闻与缘觉所得之智；道种智则是菩萨所得之知；而"一切种智"则是成佛所得之智，即所谓"佛智"。按照《大智度论》卷八十四释三慧品所说，所谓三智，包含了：(1)一切智，是了悟并认知一切诸法总相或普遍共相之智，认识一切诸法皆空，这是声闻、缘觉所能了悟之智，也就是说，声闻与缘觉之人在悟道之时，都可以了悟诸法空相，一切皆空。(2)道种智，也就是了悟并认知一切诸法别相之智，所谓别相也就是种种个别差异，这是菩萨之智。由于菩萨发了四弘誓愿：众生无边誓愿度，烦恼无尽誓愿断，法门无量誓愿学，佛道无上誓愿成，为了达到"未度者令度，未解者令解，未安者令安，未涅槃者令得涅槃"，须了悟各个别未度者的具体情况、需要与因应之道，以助济之。(3)一切种智，是通达总相与别相之智，这是佛智，也就是说，佛既了悟一切皆空作为万法的普遍共相，而且也认知诸法的个别差异，可谓兼综了普遍与具体之知。此《大智度论》所说，“所谓禅定、智慧等诸法，佛尽知诸法总相、别相故，名为一切种智。”①

佛智的认知是既普遍又个别、既共同又具体的，究竟是否如至上神一般的全知，或只是人或众生皆可成就的智能呢？基本上，佛智可以视为众生成佛可得之智。例如，从天台宗的诠释看来，一切智为空观所成，道种智为假观所成，一切种智为中观所成。由空、假、中看来，一切种智具有中观义，然总属于人修练可达之智，是菩萨次第修习可得。理想上说，此为人间修练可得之智，也就是众生成佛可得之智。一切种智，能以一种智慧觉知一切道法、一切众生之因种，并了达诸法之寂灭相及其行类差别，甚至可以因此而随时、随听众程度，开示法义。如《大乘起信论》所言：“诸佛如来离于见相，无所不遍，心真实故，即是诸法之性。自体显照一切妄法，有大智用，无量方便……”②或者，如《瑜伽师地论》所言：“即于如是一切界、一切事、一切品、一切时、如实知故。名一切智。”③也就是说诸佛如来如实了知一切世界、众生界、有为、无为事、因果界趣之差别，及过去、现在、未来三世，因此称为一切智。看起来，一切智好像是一个全知的境界。其实，《瑜伽师地论》在此实际所论的是菩萨地的普提品，也是成佛修练过程中达到菩萨诸地或境界的一阶段。

① 《大正藏》，卷 25，页 259。
② 《大正藏》，卷 32，页 581。
③ 《大正藏》，卷 30，页 499。

至于所谓"四智"，则是指大圆镜智、平等性智、妙观察智、成所作智等四种智慧。在此我特别要提及唯识宗"转识成智"的论述，由第八识、第七识、第六识、前五识转成的佛智，一如《佛地经论》所言：

"转第八识得大圆镜智相应心。能持一切功德种子，能现生一切身土智影像故。转第七识得平等性智相应心。远离二执自他差别，证得一切平等性故。转第六识得妙观察智相应心。能观一切皆无碍故。转五现识得成所作智相应心，能现成办外所作故。"①

也就是说，在转识成智的过程中，于第八识（阿赖耶识）转成大圆镜智，而所谓"大圆境智"的意思是指佛智可以如实映现一切法，如同一面大圆镜可如实映现一切物的本来形象一般。于第七识（末那识）转成平等性智，所谓"平等性智"指能体悟自、他平等之智，依此而了知一切事相及自他皆平等，因而生起大慈悲心。所谓"妙观察智"是转第六识（意识）所得，能巧妙观察诸法，得其真义而能自在说法。至于所谓"成所作智"则是转前五识（眼识、耳识、鼻识、舌识、身识）所得之智，也就是将有意识的身体的各知觉作用皆运用来做自证、化他之事，由于是出自大悲心，所做之事必得成就。除了四智，密教还加上法界体性智，因而有五智之说，认为五智乃大日如来内证之智，是乃前四智之根本总体。无尽之诸法，称为法界；诸法之所依，称为体；法然不坏，称为性；能决断分明无尽诸法之智，称为法界体性智。

总之，众生皆可成佛，成佛所得之智识为佛智。佛智能全面圆

① 《大正藏》，卷 26，页 302。

满自觉觉他，既知万法与众生的普遍共相，亦知其个别差异，不但能如实了解，而且了知自他一切平等，既能巧妙观察诸法，且能圆满说法，并以身体行动，深切实践，成就自证、利他之事。可以说，大乘佛觉把众生可以成就得到的智慧推到极致，将全知的佛智作为当作人修行终究可得的典范了，着实令人向往。

四、圣托马斯关于天主之知的论述

以下我们将讨论亚里士多德与托马斯等人有关天主之知的论述。可以说，圣托马斯继承并发扬亚里士多德的哲学传统，也因此在西洋哲学上往往称之为亚里士多德-托马斯传统（Aristotelian-Thomistic tradition）。在有关神的知识或天主之知方面，我们从托马斯的《神学大全》，也颇能看见亚里士多德有关神的思想影响的痕迹。亚里士多德在其《形上学》中认为神是纯粹的实现，因而再无任何质料与潜能，也是一切运动与变化的最终原因，称为不再被动的第一主动者（first unmoved mover），祂是必然的存在者，是纯粹的思想，也就是"思想思其自身"（noesis noeseos），是在纯粹思想中思想主体与客体合而为一。亚里士多德将此一存在样态视为善的至境。他说："第一主动者必然存在，就其必然存在而言，其存有之方式即为善，亦以善为第一原理。……诸天与自然界便是依赖此一原理。祂是吾人所能圆满享有的至善生命，然而只能短暂有之"[①]。这一段话已经将亚里士多德对于神的观念撮要陈述

① Aristotle, *Metaphysics*, 1026a 11ff。本人中译。

了，表明了神是第一主动者，必然存在者，其存有之方式即为至善。进而，在以下这一段话中，亚里士多德更明白表示神是最为圆满、全面自觉的思想，称之为"思想思其自身"(noesis noeseos)：

"思想本身所思想者，厥为至善。最圆满之思想者所思想者厥为最圆满意义的至善。思想思想其自身，因为祂分享了所思想之性质。祂在接触并思想其对象之时，便成为思想自己的对象，此时思想及其对象乃合而为一。此种沉思默想乃至高的福乐，此种喜乐状态在吾人一生中仅能片刻享有，但神则永远有之，此事令人赞叹。"①

亚里士多德这一哲学洞见，对于尔后的哲学家启发甚大，其对中世纪哲学的重大影响，由以下的讨论可见一斑。再推而远之，甚至到了近代哲学的总结者黑格尔，仍然可以见到此一思想之迹。黑格尔《精神现象学》所谓的绝对精神所表现的兼内外、合主客的全面自觉的精神，在某种程度上可以说是上帝的存在样态。虽然说对于黑格尔的《精神现象学》，也可以有人文主义式，甚至是无神论式的阅读，把绝对精神当作是人的精神的全面展开。无论如何，这一全面自觉的思想者，也是全面自觉的思想行动，也是全面自觉的思想的对象，三者合而为一。也因此，黑格尔在《哲学科学的百科全书》的末尾，是以亚里士多德的"思想思想其自身"作为最盖顶之境，并抄录前述亚里士多德该段文字全文，以为结论，于此不再赘述。

在亚里士多德这一"思想思想其自身"的想法中，强调的是神是全面自觉的思想。而圣托马斯则更进一步，将全面自觉理解为

---

① Aristotle, *Metaphysics*, 1072b 10—25。本人中译。

以自身之力自我返回的存在状态。圣托马斯和亚里士多德一样，认为神或天主是纯粹实现，也是全面自觉，而且祂的知识是万物存在的原因。就此而言，天主既全面自觉地认识祂自己，也全面地，也就是既普遍而且具体地，认识它所创造的万物。祂既完全认识现在存在的受造物，而且认识祂已经创造但已不再存在之物，以及祂可能创造却尚未创造也因此尚未存在之物。

托马斯认为，在哲学上，关于"认知"一词，有许多不同的表述方式，例如，称之为"理解"，主要是针对原理的认知；"知识"，主要是认知关于事物的结论；"智慧"，主要是对最高原因的认知；在行动上的认知，称为"审决之知"(*consilium*)或"实践之知"(*prudentia*)。对于托马斯而言，天主具有这一切知识，也就是说，天主具有理解、知识、智能、审决或实践之知等，而且天主以其单纯而统一的方式完美地具有这一切知识模态，而没有任何受造物(含人类)在这些认知模态上的缺陷或不完美。托马斯说：

"就其认知原理而言，称之为理解(*intelligentia*)；就其认知结论而言，称之为知识(*scientia*)；就其认知最高原因而言，称之为智慧(*sapientia*)；就其认知应实现之事物而言，称之为审决之知(*consilium*)或实践之知(*prudentia*)；天主以其统一而单纯的认知，知道这一切，也因此，天主的单纯认知都可以上述名称称之。不过，当用在称谓天主之时，所有的不完美都应从这些名称中排除。"①

① Thomas Aquinas, *Summa Theologiae*, Prima Pars, Questio 14, Article 1, Reply to objection 2。本人中译。

首先，关于天主的自我认识，我觉得在圣托马斯有关天主的自我认识的讨论中，在比较哲学上最有意义的，是圣托马斯从全面自我返回的观点，颇类似佛教哲学所强调的"圆满自觉"，来定义上帝的独立自存。也因此，天主不是一般的实体，而是一独立自存的实体。在圣托马斯看来，独立自存在其自身便是能返回其本质。换言之，天主能以自身之力，全面自我返回，也就是一全面自觉的存在。托马斯是以全面自觉来定义独立自存的天主。在"天主能否认识自己"这一问题中，圣托马斯指出：

"天主能以自身之力全面自我返回。正如一个形式在透过给予存有之时完美了质料，可谓倾注自身于质料之上，然而当形式有其自身存有之时，则能返回自身。也因此，那些并非独立自存，而只是某种官能的实现行动的认识能力，并不真正认识自己自身，这在个别感官能力而言正是如此。然而，那些自身独立自存的认识能力，则能认知自身。这就是为什么《论原因》(*Liber de Causis*)会说：'那认识自己的本质者，能返回自己的本质。'正因为独立自存正属于天主，也因此，以此方式来说，天主真的是能以返回其自身的本质而认识自己。"①

这一段话的意义非常重要，因为其中明白主张以己力自我返回来表达天主作为一独立自存的主体，这让我们避免了以一般实体的角度去看天主的实体，也就是说，针对天主的议题，托马斯并不是一般的实体论者。从现代哲学的角度来看，"能以己力自我返

① Thomas Aquinas, *Summa Theologiae*, Prima Pars, Questio 14, Article 2, Reply to Objection 1。本人中译。

回”,表示这是个有意识、能自我反省的存在,也在反省中自我返回,也因而于己有其透明性。人在某种程度拥有此一能力,也可以说是在此意义上而可为主体。就此而言,圣托马斯可为近代哲学主体思想的先驱。然而,天主能以己力全面返回自己,是一全面自觉的精神存在,不像人只能局部以己力返回自己,虽然像黑格尔那样的“绝对精神”概念,极力要将人的意识提升到绝对精神之境,毕竟,人总有意识不清、事理难明之时。对比之下,天主是永恒地、全面地、毫无遮拦地知道一切。在圣托马斯看来,既然天主是纯粹实现,再无任何潜能,在祂之内理智的行动及其所认知的对象在任何方面皆是同一的。祂并不像吾人的理智一般,在以潜能方式理解之时那样缺乏任何可理解相;而且其可理解相无不同于天主的理智,不像吾人的理智在其实现之时那样,虽产生可理解相但后者并不等同于吾人的理智。在天主那里,可理解相就是神的理智本身。也因此,天主是透过自身理解自身。天主在己内看见自己全然透明、全然圆满自觉。

其次,关于天主对于祂的受造物或万物的认识,圣托马斯认为,天主既全面自觉地认识自身,也全面认识与天主有别的万物。天主所认识的万物,不是用抽象的方式,从万物抽出可理解的相,而是在祂自身内就有各个有别于天主的万物的可理解相,作为万物的最终原因和目的,无须再从万物抽出其可理解相以认识之。在此,托马斯的重点在于天主无须抽象以认识万物,因为万物之存在来自天主中的可理解相。然而,天主是否认识发生在每一人发生的具体故事,或每一物的与其他物在事件中的具体串联呢?这点我们将在随后再讨论。天主以其拥有无限丰富的可理解相认识万物，这并不表示天主只是以普遍的方式认识有别于祂的万物。按照圣托马斯看来，天主也认识每一物与其他物彼此的差异。因为若只知普遍而不知特殊，那只是不完美的知识。然而，天主的完美之知，必然知道万物的普遍性与特殊性。圣托马斯说："天主借着一完全适当的方式，认知有别于祂的万物，也就是说不只是他们都分享了存有这样的普遍概念，而是就其个别物有异其他物的差别"[①]

对于圣托马斯而言，天主也认识那些尚未存在但有可能存在之物，也就是他自身可能创造之物，或有可能被其他受造物所制造、设想甚或谈论之事，过去存在但现在不再存在之物，将来会存在但现在不存在之物，等等。所有这一切都在天主之知之内。圣托马斯说，天主知道万物的一切，无论其以任何方式存在。不过，并无任何一物可以防止不存在之物以某种方式存在。对于绝对存在之物而言，它们都具有现实性。至于不具有现实性之物则是存在在天主的全能中或存在于某些受造物的能力中——不论其能力是主动或被动，是构思力或想象力或以某种方式指意的能力。也因此，即使它们并不具有现实性，天主也认知那些能被某一受造物所造、所思、所论之物，正如同那些天主所能造的万物一般。就此而言，我们也可以说天主认知不存在之物。不过，我们必须注意到不实际存在之物有甚多的多样性。其中有一些，即使现在不实际存在，过去却存在过，或者将来会实际存在，而对这一切天主都有所见、有所知。[②]

---

① Thomas Aquinas, *Summa Theologiae*, Prima Pars, Questio 14, Article 6. Respondeo。本人中译。

② *Ibid*., Article 9. Respondeo。本人中译。

如此说来，天主的全知不但包含了过去存在但现在不再存在之物，将来会存在但现在不存在之物，也包含了有可能被其他受造物所制造、设想甚或谈论之事……从圣托马斯这一段话，我们将发展出天主之知对于人间故事，无论是实然，或虚构，或人以其能力，无论主动或被动，以构思或想象或以其他指意能力建构的故事的认知。

五、天主对于人间故事的认知

天主是永恒的，从祂开出了具有时间性的宇宙与世界，以及具有历史性的人生。我们也可以问，天主在其永恒的存在中，是否也认识在世界中出现的种种事件及其偶然性与因果性的联系，以及人间个体与群体发生的种种故事？毫无疑问的，天主一定认识物理事件与事件的关联，至少从自然律则所决定与开放的关系而言，无论是基于因果的决定，或基于自然中的创新性，在自然中所联系起来的动态关系网络，应该都在天主的思想与认知之中。即使人的科学、哲学、神学等所论述的自然律则并不一定就是自然律则本身，也因此人所有有关自然律则的论述都必须不断地接受解构与再建构，然而，我们总不能说自然中没有律则。而且，自然中的律则是出自造物者的创造，无论所谓的创造是以任何形式来自天主。也因此，自然律则及其所决定与开放的事件关系，也一定被天主所思想与认知。

那么，关于人间众生个别与群体的故事的认知呢？在佛教而言，佛智既圆满自觉又觉他，既知普遍又知别相；在托马斯而言，天主既全面自觉认识自己，并且既普遍又个别地认识万物与人。然而，他们皆没有明白讨论佛或天主的知识是否具有叙事性。其实，人性的存在作为在时间中展开并实现意义的过程，不论是个人的或是群体的，皆开展为种种曲曲折折，或悲凄动人、可歌可泣，或圆满收场、皆大欢喜的故事。这些都表现在各种不同类型的叙事文体，例如小说、历史、诗歌、文物、电影等，其中有些是纪实的，如历史故事之类，虽然说纪实之叙事总仍难免掺有想象，或至少展开某些并非属实的可能性；有些则是想象的或建构的，如小说、电影之类，虽说想象之故事也总难免有涉现实之情节。

也因此，我们或许可以探问：天主之知是否包含这些实际发生在群体与个人身上的历史故事？以及，天主之知是否包含那些想象的故事？更具体地问：天主是否知道发生在世界各国各族群的故事，或者那些典范个人，如孔子、孟子、老子、庄子等无数圣贤的故事，以及你我无尽平凡个人的生平故事、思想与成败与遭遇？再者，天主之知是否包含中西古今各种小说或电影，如《红楼梦》、《西厢记》、《水浒传》，故事中的许多情节？譬如说，天主之知之中是否有像《水浒传》里鲁智深大闹桃花村那样的故事？

就佛智而言，佛经中往往以说故事来说理，例如，在《法华经》卷二譬喻品中，释迦牟尼佛以一大长者用羊车、鹿车、牛车将孩子们分别救出火宅，再给予一大白牛车的故事，来说明佛初说三乘以度众生，然后但以大乘度脱之的道理。其后，《法华经》卷二信解品中，摩诃迦叶报佛以浪子回头的故事，来说明诸僧先前迷于小法，三乘终归一乘的道理。此外，在《法华经》中，佛为五百弟子、学无学人、八万菩萨等一一授记时，皆一一知其一生故事，及其未来无数世之后如何成佛之故事。例如,佛告其弟子阿难将来当成佛,曰:"汝于来世当得作佛……当供养六十二亿诸佛,护持法藏,然后得阿耨多罗三藐三菩提。教化二十千万亿恒河沙诸菩萨等,令成阿耨多罗三藐三菩提。国名常立胜幡,其土清净,琉璃为地。劫名妙音遍满。其佛寿命,无量千万亿阿僧祇劫,若人于千万亿无量阿僧祇劫中算数校计,不能得知。正法住世倍于寿命,像法住世复倍正法。阿难!是山海慧自在通王佛,为十方无量千万亿恒河沙等诸佛如来所共赞叹,称其功德。"①

由此可见,佛智之中具有叙事性成分,对于个人与群体已经发生、实际发生或将会发生的故事能有所知,以作为觉他的依据。然而,对于人以想象建构的故事,譬如《水浒传》里鲁智深大闹桃花村的故事,我们并没有发现一些文本或论述的依据来主张其一定也在佛智之中。

比较起来,基督宗教所信奉的圣经,无论是《新约》或《旧约》,也都是以说故事来说道理。耶稣往往以说故事来教导天国的道理譬喻。巧的是,耶稣也说了"浪子回头"的故事,此事当可另作比较。耶稣也明知会发生在其弟子身上的故事,例如他在最后晚餐时说了有一位门徒将出卖祂,在山园祈祷时明白告诉彼得在天亮之前将三度否认祂。等等种种,显示基督宗教信仰中,天主之知包含有叙事之知。

其实,每一个人和群体每一天都不断发生众多事件、行动,并透过情节布局而构成故事。而且,在人的历史文化中,例如历史记

① 《大正藏》,卷9,页29。

载、诗歌、小说、音乐、电影等；此外又不断以图像、文字种种媒介，描述或想象建构出许许多多有的没的的故事。人总在时间中不断与多元他者互动与对话，不断向别人诉说自己的故事，别人也向自己诉说他们的故事。借由所诉说的故事，个人或群体担任了传递某项或多项意义，甚至为某项或多项意义作见证。就哲学论述而言，若依据圣托马斯的说法来推论，对于以上这些历史或想象建构的故事，天主都知道。一如前面的引文，圣托马斯所谓：

> “天主知道万物的一切，无论其以任何方式存在。……不具有现实性之物则是存在于天主的全能中或存在于某些受造物的能力中——不论其能力是主动或被动，是构想力或想象力或以某种方式指意的能力。也因此，即使它们并不具有现实性，天主也认知那些能被某一受造物所造、所思、所论之物，正如同那些天主所能造的万物一般。”①

虽然圣托马斯论述的重点是放在天主对于万物本身，或者万物以主动或被动，以构思或想象力，或以任何指意方式建构之物的存在及其本性，而不明确表示其为故事或叙事的关联，我们仍可以从其中推导出来：天主认识一切个人与群体所发生的故事，以及他们无论以描述或想象，无论以主动或被动，也无论以任何媒介如文字、声音或图像，或以其他任何指意方式，所建构的任何故事。总之，天主知道发生在世界上各族群、各典范个人与无数圣贤，以及

① 《大正藏》，卷 9，页 18。

无尽你我平凡个人的生平故事、思想、成败与遭遇。天主之知也包含古今中外想象建构的故事中的许多情节及其种种可能发展与结局。就此而言,天主之知之中当然有,譬如说,《水浒传》里鲁智深大闹桃花村的故事,以及其他更精彩的发展与表述。

天主虽然知道这一切,但祂仍然以爱心、以耐心,尊重人的自由实践与创作,并不干预人本身的故事或其所建构的故事,使人得以在自由的决定、实践与创作中,体验真实、成长,并在实现其存在的过程中承担责任。此事令人叹服。在此,关于天主全知及其意志与人的自由的关系的议题,需要另外的处理,并非已然冗长的本文篇幅所允许。至少,我们可以说,天主的全知并不取消人的自由,天主的永恒并不与时间对立,天主的无限并不拒斥万物与人的有限。相反地,天主的全知、慷慨与仁爱,使祂所创造的有限的万物与人,以及万物及人在时间中所造之物,增益并丰富了整体存在界。

六、结语

本人根据上述的比较与诠释,虽不能提出有亲证支持的结论,但仍可以提出一点研究心得式的结语。天主之知是一全面而圆满的自觉,其中也有祂对于所创造的万物与人的普遍性与个别性的认知;天主既认知一切物理事件的因果法则联系与其所开放的可能性,也认知人或有意义的存在者的个体与群体的故事,其所创作的作品与建构的存在或故事,以及人与其作品中所有的可能性与发展性。

用士林哲学的话来说，天主创造万物，不只认识万物的形式，而且认识其质料；不只认识万物的普遍性，而且认识其个别性。不同于柏拉图《蒂迈欧篇》(Timaeus)的德穆格神(Demiurge)只能参照已经存在的理型和质料来制作宇宙，相反地，天主自己创造了万物的理型与质料。万物的理型是出自天主创造性的思想；至于用来制作万物的质料，也是出自天主的无中创造(creation ex nihilo)。天主之知，是直接创造万物，兼综其普遍与个别，形式与质料，并且不断参与其变化与发展。天主之知不只是理念之知，而是兼有理念和对每一存在物、群体的个别史、关联史和种种可能性的认知、爱心与耐心。

人所思想的理念，虽也开显了存在界中的一些可能性，然仍须在一生自由的抉择与实践中予以体现。如此一来，真正存在于天主的认知中，获得祂有情有义、钟爱欣赏的判断者，是个人的生命史与群体的发展史。至于人所创作、虚构的故事，则是在虚构的情境中开显的可能性以及诸想象事件的关联性。然而，无论纪实的或虚构的叙事，天主尽皆知之，虽然祂总是有爱心、有耐心地让人在自由中实践与创作。天主之知不是空，不是万物的无自性，而是万物与人的超越性与自由的终极来源。天主作为终极、无可思议的存在，人无法以任何名字称呼，勉强名之曰天主或上帝。① 天主

① 关于天主或上帝之名在士林哲学中的讨论，见 Pseudo-Dionysius the Areopagite, *On Divine names*，以及 John of Damascus 的发挥。在世界宗教方面的讨论，见 Baesler, E. J., "The Prayer of the Holy Name in Eastern and Western Spiritual Traditions: A Theoretical, Cross-Cultural, and Intercultural Prayer Dialogue," in *Journal of Ecumenical Studies*: 38 (2001), 196—216。

因其全知，在无穷美妙的可能性中，首出某些可能性并实现为实在物，也就是无中创造，并以万物的个体性、相关性及其交错而生的种种故事，来丰富整体存有界。他的知与能是被他的慷慨与无私的爱所推动的，也就是被祂的自由与仁爱的意志所推动。此事想来令人愈觉奥妙，虽然我们对祂所知甚少。

至于佛教所主张，众生成佛所达到的自觉，觉他，觉行圆满，如实知见一切法之性相，成就正等正觉；佛得一切种智，通达一切总相与别相；兼具四智，能以大圆境智如实映现一切法；以平等性智体悟自、他平等；以妙观察智巧妙明察诸法真义，自在说法；以成所作智身体力行，成就自证化他。佛智果然奥妙甚深，其所揭露的觉行圆满，令人心生向往，鼓舞人努力修行成佛。此一朝向最完满自觉与觉他的修行与实践的鼓舞，让人想起圣保罗宗徒在《哥林多前书》中所说：

> "我们现在所知道的，只是局部的；我们作先知所讲的，也只是局部的；及至那圆满的一来到，局部的就必要消逝。当我是孩子的时候，说话像孩子，看事像孩子，思想像孩子；几时我一成了人，就把孩子的事丢弃了。我们现在是借着镜子观看，模糊不清，到那时，就要面对面的观看了。我现在所认识的，只是局部的，那时我就要全认清了，如同我全被认清一样。"①

人作为有意识的存在，都在某种程度上有所自觉；人若不全然

① 格前十三，8—13，见《圣经》(香港：思高圣经学会，1980)，页1784。

自我封闭，也多少会有贡献于觉他。然而，凡在致力于觉他与自觉的人，都仍是旅途中人，都在朝向圆满自觉觉他、如实全部认清的修行途中。正如《玛窦福音》上耶稣所说的，“你们应当是成全的，如同你们的天父是成全的一样。”[①]人虽毕竟有限，然其愿力无穷。全面圆满的自觉与觉他，毕竟是对于人的存在意义的最大鼓舞。

① 玛五，48，见《圣经》(香港：思高圣经学会，1980)，页1515。

附录二　书评：圣托马斯《神学大全》第六册中译本[①]

本人于2010年8月7—8日参加台湾道明会会长联合会与辅仁大学天主教学术研究院在台北联合举办的“圣托马斯《神学大全》第六册自然法研究学术研讨会议”。除了探讨托马斯的自然法之外，该次会议的目的之一，是为了广扬《神学大全》中译本，并鼓励大家阅读。为此，我在撰写论文期间，仔细拜读了前年出版的中文版圣托马斯著《神学大全》第六册。圣托马斯是第二千禧年最伟大的思想家之一，也是天主教最有影响力的神哲学家。他最重要的著作《神学大全》的中文版于2008年在台湾出版，实在是中文学界的一大盛事。对于中文翻译者的用心与辛劳，本人在此特表钦佩之意。本文并非对于圣托马斯《神学大全》第六册的书评，而是在拜读中文翻译本之时，对于一些翻译问题笔记的一部分，提出加以讨论，如果能获得该书译者们的参考，在新的修订本中加以考虑修订，则本人对于此一短文的撰写，便会觉得万分值得了。

须知，今天哲学界的许多术语，都是来自中世纪哲学，尤其托马斯的哲学体系井然，语词繁富，更是令人敬佩，亦令人生畏。中

---

① 《神学大全》(第六册)，刘俊余译，中华道明会/碧岳学社联合出版，2008。

西哲学的交往，语词的翻译非常重要，士林哲学尤然。所以，本文特别要集中在一些术语、名词的翻译上来讨论，希望就教于方家。

首先，有一些重要的哲学名词，涉及圣托马斯所有作品，并不限于《神学大全》第六册，可以考虑修正。例如，在《神学大全》第六册第 90 题出现的 ratio speculativa 一词，中文版译之为“鉴赏理性”，本人建议改为“默观理性”。我诚然可以了解，中译者在翻译此词之时，或许已经用了一些心思，考虑到拉丁文 speculativa 一词来自 speculum，是“镜子”的意思，顾及于此，于是考虑用“鉴”字带出镜子或鉴览之意，加上“赏”字也有观赏之意，于是将全词译为“鉴赏理性”。然而，值得商榷的是，虽然“鉴赏”一词若无其他历史与文化关联，倒也不失为一个顾及该词拉丁字源及哲学意义的中肯翻译。不过，由于“鉴赏”一词先前在中华文化脉络中已经被用在美学上，表示艺术与文学(如诗词)的鉴赏之意。既然如此，译为“鉴赏理性”便容易造成误会。也因此，我建议改译为“默观理性”，保存“观”字相近的用法，并且表现出不是为了行动，因而有别于实践理性之意。默观如人照镜，意在如实照见事物本质；按照亚里士多德传统，当本质表达在语言上时，则为定义。

其次，第六册中译本的编辑说明中将 virtus 一词译为“德行”，然在正文中，则改译为“德性”，不但不一致，而且值得商榷。虽说在中国哲学传统中有“德性”一语，但若在亚里士多德与圣托马斯的传统来说，则应称为“德行”，因为这是将本有的良好能力发挥到卓越地步的行为习惯，是后天努力可达至者，宜称为“德行”，若要说是德之性，则至多只能说是因长久的良好行为习惯形成的第二天性，但仍不宜视为本质之性，否则就无须后天努力而仍常在。至于中国哲学里，“德性”一词来自《中庸》所谓“故君子尊德性而道问学”，其中的“德性”是来自天命的性（“天命之谓性”）。朱熹进一步依照他的“性即理”说，注为“德性者，吾所受于天之正理”。朱熹本人以仁、义、礼、智、信是人受之于天之正理而有之性。这是有关形上学意义的人的本质的论述。至于亚里士多德和圣托马斯伦理学所论者，是人经由后天的努力养成的良好习惯，将良好能力发挥到卓越的地步，宜称为“德行”。

再者，关于 lex divina 一语，中译本译为“天主的法律”，如此的翻译容易滋生困惑。其实，圣托马斯的 lex divina 指的是天主在《旧约》和《新约》中启示或颁布的法，所以更好改译为“神启的法律”。此外，在中文译本中，不嫌繁复地以“永恒之法律”（有时又不一致地称为“永恒法律”）、“自然之法律”“天主之法律”（有时称为“天主的法律”）、“人为之法律”等多字语词为术语。其实，术语应该简便而一致。为此，建议可将“神启的法律”简称“神启法”，将“人为的法律”简称“人为法”，将“永恒之法律”简称“永恒法”，将“自然之法律”简称“自然法”。

还有，中文译本中将 bonum commune 译为“公益”。其实 bonum 一词意义很广，可泛译之为“善”，对于圣托马斯而言，凡是可欲求的便是善，至于“利益”只是众善之一。凡是万物或人类或其他类存在物共同欲求的，便是他们共同的善。至于“公益”一词在今日的用法，仅指人间社会中的公共利益。圣托马斯的 bonum commune 并不限于人间的公共利益，它也指宇宙万物，或某类存在物的公共之善。所以我建议将 bonum commune 一词译为“公共善”，至于“公益”仅只是公共善之一种。

再者，依照前面将“天主的法律”改为“神启法”，将“利益”改为“善”的同样理由，中译本66页所谓“与天主的利益相反”，其实应改译为“与神启之善相反”。

以下简单列出在中译本第六册中，我觉得可以改进的一些其他译名或语句。例如，页19第2段第3行所译“背离理性”，其实仅是“未达理性之法律”，并没有“背离理性”这么严重，宜改之。又，页36最后一行所译“肉情之机智”应是“肉情之机制”的笔误吧，宜改之。很可理解的，用拼音或自然输入法，计算机上同音异形之字往往会容易混用。

此外，页65最后第2段倒数第2行，将 proportionabiliter 一词中译为“相称地”，是可以接受的，但若考虑到是用于部分或有合比例之意，因此也可改译为“适分地”。又，第75页第2大段最后一行，“解释法律”，其实说来，人的习惯并不能“解释法律”，而只涉及法律的诠释，宜改为“诠释法律”。至于页87第2段第2行，“无代价的选择”，可改为“无偿的选择”。同页第4段第1行，“在所有应得的事上才能有偏袒”，宜改为“在所有应得的事上分配不公，才会有偏袒。”又，页111，第四节标题“十诫之训令的区分是否适当”，应改为“十诫训令彼此的区分是否适当”。

此外，中译本第六册页141，最后一段，译文“法律都是给民众订立的。民众中有两种人”，宜改为“法律都是给某个民族订立的。一个民族中有两种人”。其实这一段话很可取与《荀子·王制篇》的礼法分治的思想相比较。荀子曰：“听政之大分，以善至者待之以礼，以不善至者待之以刑。”圣托马斯则说：“一种人倾向于恶……这种人要用法律之训令压制；另一种人倾向于善……这些人需要用法律之训令教导和鼓励，以更近于善。”可见，对于圣托马斯而言，法律含有的礼仪训令还有教导和鼓励的作用，不只像荀子所言只有刑罚的作用。此外，中译本第六册页 210，第一节标题“司法训令之理是否在于是关系他人的”，其中用“他人”一语来翻译 ad proximum，不妥。因为 ad proximum 讲的是与“邻人”的关系，而不是“他人”。所以，该标题应该改译为“司法训令之理是否在于是关系邻人的”，而且随后相同义理脉络的“他人”一词，皆宜改为“邻人”。

又，页 211 第二大段最后两行，司法训令之理在于两点，即是：“针对人彼此之关系的；此外，其约束力不只靠理性，而是因了规定。”最后两字“规定”宜改为“制定”，换言之，其约束力……是因了“制定”。又，页 216 中间，“哪里有秩序，哪里便该有区分”，宜改为“哪里有秩序，哪里便需要区分”。

又，页 220，“使大家都有一点行政权力”，亟应改为“使大家都有一点参政权利”，或更好说“使大家都有一点参政权”。“行政权力”和“参政权”有很大的差别，不可以混淆。重点是在于使大家都有一点参政权，然而不可能使大家都有一点行政权力。又，页 222 中译文谓“派他们当千夫长、百夫长，并大量征收税捐”。试想想，一位千夫长、百夫长，如何能大量征收税捐呢？原文只是说“并从臣民处征收不少东西”，并未说“大量征收税捐”，宜改之。

最后，页 246 关于福音的法律，译文说“一部分是主要的，即灌输于内心的圣神之恩宠。”须知，“灌输”一词意义不佳，不如改为“倾注”。换言之，译文宜改为“倾注于内心的圣灵之恩宠”。

以上的讨论与修改建议，不成熟之处，还请方家指正。

第二部分

新士林哲学与中国哲学

第六章　新士林哲学奠基者梅西耶枢机思想述评

一、响应教宗利奥十三世复兴士林哲学号召、反德军暴行与荣获“世界公民”的尊荣

梅西耶(Désiré-Joseph Mercier 1851—1926),1851年11月21日生于比利时法语布拉邦(Brabant wallon)的布连拉乐市(Braine l'Alleud),是九个小孩中的第五个。其祖父曾任布连拉乐市长达三十四年之久,父亲是一位画家,然对他人格形成最有影响的,则是他的母亲。梅西耶枢机主教(以下简称枢机)在后来曾经回忆道:“人需不断道德提升,这是我母亲所教导的。在母亲那里,我首先无意识地,稍后有意识地,揣度并了解到所谓爱就是忘怀自己而为别人作出奉献。”

梅西耶在马林(Malines)教区修院读完神学三年之后,于1873年进入鲁汶大学神学院继续研究,并于1874年祝圣为神父,同年获licencié(当时这个学位相当于今日博士)学位,并开始在马林修院担任哲学教授,担任逻辑与心理学课程。

1879年教宗利奥十三世公布《永恒之父》(Aeterni Patris)通

谕，期盼教会学界复兴士林哲学，尤其是圣托马斯的哲学。他特别寄望鲁汶大学对此做出贡献，也因此教宗在1880年12月25日，在给马林教区主教德桑（Cardinal Victor-Auguste Dechamps 1810—1883）的宗座信函中，表达了希望鲁汶大学经营托马斯哲学教育的愿望。为了呼应教宗的强烈召唤，1882年8月，当时的梅西耶神父被任命为鲁汶大学教授，负责“圣托马斯高等哲学课程”（Cours de haute philosophie de saint Thomas），并顺应现代思潮的要求，致力于复兴圣托马斯的哲学。由于梅西耶的授课条理清晰，内容新颖而实在，甚受学生欢迎，很快便有许多学生环绕其周遭学习。于是，在教宗利奥十三世强力支持之下，“圣托马斯高等哲学课程”于1893年转设为“高等哲学院”（Institut supérieur de philosophie），并由梅西耶担任首任院长，加上四位他训练出来的年轻哲学教授，也就是：德布劳格（Simon Deploige 1868—1927）、蒂也立（Armand Thiéry 1868—1955）、尼斯（Désiré Nys（1859—1927）、伍尔夫（Maurice de Wulf 1867—1947），也因此吸引来自世界各地拔尖的学生前来学习。这四位学者以及他们早期协助梅西耶培养出来的博士，后来皆成为赫赫有名的学者。高等哲学院将圣托马斯思想与自然科学、心理学、社会学相结合，声誉日隆，影响日巨。

同时，梅西耶于1888年建立鲁汶哲学会（Société philosophique de Louvain），并于1894年创办《新士林哲学杂志》（Revue néoscolastique），并且出版了他极为有名的《哲学课程》（Cours de Philosophie），其中包含四册：第一册，逻辑学（*Logique*）；第二册，普通形上学（*Métaphysique générale*）；第三册，心理学（*Psychologie*）；

第四册，普通判准学(*Critériologie générale*)。此外，还有他的名著《当代心理学的诸多源起》(*Les Origines de la psychologie contemporaine*)。

1906年，梅西耶被祝圣为主教，继任刚过世的马林教区总主教古森斯枢机(Cardinal Pierre-Lambert Goossens 1827—1906)的总主教之位。第二年，又被任命为枢机主教，一方面致力于教务，尤其强化礼仪生活、培育圣召、组织青年、消弭教友酗酒风气，等等，另方面也开始了与东方教会、英国教会之间的对话；此外，他仍特别留意社会研究、教育与灵修。期间，他于1907年出版了《致我的修士们》(*À mes séminaristes*)；1908年，出版了极其著名的《论现代主义信函》(*Letter sur le modernism*)，其英文翻译本直接译做*Modernism*，可谓一本批判现代性的先驱之作；又著有七册的《牧灵作品集》(*Oeuvres pastorals*)、《教宗与基督徒的社会意义》(*La papauté et le sens social chrétien*)以及《博爱之内的和平》(*La paix dans la fraternité*)。此外，他也亲自给教区的三千位神父讲避静，并著有《牧灵退省》(*Retraite pastorale*)和《内心生活：召唤神职灵魂》(*La vie intérieure：appel aux âmes sacerdotales*)等著作。

正如同在哲学上他特别留意世界上正在进展的哲学、科学与社会思潮，在宗教上他也留意一次世界大战所带来对于宗教的国际影响。尤其在1914年第一次世界大战期间，德军在占领比利时之时暴行不断，包含杀害13位梅西耶枢机所牧教区的神父。对此，梅西耶枢机坚决反抗，并于1914年圣诞节发表《爱国与坚忍》(*Patriotisme et Endurance*)牧灵信函，不但鼓舞了比利时的士气，也鼓舞了世界上被战争欺凌的人们。由于他给予受苦的人们慰藉，并且伸张国际正义之声于世界，使他成为世界良心的表白，从此他成了备受尊崇的“世界公民”。战争期间，鲁汶大学总图书馆遭德军摧毁，他甚感心痛。在他奔走诉求之下，获得美国的支持与捐赠，鲁汶大学总图书馆幸得重建，由梅西耶枢机安置第一块奠基石。由于德国人的残暴，使得他的新托马斯综合体系，对于德国哲学不存好感。

梅西耶枢机由于他的智慧、正义感与学术地位，备受国际尊崇，受到英国、比利时、美国、加拿大、法国、爱尔兰、意大利、波兰等国家的大学颁赠荣誉博士，而有许多国家，诸如比利时、西班牙、法国、意大利、波兰等的学术院也向他敞开大门，可谓推崇备至，集荣耀于一身。一直到最后一口气，梅西耶枢机都为哲学、为教会尽心尽力而且活跃，直到 1926 年 1 月 23 日病逝。

二、梅西耶的方法学、知识论、形上学与实践哲学

在方法方面，梅西耶以托马斯实在论的方法为基础，承认实在界多面而统一，可以运用科际整合的方法研究，并且与历史上和当代的多元思潮相互交谈，以处理复杂的实在界。他的方法旨在发展士林哲学与当代科学的互动，尤其是着眼于心理学、知识论、自然哲学或宇宙论方面。正如他在圣托马斯高等哲学课程开讲时说的：“什么是托马斯哲学？它有两点特征；第一，是理性与基督信仰的合一；第二，是观察与理性默观的合一，分析与综合的统摄。”可

见，他的目标是在哲学意义的、真正的科际“整合”，而不只是仅止于科际合作而已。

梅西耶继承了亚里士多德与圣托马斯的传统，加上当代科学思潮，而刻意批判实证主义（positivisme），并避免德国观念论（idealisme）。首先，他批判实证主义，认为不应该把科学与实证混同；而且也反对实证主义认为唯有实证的认知一途，且唯有物理实在是唯一可认知的对象。更严重的是，实证主义亦隐含着形上的不可知论，他认为这是近代哲学的一大错误，连康德亦不能免。对于康德而言，人只能认识现象界，不能认识绝对真理。为此，虽然梅西耶仍使用批判方法，但是他不同意康德的观念论。他说：

> “康德的批判论经常被称为观念论，就字源而论，这一称呼有道理，因为心理上客观之物就仅只是观念之物，或就是观念。然而，更严格地说，应该区分观念上真实之物与存在上真实之物。”

更有甚者，他认为在康德影响下的德国哲学分离了法律与道德、科学与形上学，也因此使得个人的内在性移位而动摇了道德意识的稳定性。他更追溯这二元论到笛卡尔的心物二元、灵魂与机械的对立。由此可见，梅西耶枢机虽然也将批判的方法加入圣托马斯的温和的实在论，然而却避免了康德的批判的观念论。他坚决地将德国哲学排除在他的新士林哲学企划之外，这在一次世界大战前后的欧洲局势而言，是很可以理解的，尤其考虑到德军在占领比利时期间所施的暴行。

然而，在知识论上，也就是梅西耶所谓的判准论上，梅西也非常重视判断的地位，认为无论抽象判断或具体判断，最后都回归对于各体存在物的肯定。他说：

“透过判断的作用，谓词用在一主词上，后者时而抽象，时而具体。在“人秉具生命”的判断中，主词是抽象的；在“彼德是人”这判断中，则是具体的。但最重要的是要注意到，抽象的主词也可以是一先前主词的谓词，而这早晚是具体的。亚里士多德在范畴论和分析论及其他地方都表示，主词，就其主要用法而论，就是意指个体。”

这一实在论立场使得梅西耶虽重视判断，但基于他对现代性的批判，他排斥笛卡尔、康德及黑格尔的思想。梅西耶的新托马斯派，刻意避免了康德的先验性批判哲学和笛卡尔方法的怀疑所形成的二元论。

在形上学方面，梅西耶继承了亚里士多德和圣托马斯哲学的传统，认为理智的认知始自感觉，理智与感觉不分而且统一，形上学不离事实或不离经验材料。然而，事实性不离必然性，科学家已然知之。物理学家认知物理的必然性，数学家认知数理的必然性，然而到了心理学则更由必然跨向自由。由于关心形上学与事实的接触，他从亚里士多德观点来定义形上学，认为形上学的形式对象是经验中事物的实体，然而，从“经验的坚定领域”(terrain ferme de l’expérience)开始，必然会有一动力指向超越的统一性、真理与善。如同托马斯，他将一、真、善视为存有的超越属性。并且致力于批判来自笛卡尔的二元论、机械论，以及康德的现象论。

关于实践哲学，梅西耶在其《哲学课程》中花了很大篇幅处理伦理学，基本上是将托马斯的伦理学放在现代脉络中，一方面批判个体与社会的效益论、斯宾塞（Herbert Spencer 1820—1903）的进化论、康德的义务论伦理学、叔本华（Arthur Schopenhauer 1788—1860）及冯·哈特曼（Edward von Hartmann 1842—1906）的意志论，另方面也在现代伦理学脉络中重新诠释托马斯的伦理学，发扬自然法的基础来自天主，以及“行善避恶”的积极的道德法则，强调德行伦理学，认为德行是长期养成的良好习惯，以及赏善罚恶的必要性和超越基础。基本上，他的道德哲学是现代版的托马斯伦理学。

三、梅西耶及其新士林哲学的影响

梅西耶枢机建立了鲁汶大学的高等哲学院，是响应教宗利奥十三世《永恒之父》通谕复兴托马斯哲学号召的先驱，而将托马斯哲学与现代自然科学、心理学和社会学互动，并在其著作中显示了第一个新托马斯的综合体系，可谓当代新士林哲学的开山祖师爷。他复兴托马斯哲学、与哲学史交谈、融合科学与哲学的工作，不但在鲁汶大学继续发扬，而且也深刻地影响尔后的新士林哲学运动。他对于当代思潮的兴趣，他对布隆德（Maurice Blondel 1861—1949）、冯德（Wilhelm Wundt 1832—1920）、詹姆斯（William James 1842—1910）的看重，使他的新托马斯主义与时俱进。他甚至被柏格森(Henri Bergson 1851—1941)推许为在活着的人中最具有密契气质的人。然而，由于一次世界大战德军的蛮横，使他追溯道德错误与暴行至现代性的困境，尤其表现在德国哲学的负面后果，使他不愿意在其哲学综合中放入德国哲学的积极因素，而只批判其负面因素。

如此排斥康德以及德国哲学，在20世纪20年代有了改变。就在比利时鲁汶的耶稣会，出现了马雷夏的作品，一方面也吸收了梅西耶所推崇的布隆德（Maurice Blondel）的行动哲学，另一方面也肯定了德国思想，认定与康德及其后的德国哲学交流的必要性；但马雷夏仍然同样地重视判断的作用，并致力于结合托马斯与康德，要从康德的先验哲学的转折，提升出对于无限存有的肯定来。这使得后来德语的天主教思想界，有了继往开来新的出发点。拉内（Karl Rahner 1904—1984）在1980年代，在《我回忆：一个自传式访谈》一书中，曾经回忆到：

> "首先你必须明白，我和洛茨(Johannes B. Lotz)、马克斯·穆勒（Max Muller)、威尔特(Bernsard Welte)和西伟特(Gustav Siewerth)，以及稍后的柯雷特(Emerich Coreth)和穆克（Otto Much)等天主教哲学家，早在阅读海德格尔之前，便已经受到1920年代比利时耶稣会士马雷夏改革士林哲学传统的作品的影响。就此而言，我们很自然地一开始就比较听得进去海德格尔的思想。"

拉内推崇马雷夏，主要是因为它恢复了与康德、费希特等德国哲学的交谈,甚至开启了他们与海德格尔哲学的对话的视野。相反地,拉内对于梅西耶新士林哲学的计划,颇多微词 ,甚至批评说"我也相信,新士林神学与哲学,虽有成就,在今天已然过时。"更表示 ,"第二次梵蒂冈公会议的教会开始成为世界的教会。这次公会议也终结了新士林时期的神学,我如此相信。"在给穆克（Otto Muck ）的《超验方法》(*Transcendental Method*）一书写的前言中,拉内更表示:"这正是让我们有信心地谈论新士林哲学的终结,一如 19 世纪下半叶所了解的,通过这一转折,天主教哲学成为教会第一个学科达到第二次梵蒂冈大公会议所要求的急需与世界交谈的能力。"

由此可见,这其中涉及的,不只是战争期间德国对比利时的暴力,或说是德国哲学和法国哲学之间的紧张关系,而且也涉及天主教哲学作为一门学科,不只要能和当前科学交谈,而且必须在哲学园地内部交谈。不但要能和近代科学,而且也要能和近代哲学大家如康德、费希特、黑格尔对话,甚至也要能和开启后现代思潮的海德格尔哲学对话。基本上,就哲学史的观点,梅西耶枢机虽然也同意要与近代哲学交谈,然而基于批判现代性的立场,其对从笛卡尔到康德、费希特、黑格尔等的阅读多从批判性的角度,因而不容易见到他们的长处。

不过,拉内对于新士林哲学的批评也有不公允之处,因为他所推崇的耶稣会士马雷夏,虽让他能接近包含海德格尔在内的德国哲学传统,其实也是继承了鲁汶新士林哲学的奠立者梅西耶对于判断的重视,甚至以判断作为形上学的起点。由此仍可见到梅西耶枢机所奠立的新士林哲学的影响。

第七章　一个道德形而上学的源起:布隆德的行动哲学

一、引言

西洋哲学从亚里士多德发展到圣托马斯的士林哲学，皆是以存有学为优先的哲学体系,虽体大而思精,偶亦令人有与心灵经验遥难相契之憾。尤其对中国人而言,一向较为关心人生命的意义与道德的实践。就某种意义言,"道德的形而上学"颇能合于儒家哲学的特性,在西洋当代哲学中,法国哲学家列维纳斯(Emmanuel Levinas)亦提倡人经由与一无限的祂(l'Autrui)的伦理关系建立形而上学,而避开化约差异为同一的存有学。他说:"西洋哲学过去经常是一种存有学,将别异化约为同一。"然而,"形而上学、超越,由同一来接纳别异,由我来接纳祂,具体地成为伦理学、知识批判的本质。"①

再者,士林哲学是一种实在论的哲学,特别重视经验,特别是

① E. Levinas; *Totalité et infini*, *Essai sur l'extériorité*, (La Haye: Martinus Nijhoff; 1971), p. 13.

感官经验对人的知识的重要性及其所揭露对象的实在性。圣托马斯特别强调:“凡在理智中者,莫不先经感官”(Nihil in intellectu guod prius non in sensu)。不过,经验不能仅限于认知,道德经验也是经验,而且其动力甚至可指向存有的完成。

在本文中,我们将探讨法国行动哲学家布隆德(Maurice Blondel,1861—1949)早在19世纪末便提出的道德形而上学。他特别重视道德经验的实在性与能动性,足以弥补托马斯派士林哲学的不足。他从道德经验出发,一直达到存有学的完成。换言之,他的道德形而上学并不排除存有学,却是完成于存有学;虽立基于道德经验,但不仅限于道德经验,值得吾人加以思考。本文将运用本人的对比方法加以解析,并视之为本人的对比哲学的根源之一。

二、行动哲学的源起与演进

布隆德建构了一套以行动为核心的形而上体系。实则,其行动哲学之源起乃出自布隆德深刻的道德经验。此言并不表示吾人应该对布隆德的哲学著作采取道德主义的阅读方式,因为这般的阅读法往往停留在现象表面,以迂腐的说教为已足,反而遗忘了道德经验的律动是指向存有动力的完成。布隆德本人在1893年版的《行动》(*L'Action*)一书结论中清楚指出:该书既是对生命意义的批判,也是旨在建立一门实践科学,其结果既是一套广义的道德学,也是一套“完整的科学”(une science complète)和一套形而上学。行动的批判扮演了此三层研究的导言。布隆德说:

> "研究知识的全体规律和现象的全体秩序，这是一门完整科学的职责所在。说明此一必然知识有一绝对真理，寻找使持续存在成为真实客观的意义与条件，这是形而上学的职责。为了意志之升进而爬梳从原初愿望和必然知识步向意志拥有存有的路径，将必然的体系转化为规范的层级，这是道德学的职责。"①

由此可见，行动哲学的企划在于赋予行动以科学和形而上学的意涵，借以建构起一套最具包容性和彻底性的形而上学，以便阐明最普遍义的"行"(l'Agir)及其与思想和存有的关联。行动既是存在于理想和现实之间的实体关联(le Lien Substantiel)，也是思想和存有间的实体关联。也因此，布隆德在写作了1893年法文博士论文《行动》和拉丁文博士论文《莱布尼兹论实体关联与复合实体》(*De Vinculo Substantiali et de Substantia Composita apud Leibnitium*)(以下简称《论实体关联》)，以及其他早期著作之后，便致力于经营写作其所谓"鼎论"(La Trilogie)，也就是《存有与诸存有者》(*LÊtre et les êtres*)，《思想》一、二册(*La Pensée* I et II)和《行动》一、二册(*L'Ation* I et II)。按照布雅(H. Bouillard)的说法，布隆德借此建构了"一套形而上学，其中包含了一个思想论，一个存有论和一个行动论。"②

布隆德的鼎论虽可视为其形上学体系的完成，但此一体系实

---

① M. Blondel; *L'Action (1893). Essai d'une critique de la vie et d'une Science de la pratique*, Rprt., (Paris: P. U. F., 1950), pp. 480—481.

② H. Bouillard; *Blondel et le Christianisme*(Paris: Seuil 1961), p. 54.

际上只是其早期行动哲学的展开。此时期关切的道德经验幅度，包含了自我保存、爱、各种动机的对立、社会冲突、以及人的意志面对道德时的无能为力，等等，布隆德皆在其《内心日记》(*Carnets Intimes*)中一一忠实描述，并在其《行动》(1893)中解析其运作机制与内在逻辑，并加以严格检视，借以建立真知。布隆德的形而上体系早已含藏在其行动哲学中，而行动哲学则是起自道德经验。随后的哲学体系只是对在当下经验中运作的各种对比经验加以严整的概念建构，这正是布隆德所谓的"内在法"(La méthode d'immanence)。

因此，我们可以说，在布隆德哲学中，首先有道德经验，本属狭义，因而不同于认知方法。然而，意志的实践虽不同于理智的实践，但又与之互补，使得理智有可能从其中解析出意志的动力与内在结构。布隆德的思想正是源自广义的道德经验，或更精确地说，源自道德经验与理智运作既差异又互补的对比关系。行动哲学以此为反省起点，但随着反省的前进扩充至人的全体行动，其中包含思想的行动，以及人实现其存有的各个阶段。人的全体行动携带着意义，并指向人在宇宙中命运之实现。这是广义的伦理学。布隆德的哲学体系正是在伦理道德经验中汲取其动力、其志向和穿透力。"伦理"和"道德"二词虽相关而有别，不过布隆德并不特别加以区分，用以泛指人实现生命、满全关系的实践历程。

为了显示布隆德的行动哲学如何源起于道德经验，并借此证明道德经验的确含藏建立形上学之契机，我们将在本文中分析布隆德以下几种著作：(一)《内心日记》，揭露布隆德对其日常经验与思想经验的深切反省；(二)1893 年版《行动》，揭示了布隆德全部行动思想体系；（三）拉丁文博士论文《论实体关联》，揭示了行动的中介作用；（四）《早期著作》（*Les Premiers Ecrits*）其中论及道德生活的逻辑部分。

如果说本文作为对一个形而上学体系的源起的研究，仅限于以上著作，这并不表示布隆德的鼎论较不重要，而是表示早期的布隆德对道德经验的关切至为明显，而且从道德经验中汲取心志，形塑言说，撷取释例，使其撼世名著《行动》（1893）别具耀眼的原创性，引人深思，因其乃涌自澎湃不绝的动力泉源。至于鼎论则较致力于学术的严格性与客观性，且就风格与思想力量而言，除了《存有与诸存有者》是一本踏实的构作之外，余多累赘、攻防与回溯，正如布雅所言，"其中的辩证力量已经失去了它的冲刺力，至于其风格则失去了光芒与动力。"[①]鼎论这些缺陷一方面来自作者晚年慎防别人对他的批评，较关心避免误会，使得创作的自发性受到阻挠；另一方面则是由于布隆德自 1927 年之后目盲，不得不用口述写作，以致有所影响。话虽如此，我们完全承认鼎论的价值，将之视为是布隆德早期形成的行动哲学所含藏丰富内容的系统性开展。

在布隆德的早期著作中，1893 年版的《行动》是一大杰作，乃布隆德哲学创造力的主要果实，将多种过去与当代的哲学思潮综摄于一新颖而原创的思想体系中。至于拉丁文博士论文《论实体关联》则是一严谨的哲学史研究，借以讲明行动的中介与具现作用。《内心日记》是布隆德的至爱，使我们得借以重构布隆德的关

① H. Bouillard; *Blondel et le Christianisme* (Paris: Seuil 1961), p. 59.

怀、意向与深刻的道德经验，并使我们看清由经验到理论、由意向到方法、由主观信念到哲学理性的过渡，是如何地实现并建构了一套行动哲学。正如布隆德所言："这些日记是我的实践生活向思想生活，我的思想向行动的系结、关联与同化。"他甚至表示"透过意志的努力，透过我的意向和奉献，透过我写作的特性与方法，我的日记并不是一套理论，而是一个行动。"①

由此可见，《内心日记》是有血有肉的布隆德为其行动哲学如何自道德经验中源起的活生生见证。在此，布隆德使用的话语活泼生动，显示他的关心，他的深刻体验，他的反省方法。他说："在此我愿意既是个人的、热切的、坚持的、同时也是无私的、保留的、镇定的。"②为此，我们一方面要让布隆德的话语自我作证，另一方面也要用吾人的对比方法加以分析，以便能既显示布隆德哲学的原创性，同时显示行动哲学自道德经验源起的普遍性。

三、布隆德的伦理经验

道德一直是布隆德的关切重点所在，阅读其《内心日记》、《行动》(1893)，每一页皆洋溢他在道德方面深厚的经验，后者并深植于宗教信仰，因为布隆德出自虔诚的天主教家庭，他所关心的是福音的道德，基督徒的伦理，这点触动了青年布隆德的哲学意向。不

---

① M. Blondel, *Carnet intimes*, Tome I, (Paris: Cerf, 1961), p. 42 (1884 年 6 月 6 日记)。有关"实体关联"概念特在布隆德拉丁文博士论文中发挥，参见 M. Blondel, *Le lien substantiel*, traduit par Claud Troisfontaines, (Louvain: Nauwelaerts, 1972). p. 319。

② Ibid., p. 240 (1889 年 8 月 20 日记)。

过，我们所关心的问题在于：布隆德如何从其道德经验与宗教信仰，发展出一套行动的哲学，超越了道德和信仰，而将两者统摄于一个完整而严格的哲学体系之中。

对于此一问题，我们可以先在此简短答复如下：布隆德是经由种种对比，例如他的道德经验与智性经验，以及他的道德经验内部的种种对比，而觉识到在道德经验中所含藏的行动逻辑。其次，借着他的解析方法，他从道德经验中揭露了行动的动力与结构，从而建立了一套行动的形上学。布隆德说：

> “我全部的努力，我整颗心都朝向道德事务，朝向内心生活，朝向灵魂的热切与价值，永远如此，且日甚一日。在为此而牺牲之时，人真的有所牺牲吗？这样的性向到底留给真正智性和科学的生活什么样的位置？毫无疑问的，我混淆了这两种生活。我过分把适合这儿的方法应用到那儿；道德生活的法则，是不断升进，不断克服……”①

这段文字显示了布隆德的道德关怀，也显示了他的道德经验与智性经验在方法学层次上的对比。不断升进、不断克服的行动，正是不断克服对比，又再促生新对比的行动。《内心日记》的另一段文字则清楚指出他的道德关怀的天主教来源：

① M. Blondel, *Carnet intimes*, Tome I, (Paris: Cerf, 1961), p. 55(1885 年 6 月 5 日记)。

“我打算研究行动，因为我觉得在福音之中，唯有行动有能力显示仁爱，达致天主。我要研究行动，因为这个时代再也不知道为行动和创造而受苦。人们不再有心灵，只是了解、改良、思考、享受，但并不生活。……我要指出，最高的存有方式便是行动；最完整的行动便是受苦和爱；最真切的爱的方式，便是爱基督。”①

由上可见，布隆德的行动论是针对当时时代精神的批判，也是出自福音的道德观和存有论，尤其强调仁爱与痛苦。最后一句话——“爱基督”——已宣示了布隆德的基督论，把基督视为是最地道的行动，以及自然世界和超自然世界之间的实体关联。

布隆德所体验到的道德经验，先是在实现自己的主体性的利己主义企向，以及仁爱，与他人共享的深刻牵系，两者之间的紧张、冲突和对比。由此而兴起了痛苦与喜悦。

首先，布隆德认为，爱是诸存有者彼此之间深刻的内在联系。他在《内心日记》中写道：“存有即是爱，人若不爱便不认识。天主的圣灵就是爱；……借着道成肉身，世界犹如重新创造；但是以超越而理想的方式再造。形而上的交融。若要有真实的统一和内在的生命，实体关联（Vinculum Substantiale），必须要有统一和爱的圣灵以奥秘的方式穿透诸存有者的内在，并在彼处完成实在性、存

① M. Blondel, *Carnet intimes*, Tome I, (Paris: Cerf, 1961), p. 85, (1886 年 10 月 10 日记)。

有。”[①]又说:“灵魂的爱与知原为同一。为此,爱灵魂,为灵魂而生活,就是真实地生活。而且就在爱中,吾人得以知道和行动。”[②]

可见,对布隆德而言,由于爱或存有的爱力,一切存有者得以联结在一起,它并构成了我们的存有中最深刻的要素,从而我们可以建立一普遍相关性原则,表示每一存有者皆与全体存有者普遍相关,可以说每一存有者皆通向全体宇宙而全体宇宙亦映现于一存有者。布隆德说:“说真的,最小颗粒的原初物质亦承受整体宇宙的行动,至于生命体不但在元素中承受宇宙行动,而且又在器官的组成和复构身体的统一性中再度予以感受。……因此,生命是宇宙的缩影、象征和表现。”[③]是爱在集结一切存有者,联结一切,并要求每一存有者之行动,因而使行动得以综合杂多为统一,甚至“集结无穷于一点”。[④]

不过,布隆德对爱或存有学关联的体验,是在与其对实现自己的主体性之企划的体验互为对比的方式下进行的,后一企划最初被布隆德称为是利己的,但其最终目的则仍是在于达致自由。此一自由是针对存有学关联所强加的决定而加以采取距离。布隆德希望在此一自由中,更妥善地掌握存有学关联,并以更合乎本真的方式去爱,他写道:

---

① M. Blondel, *Carnet intimes*, Tome I, (Paris: Cerf, 1961), p. 222(1889 年 6 月 11 日记)。

② Ibid., p. 239(1889 年 8 月 19 日记)。

③ Ibid., p. 140(1888 年 5 月 26 日记)。

④ Blondel, *L'Action* (1893), p. 123.

“我以太过人性的方式爱人，其证明在于我会觉得疲惫于爱，疲惫于自我交付；我感受到强烈需要引退和孤寂的解脱；不再承担别人，躲开他们的感情、他们的认可和善心。不过，这一切应是为了更纯粹的爱，更无倦意的，不断增长的爱德和奉献。”①

“对我的主体而言，最重要的是我自己，我的自律性，我的自由，透过一切努力、一切代价来达致我的存在的实现。我所同情的是自己，没有人为别人而活，别人是为我而活……快乐与其说来自同情他人，不如说是来自自利。”②

由于存有学关联与自利倾向的对比，人寻求自我决定与自主性的意向只能透过各种中介，甚或自我放逐始得达致实现。《内心日记》写道：“道德的自律性唯有在转向他律性时始得保存：而且意志的运动自发地便会属隶于一项法则和绝对命运的超越性。”③又道：“最好从自我放逐、走出自己开始，以便自由地重返其时间……运用一切为实现吾人命运，即便是要历经曲折迂回。爱终将转化一切。”④由于自由与主体性需先外化始得回转，须历经迂回始得实现，在此一脉络下，意志的实现才需要有传统、权威和道德义务的介入。

首先，传统的必要性是为了接引自由的倾向进入时间，或更好

① M. Blondel, *Carnet intimes*, Tome I, p. 232(1889 年 7 月 28 日记)。
② Ibid., p. 91(1886 年 11 月 14 日记)。
③ Ibid., p. 391(1801 年 3 月 4 日记)。
④ Ibid., p. 443(1892 年 1 月 2 日记)。

说是为了接引行动进入历史。其次,权威之必要是为了接引自由的倾向进入社会,因为当自由趋向自我表达之时,自会指向普遍性,指向超乎个人的层面。他在《内心日记》中写道:

> "只一时探讨形而上学的原理、道德的原理,密契经验原理,是不够的。此外经验应穿上普遍性、超越性。对此,传统与权威的角色正在于装备个人,以避免其个别经验的幻想,并赋予实践规则以理性的确定性。"①

同样地,道德义务对于接引自由的倾向而言也是必要的。道德义务的存在并不是为了义务本身,而是为了接引自由。《内心日记》写道:"因此第一项义务就是承认义务。而承认义务就是承认不但它加诸吾人内心自由以尊重和内心服从,而且要其努力和实际牺牲,这是一项积极的行动,远胜过意向对义务纯形式性的顺服,意愿你真正所愿,便是顺服一实践规则。"②不过,传统、权威、义务这些对于自由倾向的接引,还必须经由每一个人赋予诠释,在各自的行动和语言中注入新颖性,而非萧规曹随,一味盲从。《内心日记》写道:"传统与权威仍依赖于透过思想、言语,透过行动,不断进行诠释。"③因为这些中介与接引的存在,皆是为了体现真我,而布隆德认为:唯有真我,始能真爱,也唯有真爱,始成真我。"我们之所以秉赋私己,只为保有克服私己之功,使吾人之自我能在一

① M. Blondel, *Carnet intimes*, Tome I, p. 284(1889 年 12 月 7 日记)。

② M. Blondel; LAction, (1893), p. 134.

③ M. Blondel; *Carnet intimes*, Tome Ⅰ, p. 302(1890 年 1 月 2 日记)。

切之中。爱是普遍之自我,一在一切。”[①]

由于必须自我放逐始得返回自我,必须克服种种异化之中介,始得返回自我行动的原创性,因而有了种种痛苦。然而,人的终极命运并非痛苦,而是纯我实现的喜悦,“此时,痛苦是表象,时间的幻觉;喜悦是永恒的实在。”[②]于是,我们看到几重对比的浮现;仁爱与私已的对比;传统与新颖的对比;痛苦与喜悦的对比。自我唯有在行动中消融这些对比,始得纯化:“私我得在诸存有者的普遍性中净化、扩大、欢悦。受动和痛苦虽激发行动,最后终将成为行动和喜悦的根源。人越受苦越行动。当人解脱自我时,终将拥有一切。”[③]“完美的终结,在于承受自己,接受天主所造的我们,扮演个人角色,爱自己的我。然而,同时也必须像基督一般行动,像祂爱我们那样爱我们自己。”[④]

在上述体现自由的倾向和万物彼此的关联之对比情境中,是行动在综合人的倾向的特殊性与关联的普遍性。在行动中,人创造了新颖性并且自我更新。参与行动,使得对比得以纳入新颖综合,使过去得以纳入现前。“我们绝难充分明白我们的过去如何呈现于我们的新颖行动中,同时我们当下的决断又是如何的无可比拟、原创而启新。”[⑤]参与行动所生之新颖性,既综合了过去,也孕生了未来。也因此人必须不断更新,不断重新开始行动:“不断重

① M. Blondel;*Carnet intimes*,Tome Ⅰ,p. 222(1889 年 6 月 12 日记)。

② Ibid. ,p. 306(1890 年 1 月 7 日记)。

③ Ibid. ,p. 278(1889 年 11 月 26—27 日记)。

④ Ibid. ,p. 137(1888 年 5 月 5 日记)。

⑤ Ibid. . p. 437(1891 年 12 月 29 日记)。

新开始行动，这是为不朽而生者的职责。新颖性虽在时间中有其开端，却永无终结。在精神生活中，必须不断重新行动：是的，唯有现在我能开始行动。”①

不过，在实现的行动中，人不得不做抉择。可是，所有的抉择同时也弃置了甚多可能性。“每一决定皆割舍无穷行动的可能性，对于此种自然丧失，无人能免。”②也因此，没有任何选择可等同于原初愿望，然而每一决定又将吾人带向未来：“我的决定超越我的思想，我的行动超越我的意向。时而我并未行一切我所愿；时而我，几乎在不知道的情况下，行我之所不愿。而这些我并未完全预见的行动，我并未完全安排的行动，一旦完成，皆对我起作用，施压于我的一生。它们固定了过去，也启动了未来。”③由此可见，在能意愿的意志（Volonté voulante）和所意愿的意志（Volonté voulue）之间有一对比关系，这正是1893年版《行动》的主题，其中有这样一段话：

> “往往是行动揭示双重意志——能意志和所意志——之间的相合或不合。人的一切反省的运动，审决的态度皆蕴含及此。当此二意志是对立之时，行动宣示所意志，或者行动成为这二个不相合的取向之综合，行动从其所实现的所意志中取得特性，并为此不断自我奠基于原初意志之中。”④

---

① M. Blondel; *Carnet intimes*, Tome Ⅰ, p. 516（1894年5月5日记）。

② M. Blondel, *LAction* (1893), p. 8.

③ Ibid., p. 4.

④ Ibid., p. 19.

简言之,正因为在道德经验中有恁多对比——自由与关联、私己与仁爱、痛苦与喜悦、传统与创新、能意愿的意志与所意愿的意志等等对比——因而才激发了加以克服和综合的行动。由于有这些对比,行动才不断往前进,不断更新。而且诸对比及其彼此间的严格关系含藏了一门新的科学,一旦面对反省的智性经验,便可针对其中含藏的对比逻辑,开发出一套行动哲学。

四、道德经验与行动哲学

现在我们必须追问:布隆德如何从前述的道德经验出发,构想出关于行动及其相关问题,诸如存有、思想……的一套哲学体系。道德经验中的对比至多只能提供一半的答案。此外还需道德经验与智性经验形成对比,因此使得布隆德发现:对比亦为思想和学术活动的要素,并以此为起点,构想一个包容理论科学和实践科学的整全科学。道德经验的自发性也包含一套法则,足以开发成为一门学术。道德经验揭露了行动的律动,而行动的律动正是由一系列对比及其密切关系所构成的。

道德经验和智性经验有差异,有对立,这点使得布隆德深深感到焦虑,尤其就在他设法分析道德生活之时,他经常体会到一种智性经验,且这种智性经验就在道德经验中运作。他说:

"我不该管我的作品的智性价值,然而,我却热切焦心于它；我本应专心予以纯化，逃脱智性，提升道德意向，但我却不能。”①

“我强烈地感觉到在实证科学精确的研究、主观分析与道德讨论之间，有很大的差异。总有一点必须证明出来，道德探究仍有同样严格的方法，甚至具有高于其他学科的精确程度和必要性，因为其中的无知或错误并非可以托辞原谅的。”②

在此，布隆德的原创性在于他将道德生活的自发性结合了方法的严格性：道德生活是由一连串状态和行动依照严格的法则而构成的，可以接受方法学的解析。他说：“这分析既是一种道德奋斗的法则，也是科学的征克之道。因为我们服隶于持续状态与重复行动的条件，又把我们每个行动视为整体，是吾人努力的确定目标。”③在道德行动中，有必须重复、一做再做的善行，但是每一次善行又各是整体，互相差异。为此，所谓道德生活的法则，是一种对比的动力和结构。行动的法则是对比的法则。布隆德指出：对比是意识与反省的源起，而且思想亦依追随对比的逻辑。他清楚表明：

“意识与反省，无论在个人或在社会，皆生自困顿，出自对比，起自差异。……更普遍更深刻的真理是：人类的意识起自

① M. Blondel, *Carnet intimes*, Tome Ⅰ, p. 426，(1891年9月8日记)在此所言“我的作品”指1893年的《行动》。

② Ibid., p. 314(1890年1月25日记)。

③ Ibid., p. 253(1889年9月17日记)。

有限与无限在吾人内之相逢。”①

“对立、相关、他者等概念是一切知识的光明，也是明判意识的条件，后者，至少隐态地，常是对一种区辨，关系和对立的意识。”②

对比的连结法则，就在于经由对比，走向对比，这正是反省意识的源起、内容与指向。这其中含藏了普遍的思想法则，既在科学领域中运作，也在道德领域中运作。科学实践是将对比的两端予以统合：一方面有概念，数学的同构模型，另一方面则有经验数据的异质性，两者必须在科学研究中互动、统合。道德实践则是将能意志的理想的无限性，和所意志的实现在现实中的有限性，两相综合。

也因此，就人学，尤其就人的历史，人不断自我超越的角度看来，人的生活是由多重阶段的对比所形塑而成的，而每一阶段的对比皆由行动纳入综合。首先，在身体层面，有潜意识的欲力和意识的表象之对比；有意识中各类表象的对比。其次，在社会层面，有自我与各种层次的“别异”之对比：家庭、国家、人类。对布隆德而言，这三者分别代表了社会行动的自然面、必然面和自由面。最后，人所在的有限世界又与无限的天主相对比。上述诸层面皆既差异又互补，既断裂又连续，但亦皆由行动达致综合。布隆德说：

① M. Blondel; *Carnet intimes*, Tome Ⅰ, p. 313(1890年1月24日记)。

② M. Blondel, Principe élémentaire d'une logique de la vie morale; in *Les Premiers Ecrits de M. Blondel*(Paris :P. U. F. ,1956),p. 129.

> “是行动在担任这些思想与生命中相对立诸形式的联结，在事物的核心注入矛盾法则，然又在实践中不断综合诸项矛盾。”①
>
> “每一次的综合对于其构成因素而言皆是新颖的，行动在超越它们之时，并不予以取消；但在保存它们之际，亦不妥协。”②

一方面，对比既是结构性的，因为每一阶段的存在状态皆是由既差异而又互补的因素构成的；另一方面，对比也是动态的，因为由一阶段转变为另一阶段，或是整个变迁过程，皆是由既连续又断裂的环节构成的。由于所实现的皆属有限，而所排除的可能性却是无穷的，人必须不断再行动，向上提升。因此，在吾人存在的深层，个人正是吾人所已行和所未行的整体。布隆德说：“人所做的一切和人所未做的一切皆有贡献于人的构成。”③

人正是由于此存有学上的对比所构成，加上人不断向其他可能性自我超越的历程，奠定了人行动的对比逻辑 。为此，布隆德得以从上述结构的对比和动态的对比，提出行动哲学，他在《内心日记》中说：“我要在这些对比中，更清楚地意识到我所要尝试的。什么呢？一门新的科学。……我将尝试组织一套方法，在实践上

---

① M. Blondel，LAction (1893)，p. 472.

② Ibid. ，p. 485.

③ M. Blondel，Principe élémnetaire d'une logique de la vie morale，in *Les Premiers Ecrists de M. Blondel*，p. 146.

虽非新颖，在科学上却全属原创。”[①]此一新科学包含了道德生活的逻辑和思想的逻辑。至于狭义的逻辑只是这一门整全的科学中的一个面相罢了。布隆德在1893年的《行动》中说：“逻辑的问题只是行动的一个面相。不只是实践本身是建立在一套辩证法上，可以精确严格地加以显豁，而且智性最抽象的法则，除非是与生命具体的发展有关，亦将全无意义。”[②]

这里所谓新的科学就是行动哲学，其逻辑——广义的逻辑或辩证法——应能说明行动的法则，成为实践的逻辑，其他个别学科皆由它所规定，行动哲学则是其他个别科学科际整合的观念基础。布隆德说：“因为一切的思想法则，一切个别形式的逻辑，皆纳入此一实践的具体法则，成为其脱离的面相。行动的逻辑并非局部学问：它真是普遍的逻辑，其他学科皆在其中有了基础和协调。”[③]诚如前面所言，这一普遍的行动逻辑正是由对比的动力和结构所构成的。

行动哲学不但有对比逻辑，而且有其经验基础，因为正是在吾人的道德经验中，在吾人整体生活中，吾人经验到各种对比以及统合它们的行动。行动既综合对比，又造生更多对比，又在更高的行动中予以综合。在《内心日记》中，布隆德表示：“在我们内心就有实验的工具，我们的情感、表象、行动，这就是一个实验室，其中发生了比化学组合更有趣的事物。从这一组成吾人存在的组合

① M. Blondel, *Carnets intimes*, Tome I, p. 321（1890年2月7日记）。

② M. Blondel, *L'Action* (1893), p. 473.

③ Ibid., p. 471.

中……兴起了远胜科学的教示，一个真正的形而上学知识。”[1]行动哲学，一个道德的形而上学，就建立在这对比的逻辑与对比的经验上。

五、结论

布隆德对于行动问题的思考有其原创性。他综合了道德经验的自发性和形而上学反省的严格性。道德经验揭露对比，而对比唤醒了反省，进而揭示了道德经验和智性经验共有的对比结构与动力。然而，行动统合了各阶段的对比以及对比发展的全体阶段。1893 年的《行动》旨在铺此一行动哲学。对布隆德而言，生命就是一个用反省的行动去显题化未反省内涵的历程，反过来说，也是一个将理智反省的运动升合于意志的自发行动的过程。人的命运是以行动为起点，以行动为中介，并以行动为终向。

布隆德由于能在道德经验中掌握对比的结构与动力，而得以建构一套行动哲学，一方面揭示了人的自由企划，超越了道德经验而扎根于存有的律动之中；另一方面，亦揭示了人的自由仍有其与万物的存有学关联，且必须经由层层中介接引而得以实现。对他而言，行动的概念首先指称自由意志汲取其力量的太初或原理。其次，行动指称意志所借以走出并返回自身的中介动力。最后，行动亦指称意志自我实现的结果，综合各阶段的对比以达致自由的终极实现。

---

① M. Blondel, *Carnets intimes*, Tome Ⅰ, p. 315（1890 年 1 月 27 日记）。

布隆德从道德经验出发，建立了一套行动哲学，其衷心的关切点，在于生命的意义与人的命运。1893年的《行动》一书从一开始便问道："是或否，人的生命有一意义，人有一命运？"[①]他尝试用行动的哲学来回答此一问题，其终极目的是在建构一套足以涵盖全体经验——无论其为科学经验、道德经验、甚至宗教经验——的实践哲学。换言之，发挥一宏大理性的作用，在具体的实践经验中引进自我了解，借以照亮人生经验的路径。哲学便是全体经验的自我了解，不能伫足于本质的观看，而应照亮经验，使之继续前进。经验就是行动，哲学则是行动的自我了解，从身体的行动开始，历经社会行动的中介，终将达至神的氛围。布隆德的行动哲学综合了道德经验与智性经验，他所提倡的，是一套整全的、自我了解的行动，其最终的目的，是在将人的行动提至精神的顶峰，上接于神性的行动。

---

① M. Blondel, *L'Action* (*1893*), p. 7.

第八章　论形而上学的起点：超验托马斯主义与中国哲学

继梅西耶枢机之后，在马雷夏(Joseph Maréchal)的努力下，接受康德哲学的挑战，并衔接康德哲学与士林哲学，甚至吸收当代现象学，如海德格尔哲学的启发，发展成超验托马斯主义(transcendental Thomism)。本章集中于其形而上学起点问题，首先阐述了马雷夏以判断为形上学起点；然后讨论柯瑞特(Emerith Coreth)以追问问题为形上学起点；最后，从跨文化哲学角度，取与中国哲学进行比较。

马雷夏着重的是认知上的肯定判断，而《春秋》重视的是对历史行动的道德判断，《易经》重视的是吉凶判断，皆颇为不同；然而，后两者皆重视行动与运动变化，及其中所置定的判断，并视之为超验讯息的揭露点，则属相同。此外，中国哲学也有疑问或追问问题的传统。例如，庄子怀疑各种是非、善恶的价值判断，且要对种种区分性的判断进行疑问，然而在质疑中却又指向超越的实在——道，且思与造物者游或游于无穷。

超验托马斯主义重视人的行动，且将行动安置在有限物的运动变化过程，而人虽处于有限，然在心灵上却动态地指向无限，与中国哲学无论儒家或道家即有限而无穷的想法也是相通的。

一、引言：一些历史考察

自从马雷夏(Joseph Maréchal)的名著五卷本《形而上学的起点》(*Le point de départ de la métaphysique*)，以“判断”作为形而上学起点，引发尔后蓬勃的超验托马斯运动；发展到柯瑞特(Emerith Coreth)的《形而上学：一个方法学系统性要论》(*Metaphysik: Eine methodisch-systematische Grundlegung*)巨著，则改以“追问问题”作为形而上学起点。在哲学史上，其对话对象从康德转往海德格尔。就哲学问题言，又涉及从知识论到形而上学的多重重要问题，须逐一爬梳。

若从跨文化哲学角度言，超验托马斯主义也与中国哲学颇有相应之处。虽然中国哲学并未显态地、系统性地作方法学上有关形而上学起点的考虑，然而儒家重视判断，尤其《易经》重视吉凶判断，《春秋》重视对历史行动的道德判断；一般而言，儒家重视价值判断。虽然说，马雷夏着重的是认知上的肯定判断，而《春秋》重视的是对历史行动的道德判断，《易经》重视的是吉凶判断，颇为不同；然而，后两者皆重视行动与运动变化，及其中所置定的判断，并视之为超验讯息的揭露点，则是一样的。此外，中国哲学也有疑问或追问问题的传统。例如，庄子怀疑各种是非、善恶的价值判断，且要对种种区分性的判断进行疑问，然而在质疑中却又指向超越的实在——道，且思与造物者游、或游于无穷。

如此说来，中国哲学虽不讨论形而上学的起点问题，但却在其哲学思索中假定了形而上的视野，也讨论形而上之道开显之所在，因而有重判断与质疑的不同传统，颇富于跨文化比较的趣味。在今天，将超验托马斯主义与中国哲学进行对话，实有必要。是以本文亦将思考其相通与相异之处。

原先在19世纪末，时任鲁汶大学托马斯思想讲座的梅西耶教授(D. Mercier)在1893年设置了鲁汶大学高等哲学院，创立新士林哲学期刊(*Revue Néoscholastique*)，发展士林哲学与科学的互动，尤其着重心理学、知识论、自然哲学或宇宙论方面。他选择了亚里士多德与托马斯的传统，加上当代科学思潮，也因而特别重视判断。但他刻意避免德国哲学，虽也使用批判方法，且推崇受德国哲学影响的布隆德(Maurice Blondel)，但并不同意康德的观念论。他坚决将德国哲学排除在他的新士林哲学企画之外，这在一次世界大战前后的欧洲局势而言，是很可理解的，尤其德军在占领比利时期间暴行无数，又杀害了十三位梅西耶教区的神父。梅西耶非常重视判断的地位，认为无论抽象判断或具体判断，最后都回归对于个体存在物的肯定。这一实在论立场使他虽重视判断，但排斥康德思想。梅西耶实在论的新托马斯派，刻意避免了康德的先验性批判哲学。如此排斥康德以及德国哲学，在20世纪20年代有了改变。就在鲁汶的耶稣会，出现了马雷夏的作品，一方面吸收了梅西也所肯定的布隆德(M. Blondel)的行动哲学，[①]另方面也肯定德国思想，认定与康德及其后的德国哲学交流的必要性；但他仍然

① 布隆德对马雷夏的影响之迹，见 Joseph Maréchal, "L'action de Maurice Blondel," Texte inédit de Joseph Maréchal présenté et commenté par André Hayen, SJ, in *Convivium Estudios Filosoficos*, Num. 4, Ano II, Fasc. 2 (Julio-Diciembre, 1957): pp. 5—41。

同样地重视判断的作用，并致力于结合托马斯与康德，要从康德的先验哲学的转折，提升出对于无限存有的肯定来。这使得后来德语的天主教思想界，有了继往开来新的出发点。在这一点上，马雷夏的超验的新托马斯哲学，不同于梅西耶实在论的新托马斯哲学。

当代神哲学家拉内（Karl Rahner）对马雷夏甚为推崇，主要是因为后者恢复了与康德、费希特等德国哲学的交谈，甚至开启了与海德格尔哲学对话的视野。但是，拉内对于新士林哲学的计划，颇多批评，他说："我也相信，新士林神学与哲学，虽有成就，在今天已然过时。"[①]不过，拉内的批评也有失公允之处，因为他所推崇的马雷夏，其实也是继承了鲁汶新士林哲学的奠立者梅西耶对于判断的重视，甚至以判断作为形而上学的起点。

二、马雷夏以判断作为形上学起点

马雷夏继承了鲁汶派新士林哲学，尤其梅西耶枢机对于判断的重视，以判断作为形而上学的起点。他的《形而上学的起点》（*Le point de départ de la métaphysique*）一书，洋洋洒洒五巨册，影响深远。其中，第一册讨论"自古代到中世纪末期：古代的知识批判"（*De l'antiquité à la fin du moyen âge: la critique ancienne de la connaissance*）；第二册讨论"康德之前近代哲学中理性主义与经验主义之争"（*Le conflit du rationalisme et de l'*

① 布隆德对马雷夏的影响之迹，见 Joseph Maréchal，"L'action de Maurice Blondel，" Texte inédit de Joseph Maréchal présenté et commenté par André Hayen，SJ，in *Convivium Estudios Filosoficos*，Num. 4，Ano II，Fasc. 2 (Julio-Diciembre，1957)：p. 88。

empirisme dans la philosophie moderne, avant Kant)；在第三册讨论"康德的批判论"(*La critique de Kant*)；第四册讨论"康德及其后的观念论体系"(*Le système idéaliste chez Kant et les post-kantines*)，马雷夏本来宣告的是要写康德、费希特、谢林、黑格尔，然而，实际出版仅包含康德与费希特两部分；第五册"面对批判哲学的托马斯思想"(*Thomisme devant la philosophie critique*)，其中提出一套系统性的综合，并总结他的论证。本文将集中在第三册对康德的讨论，以及第五册的综合。

对于马雷夏而言，只有在一肯定判断中，人的基本意识内容，诸如感觉、意象、概念等表象(representations)，才获得客观化，取得真或假的属性，也因此成为客观地被知觉到之物。他说：

> 除非在一判断之中，或者更确地说，在一肯定判断之中，一个意识内容不得成立为对象，也就是不要求逻辑真理的属性。换句话说，对于对象的客观统觉是一个肯定判断的结果。①

换言之，在人做出肯定判断之前，认识主体内在产生与拥有的表象，诸如感觉、意象、概念等，没有任何足以跟主体性对立，而取得客观性的地位；除非有了判断，要不然没有任何某物，某一存有者，无论是感觉、简单的觉识或概念，足以堪任客观性。它们虽然能在

① Maréshal, J. *Le point de départ de la métaphysique*, Vol. V, p. 519. 关于本命题，详细论证，见 Vol. II, Section II, chapter I, § 3, et chapter 5, § 2—4。

吾人意识内做出某些规定，时而是感性的（例如感觉），时而是智性的（例如概念），但无论如何，总是无力在吾人意识内兴起某种清楚的客观观念，换言之，无法形成或真或假的判断。更何况，在意识的实际运作中，我们之所以有某种感觉或简单概念，是因为先有了判断才进一步有自觉地形成的。这是因为这些感觉、意象、概念等基本的运作，只有在判断所形成的完整对象中，才能被我们清楚地知觉到。

当我们确定了判断对于真实存有的肯定，此时客观对象化的能力远远超出形式表象的能力。换言之，可认知的对象（l'objet connaissable）并不止于可表象的对象（l'objet representable）。为此，马雷夏进一步说：

> 如果对象作为对象，对我们而言，是根据其作为肯定判断来界定的，那么在我们内在的客观对象化的能力，远超过形式性的表象能力。因为我们的肯定能力并不局限于按照形式本身可表象的对象。①

马雷夏指出，智性自动自发的动力要高于任何直接表象，甚至高于他们的数字呈现，也因此肯定判断的对象并不止于概念表象的直接对象。我们若对判断进行分析，在一判断中主词和谓词因着系词而结合，并获得客观的统一性；但是其感性材料来自外在事物，

① Maréshal, J. *Le point de départ de la métaphysique*, Vol. V, p. 519. 关于本命题，详细论证见 Vol. II, Section II, chapter 3, § 3; Livre II, Section II, chapter 5, § 2—4; Section III, § 1—3。

无法化约为任何意识的先在规则。进而,他们必须合乎康德所谓的时间、空间的先天形式,或托马斯所谓扩延和运动的量的先在条件。如果没有感性材料,或对于材料的量的直观,我们不可能形成判断。

同时,若要形成某种判断,也还需要另一种具体化的综合,因为单只有外在材料仍不可能被客观化,除非经过某种抽象作用,获取某种普遍形式。换言之,材料必须脱离一切与某特殊底基(suppositum particulier)的关系,只保留与某种非决定底基(suppositum inderterminée)的纯粹潜在关系,于是形成普遍观念(concept universel)。以上说的是抽象作用。

然而,除了感性材料、抽象概念以外,还需要有一客观化的综合,是一动态的(dynamique),而且超范畴(transcategoriale)的作用。在一肯定判断中,"肯定"作为一种行动,远远超过量化、范畴化作用,将我们带到存有本身。此一客观化综合(synthèse objective)在任何有真、假值的判断中,都具有根本的重要性。此一动态综合等同于肯定的行动本身。这一肯定的行动以隐态的方式表现在基本的判断上,诸如"这物存在"。当我们说"这物存在"时,在形式上,有一种类比的统一性联结了这一有限之物与无限存有。此一基本的综合的要旨,在于将某材料联系到一无限、绝对、无条件的统一性上。这点只有在存有的内在收容或类比关系之下,才成为可能。然而,由于绝对存有并不在我们的意识中,不是任何形式上的表象,为此,绝对存有必须先在地、隐态地,在我们客观化的思想中,成为我们肯定行动的动态目的。受到布隆德行动哲学的影响,马雷夏主张,我们任何肯定的行动都以隐态的方式指向无限或绝对。换言之，在任何肯定的行动当中，都隐然指向绝对存有，作为最后目的。在我们能进行辩证反省以便意识到之前，我们的行动已经先行运作并体验到此一类比关系了。换言之，在肯定判断之中，我们置定(position)或接受(acceptation)了存有。就在我们说“此物存在”之时，我感受到且承认，整体说来此物是一价值。它具有本体的实在性，不但像康德所说，仅具有实践上的设准地位，而且更具有思辨理性上的必要性。

在实践理性上说，有必要将所谓设准，安置在一更基本的先天要求之下，也就是行动的原初必要性。行动的必要性和行善的义务虽相关而有区别，我们存在的样态便是必须按照自由意志而行动。如果拒绝行动，便是意愿不行动，终究也仍是一种行动。相反，我们也可以出自自由意志地不按照某一义务而行动。但是，我们无法不行动。为此，马雷夏表示：“意志行动的先在必要性，包含了绝对客观的肯定行动的必要性，且在逻辑上先在于任何个别行动。一个本体实在的存在为此获取了一项实践设准的价值。”①

不过，设准的必要性，虽然是构成行动的重要成分，但还不是构成理论对象的必然性。此一必然性虽然是先在的，而且强加某种形而上学对象于我们，然而，终究仍然是主观的，必须要另外成立客观的、理论的必然性。必须在认知与行动的内在源头，不只来自意志的要求，而且是来自智性的要求，使对象成其为对象所来自的隐态的、尚未分化的动力；换言之，是出自内在而非由外铄我者。

---

① Maréshal, *Le point de départ de la métaphysique*, Vol. V, p. 530。

马雷夏将智性(intelligence)定义为认识对象作为对象(对象本身)的能力。

关于智性,可以有几种类型,例如,全盘实现的天主的智性;或天使的有限直观智性;或人的由潜能经诸阶段以达致实现的智性。人的智性是一种被动潜能再加上某种倾向,一旦有对象出现,便由潜能成为实现。然而,从潜能成为实现,属于运动的历程。人既为有限存在,其本质就是变动不拘,常处于运动变化状态。也因此,行动是其本性。人是以行动为存有。然而,此能力并非仅惰性的,缺乏形式的,而且也是一种采取主动并超越所填满的规定内容,并将材料实现为对象。马雷夏要问:从非直观的智性,由潜能到实现的过程中,使意识得以构成对象的充分而必然的条件是什么?答案是:绝对存有。由于一切运动都倾向最后目的,而此最后目的都印记在朝向最后目的的各阶段中;而此一最后目的,就是绝对存有,也就是无限的实现。要不然,非直观的智性将是以有限制的规定的存有为目的,其潜能将会受限。然而,与此相反,智性自其内在便倾向于无限,是以无限存有为目的。

总之,马雷夏肯定判断是一超越的行动,具有形而上的价值。由于进行了对于肯定判断的先验演绎,对于绝对存有的类比之知的确进入到我们对于对象作为对象的直接意识之中,以对超越的存有的肯定作为最后目的,从偶然的材料的肯定中跃升,不只具有实践上的必要性,而且具有理论上的必要性。所以,马雷夏以肯定判断作为形而上学的起点。

三、柯瑞特的《形而上学》以“追问问题”为形而上学起点

柯瑞特也是耶稣会士，曾任茵士堡大学校长，奥地利耶稣会省会长。著有《形而上学：一个方法学系统性要论》(*Metaphysik: Eine methodisch-systematische Grundlegung* [Innsbruck; Wien; München: Tyrolia, 1961]，以下简称《形而上学》)、《诠释学基本问题：一篇哲学的贡献》(*Grundfragen der Hermeneutik: Ein philosophischer Beitrag* [Freiburg i. Br.; Basel; Wien: Herder, 1969])以及《什么是人？一个哲学人类学要略》(*Was ist der Mensch?: Grundzüge einer philosophischen Anthropologie* [Innsbruck; Wien; München: Tyrolia, 1973])等，本文将集中在他关于形而上学方法学的讨论上，尤其是集中在形而上学起点的问题。

对于柯瑞特而言，在形而上学一开始就追问形而上学的起点问题，这在方法学上是不可避免的。他说，“因为起点决定尔后的发展，而且包含了整个系统的雏形。如果选择了正确的起点，便可将任务导向完成。”①而所谓追问起点的问题，便是有关那无可否认地是最先来者，不再假定其他，而且在可能性和必要性上证成自身，因而提供了尔后的反省以坚定的基础。柯瑞特认为，问及起点，就是有关起点的问题，换言之，也就是关于问题的问题：追问问

① Emerich Coreth, *Metaphysics*, English Edition by Joseph Donceel (New York: Herder and Herder, 1968), p. 45.

题。每一问题都是有关存有者的问题，换言之，这一探究的条件是存有，存有多少是已知，但人需要更加追问，甚至从来不能完整地掌握存有。

以追问作为起点，是以追问的行动(act)作为起点，或隆纳根(B. Lonergan)所谓的以“作为”(performance)为起点。① 其所以为实在论(Realism)的原因在此。但是，所追问的不是问题的逻辑可能性条件(logical condition)，换言之，不是其有效性的形式要件，而是其超验条件(transcendental condition)，也就是与该行动共同置定(co-affirmed)的可能性条件，亦即其中隐含的存有(being)的视野(horizon)。就此而言，柯瑞特的形而上学，是超验的实在论(transcendental realism)。

柯瑞特使用的辩证法，比较接近布隆德(M. Blondel)在《行动》(*L'Action*)一书所阐明的行动的辩证法，而不同于黑格尔的辩证法。黑格尔的辩证法是从概念到理念的实现过程，其主要的操作方式，是先提出既具普遍性而又具自我意识的概念，并透过否定，进入到第二个概念；否定前一概念的缺陷，提升到更高的第三概念，作为矛盾的统一。如此一来，其重点是放在概念的运作上，是以内容为主，虽有辩证行动以及意识自觉的加深，但是，黑格尔的重点仍然是放在概念的内容上，至于行动却转为形式化了。

柯瑞特的方法，较为接近布隆德，而又与之不同。布隆德从生

① Bernard Lonergan, "Metaphysics as Horizon: A Critique by Bernard Lonergan," in *Gregorianum* 44(1963): 307—318; also included in Emerich Coreth, *Metaphysics*, English Edition by Joseph Donceel (New York: Herder and Herder, 1968), pp. 199—219.

活中的行动开始，经由反省产生概念，然由于如此产生的第一个概念仍有所不足，必须经由更充分的行动来予以克服；于是提出更高的概念，再产生更充实、更高阶的行动来予以统一。可见，布隆德重视的是在行动上的统一。

柯瑞特将追问问题视为一种行动，在这一点上他相似于布隆德。然而，柯瑞特认为，人是透过不断地追问，才能化隐为显，进行概念化的过程，而且所有的概念化都不足以穷尽真相，所以仍须继续追问。可见，追问的行动才是超验地建立自己并证成自己的行动，至于其他行动，则仍须经由追问的行动，化隐为显，提出概念。在这一点上，柯瑞特不同于布隆德。柯瑞特是以追问问题作为起点，也作为研究的方法。

既然柯瑞特区分内容与行动，在这一点上，他也不同于康德。虽然他和马雷夏一样，接受康德的先验哲学的影响，但对他来说，康德只追问现象界对象在心灵中出现，或更精确地说，在智性中组成现象界对象及其法则的可能性条件。这些条件的出现，是在与现象界对象出现的先天形式规定所共同肯定的。换言之，康德只考虑知识的内容，但并未考虑认知的行动。结果，他封闭自己在现象界之内，无法通达到形而上学的领域。

根据同样的区分，柯瑞特区别胡塞尔和海德格尔的哲学。对他来说，胡塞尔也只考虑内容，而不考虑行动，因而坠入本质主义。在我看来，这说法有些不公平，因为当胡塞尔考虑意向性时，他的确是在考虑意向作为一种行动；当他在考虑本质直观时，他也是在考虑本质直观作为一项行动。诚然，就成熟期的胡塞尔而言，本质直观的对象是针对现象作为本质的呈现，因而有某种本质主义的倾向。相反地,海德格尔讲求人作为存有在此的自我实现,为此,在柯瑞特看来,“他只考虑行动,而不考虑内容,由于他在追问真实存有之时忽视本质,由于他不要将所发现之物翻译为概念语言,为此它迷失在现象学之中,而并没有真正贯通到形而上学。”[①]

对于柯瑞特来说,追问问题之所以可以担任形而上学的起点,是因为在问题中隐含着先在的知识。而且,此一知识会影响问题的提出,并且改变了问题对我的意义。同样的问题对于不同的人,至少有些微的不同,正因为他们有不同的背景。[②] 譬如说,当我问:“这是怎样的一本书?”这问题假定了,我知道书是什么,而这样东西是书,而且这知识立足于我对书更广泛的知识脉络,以及有关特殊种类的书(如形而上学)的知识。这个脉络修正了我们提出该问题的意义。如果将这些知识一一显豁出来,化隐为显,不但将会带出更多的问题,而且将会带出更多的知识。如此,可以不断延伸;针对每一问题,也可以一直追问下去,甚至问道:问题是否正当?……

于是,追问问题的可能性,并不依赖于问这个或那个问题。相反地,我们之所以可以问这个问题、那个问题,是因为我们有追问的能力,有问纯粹问题或问问题一般的能力。此一追问问题的能力,也假定了一纯粹的预先之知。此一纯粹的预先之知,既非完全

---

① Bernard Lonergan, “Metaphysics as Horizon: A Critique by Bernard Lonergan,” in *Gregorianum* 44(1963): 307—318; also included in Emerich Coreth, *Metaphysics*, English Edition by Joseph Donceel (New York: Herder and Herder, 1968), p. 52.

② Ibid., p. 55.

决定(因为总还可以再问),亦不可能是完全无任何规定(就像是虚无),而是具有积极性的存有。人可以不断追问一切,因而才会追问这个、那个个别问题,而且会不断地追问下去。也就是说,人之所以有追问问题的能力,是预先共知了存有的统一性;以存有作为终极目标,作为任何问题出现的无限视域。存有整体并非个别存有物的总和,而是对于存有的统一性和整体性的预期,临在人的心灵,作为每一问题所预设的未显题化的预先之知。

为此,柯瑞特以追问问题作为形而上学的起点。

四、跨文化哲学比较(一):《周易》与《春秋》重视判断

马雷夏以判断为形而上学起点,柯瑞特以追问问题为形而上学起点,但两人所重视的是肯定判断以及追问问题作为行动,其中有着对于人是行动者的重视。这点是来自布隆德的影响。而且,人的行动须纳入有限物由潜能朝向实现移动的历程,既然宇宙万物均属有限之物,而人更由有限趋于无限,这点与中国哲学,尤其《易经》将人的行动纳入生生不息的宇宙脉络,十分相似。而且,儒家重视判断,尤其在孔子所作《春秋》和《易传》中表现,颇似马雷夏对于判断开显存有的肯定。但《春秋》重视对人的历史行动的道德判断,而《易经》则着重吉凶的判断,但两者都在时间性的行动中揭露判断开显天道的作用,则又与马雷夏相近。是以,从跨文化角度,两者有可比较之处。

正如司马迁所说,孔子晚年好《易》,作《春秋》。孔子的易学最

富形而上思想义理,《易·系辞》曰:“形而上者谓之道,形而下者谓之器。”盖《易经》的《系辞上、下传》、《序卦传》、《说卦传》前几章,实乃最富哲学意义的文本了;而孔子作《春秋》,则展示了他的道德历史哲学,以展示人的行为与历史行动所可体现的道。儒家重视判断,尤其在孔子《春秋》和《易传》中所表现。《易·系辞》曰:“是故易有太极,是生两仪,两仪生四象,四象生八卦,八卦定吉凶,吉凶生大业。”可见,吉凶的判断是大业的基础。孟子曰:“孔子成《春秋》,而乱臣贼子惧。”[①]乱臣贼子所惧者,在于孔子对他们所作的道德判断。

《易经》言变化,其宇宙观是一生生不息、运动不已、不停变迁的宇宙,在其中的人生,也是创进不已、时时行动的历程。在这一点上,《易经》也是与马雷夏一般,认为人的本性就在于行动,就行动来开显存有。然而,对于人所采取的行动,要从《易经》取得或吉或凶的判断,而且讲求判断吉凶的判准。关于吉凶判断的判准,其中蕴含着对于数理结构的默认,并且假定了“阴阳”、“中”与“时”的形上道德概念。兹举例说明如下:

一、当位说:阳爻在阳位,阴爻在阴位,称为当位。也就是阳爻在一、三、五爻位,阴爻在二、四、六爻位。若阳爻阳位,阴爻阴位,当位,吉。若阳爻阴位,阴爻阳位时,不当位,凶。当位说假定了六爻的数理结构位置加上阴、阳区分。

二、应位:阳爻有阴爻相应,阴爻有阳爻相应,亦即第一爻与第

---

① 以下《论语》、《孟子》、《易经》简短引文皆引自《断句十三经经文》,台北:开明书店,1965,不另注明。

四爻、第二爻与第五爻、第三爻与第六爻构成相应的关系。若有对应时，吉；若无对应时，则凶。在数理结构与阴阳差异之上，更讲求阴阳差异双方的感应与互补。

三、中位说：中就是指中位，中位就是指一个卦里，居于中爻。上、下两卦，若得下卦的中爻第二爻或上卦的中爻第五爻时，谓之得中。在数理结构、阴阳差异、阴阳感应与互补之上，更假定了“中”的形上概念与道德概念。

四、趋时说：谓得其时。即使无以上情形，若行动适时，仍可得吉；若时间不适当，则凶。在此，特别显示时间性的重要性，以及道显示于适当时间的想法。

《易经》所重视者为吉凶判断，而《春秋》所重视者为道德判断，也因此不同于马雷夏的知识判断。然而，借判断以显道，或依判断以显超越的终极真实的开显，则是一致的。如同马雷夏的形上学，儒家形上思想起于判断，一如《易经》与《春秋》所显示，然其重点在吉凶判断与道德判断，或有道德意涵的知识判断，不像马雷夏的知识判断。

现在讨论《春秋》，该书为孔子晚年所作，显示他对行动、事件和故事中的道德判断，以及人在历史事件中所扮演的角色。“道”必须在人的行动中彰显，由行动组成事件，由事件的曲曲折折成为历史故事，其中隐含着某种历史的存有论，人必须在时间与历史中开显“道”，已然在《易经》中明显表达，然更在《春秋》中予以发挥。在孔子时代，各国皆有史家记载其历史事件，孔子应有加以参阅，他亦曾经表示自己“述而不作，信而好古”。不过在《春秋》中，他不但记录历史事实，而且给予他的道德判断，借以拨乱反正。换言之，其所述者不仅为历史事实而且含有价值判断。这似乎是孔子非常重视的一件事，所以他说，“知我者，其惟《春秋》乎，罪我者，其惟《春秋》乎！”孟子谓：“孔子成《春秋》而乱臣贼子惧。”乱臣贼子所惧者何？孔子对他们所下的历史与道德判断也。可见其所重视者为判断。

由于《春秋》辞约而简，为此在战国时代就有了三个诠释本：《左传》、《公羊传》、《谷梁传》，以明说其故事以及判断之义。由于三传的文字如此经典，以至各被收入儒家十三经之中。各传皆旨在阐明春秋之义，明说其故事，并厘清孔子的道德判断。例如，僖公二十二年(公元前637年)，孔子春秋经文仅载：“冬，十有一月，己巳，朔，宋公及楚人战于泓，宋师败绩。”对于此一记载，左传诠释如下：

> 冬十一月，己巳，朔，宋公及楚人战于泓，宋人既成列，楚人未既济，司马曰：“彼众我寡，及其未既济也，请击之。”公曰：“不可。”既济而未成列，又以告。公曰：“未可。”既陈而后击之，宋师败绩。公伤股，门官歼焉。国人皆咎公。公曰：“君子不重伤，不禽二毛。古之为军也，不以阻隘也。寡人虽亡国之余，不鼓不成列。”①

须注意，《左传》在明说故事的过程中，便对孔子的简约经文进行了诠释。换言之，明说故事也是一种诠释，可谓“故事诠释学”。不必引用抽象的语词甚或道德训令，然而读者仍可感受到宋公的道德

① 《春秋左传》，收入《断句十三经经文》，页44。

论述以及对于作战礼仪的执着："君子不重伤，不禽二毛。古之为军也，不以阻隘也。寡人虽亡国之余，不鼓不成列。"

现在，我们比较一下《公羊传》对同一件事的诠释：

> 冬，十有一月，己巳朔，宋公及楚人战于泓，宋人败绩。偏战者日尔，此其言朔何？春秋辞繁而不杀，正也。何正尔？宋公与楚人期占于泓之阳。楚人济泓而来。有司复曰："请迨其未毕济而击之。"宋公曰："不可。吾闻之也，君子不厄人。吾虽丧国之余，寡人不忍行也。"既济，未毕陈。有司复曰："请迨其未毕陈而击之。"宋公曰："不可。吾闻之也，君子不鼓不成列。"已陈，然后襄公鼓之，宋师大败。故君子大其不鼓不成列，临大事而不忘大礼，有君而无臣。以为虽文王之战，亦不过此也。[①]

以上《公羊传》的文本包含两部分，一部分叙事文，讲宋公与楚人作战的故事；另一部分是对此事的道德解读，讲明孔子的道德判断；两者妥善地合为一文本。其叙事文与《左传》类似，交代宋公与楚人作战的故事；然而，道德解释的部分则明说出该故事的道德意义，更详细说出事件发生的时间，显示宋襄公的仁义，并比较宋公之战与周文王之战。《公羊传》的风格，就是将历史言说的故事面，同道德论述融合起来。虽然道德意识敏感的人，可以阅读出《左传》中以隐态方式包含的道德批评，但是《公羊传》对于那些道德意

---

① 《春秋公羊传》，收入《断句十三经经文》，页 26。

识不太敏锐的人很有帮助，直接陈述了道德论述与道德判断，甚至表达"以为虽文王之战，亦不过此也"之意以为终结。

《春秋》对于行动的描述与判断的语句是放在叙事文之中，不会抽出历史时空脉络来言行动；更不会满足于像"此物存在"这样单独的语句或判断。诚然，就语句而言，"此物存在"这一语句就隐含奔赴无限的内在动力，然而中国哲学一定要将诸多语句放在故事中去安置人的行动；行动固然重要，但若无事件便无孤立的行动，而若无故事便无孤立的事件。要说行动，便要放在故事里说，没有单独抽象地说的行动，方能显示变迁之旨，以及人在变迁当中所作的道德判断与决定。由于在情境变化中，当事人可能作出不同于道德规范的决定，而有权变之计。对此，《公羊传》表明，"权者，反于经然后有善者也"，其中"反于经"应作"反归于经"解释，而不应作"相反于经"解。因为返回或回归的方式有许许多多，不止一端，但总不能与经相反或矛盾，"然后有善"则表示最终还是以善为目的。善的判准，主要是根据道德意向来决定。《公羊传》虽然也有考虑后果的结果论论述，但基本上是以意向论为主调。例如：

> 经曰：桓公元年，春，王正月，公即位。
>
> 传曰："继弑君，不言即位，此其言即位何？如其意也。"[①]

鲁桓公其实是弑兄而后即位，故不依春秋"继弑君，不言即位"之例，迳书桓公即位，这便是"如其意"，乃为了表示其意向上的恶。

① 《春秋公羊传》，收入《断句十三经经文》，页5。

又如：

> 经曰："昭公十一年，夏四月丁巳，楚子虔诱蔡侯般杀之于申。"
>
> 传曰："楚子虔何以名；绝。曷为绝之？为其诱讨也。此讨贼也，虽诱之，则曷为绝之？怀恶而讨不义，君子不予也。"[①]

其实，楚子虔就是楚灵王，然而公羊家强调《春秋》直呼其名，不尊称其为楚灵王，意在断绝他的爵位。为甚么呢？主要原因是由于他怀着恶意来诛戮蔡侯般。由于蔡侯般弑其君，是为大不义之人，人人得而诛之。但由于楚灵王怀着恶意来诛杀蔡侯般，所以《春秋》不许。可见，对于《公羊传》而言，意向上的恶是诸恶根源，由意向到实行，仅只是一隔之远。所以，《春秋》的善恶判断，也常以意向为准。

五、跨文化哲学比较（二）：庄子的疑问

道家的形而上思想，根据道的不可言说性以及无穷的视野，对一般知识与判断多所质疑，尤其是庄子对于是非、仁义、善恶这类价值判断，加以质疑，然而，在质疑中又指向超越的终极真实——道。庄子对于儒家的善恶判断多质疑之辞。他说："自我观之，仁义之端，是非之涂，樊然殽乱，吾恶能知其辩？"[②]他所对应的不只

① 《春秋公羊传》，收入《断句十三经经文》，页55。

② 郭庆藩，《庄子集释》，台北：世界书局，1982，页45。

是儒家的仁义之说，以及其中所重视的道德判断，而且更包含儒、墨之是非。至于吉凶判断，则另有看法。庄子于其高昂境界，似乎也不排除以吉祥为应有的心灵状态，例如，《人间世》对于虚的描述："唯道集虚，虚者心斋也……瞻彼阕者，虚室生白，吉祥止止。"[①]可见庄子将吉祥止止视为虚室所生的积极状态。然而，对于占卜而得的吉凶判断，他却是有疑问的，甚至要能超越卜筮而知吉凶。为此，《庚桑楚》说："能抱一乎？能勿失乎？能无卜筮而知吉凶乎？"[②]有意思的是，这是以追问的方式，或至少以类问句的方式，所做的表述。

庄子不但对儒家的道德判断提出质疑，他对道家自己所喜好的宇宙论亦提出质疑。例如，《天运》篇一开始就问了一大堆问题，兹列如下：

> 天其运乎？地其处乎？日月其争于所乎？孰主张是？孰维纲是？孰居无事推而行是？意者其有机缄而不得已邪？意者其运转而不能自止邪？云者为雨乎？雨者为云乎？孰隆施是？孰居无事淫乐而劝是？风起北方，一西一东，有上彷徨，孰嘘吸是？孰居无事而披拂是？敢问何故？[③]

似乎，在问题中也隐含了知识，但都不确定，因而仍终之以问题。

庄子的人生至境，是在"乘天地之正，而御六气之辩，以游无穷

---

① 郭庆藩，《庄子集释》，台北：世界书局，1982，页 69。

② 同上书，页 342。

③ 郭庆藩，《庄子集释》，页 218—219。

者，彼且恶乎待哉"、"上与造物者游，下与外死生无终始者为友"，[①]所以对吉凶、善恶、仁义、是非、贤不肖等的区分与判断，不甚在意，甚至认为这些判断会成为暴力的工具，更会等而下之，成为凶器。是以《人间世》云：

> 且若亦知乎德之所荡而知之所为出乎哉？德荡乎名，知出乎争。名也者，相轧也；知也者，争之器也。二者凶器，非所以尽行也。且德厚信矼，未达人气；名闻不争，未达人心。而强以仁义绳墨之言术暴人之前者，是以人恶有其美也，命之曰菑人。菑人者，人必反菑之。若殆为人菑夫！且苟为悦贤而恶不肖，恶用而求有以异？[②]

所以，庄子对于知识，基本上是采取质疑的态度，虽然说他的文本显示，他拥有丰富的自然与人事的知识。然而，庄子认为，人生基本的情况是：人生有限，而知识无穷，"吾生也有涯，而知也无涯。以有涯随无涯，殆已；已而为知者，殆而已矣。"[③]可见，以有涯追逐无涯，已然有危险，明知道危险，还只专注于知识，而无视逍遥于无穷的形而上体验，那就更危险了。

其次，由知识再转为论述，所有的论述基本上就已经落入语言的窠臼，从无穷之一中，分立而出，其二元的设定更将分化成无数的区辨，更形成了人从形上之道的融入式互动中脱离之势。他在

---

① 郭庆藩，《庄子集释》，台北：世界书局，1982，页10、475。

② 同上书，页62—63。

③ 同上书，页54。

《齐物论》中说：

天地与我并生，而万物与我为一。既已为一矣，且得有言乎？既已谓之一矣，且得无言乎？一与言为二，二与一为三。自此以往，巧历不能得，而况其凡乎！故自无适有，以至于三，而况自有适有乎！无适焉，因是已。[①]

须注意，庄子在此用语言生发的观点，来诠释老子“道生一，一生二，二生三”的宇宙生发论述。盖既为宇宙论，就受限于语言的窠臼了。所以，就论述而言，庄子显得有些怀疑主义、相对主义的样子；然就与造物者游，游于无穷的形而上经验而言，庄子又言之凿凿。言辩既然有限而且误导，立基于论述的论辩，更是无答案而且无判准，于是须不断加以追问。

啮缺问乎王倪曰：“子知物之所同是乎？”曰：“吾恶乎知之！”“子知子之所不知邪？”曰：“吾恶乎知之！”“然则物无知邪？”曰：“吾恶乎知之！虽然，尝试言之。庸讵知吾所谓知之非不知邪？庸讵知吾所谓不知之非知邪？”[②]

由上引文，可以看出庄子往往对某一问题，再更行追问，颇有柯瑞特追问问题之风。庄子更运用第三者论证，来证明不可能有任何

---

① 郭庆藩，《庄子集释》，台北：世界书局，1982，页39—40。

② 同上书，页43—44。

判准来解决争端,唯有任两行。按照我的阅读,以下这一段话,一面对问题又提出问题,另方面又诉诸类似所谓“第三者论证”,来表明你我论辩,无法透过第三者来决定你我谁胜谁负、谁是谁非,并进一步发挥“任两行”之意。庄子以下文本,始于追问问题,而继之以第三人论证,而又终之以问题:

> 既使我与若辩矣,若胜我,我不若胜,若果是也?我果非也邪?我胜若,若不吾胜,我果是也?而果非也邪?其或是也,其或非也邪?其俱是也,其俱非也邪?我与若不能相知也,则人固受其黮暗。吾谁使正之?使同乎若者正之,既与若同矣,恶能正之!使同乎我者正之,既同乎我矣,恶能正之!使异乎我与若者正之,既异乎我与若矣,恶能正之!使同乎我与若者正之,既同乎我与若矣,恶能正之!然则我与若与人俱不能相知也,而待彼也邪?①

关于第三者论证,柏拉图(Plato)在 *Parmenides* 篇,②在讨论理相与分享某一理相之物的关系时,提到“第三者论证”。例如,有一“大”的理相,但若将此“大”的理相取与大的东西相比,将会产生另一“大”的理相,但后者又需与先前“大”的理相与大的事物再相较……如此下去,将有无限定的“大”的理相。笛卡尔(Descartes)

① 郭庆藩,《庄子集释》,台北:世界书局,1982,页 50—51。

② Plato, *Parmenides*, 131c—12—132b—2. *Collected Dialogues of Plato*. Edited by E. Hamilton and H. Cairns (New Jersey: Princeton University Press, 1971), pp. 925—926.

在讨论感性知觉是否有确定性时，讲到眼睛的知觉，问及左眼、右眼如何判断其知觉为真，为此还必须设定一第三只眼来看，但这第三只眼的判断还需要再设一个第四只眼睛来看，以确定第三只眼的判断对不对，如此不断地下去，在结构上也类似"第三者论证"。黑格尔在批评费希特(Fichte)的理性国家监控程序，说到监控者也还需要监控者，而监控者的监控者也还需要监控者，等等，似乎也运用到"第三者论证"。这些论证方式的类似性值得再去作一些跨文化的比较研究。值得注意的是，庄子在以上运用第三者论证来明说"莫论辩、任两行"之旨时，仍然用了许多问句来表达。且于问句之后，还可以再问。庄子真可谓追问问题的高手了。

六、结论

本章首先阐述了马雷夏以判断为形而上学起点；然后讨论柯瑞特以追问问题为形上学起点；最后，从跨文化哲学角度，与中国哲学进行比较。我们指出：形而上学的起点虽非中国哲学有意识地讨论的问题，然而，《易经》和《春秋》对于判断的重视，以之作为开显大道，显示个人与集体命运之所在，或更进而追问有问题的知识与论述，以超越知识和论述而游于无穷，与造物者游，则是相近的。而且，超验托马斯主义重视人的行动，且将行动安置在有限物的运动变化过程，而人虽处于有限而动态地指向无限，与中国哲学无论儒家或道家即有限而无穷的想法也是相通的。只不过，中国哲学一定要将行动安置在事件中，而事件又安置在故事之中，而故事不仅是叙事，同时也是对所体现的价值的论述。不像马雷夏单是"这物存在"这一单独的判断，便可以说出许多论证与想法。而庄子对于吉凶、善恶、仁义、是非、贤不肖等的区分与判断的疑问，甚至他对宇宙与人生的追问，也不止于柯瑞特"这是怎样的一本书？"的问题所引出的丰富哲学内涵。

总的来说，跨文化视野启发我们：哲学产自文化，不同的文化产生了不同的哲学。在今天，西方哲学独霸世界哲学论坛的局势，必须加以改善。在此视野下，我也同意，拉内所谓将来会出现非洲的、亚洲的、拉丁美洲的神、哲学的看法。拉内说："但如果教会是，或必须成为一个真正的世界教会，不只在理论上，而且在具体生活上和实践上，显然必要有不同于特定的欧洲的神学。在时间中，一个非洲的、一个亚洲的和一个拉丁美洲的神学必定会出现。"[①]不过，若从跨文化角度看来，拉内所谓的"匿名的基督徒"，虽然在二次大公会议扮演了天主教向外教文化开放的作用，但其有效性也仅限于此。因为"匿名的基督徒"仍然是基督徒中心的想法。但是，在今天，应该如此想：天主创造了这么多人种，发展了这么多文化，琳琅满目，各有所长，并不是要基督徒骄傲，以自己为中心；而是要教基督徒谦虚，细心去体会其他文化的长处。同样的话，也可用在中国哲学身上，切莫固步自封。盼今后经由相互的学习，能达至相互丰富之境。

---

① Karl Rahner，*I Remember：An Autobiographical Interview*，p. 91.

第九章　道德、理性与信仰
——赖醉叶的思想

本章为纪念赖醉叶(Jean Ladrière)先生逝世周年之作，首先凸显赖醉叶先生的道德风范，以道德生活为对于止于至善的一种召唤和邀请，而不是一种强加于人之物，并进而分析这点在其哲学上的依据。赖醉叶关心道德生活，也关怀理性前景，并提出“讲道理”(raisonnable)与“合理性”(rationnel)的区分，且在此视野下，探辟理性的结构、动力与希望，分别在其所谓形式性科学、经验形式性科学、诠释性学科、分析性哲学、默观哲学诸层面，皆有深入研究并出版著作，一直要到贯穿从理性到信仰、从哲学到神学之路，发挥其智性的慷慨，以恢宏的哲学思索，阐明天主教大学的整全的理性精神，并从科学、文化与信仰的发展中，指点了理性的希望。

一、道德的召唤与责任

对我来说，赖醉叶先生既是一位经师，又是一位人师。犹记得在1976年春天的某个傍晚，我拜访了赖醉叶先生座落在老鲁汶城内的福煦广场一旁的住所，登上层层旋梯，经过重重书架，坐在堆满书籍和文件的客厅里与他谈话的情景。在谈话中，我曾询问赖醉叶先生对于道德生活的看法。赖醉叶先生简单地回答说:“道德生活是对止于至善的一种召唤和邀请,而不是一种强加于人之物。”当时我刚由台湾赴比利时留学,是我就读鲁汶大学高等哲学院的第一年,正在阅读赖醉叶先生的全部著作,但仍然尚未能够体会到他所谓“道德是一种召唤和邀请”在赖醉叶教授哲学义理中的复杂性。话虽如此,他在思想上与道德情感上的慷慨、他的和蔼可亲与教诲不倦的为师之道,尤其他那种甘心为致力于别人的美善而生活的表率,早已深深铭刻我心。直到现在,即使他仙逝已然一年,他的道德典型仍然有如高山仰止,邀请我再接再厉,日进于德。

后来,我在赖醉叶先生的大著《意义的明说——科学的论述与信仰的话语》(*L'articulation de sens*, Vol. 1, *Discours scientifique et parole de la foi*)一书中,找到了他如何在哲学义理上展示“道德生活是一种召唤与邀请”的复杂性。在该书中,他讨论人在进行道德抉择之时,道德责任的承担可以分析为几个阶段:首先,当事人先形成一组肯定的判断,用以表述全部可用的信息;其次,形成一组用以表述可能的行动策略及其可能结果的命题,其中有些可能仍属猜测的阶段;紧跟着,则是形成评价性的命题,可以分析为规范性命题、偏好性命题(意指当事人偏向那一些规范)以及证成性命题,用以证成这些偏好。在这之后,当事人会建立一个较为普遍的道德行动格律,用以决定自己的选择,“我要选择那最能落实合乎我的偏好规范的最佳事态的策略。”最后,当事人会提出,要将策略 S 应用于某事态 E,意思是说我将自我与策略 S 联结起来了。这刹那便是承担责任的时刻,在此时,我所采取的行动蕴含了以下的命题:“在我采取 S 策略的同时,我提前接受了我此一选择的行动的暂时或非暂时的后果。”也就是说,就在我把我自己当作是这些预期后果的源头之时,我的道德责任便介入了我这道德抉择的过程中了。[1]

赖醉叶以上的分析已然显示,责任的承担可经由投入性的命题来表述,并纳入全体命题系统之中,这也是所有其他投入历史的行动、个人的行动以及任何具体行动所隐含的一般形式。在如此的道德抉择过程中,一切的道德规范,即使是具普遍意义的道德规范,也只有在道德行动主体的同意与决定之下,才能显示其普遍的意义。[2] 赖醉叶说:

> “人对自己负责,宛如一自我论的存有者,只对自己负起责任。当前的我在每时每刻,皆须面对未来的我,响应当前的一切,而未来的我虽尚未存在,仍属我的未来,而且也是我的裁判,恒与当前的我同在。可见,在规范的背后,自我创造了自己,其间含藏着个人朝向对于人性的肯定,并借此缓慢提升自我的过程。”[3]

在我看来,即使道德责任的承担似乎假定了一位自我论的主体,但这并非一自我封闭的主体,而是一位向多元他者(many others)开放的主体,并因此朝向新的道德创造开放,朝向承担道德责

---

① J. Ladrière, *L'articulation de sens*, Vol. 1, *Discours scientifique et parole de la foi*, 1984: Paris: Les Edition du cerf, 1984, pp. 147—149.

② Ibid., p. 155.

③ Ibid., p. 158.

任的自我创造。也因此，道德责任并非旨在置定一位产生某一道德行动的绝对的主体，在我看来责任的真义毋宁在于回应多元他者的能力。责任（responsibility）是回应的能力（ability to respond）。即使一位道德主体总是必须透过道德行动来创造自我，而且必须遵行某些道德规范，然其所须遵奉的规范或理想终究不是强加于人，而是一种创造，或更好说是一种殷切的邀请，用我的话来说，是在响应与多元他者相处的特殊情境中进行的创造。赖醉叶似乎隐隐约约肯定了这一点，他说：

> “如果说道德规范至多只是道德创造的规范化，徒有规范是不足以自行的。在所有道德情境中，都有某一新颖之物，在每一次行动中，在某种意义下，一切皆须重新开始。于是，我们了解，从规范的判断到评价的判断，其间并没有分析的通道。对于道德主体的自我置定，正像是一个一再重来的宣告‘其间的重要构成，是针对我们所必须响应者’。”①

也就是说，道德主体必须在响应多元他者的道德行动中，来创造自己的主体性。这是一个必须每次透过我为多元他者所行之善来创造的主体性，这是一种来自于我的原初慷慨的善。唯有透过我与他人，我为他人，在宇宙之中所创造的善，才有自我或我的主体性可言。我们可以说，按照赖醉叶教授的思想，主体与他者，或

---

① J. Ladrière, *L'articulation de sens*, Vol. 1, *Discours scientifique et parole de la foi*, 1984: Paris: Les Edition du cerf, 1984, p. 159.

用我的术语，自我与多元他者，之间是有一种动态平衡的辩证性。赖醉叶说：

“若我们可以说人是一实践的奥秘，这意思是说人是被召唤去透过自己的行动，逐渐发现自己的面容。这表示人被召唤去不断地接受试验。人不断陷入各种情境，也必须不断超克各种情境以便实现自我。情境是人的自然存在，是人在宇宙中的立足点，也是人过去的行动所塑造出来的。所有的情境都激励人去说，去超克自己，其所响应的都是同一个问题：到底人是什么？在时间的过程中不断回答此一问题，人得以创造自己，至于其所形成的规范，则可以视为人过去的响应的历史痕迹。”①

人的历史性，或者，更深一层说，实现人性于宇宙历程中的历史性，正是伦理生活所在的界域。人在每一个行动的时刻，皆有必要指涉人形成其主体性的历史全体，以及全体存在界，其中包含了宇宙的奥秘。正是建立在这一整体的指涉上，而有了理性的“讲道理”的功能，借此有别于仅只是“合理性”的功能。

二、“讲道理”与“合理性”

由于赖醉叶先生对于道德生活与理性前景的关怀，他提出了

① J. Ladrière, *L'articulation de sens*, Vol. 1, *Discours scientifique et parole de la foi*, 1984: Paris: Les Edition du cerf, 1984, p. 158.

有关"讲道理"(raisonnable)与"合理性"(rationnel)的区分,这在哲学上是十分深刻而确当的。在法文里,他用的语词是 rationnel 与 raisonnable;在中文里,我将他们分别译为"讲道理"与"合理性"。我是在1970年代,在赖醉叶先生为博士生开设的有关科际整合的科学哲学研讨会上,聆听他对于此一区辨的解析。后来我在赖醉叶教授指导下获得博士学位,于1980年返回台湾,致力于研究中国哲学。对我而言,此一区分对于了解中国哲学十分有用。赖醉叶先生后来也撰写并出版一篇专文,名称便是《合理性与讲道理》(*Le rationnel et le raisonnable*),专门讨论此两概念的区分。①

赖醉叶所谓的"合理性",是指在人类的智性作用中指向严格的有效性,用以指导人的知识与行动的作用。对他而言,合理性凝聚于科学活动。赖醉叶先生将合理性区分为理论面与经验面。在其理论面,科学透过逻辑与数理结构来组织其理论论述。在其经验面,科学透过系统性的实验来管控其与实在界的关系。两者的不断互动,结合了科学的理论面与经验面,借以构成科学的严格有效性。

至于"讲道理"则是人类理性更高的作用,其运用在认知与行动上都会指涉某一"整体"的向度,其所关涉的是意义的层面,从诠释学的角度看来,理解与诠释是人类普遍日日进行的活动,举凡涉及存在整体向度的一切人的关系形式皆属之,不仅止于语言意义,

---

① J. Ladrière,《Le rationnel et le raisonable》 in ed., Edgar Morin, *Le défi du XXIe siécle—Relier les connaissances*, *Paris*: *Editions du Seuil*, 1999, pp. 403—419.

且更须指涉人的全体经验或一生经验所构成的主体，以及人与环境、历史，甚至与实在界整体甚或存有的关系整体的互动。也因此凡是与人的主体性，与人的生命史及其个人生命或集体生活的意义构成有关的行动，都含有人类理性的讲理作用。依我看来，“讲道理”是一能够指涉整体并向多元他者开放的理性能力与心灵状态。

讲道理既涉及了人的主体性及其生命史，且又涉及了主体存在其中的实在界整体或存有本身，也因此不能只停限于人的主体性及其经验与意义，而还必须指朝向整体实在界开放，以便凸显意义构成的存有学层面。就此而言，讲道理可以说是理性达成全面自觉或自我了解的一种方式，而综摄了主体性的整体与实在界整体，不可强行分割。一般而言，讲道理的作用往往会摆荡于主体性的整体与实在界的整体两者的张力之中。其实，讲道理的理性必须兼顾两者。就此而言，中国哲学强调讲道理，而不依附于合理性的算计。例如，儒家强调指向人性存在的整体性，并透过仁、义、礼、智的观念网络来理解之；至于道家则深知有必要摆脱儒家太过以人为中心的倾向，而指向由道与德所彰显的原初根源与实在界整体的创造力。

三、理性的发展与命运

赖醉叶教授最为关心的议题之一，便是理性的结构、动力与希望。他认为在人类的知识和科学研究活动中，显示出人的理性具有资以渐进发展的多重层面。我曾按照人类理性逐层穿透的进程，区别了科学理趣、分析理趣、诠释理趣、默观理趣。其中，最为基础的，是科学理趣，表现在经验性的自然科学中；其上，则为分析的与形式的理趣，表现在数学与逻辑中；再上之，则为诠释理趣，表现在人文与社会科学中；最后，则以默观理趣盖其顶，表现在哲学与一部分的神学之中；以上的理性诸层面，彼此相关，逐层穿透，形成人类理性的全体大用。

赖醉叶先生由于早年醉心于数学，对于形式性的科学情有独钟，为此他特别重视数学与逻辑科学。他将科学的大厦，区分为形式性科学、经验性科学、诠释性科学、分析性哲学与默观性哲学诸楼层，而且，最为难能可贵的是，他在这每一层的理性楼层，皆有杰出贡献。

（一）形式性科学（sciences formelles）

赖醉叶先生早期研究数学，重视形式，比较接近柏拉图主义。他早在 1943 年出版的文章《为形式辩护》（*Défense de la forme*）一文，[1]直到他讨论数学基础理论以及哥德尔（Kurt Gödel）的不完整性理论和数学中的形式主义（formalism）的内在限制的博士论文《形式主义的内在限制：对于哥德尔的不完整性理论与相关理论对于数学基础理论的意义》（*Les limites internes des formalisme, Etudes sur la signification du théorème de Gödel et des theorems*

---

① Jean Ladrière，《 Défense de la forme 》，in *Les Carnets de l'Escholier* (III)，Louvain，Edition de la Maison des Etudiants，1943；pp. 1—7.

apparentés dans la théorie des fondements des mathématiques)[①]，赖醉叶所关心的是像数学与逻辑这类形式性科学的哲学基础。他认为数学与逻辑是根据公理演绎的理论体系，从公理推演出理论的其他命题，也因此往往被视为合理性的两个最强势的形式。形式科学具有两项特性：其一，其中所论述的对象可以用精密的方式加以界定，虽说关于对象性质的界定，由于形式本身的内在限制，因而总不能完整，但至少在给予所论对象隶属于某类或某集合的所有充分与必然条件上，总可以视为精密的。其二，形式性科学的证明性(demonstrative)，因为形式性科学的理论是由公理以及依据证明步骤从公理导引出来的命题所构成的。

逻辑与数学科学在研究上的进展是透过扩充化、概括化、显题化、统一化等步骤来进行的，以便将某一已知范围的内在结构显豁出来，并提升至更高的层次，来予以统一。至于其有效性的管控，则须透过证明与奠基的步骤来进行，且可以运用演算的方式来加以检证。但此种管控与检证所得到的有效性，只在符号及其结构可演算的范围内有效，换言之，其有效性仍属局部的，而非普遍的有效性。

（二）经验形式性科学（sciences empirique-formelles）

自然科学，包含物理学、生物学、化学等，其所处理者不再是思

① Jean Ladrière, *Les limites internes des formalisme*, *Etudes sur la signification du théorème de Gödel et des theorems apparentés dans la théorie des fondements des mathématiques*, (Collection de Logique Mathématiques—Serie II), Louvain/Paris, E. Nauwelaerts/Gautier-Villars, 1957, XV-715 pages.

想所辨识与建构的理想对象，而是呈现在感性经验领域中的对象。关于这部分的哲学基础，赖醉叶做了很多研究，主要都是以授课录的方式，在鲁汶大学以讲义方式出版，如1962、1963年出的《宇宙论与科学批判大纲》(*Elements de cosmologie et de critiques des sciences*)，1963年出的《相对论》讲义，1968年出的《自然哲学与自然科学》讲义(*Philosophie de la nature et sciences de la nature*)，1972年出的《自然哲学》讲义(*Philosophie de la nature*)。他在1994年应国科会邀请，在辅仁大学讲授的也是有关科学哲学的专题课程，其中论及因果原理、物理实在、[①]非必然性与科学在精神生活中的角色等主题。在他看来，经验形式性科学包含了两个重要方面：其一，理论面，其中有数学与逻辑的重要成分，借以进行严格推理，以形构理论，超越感性经验的限制。其二，实验面，透过系统的实验步骤来与感性经验对象相遇，而不只是停限于确认后者而已。为此，经验形式性科学既具有形式性科学的严密性与证明性，而且也透过系统性实验，介入人与自然实在的接触，借以确保理论与经验的相符。

总之，经验兼形式性的科学，是透过局部有效的管控步骤，来达到科学知识有系统的扩充，其进展乃透过概括化之步骤来提呈理论(theories)，并透过扩充化的步骤来延伸至新的经验领域。不过，其主要的科学工具仍在于理论语言，因而实证科学之进展，大致是仰仗理论的建构和发展。至于理论的有效性之管控，则须透过实验的步骤，并在时空中确认某一具体现象，来进行波普

① 《物理实在》一文由我本人译为中文以飨读者，请见下一篇附录。

(K. Popper)所谓的“证实”(corroboration)或“证伪”(falsification)的工作。以上无论是逻辑数学或实证科学,其理趣皆可视为是运作性的(operational)。

(三)诠释性科学(disciplines hermeneutiques)

诠释的作用广泛涉及历史、文化、政治、社会等学科,其所处理的是有关个体生命与群体生活的实践与意义的获取。赖醉叶在这方面的研究成果甚多。他的第一本书是《民主》,出版于 1947 年。[①]他在 1958 年修订出版了他的老师著名社会学家乐贾克(Jacques Leclercq)的《社会学概论》一书。[②] 1963 年,他出版了《马克思主义的人学与苏联的马克思主义》[③]。1965 年他与 J. Meynaud 和 F. Perin 一起出版了《比利时的政治决策》[④]。同年他又与米欧(J. Milhau)出版了《基督徒与马克思主义者眼中的信仰、科学、私有财产与其他问题》[⑤]。1973 年他出版了《社会生活与命运》[⑥]。1984 年他与其学生范巴莱(Ph. Van Parijs)联合主编了《正义理论的

① Jean Ladrière, *La démocratie* (Collection Etudes ouvrieres), Bruxelles : Editions du Centre d'information et de Culture Populaire, 1947.

② Jacques Leclercq, *Introduction à la Sociologie* (Edition nouvelle mise à jour par Jean Ladrière), Louvain, Editions Nauwalaerts, 1958, p. 288.

③ Jean Ladrière, *Anthropologie du marxisme et le marxisme soviétique*, Paris: Association Catholiques du Coopération Internationale, 1963.

④ Jean Ladrière, J. Meynaud et F. Perin, *La décision politiques en Belgiques. Le pouvoir et les groupes*, Bruxelles/Paris, Armand Colin, 1965.

⑤ Jean Ladrière, J. Milhau, *Foi, science et propriete privee et quelques autres problemes vus par un chretien et par un marxiste*, Bruxelles : Cercle d'Education Populaire, 1965.

⑥ Jean Ladrière, *Vie sociale et destiné*, Gembloux, Duculot, 1973.

基础》(*Fondements d'une théorie de la justice*, *Essais critiques sur la philosophie politique de John Rawls*)[①]。整体说来，他对于社会哲学、政治哲学及相关议题方面的著作是相当丰富的，显示他深切关心个体与群体在社会与政治层面中的实践与意义的形成与命运。

按照我的了解，赖醉叶对于社会生活与政治生活的意义，与其好友利科(Paul Ricoeur)一样，都是以文本的诠释作为典范。他认为意义的问题，像是攸关作品、行动、制度或文化等的意义，其范式在于对"文本"意义之解读。在意义的掌握上，赖醉叶比较倾向于胡塞尔(Edmund Husserl)的现象学，认为文本、行动与制度等的意义，皆出自于作者的意向性。与胡塞尔和赖醉叶不同的是，海德格尔认为，当人理解或懂得某一文本之时，并不是在懂得作者的意向，而是懂得某一文本为我展开的存在的可能性。一个文本的形成，当然是由某一作者来写就的。不过，当文本一旦写成刊出，读者不见得有机会认识作者及其意向，但仍然可以读得懂，而所谓"懂"就是掌握文本所揭露的存在的可能性。然在另一方面，在成为作品的过程当中，作者的意向也占了主导的地位。也因此，在我看来，文本的意义与其作者的意向性和文本所揭示的存在的可能性皆有关系，也可说是两者辩证互进的历程与结果。赖醉叶虽然也接受黑格尔所谓的"客观精神"，不过在意义的形成上，他仍倾向于强调作者或行动者的意向性，就如同他在讨论道德责任时对于道德主体的强调那样。

---

① Jean Ladriere, Ph. Van Parijs, *Fondements d'une theorie de la justice*, *Essais critiques sur la philosophie politique de John Rawls*, Louvain-la-neuve, Edition de l'Institut Superieur de philosophie, 1984.

(四)分析性的哲学

对于上述形式科学、经验科学与诠释学科的内在精神动力与更宽广的理性作用的了解,引领吾人步入了哲学的领域。赖醉叶认为,人的思想一方面有隐晦难明之处,另一方面又有着自我了解的内在要求,也就是自我厘清的要求。由于思想总是透过语言而获得表达,也因此思想的厘清可以采取语言分析的进路。赖醉叶自己也是一位分析哲学家,他在这方面的著作甚丰,除了风靡鲁汶大学学生的《语言哲学授课录》以外[①],还有不少单篇论文,像《逻辑哲学的基础问题》(*La philosophie de la logique: problème de fondement*)[②],《维特根斯坦与分析哲学》(*Wittgenstein et philosophie analytiques*)[③],《政治哲学与分析哲学》(*Philosophie politique et philosophie analytique*)[④],等等。

赖醉叶认为,分析是哲学最重要的一个面向,也因此分析哲学是哲学不可忽视的重要活动。就其认知面而言,分析的工作旨在厘清概念与命题,其进行的方式在于将模糊、多义、直觉的命题或概

① Jean Ladrière, *Philosophie du langage*, Louvain, Service d'impression des cours, 1970.

② Jean Ladrière, *La philosophie de la logique: probleme de fondement*, in J. Havet, *Tendances principlales de la recherché dans les sciences socials et humaines*, Paris/La Haye/New York, Mouton/Unesco, 1978. pp. 1154—1159.

③ Jean Ladrière, *Wiitgenstein et philosophie analytique*, Segretariato per i Non Credenti, Scienza e Non Credenza, Roma, Città del Vatticano, pp. 37—56.

④ Jean Ladrière, *Philosophie politique et philosophie analytique*, in Jean Ladriere, Ph. Van Parijs, *Fondements d'une theorie de la justice*, *Essais critiques sur la philosophie politique de John Rawls*, Louvain-la-neuve, Edition de l'Institut Superieur de philosophie, 1984, pp. 212—259.

念，转换成为更为精确、单义、严谨的命题或概念。借着此种转换步骤，我们既能取消一些由于语言误用所造成之假问题，又可形构出经过严格管控的概念来形成命题，并借此来推动知识的真实进展。通常分析的层面涉及语法、语意和语用，对于语言中的语词和语句之形成、转换与指涉进行管控，也因此其有效性仅及于语言的范围，仍属局部的有效性。在我看来，有些分析哲学家宣称在此一层面的哲学工作是在从事语言治疗，这种想法假定了语言的模糊与多义所制造的假问题是某种有待治疗的病状，其实此处所谓的“病”与“治疗”，本身也是模糊与多义的，至多只能说是一种隐喻而已。

分析的目的在于把一个庞杂的问题区分为几个可严格管控的细部，逐一加以掌握，然后透过语言的分析和厘清来避免语言的歧义所造成的假问题。当前的分析哲学已经括及伦理学与政治哲学，主要是由于行动本身也有分析的必要。当人在行动上涉及一庞大计划之时，可以把一个大的行动计划分析成一个个可以严格管控的小计划，然后再依逻辑程序将全体小计划逐步串联起来，并逐一加以完成。基本上，赖醉叶认为，分析最终所要达到的，也是人的精神所要求的某种明晰性，在西方哲学传统上，从笛卡尔到胡塞尔所谓的明证性(evidence)均属此，然而在今天看来，并没有绝对的明证性，一切的明证性都有其限制，至多只能说精神在此层面由于达至对某语言与对象的清晰性而感到某种程度的满足而已。

(五)默观哲学(speculative philosophy)

赖醉叶认为，在前此的基础上，更上层楼，有所谓默观哲学，其基本的目的是要了解人的经验整体，以及相应的存在界整体，且两者相互重迭，相互指涉。在此，哲学家进入了形而上思考的境界，以人的全体经验与宇宙为整体，试图针对整体提出普遍概念体系，借以达成对人与宇宙整体经验之系统性理解。

赖醉叶早在1942年出版的第一篇文章《关于“整体”观念的札记》(*Note sur l'idée de totalité*)一文中，便讨论了对于默观哲学最为关键的“整体”观念；一直到他一生最后的巨著《可能性的时间》(*Le temps du possible*)、《理性的希望》(*L'espérance de la raison*)，皆是他在默观哲学方面的作品。而且，也因为他对默观理趣的终极关怀，他在当代哲学家中最推崇怀特海(A. N. Whitehead)，后者将“默观哲学”定义为“一种建立一套圆融、逻辑、必然的普遍观念体系之尝试，借之吾人经验的全体因素皆可获致诠释。”[①]

由于不但思及人的经验整体，而且指向全体存在，也因此默观哲学可以视为是人的理性为了要达到全面自我了解所做的努力，且在此一原初而整全的自我了解中，触及了最为深沉的、扩及整体的存有之律动。为此，默观即知即行，不再区分为知与行，反过来说，是要从默观开始进行一种深沉而普及的知行历程。

整体说来，赖醉叶对于诸科学与哲学层面的关联，是采取一种动态的、进展的、乐观的看法，总的说来，是一种系统与垂直的整合观(systematic and vertical integration)，并在这种整合观的脉络中来表现其高度的分析性与批判性。他对诸层面科学的批判，是从能否进展到更高层次，迈向更完满整合的角度来进行的。类似

① A. N. Whitehead, *Process and Reality*, New York: The Free Press, 1978, p. 3.

这样整合的科学观在今日已遭到不少质疑，至少有不少科学家与科学哲学家对此可否做得到有不少的疑问，然而，赖醉叶如此的想法有他的信仰背景，也显示他视野的恢宏与心胸的宽大，更显示在他的科学观中蕴藏着慷慨的精神与宽容的德行。

四、从理性到信仰

赖醉叶认为在上述不同的科学层级中，皆蕴藏着一些共同点。一方面，他们各自以不同方式展现了对于形式的关切。在此所谓“形式”，不是形式主义所谓的形式，也不只是数理与逻辑所谓的形式，而是一个更为广义的形式，类似亚里士多德哲学意义下所谓的形式，也类似利科所谓的结构化（structuration）概念，换言之，既是诸种科学层面所展现的共同可理解的形式，更是诸层级科学的内在动力，也是诸层级科学所向往的目的。赖醉叶从年轻到老，一直强调“形式”的作用。对他而言，“形式”一词不但有知识论的意义，更有存有论的意义。对于赖醉叶而言，科学是出自理性的运作，而理性总是一种在批判性的运作中达成自我了解并自我超越的生命形式。在赖醉叶看来，理性所欲超越者，乃各种有限定的个殊性（particularité），而要迈向普遍性（universalité）。

在我看来，各种科学与理趣的共同点，与其说是形式，不如说是它们都一致地朝向逐层提升并扩大可理解结构的律动；与其说它们都是以普遍性为标的，不如说它们都朝向共同可普化的方向进行外推，而在此外推过程中，生发出越来越广大而细致的可理解结构与秩序，类似于戴震所谓的“生生而条理”的历程，如此说或许更能显示理性的内在动力，并表现人的理性功能与宇宙动态秩序之间的关联。也因此，理性的发展不得不涉及迄今难及的领域，也就是信仰的领域。

在赖醉叶而言，信仰也有其理性成分。信仰表达为语言，例如基督宗教的《信经》，是由一些表达基本信条的语句所构成，这些语句，由于其语法、语意、语用以及逻辑结构，也具有其游戏规则与可理解性，也因此有其理性成分。但是，表达信仰的语句也可以分辨出两个层面，其第一层的语言层面指向了另一层不可见的存在层面。也因此，信仰的语句总是具有隐喻的性质，其间由第一层到第二层的指涉作用，是由信仰的投注动力来保障的。

一般而言，即使是仅仅运用第一层面的经验性语句，也需要有信念的涉入。譬如有人主张说某一经验性的事态为真，这当然也包含了他或她对该事态为真的信念。换言之，人的知识总涉及了人在对事实的诠释与建构之中采取肯定或否定的立场，其中涉及了人的意志的作用与认知的行动；不但如此，人对于某一事实的肯定或否定，也假定了如此肯定或否定的充足理由。至于信仰的语句，则区分了上述两个层面与隐喻的性质，至若想经由语句以达实在，则需要有信仰的投注，并在信仰中为他人扮演了见证的作用。

赖醉叶对于信仰与理性的认知与存在作了双管齐下的讨论，这颇不同于后来美国分析哲学家普兰亭哈（Alvin Plantinga）所提出的信仰的“保证”(warrant)概念[1],后者主要是针对远自启蒙运动以来,人们认为有神论的信仰必须有支持该信仰的积极论证,而不能止于驳斥反对意见来提出的。基本上,普兰亭哈是从分析哲学的层面来讨论理性与信仰的关系,而他的前辈赖醉叶先生则是兼综分析哲学与默观哲学来加以讨论。

为了明白并比较欧美这两位哲学家对于信仰与理性关系的讨论,让我们在此略说一下普兰亭哈的“保证”(warrant)概念。普兰廷哈区分两种保证:命题性保证(propositional warrant),也就是以其他真的信念为证据合理推论而得的信念,与非命题性保证(non-propositional warrant),例如有神论的信念,可视为出自人的信仰能力的基本信念,无须依赖其他积极证据,便足以证成自身。就好像当我们的感官或记忆这些能力在正常运作之时,我们会相信我们所见、所听的事实(例如眼前的一棵大树),或所记得的事实(例如我今天早餐吃了什么),同样地,普兰亭哈认为有神论的信仰也是出自人与生俱来的形成宗教信仰的能力(religious belief-forming faculties),正如同我们有视觉能力、有形成道德信念的能力一般。也因此,它属于一种本有的基本信念(properly basic belief)。就此而言,针对那些对有神论信仰攻击者的论点,例如说神的存在与世上众多痛苦与罪恶不合,普兰亭哈认为,有神论的信徒不须提出任何积极证据,只需在消极上打败攻击者的论据即可。例如,针对说攻击者所谓神的存在与世上众多痛苦与罪

① Plantinga 或译普兰廷加,由于 Plantinga 本人祖籍荷兰,本文根据其荷兰原音译为普兰亭哈。

恶不合，有神信仰者只须指出有专家指出这说法不能成立，或说专家们对此说法是否成立仍然意见分歧，便足以反击攻击者，而无须另外提出命题性的明证。

普兰亭哈把有神论的信仰建立在人形成宗教信仰的基本能力上。在他受到的众多挑战中，最受到注意的是，即使我们承认这种基本信念是出自人的本有能力，我们仍得问一问此一能力从何而来？普兰亭哈会回答说：有神论的信仰者认为是从上帝那里来的，除非有人能证明不是；但是，任何想证明不是的努力，最后都不能成功；所以，有神论的信仰仍有其安全保证。

诚然，普兰亭哈的信仰能力论有助于支持前述赖醉叶的基本立场。不过，赖醉叶更在语言分析之上，展示出信仰能力的动力在认知、意志与实践诸层面向上逐一穿透，以至向往最终极真实的历程。赖醉叶虽然也是以上帝为终极真实，但他可以与不同的宗教相牟合，而不像普兰亭哈那样孤注一掷地设法以来自上帝的宗教信仰的基本能力来求保证。如果说形成有神论的信仰的能力是来自一神或上帝，为什么会有那么多不同甚至相互冲突的基本宗教信仰，而且各自对于一神或上帝也有着不同的信仰？宗教的多元与冲突，使人困惑，是否信仰的能力可以看作与视觉能力、记忆能力与道德信念能力一样基本？

换言之，宗教信仰内部的分歧与冲突，使人很难相信普兰亭哈所谓的信仰的能力可以产生真正的信仰。就此而言，其所谓消极的非命题性保证颇难以站得住脚。这些困难是来自普兰亭哈只专注于从认知上讨论保证的问题，至于赖醉叶的思想则兼顾了人在认知与实存上的发展与成全。

五、基督信仰与公教大学使命

赖醉叶先生是一位虔诚的天主教徒，一生都在天主教创办的比利时鲁汶大学工作。基督徒信仰与科学和当代文化世界的关系，一直是他的关切重点。为此，他曾出版了《科学、世界与信仰》（*La Science, le monde et la foi*），该书曾被翻译为意大利文、葡萄牙文、波兰文等文字。此外，他的《伦理、科学与基督徒信仰》（*Ethique, science et foi chrétienne*）、《信仰与今日世界》（*La foi et le monde aujourd'hui*）、《基督徒的信仰与理性的命运》（*La foi chrétienne et le destin de la raison*）等著作，以及他三巨册的《意义的明说》（*L'Articulation du sens*），其中第一册《科学论说与信仰的话语》（*Discours scientifique et parole de la foi*）、第二册《信仰的诸种语言》（*Les langages de la foi*）、第三册《神学中的意义与真理》（*Sens et vérité en théologie*），都表现他对此一议题的系统性洞见与智能。

西方模式的大学作为一种高等教育、研究与教学的机构，也是今天世界上大多数的大学所采取的模式，从历史的角度来看，是与中世纪的天主教密切相关的，主要是因为西方大学是源自天主教修会、教堂或信天主教的国王们所主办的大学；然而，从理性的角度来看，则大学的发展与理性动力的发展是息息相关的，然而，唯有完整而全面的理性发展，才是合乎人性并完成人性的。赖醉叶认为，天主教大学既以“大公”（catholique）为名，其宗旨应该是在从事高等教育的研究与教学的过程中，发展合乎人性的、整全的理性,并使学生在教育过程中明白完成人性的要求,进而企求止于至善。

也因此,赖醉叶颇能欣赏,“大学之道,在明明德,在新民,在止于至善”的道理。他最喜欢引用希腊字 eschaton(终极时刻),来表达他的看法。他认为,从神学上来说,eschaton 指的是在世界的终末,时间的末了,上帝之国得以彰显,基督再临于世的时刻[①]。然而,从对理性的考虑来说,eschaton 指的是理性完全实现的时刻,也就是理性有自觉地全面展开,理性达到至善的时刻,有如胡塞尔在《欧洲学术危机与先验现象学》中所谓“理性全面自觉的自我了解”。

换言之,从历史上说,由于基督取得肉身,降生成人,光明已经来到人类中间,天主的国已经来临,也因此可以说,时间的终极时刻早已在时间中展开;其次,从理性上说,至善而全面自觉的理性也已经悄悄地在人的理性事业、研究工作与知识的累积中展开。天主教大学所要扮演的,就是要在世界中为已经来临的光明作见证,在知识的传承与累积过程中为完整的理性作见证,在品德的培育中为至善的典型作见证。

然而,作为一个机构,天主教大学也参与历史的具体变化;作为一个力求整全的理性事业,天主教大学也参与当前理性的进程。正如我们在前面的分析中所指出的,不同的理性层次与科学的形式,仍是彼此相连,息息相关的,其最终的发展将可以揭露理性的

① 一般而言,在神学上 eschaton 一词包含三个意思:(一)弥赛亚来临或基督再临的时刻;(二)死者复活的时刻;(三)旧世界终结,新世界(或新天新地)来临的时刻。赖醉叶使用的意思大体涉及第一义和第三义,而有其独特的诠释;并特就理性角度加以演绎。

自觉、至善与统一,这点正与信仰所投注的终极真实息息相通。也因此,在赖醉叶看来,天主教大学应该是理性与信仰相逢的最佳场所,在此,理性的动力与信仰的动力相逢,一如中世纪圣奥古斯丁(St. Augustinus)和圣安瑟尔谟(St. Anselmus)的名言"理性寻求信仰,信仰探索理性"。(Intellectucs quaerens fidem;fides quaerens intellectum.)。

就此而言,天主教大学应该从自然科学到社会科学到人文学科的层层推展过程中,显现理性的分殊与统一,及其与信仰的内在关联;从另一方面说,也应该使信仰的论述与实践,结合科学的动力与文化的变迁。就天主教大学而言,神学院承担了透过理性省思明白表述信仰的责任。赖醉叶说,"神学临在于大学机构中的模式,是信仰浸透于文化之中,更精确地说,是信仰在文化的认知构成中体现的具体形式。"①就此而言,神学院在精神上应该不是遗世独立、孤芳自赏地从事神学研究、论述与教学;在制度上,无论以任何理由为借口,神学院也不应该与天主教大学有任何的分割或歧离。神学院应该透过与大学在历史上、理性上与制度上的密切统一,扮演好透过理性的省思来明白表述信仰,在文化的变迁中以理性方式来体现信仰的责任。

六、结论

对于赖醉叶而言,各种科学、学科与信仰的结合点,正是人的

---

① J. Ladrière,*La Foi chrétienne et le Destin de la raison*, Paris:Les Edition du Cerf,2004,p. 229.

伦理与道德生活。大体上,他的道德抉择与责任伦理观,仍是以人的主体性为基础;而他对于意义的来源的看法,则仍偏重于人的主体的意向性。赖醉叶重视主体的结构化能力,及其所形成的各种科学的共同可理解的形式。形式既是诸层面科学的内在动力,也是其所共同向往的目的。也因此,赖醉叶所谓的理性,既是人的主体性产生可普遍化的形式的能力,也是这些形式所彰举的客观精神,更是透过普遍形式反省自我而达致的全面的自我了解。赖醉叶的思想高超,欲以理想形式昂扬人的主体性。不过,在今天,从我的省思来看,各种科学与理趣的共同点,与其说是形式,不如说它们都不断自我走出,逐层提升并扩大可理解的结构,借以全面展现其创造潜能,达成全面自我理解;与其说它们都是以普遍性为标的,不如说它们都朝向共同可普遍化的方向在进行外推,而且,在此外推过程中,生发出越来越广大而细致的可理解结构与秩序,既以显示理性的内在动力,也表现人的理性功能与宇宙动态秩序之间的密切关联。

在我看来,外推是人走出自我封限、走向多元他者的基本动力,其中含蕴着不封限于己的原初慷慨,不断探寻并助成在多元他者之中的善。唯有透过此种原初慷慨,使得一方先自我走出,走向对方,才会进而形成你我的相互性。然而,仅只外推而无内省,其弊在异化于己;仅内省而无外推,其弊在穷则源尽。理性需兼行外推与内省,不断辩证上跻,终能达成全面自觉。在此,我也想到儒家"推己及人"的精神,发挥"推之足以保天下"、"恕者善推"之美德,同时也须致力于"返身而诚,乐莫大焉"的真诚内省工夫。

外推的精神既假定了自我走出,迈向多元他者的慷慨精神,在我看来,今后“相互性的伦理”应该更上一层,进于“慷慨的伦理”,而所谓“责任”(responsibility)更应理解为对多元他者回应的能力(response-ability),而非仅承担在肩膀上的重担。这种慷慨与响应的伦理精神与道德情操,正是赖醉叶先生在其一生的学术生涯与道德实践中所体现的。他在智识上的慷慨,穷一生致力于助成他人理性的美善,真的令人敬佩。究其实,他所向往、所实现、所延续的,正是基督徒最为崇高的价值。我们可以这么说,上帝创造世界本就是出自祂原初的慷慨,而且上帝在自我走出,走向万物,并在创造万物之后,带领万物自我走出,走向更高更美的存在,直到有理性、有自我意志的人类出现;本乎此,人也应不断慷慨自我走出。然而,不幸的是,人也会选择自我封闭,甚至不在乎与多元他者的关系,自我封限在自主性的强调,甚或在自私自利或仅只自省的自我之中。基督的降生,正是一种慷慨的自我走出、祂甚至为了多元他者而牺牲性命,为人类立下万古长存的慷慨典范,将人从自我封闭的主体中救赎出来。人与万物皆应效法上帝,不断自我走出,终究返回无限美好的存在。

在历史上,天主教与基督宗教由犹大省传到希腊、罗马,再传到西欧,再到世界其他各地,以及中国与亚洲其他各国,这也是一个慷慨自我走出、不断外推的历程。同时,基督宗教也不断地方化、脉络化,落实为各文化中的内在成分,成为其中的创造力的来源之一。基督宗教既“迈向他者”又“道成肉身”,既不断落实为各文化的内在动力,又不断超越各文化的藩篱。如果说,基督宗教的教会组织有时难免为了生存发展而在现实上时而有某些不太慷慨的表现;然而,天主教大学则应不断发挥外推的精神与情智的慷慨，使成为贯穿理性与信仰，向世界、向超越界不断开放的动力。这是一座天主教大学所能带给中华文化最重要的精神与动力，希冀能以慷慨外推的基督精神，注入多元他者，促成中华文化借着体现超越与内在、仁爱与正义、外推与建构的动态对比与均衡发展，重新发挥其创造力，进而更趋完善。

赖醉叶先生所继承与发挥的，正是这样一个慷慨的传统，他以恢宏的哲学思索，阐明了天主教大学的整全的理性精神，以他的哲学专业，为整全的理性做了最佳见证，并为人类从各种类的科学、文化与信仰的发展中，指点了理性的希望。他虽已与世长辞，然而他所树立的兼经师与人师、合智慧与美德的典范，将长存人间。

附录三　物理实在——一个现象学考察

译者按

本文原为赖醉叶教授于1994年3月12日至27日于辅仁大学哲学系讲授“科学哲学”专题课程时的演讲稿之一。在该讲词中，赖醉叶教授从现象学的途径探索并重建“实在”概念形成的思想过程，并特别从物理学理论方面来考虑此一问题，认为物理学的新颖性所在，是要在理论表象之中整合超验的论述，因而不同于一般概念性的理论论述。对他而言，物理学的理论虽然使用纯粹抽象的语词，但仍给出物理实在的具体呈现，试图用纯属理想的论述，体现世界开显的场域中实际发生之事件。也因此他最终提议，物理学可以诠释为是一种现象学企划的体现，且以其理论表象整合超验论述，以给出物理实在的具现。

讲词

关于实在论的讨论，隐含了“实在”(reality)概念的系统性运用。此一概念在物理学诠释的脉络中尤其扮演着关键性的角色。

也因此，重建此一概念形成的思想过程，将会很有意思。我在本文中将从物理学方面来考虑此一问题，并提一些建议。

有几种不同的途径可以用来考虑“物理实在”(physical reality)的哲学问题。其中，有一条有意思的途径，是由罗素(Bertrand Russell)在《物质的分析》(*The Analysis of Matter*)一书中的一段话所表明。罗素区分三种有关物理理论的哲学问题：物理理论的逻辑结构，其在经验世界中的可应用性，以及在物理理论的假设中所引进的终极物项的存有学地位等。其中，他对于第二个问题的评论是：物理世界应该与吾人的感官知觉世界有连续性，其理由就在于后者提供了物理定律的证成理由所在。

这一点引起了以下的问题；到底真的是有两层世界，或者，在我们种种的“生活形式”当中所关涉到的，都只是同一个世界？如果真的有两层世界，我们便应该解释它们是如何关联起来的，不只是由于事实上，而且是因为在原则上，我们的各种理论总有一部分会符合于知觉的世界。然而，如果只有一个世界，我们为何需要使用不同类型的理论表象，并且诉诸不同类型的存有论——至少在表面上是如此？

之所以会有这样的问题，显然是由于我们认为，物理学理论并非只是一种计数法，让我们可以在时间中对个别的知觉资料加以运算，而是一种对物理实在的描述。如果说物理学理论旨在描述，其中运用的一些语词必定有所指涉，那么就可以追问以下的问题：这些语词到底是在指涉什么样的物项？对于那些已经建立良好的有经验支持的理论来说，我们很难将那些物项视为是纯属虚构的。也因此，其所描述的必定是某种实在。而且，既然是由物理理论给出的描述,我们便可以就此来讨论物理实在了。

不过,在这样的脉络中,我们所使用的观念其实是来自物理学之外,而其自身也需要解释。这样的实在观念隐含着与虚构、幻想、假象等观念的对比,而与后者相对立的一边,则可以称之为存在。我们宣称实际存在之物是实在的,而称不存在之物是虚构或幻想的。然而,到底什么是实际存在的判准呢?

显然,并没有简单的判准:对于有直接知觉的对象和无法观察的物项,我们无法用同样的特征来谈论他们的存在。通常有一些典型的范例,作为使用此一观念的基础,然后,透过某一衍生的历程,将此一观念扩及离开经验更为遥远的角落。所谓典型范例必须是最为明显的。当然,所谓最为明显的,也应该是最为直接的,也就是以最直截了当而且最为显著的方式给予经验,是至为简单而纯粹的与件,毫无距离、迟延或任何扭曲与干扰。

这恰恰正是笛卡尔(Rene Descartes)在《第一哲学沉思》(*Meditationes de prima philosophia*)的第二沉思中所描述的经验:单纯的自我意识。这里说的不是对于自我的本质直观,也不是灵魂的统觉,他说的仅只是伴随着任何意识行动的某种觉识。这种意识当然经常会有某种对象。例如,一个知觉必然是对于某一形式,某一物,或某一复杂情境的觉识。譬如说当我看见在我前面过马路的人们,跟着我也对此有一种觉识,伴随着这一当下的经验,而且在此觉识中我临在于我自己,也许不像笛卡尔所说的那样觉察到自己是一实体,至少不是当下如此,而是临在于自己正在看见的这一过程。紧接着,我可以对这一经验加以反省,因而更显态地意识到我正在知觉到这幕景象的事实。在第一时间,我的自我涉入了我的知觉行动；而在第二时间，我意识到我这一行动本身以及我临在于正涉入某一经验领域的自我，变成一个完全自明的事件。当笛卡尔写下“我思，故我在”之时，他所表达的是我们对于“存在”的第一个观念，是一个直接伴随一个经验历程自身的经验的现实性。

第二步，则是对这样的经验的结构加以省思。在一个意识行动中当然会有一主动的行动，即使是在一种注意力低微的状态，都会有一种采取主动使经验能以自返的方式来表达自己，就像在一般经验中，例如“我看见”、“我记得”等。为了看见在那边的一座建筑物，我必须至少要主动去看。不过，在每一个行动中，也有被动的一面：有物正向我呈现，我的意识领域正呈现形状、颜色，或更精致地，像在情感的经验中，有如喜悦、悲戚、怀乡或热切的经验等，总之，有物让自身被知觉到，被想象，以这样或那样的方式被知觉到。凡如此呈现者，皆是现象，出自自身，展现自身于正开展的空间当中，提呈自身，以便能被觉察到。对于现象而言，意识的场域是现象的呈现历程的容受者。就其开创此一呈现的空间，任自己倾向于容受某现象而言，意识的行动是主动的；就其因循某现象的自行呈现而言，意识的行动是被动的。

然而，如果说意识的行动有这样的被动性，那是相对于来自现象在我之外的主动呈现而言的。也因此，在此有胡塞尔所谓的所思(noema)的原在性，某种自足性，某种开创力，作为现象自身置定的源头，使现象得以独立自主，并对意识的行动设置一种出自于己的约束；可以说，“所思”(noema)约束了“能思”(noesis)。

如此一来，便引动了反省中的思想，透过属性转换，将原先归属于己、承认自己的现实性的存在属性，归属于现象，以表现对现象的承认。在此，我们便从原先第一个与件，也就是对意识自身的现实性的亲身体验，进入到对“存在”或“实在”概念的渐进式建构的第二步。不过，在此马上就出现了一个如何区辨的问题。因为总有一些感觉上虚幻之物，譬如做梦、不如实际知觉鲜活的种种回忆等。我们应该如何在现象的场域中来配置存在呢？就某种意义而言，凡是在经验中出现之物，都分享了经验本身的现实性。不过，在此的决定性的过程，是承认有一如此呈现的某种因素，相对于经验的主动面而言具有独立的性质。对于现象呈现的方式的首度分析，引进了动觉和受觉的区分：有物呈现自身于意识，也有对于此一呈现的感觉回应。接着，便有着另一对于不同种类的呈现，根据其鲜活性（vividness）、恒在性（permanence）、精准性（precision）、可辨识性（recognizability）、细部研究的可能性（possibility of detailed inspection）等，简言之，根据其内在一致性，做出区分。此时，显然有一种属于特别模态的现象性，也就是知觉。而且，如果将“精准”视为最具决定性的判准，则我们可以主张：是视觉给了我们一个范例。就如胡塞尔（Husserl）说的，由于视觉，某物“亲自”给出了自己。

然而，毕竟有些知觉也是虚妄的，我们只要比较一下，被我们辨视出来是同一物的某物，曾在不同时刻呈现了的不同现象，便可以觉察这类妄觉。当然，这点假定了我们曾在同时接收到不同的印象；此外，会发生的是，有些印象仍保留同样，而其他的则已然改变。这正是像笛卡尔所提供的水中筷子的例子，所发生的情况。类似经验可以导向对于知觉结构特征的辨识。每一知觉，作为特定的觉识行动，就其发生时刻所实际揭露者，皆有一限定的期间和效力。在此一特定的经验时刻，有物呈现，且必然是在某一面相下呈现。这点在视觉的情况中特别清楚；我们不可能以同一次看的行动，在同一时间，看到某一建筑的外墙和内部摆设。虽然如此，在此一实际知觉到的特定面相中，该物仍真正地揭露自身，并以整体的方式临在。也因此，就在知觉的当下，既有局部的呈现，也有所呈现之物的给出。胡塞尔用“侧面”（Abschattung）和“物”（Ding）二词来征定此一结构。一物仅能透过诸特定侧面来呈现自己于知觉，而在每一侧面中，该物自己临在并实际给出自己以便被觉察、认出，并内化于经验的组织之中，不过，并无任何侧面可以给出其所呈现之物的全体。也因此，事物自身总有某些无可穷尽者。我们都知道，透过修改我们与某物的相遇情境，即便只是些微改变我们在空间上的位置，我们都可以发现新的面向，也就是发现其他侧面，以致那些不同的侧面一一接续，不过并不必然严格地连续，就像我们在空间中寻索某一物品那样，而是无论如何都是按照某种一致性的接续架构，但我们从来无法达至一终极侧面，以给出事物自身最后的信息，有贡献于其完满呈现。这表示，事物不能被设想为其所呈现现象的总和。事物实际是在现象中而不是以其他方式来给出自身，但事物总是超越其借以显现自身的种种殊相。这一点之所以可能，只是因为没有一个现象是自我封闭的，像是一个可以加总的系列项目那样。每一现象都是以某种方式涵蕴了所有其他现象，宛如确定的可能性一般。更精确地说，在每一侧面中皆已经预期某些其他确定侧面，可以从已实际给出的侧面来发现。连同着每一侧面，都有着开放而无限的可能现象，经由事物自身可透过越来越完整的自我给出，来宣示自己。

从一开始，就在我们与之相遇的时刻，事物就已经在那里，然其出现为现象仅只是为了宣示自己，并预期更为完整的揭露，虽然总是无法如实完整实现。正是此种隐退式的临现，同时既揭露又缩隐，任所知觉之物具有这种独立性，使我们借以承认一抽离于自己给予知觉意识的经验明显性之外，而拥有自身的实在性。而且它所借令认可的诸特殊面向，也被接受为真实，并且分享此一独立性，只要它们的呈现都实际与其他已然揭露同一事物的诸面向相关联。当然，其中还是保留有在未来修正的可能性。某一特定面向可以在某一阶段被认为真正属于某物，而且，在详细检查之下，只因为它不适合同时发现的其他新的面向，也可呈现为不实际属于该物。更精确地说，接受某一侧面，即使只是最简单的知觉，也都与某种诠释相关，而诠释之要旨就在于将某侧面归属于甲物或乙物。不过，作为某一物，本身只在宣示自己，而前述归属便只是一种预期：借着将某一现象视为是某一棵树的临在，我只是尽可能客观地预期其他现象，而且我是透过系统地组织种种现象，来指认我所谓的“一棵树”。

以下我们必须厘清三点。第一，我们发现我们仅只透过移动身体，例如轻微转头，或靠近我们正检视的对象，便可以改变事物呈现于我们的侧面。这在另一方面也隐含着我们与自己的身体有特殊关联，而且我们所承认于某一物的独立性，不但是针对意识行动的独立性，而且也针对我们身体情境的独立性。毕竟，我们所谓的身体，从自然的角度看来，仅只是许多其他事物中的一个特定物；我们可以自外、透过连续侧面，来知觉到它，而且从这一观点看来，身体可以被诠释为独立于我们所是的纯粹意识之外，恰如任何我们所知觉到之物。不过，在另一方面，我们所谓的吾人的身体，同时也是我们借以知觉众物的侧面。我们透过眼睛来看，而在看的行动中，并不区分行动自身作为经验场域的特定模态，以及在此刻运作的视觉工具。只有在事后，我们才能分析行动的结构，并承认此一工具所扮演的角色，及其有别于意识状态本身。不过，这样说仅只是一种抽象说法，因着我们身体的双重地位而成为可能，因为身体同时是吾人行动的实现所在，是吾人意识状态的具体操作所在；同时，身体也是一可以客体化之物，可以视为是脱离吾人的意识实在之外。就其为我们知觉的实现而言，我们的身体是使事物呈现为现象成为可能的条件。就此一地位而言，身体本身并非一现象。而且，如果我们会辨认出某事物，作为其一切可能呈现的系统链接，这是一种针对我们的意识行动的独立性，同时，我们也必须承认，这一种独立性也是一种针对吾人身体的独立性。

第二，我们必须承认，没有一物是孤立的。当然，现前的某物有其先后出现的诸侧面的连续结构，而当前这一侧面也是在其中出现的；此外，也有许多在我们的经验中遭逢的其他事物先后接续的连接关系。既然没有终极的侧面，这种连接关系的可能性就没有具体的限制。一个特定的事物并非自身整体出现的。同样地，致令不同事物相互关联的关系系统，其整体的面貌并不可得。换言之，这一个关系系统的实际性仅在于其蕴含了未来扩充的可能性。它仅只是一开放的网络，原则上可以延伸及于无穷。也因此，那些已经实际给出的实在场域，是被可能性的场域所包围，且后者并非出自纯粹想象，而是早就存在在那里，作为客观的可能性，铭刻在已经出现的现象之中,以已然出现的现实性,或经验的不可穷尽性的身份,而被给出。现象学用展望域(horizon)一词来征定经验场域的这种开放性。这同时暗示着经验有其统一性,不只是在行动上,而且是在内容上,而且此一统一性并非以一全体的方式给出,甚至不是以一个生成中的全体方式给出。每一特定的知觉行动,或者更一般地说,这一普及的展望域,所勾勒的空间中发生的任一经验环节,都是在这一开放的背景上,接受其现实性并采取其内容,其中既有其决定性原则又有其非决定性原则。每一特定的内容皆是从其铭刻于潜在上铺天盖地的普遍展望域的网络中的地位,来获取其意义。而且,既然后者只是一展望域,正如网络本身仅只是对其全盘实现的预期,其决定性将无法完全达到,也因此,即使是在最精准的决定性中,都还一直有着非决定的一面。

不过,还有第三点,必须在建构存在与实在性的判准时论及。迄至目前,我们都只从某一特定意识的观点来考察经验。话虽如此,我们已经引入经验中的意识及其所赖以接引而向现象界开放的身体。在隶属于现象界的诸物之中,也还有其他的物体,它们的出现,就像我自己体验到的身体一般,也都有同样的双重性:一方面它们都是外在事物,就像其他事物一般,任自己透过特定侧面而被觉察;然而,另方面,它们的动静举止也十分类似于此一体验的身体,在己而言皆是诸侧面的中心。其他身体最值得注意的面貌,是它们参与语言的现象而成为直接可辨认的。它们之所以能以自己的某些特性而被给出,正是由于有透过语言沟通的经验。也因此,按照我们所关涉的是禀具语言之物,或者是无语言之物,我们有必要区分两种与物相遇的基本典型。不过,透过沟通的经验,我们才能辨认出那些禀具语言的存在者也能体会我们所体会到的经验。当然,我们不能以交融的方式体会他们的经验,一如体会我们自己的经验一般,不过,借着沟通,我们至少也能发现吾人的经验与吾人借语言所归诸他们的经验,两者之间有若合符节之处。当然,后者之所以可能,是由于语言提供我们以描述的工具,借此我们可以针对现象场域所揭露者,达成一定程度的共识。

在此一渐进形成共识的沟通经验中,我们终究会承认,不同的侧面虽在起初分属不同的综合系统,终会渐次重叠,直到最后合在一起。如此一来,我们似乎正是在将我们的个别经验纳入同一展望域的背景之中。既然此一展望域,由于它赋予吾人所持续经验到者以推断的融贯性,也因而成为吾人经验的统一场域,我们也可以称之为一个“世界”。也因此,承认吾人皆隶属于同一经验视域,也就是承认我们都隶属于同一个世界。当然,我们都对此一世界有不同的觉识,并且在每个人的经验中皆有一些仍然不可沟通的残余。话虽如此,仍然有一经验的共同体,可以如此表述:经验的场域虽各不相同,但都因为漫布着与同一展望域的关系,因而彼此有张力聚集,而且必须说,这一经验的共同体至少在隐态上是直接呈现的;至于其他的,则是在人的经验的第一阶段便已然认出,并且隶属于同一世界,这是一个基本事实,并非出自思想的创造,思想对此至多只能加以重构。

现在,我们在经验中所体验到的,正是我们借以进入此一共同世界并得以调整自身以符合此世要求的历程。这一历程既可自体验的意识的观点观之,也可以从世界自身的观点观之,也因此,我们既可以说,个别意识朝向世界的揭露而开放;或也可以说,同样地，世界也对个别意识展开自身，并提供它以对世界自身的经验。然而，这点隐含着贯穿经验本身并给出原初存在观念的现实性特征，都同样是隶属于这个世界的，是这世界在经验中开显自身给经验，而且假定：有世界，才会有所谓经验。另一方面，在现象中给出自身的各种事物，也是从其所隶属的世界中接受呈现的可能性。这个世界，既然只是一个展望域，则其本身并非一物，然而从结构的观点看来，世界对于事物而言仍具有优先地位。世界并非事物累积的结果，相反地，是因为早先有了世界，作为任何可被经验到的事物的先决要件，事物才有可能在经验的场域中与我们相逢。这点指出了实在界如何从经验中的体会，转向那在经验中自我给出之物，作为自我给出的独立来源。

存在或实在界的观念，在重构或更好说在再构过程中的第一步，对于经验的反思性觉识，是作为该项活生生的行动无可逃脱的现实性。其第二步，则是将此无懈可击的现实性转归于正在呈现的诸现象，在某些典型的案例中富有原创性，往往可以诠释为具有相对的独立性。第三步是世界的统一性作为现象呈现的终极条件浮现出来；就此来看，存在就在这世界的呈现之中，以原初的方式给予我们，作为每一次相遇，也就是任何经验的普遍预设，好使得我们能认可实在界是无可置疑地、实实在在地存在那里。那自身给出于经验中的存在，正是世界的存在，是吾人经验的预设。至于事物之所以被认可为自身存在，是因为他们在以世界为背景的脉络中出现，或者依据其在现象界自行组织的系统中取得一致的地位，而得以在一先前给出的普遍视域中展开自身。如此一来，我们便得到以下的存在或实在界或真实存在的判准：既然共同世界为经验的统一原理,凡是隶属于共同世界者,便是存在的或真的实际存在的。

现在,让我们探讨物理世界的问题。如果说真的有这样的一个问题,那是因为科学思想早已成功地——至少局部如此——诉诸由数学物项协助而形构的理想模型,来替代了借由日常语言对于经验的描述。这一替代的过程本来是属于历史性的,不过就其基础而言,也必须加以解释,如何符应于一项早已印记在经验结构本身之中的可理解性之企划。无论可给出的证明为何,事实上我们现在所涉及的实在界进路,是依据理论表象,而不再是依据生活经验。在古典物理学的企划形成之时,曾经强加理论表象以客观性要求的强烈约束。其想法在于对首先在日常经验中给出的世界加以理性重构,而这点有必要描述该世界有如世界自身一般,而完全抽离于我们对世界的主观知觉与摸索之外。这一构想区分了在其自身的事物,以及呈现为现象的事物。在此,实在界不再是从被经验到的角度来构想,相反地,是从完全在己的存在的角度,独立于可被经验、可被描述的事实之外,从原则上说,也是就其独立的地位而论述的。也因此,实在界是完全地抽离于经验之外。当然,为了检验该项描述,仍须诉诸经验,不过,在此所谓经验只意味着以实验的方式介入,而且实验的构设方式使得知觉的角色减到最小,而且该项描述本身并非依据知觉而得。其实,该项描述的工具,正是理论表象,换言之,是依据理论模式,这是一种对于所设定的实在的一种抽象重构。模式所描述者,并非所谓客观实在本身,而纯属一理想宇宙,其中住满了理论的物项,而且此所谓模式仅只间接地被视为是对于实在本身的描述性表象。至于在理论物项与其性质这一方面，以及另一方面假定会在实验中揭示自身的客观实在，两者彼此之间的关系，早已在古典物理学中出现了极为困难的问题。然而，现在的情况更为复杂，这是因为量子物理学已向我们提出前此料所未及的情况。

玻尔(Bohr)早已考虑到，古典物理学的理论表象有严重的限制。一方面，我们仍须使用古典的物理学概念，不过那些概念的可应用性，在有关量子运动的存在方面，的确有其限制。而且，可应用于某既定系统的概念种类，有赖于该系统所在的全体物理情境，尤其有赖于用来观察该系统的个别的实验安排。也因此，该项理论表象有依赖于观察的条件，后者似乎与古典物理学中的理论表象完全无依赖于实验的理想完全相反。与此相关的是，认为实在界可借由力学理论表象来描述，而且独立于经验之外的想法，也受到严重的挑战。爱因斯坦(Einstein)正是针对此一观念提出他那著名的实在性判准，他说："如果我们在不干扰某一系统的条件下，可以确定地，也就是以等于1的或然率值，预测某一物理的可测量度，则有一物理的实在对应着此一物理的可测量度。"另一方面，他也断定一个物理理论唯有当"物理实在的每一因素皆在物理理论中有其对应"之时才是完整的。于是，他根据他有关过去一直有互动的分子的对应性的论证，结论出量子动力学理论并非完整的。以下这一说法虽然不是玻尔的观点，不过，我们仍须补充说，爱因斯坦在他的论证当中，已经隐隐地假定了局域性(principle of locality)或分立性原理，其说法是这样的："在测量的时候，若两个系统不再互动，则第一个系统所做的任何改变，都不会导致第二系统的任何改变。"玻尔之所以能坚持量子动力学的完整性，只因为他接受了量子的非局域性(non-locality)。原则上,在那些条件之下,可以让我们忠实于古典物理学的唯一方式,就是引进隐藏式变量,借以在事实上恢复一个完整的描述。不过,晚近的发展显示,如果不保存局域性原理,这一点是不可能做到的,更不必说这样的研究方案还有其他困难。另一方面,关涉到量子物理测量的诠释的古典难题,似乎隐含了人的意识在这过程中扮演了某种角色,也因此我们必须考虑到有两种不同的实在,服从不同的法则。对于这样的难题,多重世界的诠释提出了精彩的解决,不过其代价实在太高。德斯潘纳(d'Espanat)曾发展出一种理论,不必引入任何有争议的假设,而是立基于对"实在"概念的哲学分析,其中含蕴着对于古典物理学想法的深刻转换。他曾在一篇论文中说明其所谓"遮掩的实在"(veiled reality)的想法。

对于量子力学的诠释问题仍然存在。不过,无论如何,从哲学的观点看来十分清楚的是,我们至少必须承认在此物理实在或实在界本身的概念,的确要比古典物理学所主张的那样来得精致多了。更精确地说,我们必须重新严肃考虑理论表象与经验分离的问题。当然,我们一方面必须虑及理论表象实属不可或缺;另一方面也必须虑及在物理学框架中的经验的特殊性质。我们已经说明,在这领域中可视为明证的,实际上是一复杂历程的结果,其中包含一个预备阶段和一个诠释阶段,后者假定了某种理论表象,并且完全按照该表象来构想和规划。简言之,经验本身是完全依赖理论的。这点可能会倾向于支持以下这一想法:与物理学攸关的,是一纯属建构、完全自主的世界,综合了理论表象及与其对应的实践,而且这样的一个世界完全不同于作为吾人自然生命基础的共同世界。

然而,问题在于:此一世界在确定其自身的内在一贯性之时,是否必须用存有论的语词或用现象学的语词来加以诠释。究竟,物理学的目标并非在于提出某种灵知(gnosis),用某种秘传的实在,来替代日常实在中的自然世界,借此将人的心灵导向朝更高的生命形式的可能性开放。物理学的目的是在了解我们居住的这个世界,保持对实际给出的世界的具体性的忠诚。关于理论表象的不可或缺性,这仍是一个哲学上的大问题,不过,无论如何,其理由仍在于:它能给予我们至少在原则上更好的理解。基本历程仍在于经验本身是世界的揭露,或更好说是实在本身的揭露。由于诉诸理论表象,使我们得以发展出一种新型的实践方式,借以接近实在界最为遥远的面向。借着采纳这种实践方式,我们并未离开我们的世界,我们只是在世界揭露自身于吾人经验的历程中,增加了新的面向。就这方面来说,物理学可以说是扩充了我们的知觉。毕竟,在吾人知觉当中已经有一主动面,而且事物呈现的方式,是由我们如何运用吾人身体来预先决定的。在吾人经验中所给出者,即使是采取了极为精细的科学实验形式,也都是出自那自行开显者,也就是现象。我们所达至的实在界,并非一完全无关于知觉的纯粹理想界域。就自然而言,现象不可以像那种根据"感觉与件"(sense data)所做的诠释那样,被孤立起来。每一个个别的现象,就其显态而言,都是现象自身开显的;而就其隐态而言,也是含藏在其结构中并宣告为可能来临的。而且,在这一对于可能性的预期中,它已经包含着世界自身,作为每一次开显的终极展望域。

不过,在此我们要提出有关理论表象领域的原创性究竟何在的问题。显然,过渡到理论表象有其知识论上与实践上的效果,这是一个事实。然而,到底这种接近现象的途径,其特色究竟如何?它是否只是对于知觉中的与件的更精确的描述而已呢?理论表象似乎要比这一点多了很多,因为它使我们能接近那些尚未在知觉中给出的面向,甚至是那些永远无法给予知觉的面向。可是,这些面向仍然属于这同一个世界,包含在此一世界开展其自身的历程中。然其新颖性在于:借着它们,我们可以产出一些现象型态,借之真实世界的某些属性得以开显,而这些属性早已存在那里,只不过就知觉型态的经验而言,并非那么直接呈现。例如,在量子层次显示的非局域性,向我们揭露了世界上不同的构成分子之间的连带关系,而后者早已呈现在日常经验当中,只不过被那建立在孤立事物的范畴与可区辨属性上的描述方法所遗忘了。

关键的事实在于:我们可以按照有关吾人所作所为的精确表象,来决定新种类的现象。我们再也不能断然切割作为理论建构的表象,和作为组织先前掌握的开显模态的实践方式。不过,在我们这两种层面的活动当中,我们的所作所为不再是描述或是被动记录所发生的事,而是主动介入事件发生的历程当中。换句话说,我们不再只是被动地暴露于现象化的历程,而是以掌控此一历程,作为我们的使命,以便将它加以扩充,并且改变现象发生的条件。

在这一方面,量子场论尤其具有代表性,特别是在显示粒子如何造、如何毁方面,用玻姆(David Bohm)的语词来说,如此描述的历程,其实是一“展开”(unfolding)与“包裹”(enfolding)的历程。在实验中最后展现的,正是这种历程的结果。换句话说,那些在某种状况下显现出来之物,正是在其显现的过程中被理解的。实际上所描述之物并未开显自身，而是其开显化的过程。也因此，理论的工具并不是用来做一般所谓的描述，以便呈现被人假定为已给出的某物及其属性，而是在征定一个并非某物，而是使某物来临的结构性途径，从每一呈现所来自的终极展望域的背景，直到它实际让人觉察到的现前临在。至于与它相对应的实验，则是在预备的过程当中，设立一个让理论表象所预期的呈显过程得以实现的条件。

由此可见，理论表象的论述，并不是一种描述某一存有论上的实在，就其本身且独立于经验之外来加以考虑，而是一种有关所呈现的现象的论述，以便达至那让人觉察到的实在，也就是共同世界本身的实在性，而且所有的感性物项都是在此共同世界中获得其地位与意义。不过，作为对于所呈现的现象的论述，其意义不在于作为对于现象的描述，而是有着更为深沉的意义，是在征定那些统治现象给出的可能性的条件。正确地说，它不是有关现象本身的论述，而是有关现象化历程的论述。那些有关使现象成其为现象之条件的论述，按照传统的语言用法，是属于超验性的(transcendental)。我在此要建议的是：物理学的论述，由于越来越意识到自己的约束性与可能性，变得越来越像是一种超验的论述，只是并非哲学史上大家所熟悉的此一名称的转嫁形式。此一论述的最大工具便是理论表象，也就是康德(Kant)所谓的概念建构(construction of concepts)，意思是说对于纯属概念性觉识的数学式呈现。

在此，困难之处在于这种数学式的表象呈现，必须辅之以某种诠释(interpretation)的作用，使其物理的意义得以明显化，并且在纯属抽象的数学结构和实验的实践脉络之间，建立一座桥梁。此一诠释具有中介的作用。一方面，它应该有纯粹结构的理想特征。

另一方面，它也必须给予实验活动的意义以一可理解的说明。由于这一活动关涉到微观的物项，此一说明必须用与日常语言用以描述这类物项时所隐含的存有论，也就是与“实体”(substance)与“附性”(accidents)的存有论具有同构型的语词来说。那自行开显者，也就是现象，也正是我们实际观察的对象。至于诠释的作用则旨在从历程的角度来说明此一现象，这一历程是由实验的准备开启其端，其结果则是产出该现象，这样一个历程是用类似存有论的语词来分析的。它所促成实现在前的，正是实在本身在实验的条件下、在限定的现象中来给出自己。这整个描述的过程，是一种对于实在如何开显而不可表象的历程，勉强加以表象，在此所谓“表象”是采其狭义，表示一让人得以看见的故事。存有论的说明是一种对于某种超验事件的具体呈现。现象确然是真实的，因其隶属于共同的世界。然而，那些使现象成为可能的条件，也同样是真实的，它们是现象化的普遍条件。在这一脉络中，“场域”(field)概念特别具有意义。所谓场域是对于世界本身的表象，当然不是针对世界的所有可能性的整体，而是作为使某特定范畴的现象得以呈现的普遍中介。

物理学的新颖性所在，是要在理论表象之中整合超验的论述。它不同于只在普遍范畴之下进行统摄的概念性论述，理论表象虽然使用纯粹抽象的语词，但仍给出具体的呈现。它在纯属理想的界域中，实现了在世界开显的场域中实际发生之事件。这样一来，这篇从现象学进路来讨论物理实在的论文，最后要提议以下的想法：物理学可以被诠释为是一种现象学企划的实作，借以具体地实现一种超验论述。

第十章 论中世纪与新士林哲学研究的走向与展望

在本章中，我将针对过去中世纪与新士林哲学的研究趋势，当前的研究概况，以及将来的发展，按照我个人的观察，作一概略性的评述。本人关心士林哲学，从大学时代在辅仁大学求学、做研究，留心士林哲学与中国哲学的比较，一直到赴鲁汶大学留学，研究方向扩大到现象学与当代西洋哲学。之前，我曾翻译了一本吉尔松的《中世纪哲学精神》(*L'esprit de philosophie médiaevale*)[①]，虽是我留学生时代的译作，但迄今仍颇有价值。后来我虽扩张为学方向，然对士林哲学仍一直长期关心。我就读的鲁汶大学，是欧洲新士林哲学研究重镇；而我现在工作的多伦多大学，也是北美中世纪研究重镇，然士林哲学仅其中一部分研究方向。不过，相较于过去的研究，现在的中世纪研究由于时代改变，挑战甚多，变化也大。值得注意的是，现在的研究比较配合所在地的特色，重视历史意识和特色发展。我也会针对这点，谈谈辅仁大学的使命特色如何结合新士林哲学研究。

---

① Gilson, Etienne, *L'esprit de la philosophie médiaevale*, 2nd revised edition, Paris: J. Vrin, 1948；沈清松译《中世纪哲学精神》，台北：台湾商务印书馆，2001。

再者，我们现在正处在“现代性”(modernity)遭到质疑与批判的时代，原先立基于现代性的研究方式，已经受到严厉的挑战。后现代思潮的兴起，以及全球化历程的普遍展开，使得当前对于中世纪研究又有了新的需要。虽然中世纪研究有一段时期曾经衰退，但目前又有了再起的契机。基本上，后现代是对现代性的批判、质疑和否定，然而对于要如何走出现代性之后的新道路，事实上举世还是在摸索当中。究竟后现代应该怎么走，除了一些对于现代性负面的批评和否定以外，正面的精神应当如何形塑？基本上，后现代在积极方面以“他者”替代了近、现代的“主体”，以“崇高”替代了近现代的“美感”，而我又以“多元他者”取代了“他者”。但是，批判现代性，若无明确的历史指标，也很难走出新路来[①]。就某种意义来说，后现代需要回到前现代去寻找资源，回到中世纪宗教情操浓厚、多元文化并存的中世纪世界去寻找参照的指针。在今天，中世纪研究仍然很有意思，不但作为学术题材有其独立的研究价值，而且在与当前时代相关的省思上也有长远的意义。不过，在后现代精神的影响下，它会比较多样化，不会以单一精神或学说涵盖其他或吸收所有的注意力。当前的中世纪研究有更多样化、更细部化的发展，注意历史情境，并隐含着在“前现代”探索“后现代”的资源与路径的意味。

---

① 关于后现代，参见沈清松：《在批判、质疑与否定之后——后现代的正面价值与视野》，收入沈清松：《对比、外推与交谈》，台北：五南图书出版公司，2002，页3—23。

一、回顾过去：新士林与中世纪哲学研究的兴起

有关 19 世纪末 20 世纪初新士林哲学研究的兴起，并不是只有一条单线的故事。我们经常听说的，仅只是其中之一，认为是起自教宗利奥十三世(Leon XIII)《永恒之父》(*Aeterni Patris* 1879)通谕[①]，该通谕期盼天主教学者在中世纪找寻资源，发挥天主教思想，使其更活泼地面对现代世界。这话虽然没错，不过，这也只是故事之一，并不是全部的来龙去脉，此外还有其他历史机缘，促使中世纪哲学研究与新士林哲学研究的蓬勃发展。

(一)教宗利奥十三世的《永恒之父》通谕和新托马斯主义的兴起

当然，这第一个故事十分重要。教宗利奥十三世《永恒之父》通谕促成了新托马斯主义的兴起，由于该通谕的召唤，促成有许多研究机构成立和研究方向形成，尤其是新托马斯主义的研究方向。

1. 鲁汶大学高等哲学院

鲁汶大学在梅西耶枢机(Cardinal Mercier)领导下，响应了教

---

① Pope Leo XIII, *Eaterni Patris, Encyclical letter on the restoration of Christian philosophy, according to the mind of St. Thomas Aquinas, the angelic doctor*, Rome: Vatican, 1879. 关于其演进，可分别阅读 Le cinquantenaire de l' encyclique "Aeterni Patris", Universite Laval, Ecole superieure de philosophie, Quebec: l'Action Sociale, 1929; Brezik, Victor B. editor, *One hundred years of Thomism: Aeterni Patris and afterwards: a symposium*, Houston: Center for Thomistic Studies, University of St. Thomas, 1981。

宗利奥十三世的想法，在鲁汶大学建立了高等哲学院(Institut Superieur de Philosphie)[①]，重视发扬托马斯主义，其要旨我已经在前几章中讨论。不过，中世纪研究的鲁汶学派，其真正的建立者是伍尔夫(M. De Wulf)，他最重要的著作是《中世纪哲学史》(*Histoire de la philosophie médiaevale*)，刚出版时只有500页，但是经过不断地整理与扩充，到了第六版扩充成三巨册，共一千多页[②]。伍尔夫不把"中世纪哲学"等同于"士林哲学"，因为中世纪哲学含有众多趋势，发展非常丰富，这三巨册的哲学史只呈现了基本架构。不过，他也认为中世纪哲学最好的一部分就是士林哲学，且士林哲学在学说发展上有其一致性，它在学术上最高峰的成就是托马斯，其前面许许多多传统的发展，最终都是要走向托马斯；至于托马斯以后的哲学，则是在走下坡路。

从后现代的角度来看，这种一元中心的说法会流于偏颇。不过，这是长期以来的一个刻板印象。的确，在哲学成就与价值上，托马斯是相当了不起的。然而，在这种论点下，有些思想家会被边缘化，例如，其中有一位是我心目中的英雄爱留根纳(Johannes Scotus Eriugena)。如果说，公元9世纪，在黑暗时代之后，一切都被荡成平原，哲学还能兴起一座高峰，那就是爱留根纳了。他是一位相当了不起的思想家，在他的形上思想之上，仍有些密契主义倾向，并不仅限于哲学。爱留根纳虽有很深的形上思想，但他的形上

① De Raeymaeker, L., *Cardinal Mercier et L'Institut Supérieur de la Philosophie de Louvain*, Louvain: Publications Universitaires de Louvain, 1952.

② Maurice De Wulf, *Histoire de la philosophie médiaevale*, 6e edition, Louvain: Institut Supérieur de Philosophie, 1934—1947, 3 Vols.

学又与密契论联系起来，所以会被某些学者排除在外或未加以重视，这是十分可惜的。我们要知道，爱留根纳的思想影响了后世的许多思想家。像近代的斯宾诺莎(Spinoza)、黑格尔(Hegel)等，如果我们深入去阅读爱留根纳，就能体会他的深度和影响。现在多伦多宗座中世纪研究中心也已对他的全集重新加以整理。

在伍尔夫之后，有范史丁柏根(Fernand Van Steenberghen)，他是鲁汶学派的第二位重要学者，他先是继承了沃尔夫的精神，在《十三世纪的哲学》(*La philosophie au XIII siècle*)一书中认为，整个中世纪西方哲学的最高峰就是托马斯；整个中世纪哲学的发展，尤其是在12世纪以后，甚至连先前古希腊哲学——在当时因为翻译运动而受到重视，以及阿拉伯哲学的发展，都是为了预备托马斯哲学的来临[①]。

范史丁柏根是一位相当了不起的中世纪研究与士林哲学研究者，他的研究照顾到中世纪许多不同的面相，他由于越研究越发现中世纪有不同方向的发展，有其丰富的多元性，于是不同意伍尔夫以中世纪哲学必然在学说上有其一致性，尤其是以托马斯为最高峰的说法。他感受到士林哲学多元化的倾向，逐渐觉得不能为这说法辩护。范史丁柏根有一本很重要的书，《中世纪哲学研究概论》(*Introduction à l'étude de la philosophie médiaevales*)，其中述及各种研究方法、工具、研究趋势，包括他之前的研究成果，是

① Van Steenberghen, Fernand, *La philosophie au XIII siècle*, Louvain: Publications Universitaires de Louvain, 1966.

研究者必备的一本书[①]。说到多样化，除了托马斯，他也研究比利时中世纪哲学家巴邦西日(Siger de Brabant)，出版了一本重要的专著[②]。他也研究圣波纳文图拉(St. Bonaventura)。过去我们有一个故事，以前我在辅仁大学念书时也听人讲过，说当圣托马斯一边念他的论文时，圣波纳文图拉一边撕掉自己的论文，因为自觉比不上托马斯的思想。这故事恐怕是托马斯派的学者编造出来的。我觉得圣波纳文图拉的著作很有价值，尤其是《心灵迈向天主之路》(*Itinerarium Mentis in Deum*)，他的思想和中国人的思想有些比较接近，比较容易被我们了解。范史丁柏根对他也做了深入研究。

范史丁柏根在1948年设立"中世纪哲学家丛书"(Philosophes mediaevaux)，1956年在鲁汶大学里建立了"伍尔夫·芒雄中心"(Centre De Wulf-Mansion)，以纪念伍尔夫和芒雄(Augustin Mansion)，后者也是高等哲学院的教授，举世著名的亚里士多德专家，我曾拜读过他的《亚里士多德物理学引论》(*Introduction à la physique aristotélicienne*)[③]。该中心专研中世纪哲学与希腊哲学。我到鲁汶读书的前两年，花了很多时间在那里面徘徊。该中心将各种原始材料详加整理，建立非常仔细的图书、数据、微卷、书目，编整十分完善。我在那里时本来很想跟苏珊·芒雄(Susanne Mansion，

① Van Steenberghen, Fernand, *Introduction a l'étude de la philosophie médiaevales*, Louvain : Publication Universitaires de Louvain, 1974.

② Van Steenberghen, Fernand, *Maître Siger de Brabant*, Louvain : Publications Universitaires de Louvain, 1977.

③ Mansion, Augustin, *Introduction à la physique aristotélicienne*, Louvain : Institut Supérieur de philosophie, 1946.

芒雄先生的侄女）做研究，她当时年纪也已经蛮大，满头白发，讲课时很有神采，可能因为常年浸润古典与中世纪的经典，使她讲课时自有一种迷人风采，我当时很钦羡这样一位白头教授。后来因为我关心的问题越来越明确化，就跟赖醉叶教授（J. Ladrière）做了有关怀特海（A. N. Whitehead）的"创新"观与布隆德（M. Blondel）的"行动"观的对比研究。

范史丁柏根活得长寿，也做了很多事，他在1959年建立了"国立中世纪哲学研究中心"（Centre national de la recherche de la philosophie médiaevale），又在1966年建立了"中世纪研究所"（Institut d'études médiaevales）。他不但做历史研究，而且出版不少系统性著作，如《知识论》（*Epistémologie*）、《存有学》（*Ontologie*）等，这些书曾由李贵良神父译成中文，惜翻译腔浓，较不易懂。我在鲁汶的第二年，当时主持辅大哲研所的钱志纯神父，曾经亲自到鲁汶来，由我陪同赴范史丁柏根的家，邀请他来辅大客座，当时他已答应，且开始复习英文，可惜后来未能成行。所幸多年后，辅大哲学系和新鲁汶的高等哲学院缔结了合作关系，当时我人在教育部顾问室，也努力协助促成这桩美事，觉得很有意义。

在范史丁柏根之外，还有德雷马克（L. De Raeymaeker）治存有论与形上学、房励（G.. Van Riet）教授治知识论与宗教哲学[①]，到了赖醉叶（J. Ladrière）治科学哲学与语言哲学，已与现代思潮相结合。

---

① Riet, Georges van, *Philosophie et religion*, Louvain: Publications universitaires de Louvin, 1970; Riet, Georges van, *Problèmes d'epistemologie*, Louvain : Publications universitaires de Louvain, 1960.

2. 多伦多大学宗座中世纪研究院

再来谈多伦多的宗座中世纪研究院，它是北美以“宗座”名义建立的中世纪研究中心，由当时法国著名的吉尔松(E. Gilson)教授来多伦多负责建立。吉尔松是一位十分了不起的学者，不过他的角度跟范史丁柏根这些人不太一样，他是从对近代哲学的关心出发的，对近代哲学非常熟悉，曾著有整套近、现代西方哲学史专著①。其实，吉尔松原先做的是笛卡尔研究，他为了追溯笛卡尔哲学在中世纪的哲学根源，于是把近代哲学和中世纪哲学的关联建立起来。吉尔松对于笛卡尔的《方法导论》的评注，迄今还是那方面最好的研究成果②。在宗座中世纪研究院建立之后，他也曾邀请了马利丹(J. Maritain)、范史丁柏根等新托马斯派的学者到多伦多。

吉尔松与范史丁柏根之间有一个很有名的争论，那就是有关到底有没有“基督徒哲学”或“天主教哲学”的争论。范史丁柏根越研究中世纪哲学，越肯定其多元化，并认为哲学就是哲学，没有所谓“天主教哲学”，就像没有天主教化学或天主教物理学那样。虽然有基督徒在做哲学，但他做的就是哲学，而不是基督徒哲学。吉尔松先生则认为有所谓的“基督徒哲学”或“天主教哲学”，在我所翻译的《中世纪哲学精神》里，他就主张这个观念，而且他的法文书

---

① Gilson, Etienne and Langan, Thomas, *Modern Philosophy : Descartes to Kant*, New York: Random House [1963] xvii, p. 570; Gilson, Etienne, *Recent Philosophy : Hegel to the Present*, New York: Random House, 1966, xv, p. 876.

② Gilson, Etienne, *René Descartes: Discours de la méthode : texte et commentaire*, Paris : J. Vrin, 1962. xvi, p. 498.

《中世纪哲学》(*La philosophie au moyen âge*)，后来译为英文，书名便是《中世纪基督徒哲学史》(*History of Christian Philosophy in the Middle Ages*)[①]。他之所以主张有基督徒哲学，是因为由于基督宗教信仰的刺激，产生了中世纪的哲学省思，其目的不只要建立纯粹的哲学，而是要综合启示与理性，这是它特殊之处，不容忽视。

吉尔松与范史丁柏根在有关基督徒哲学的问题上有歧见，也有很多人加入论战，最后也不了了之。但是他与鲁汶学派都一致以圣托马斯为士林哲学的核心，至于前面各阶段都是为了预备圣托马斯的来临，而后面的阶段则是在走向下坡。在吉尔松的著作中可以清楚看到，他认为，尤其是从形上学体系的角度来看，圣托马斯之后的哲学只有退步，一直到近、现代更是如此。他的著作《存有与某些哲学家》(*Being and some Philosophers*)，认为笛卡尔(Descartes)、斯宾诺莎(Spinoza)、休谟(Hume)、康德(Kant)、黑格尔(Hegel)、齐克果(Kierkegaard)等，这些哲学家的形上学不如圣托马斯的思考那么周全[②]。圣托马斯的哲学既考虑到了存有(Being)，也考虑到人的存在(existence)。吉尔松熟悉近代哲学，认为就形上学而言，托马斯之后的哲学家只有退步，要不是主张存有减去存在的形上学，就是主张存在减去存有的现象学。不过，这

---

① Gilson, Etienne, *History of Christian Philosophy in the Middle Ages*, London: Sheed and Ward, 1980, xvii, p. 829; 又见 *Elements of Christian Philosophy*, Wesport Conn: Greenwood Press, 1978.

② Gilson, Etienne, *Being and some Philosophers*, Toronto: Pontifical Institute of Mediaeval Studies, 1952, c1949, xi, p. 235.

种说法也未免失之于偏,无法持平了解这些近代哲学的胜义。

3. 德国的士林哲学研究

教宗利奥十三世的《永恒之父》通谕出来以后,不只上述法语或英语地区,而且在德语地区也推动了一些士林哲学研究,在研究方面与鲁汶学派和多伦多学派不完全一样。我且举一例说明,德国学者葛拉曼(Martin Grabmann)出版了两巨册的《士林哲学方法史》[①],他也认为士林哲学与基督宗教信仰有密切关系,主张基督宗教信仰从一开始就是来自一个文本的权威,也就是《圣经》。《圣经》的解读需要一致性,但事实上,《圣经》里有许多不一致的情况,需要从方法上加以一致化,不论是运用诠释的方法,或其他理性讨论的方法,来解决文本里面内在的不一致性,并与外部因素——例如哲学或科学的理论等相协调。信仰本身内在的问题需要透过思考来解决,也需要与外部因素相协调,以致整个中世纪思想的主轴,就是在协调权威和理性,也就是调节文本的权威和理性的方法。就葛拉曼的角度来看,他认为这两者之间的协调达到成熟地步,功不在圣托马斯,而在圣安瑟尔谟(St. Anselm)。葛拉曼称安瑟尔谟为"士林哲学之父",因为对他而言,权威和理性的协调在圣安瑟尔谟时达至成熟,尤其是在圣安瑟尔谟的本体论证。各位若读圣安瑟尔谟的原典,便会知道,本体论证是一个逻辑论证,而且即使像罗素这样的逻辑学家都认为,从逻辑的观点来讲,很难攻击本体论证。它的重点虽不在逻辑,但在理性上的逻辑形式相

① Grabmann, Martin, *Die Geschichte der scholastischen Methode*, Freiburg im Breisgau: Herdersche Verlagshandlung, 1909—1911, 2 v.

当完美。可是,我必须指出,这一论证是在祈祷词里提出来的[①]。圣安瑟尔谟把权威和理性综合起来,其目的在让他的学生或世人知道,信仰本身并不相反于理性,却是可以用理性方式表达的。他用这种方式协调了权威和信仰。可以说,葛拉曼借此强调圣安瑟尔谟在士林哲学中的枢纽地位,多少有其道理。

(二)针对"黑暗时代"之说,在中世纪为人文主义寻根

以上我简单地介绍了由教宗利奥十三世《永恒之父》通谕促成的19世纪末20世纪初的新士林哲学运动。然而,故事并不是只有一个,现在我想要讲另一条故事线索。我们有时候会太过夸张,认为新士林哲学之所以成为热门,都是天主教的功劳,其实并不尽然,还有许多其他方向,也促成了此一潮流。这条线索是针对布克哈特(Jakob Burckhardt)"黑暗时代"之说,为人文主义的渊源在中世纪寻根。以前方东美先生鼓励我们去阅读布克哈特(Jakob Burckhardt)对于文艺复兴时期人文主义的讨论[②]。布克哈特把中世纪称为"黑暗时代"(dark age)。"黑暗时代"一词虽不是始自布克哈特,而是始自彼特拉克(Petrarch),但由于布克哈特的著作广受欢迎,很多人大受影响,认为中世纪是黑暗时代。为了反转这一说法,在20世纪初,有些学者针对中世纪进行研究,其目的是要找到人文主义在中世纪的根源。他们认为不是文艺复兴才有人文

---

① 参见 St. Anselm, *Proslogium*, in *St. Anselm Basic Writings*, La Salle: Open Court, 1962, p. 68。

② Burckhardt, Jakob, *Die Kultur der Renaissance in Italien* (1860), *The Civilization of the Renaissance in Italy*, translated by S. G. C. Middlemore, London, 1878.

主义，人文主义的根源根本就在中世纪。这点尤其是在赫斯金(Charles Homer Huskins)于1927年出版的《十二世纪的文艺复兴》(*The Renaissance of the Twelfth Century*)一书中达至成熟，这本书强调文艺复兴重视希腊罗马古典主义，强调世俗价值，凸显个人的地位。

赫斯金把个人主义的兴起，定位在12世纪的文艺复兴时期。赫斯金的另一个基本想法是，中世纪那些拉丁文经典其实是在罗马帝国灭亡之后，整个西方文明最重要的内涵，提供西欧文明以最佳指标。赫斯金所谓的"古典主义"内涵，不只哲学，还包含了法律与科学。在他看来，政治俗化来自12世纪文艺复兴时俗人可以读法律，而阿拉伯人对希腊哲学与科学的翻译带来人理性的世界观，并促使欧洲思想俗化。换言之，是在12世纪文艺复兴过程里，使得法律受到重视，不只教会法，还有一般法律，而且，一般人也可以读法律，这一点造成整个社会逐渐走向俗化过程。这样的看法不只是从哲学史的角度，而且也是从思想史的角度来看问题。赫斯金也认为，阿拉伯哲学家所做的翻译工作，传递古希腊哲学家的经典，不但促成古典主义的兴起，而且带来了一种较为理性的世界观，不只影响信仰，而且促使欧洲思想俗化。

赫斯金这一工作把人文主义往前推进到中世纪，为近代为文明在中世纪找寻根源，这一工作也影响了吉尔松为笛卡尔等人的近代哲学在中世纪找寻根源。不过，赫斯金的著作里比较忽视教会法，也忽视12世纪时宗教本身也已开始了一些革新的作为，也有新的修会兴起，这些对新思潮的推动都很重要。此外，赫斯金重视拉丁文的经典，而忽略了地方的、民间的文学，必须由后来的研究来补足。中世纪时，民间也有很丰富的文学作品，玛杰内(Janet Martin)、容彼德(Peter Dronke)等人，就比较强调那些非经典性的作品[①]。

顺着赫斯金这一条路，有许多重要的研究成果出来，尤其研究美学、艺术史的人都知道潘诺夫斯基(Erwin Panofsky)的中世纪艺术史和哥特式建筑研究[②]。其实，哥特式建筑是与中世纪的士林哲学密切联系的，尤其是光的哲学与层级的宇宙观。当我们进入哥特式教堂之时，看到层层廊柱，好像世界有多重层级的存在，最后有光，朗然出现。这一想法把建筑和哲学观念联系起来，把艺术和哲学思想联系起来。这也是一个很重要的工作。

(三)其他研究方向与成果

以上这一条路线的研究工作一直延续着。除此以外，还有一位很重要的人物，薛努教授(Marie-Dominique Chenu)，是一位法国神父。他的著作在今天会更受到欢迎，因为他注意到思想史的其他层面，不会一头栽到士林哲学里，反而会注意到种种具体的历

---

① 其中容彼德更为重要，参见 Dronke, Peter, *A History of twelfth-century Western philosophy*, Cambridge: Cambridge University Press, 1988, xi, p. 495; Dronke, Peter, *Sources of inspiration : studies in literary transformation, 400—1500*, Roma: Edizioni di storia e letteratura, 1997. p. 409; 又见 *Poetry and Philosophy in the Middle Ages* : a festschrift for Peter Dronke, edited by Marenbon, John, Leiden: Brill, 2001, xi, p. 392。

② Panofsky, Erwin, *Gothic Architecture and Scholasticism*, Cleveland: World Pub. Co., 1972, c1957, xvi, p. 156.

史脉络[1]。这一点值得我们了解。现在有很多研究者会引述薛努神父的著作。例如薛努在写圣托马斯时,会注意其与大学的关系、道明会、亚里士多德传统、新柏拉图传统、文体类型、拉丁语文和士林哲学语汇、权威与辨证法和作者角色等问题,不会把文字当作是纯粹思想的产物,而会注意到它的历史脉络,这一点对当代人很有启发。薛努当时也做了有关语意或逻辑的研究,写了一本《文法与神学》(*Grammaire et Théologie*)。我刚才提到的葛拉曼,他也写了《中世纪的语言哲学和逻辑史》(*Geschichte der mittellaterlichen Sprachphilosophie et Sprachlogik*)。这一条路子后来就促成剑桥大学的中世纪研究特别强调逻辑的一面,并于1982年出版《剑桥后期中世纪哲学史》[2],其中比较强调逻辑的历史。有关中世纪逻辑和语意的研究,是比较晚近的事,是在1980年代才开始的。以上我梗概地对过去的研究方向简单做了整理。以下我想进一步讨论现在的情况。

---

① Chenu, Marie-Dominique, *Nature, man, and society in the twelfth century: essays on new theological perspectives in the Latin West*, Chicago: University of Chicago Press, 1979; Chenu, Marie-Dominique, Toward understanding Saint Thomas, Chicago: H. Regnery Co., 1964; Chenu, Marie-Dominique, *Les Etudes de philosophie médiaevale*, Paris: Hermann, 1939.

② Norman Kretzmann and Anthony Kenny, editors, *The Cambridge History of Later Mediaeval Philosophy-from the Rediscovery of Aristotle to the Disintegration of Scholasticism, 1100—1600*, Cambridge: Cambridge University Press, 1988, xiv, p. 1035.

二、检视现在：从梵二到现况的检讨

如果我们说教宗利奥十三世的《永恒之父》通谕促成了新托马斯主义的发展，此后天主教立场本身的变化和发展也会影响新士林哲学的研究，尤其在梵蒂冈第二次大公会议以后，天主教决定对世界开放，向世界各种不同文化传统开放，使得先前新托马斯派集中致力发扬托马斯的努力受到冲击。教会本身决心朝向多元世界开放。由于梵二对世界思潮与不同传统的开放，以托马斯为最高峰的想法受到很大的冲击。为了面对新的思潮的挑战，首先有超验托马斯主义的兴起（Transcendental Thomism），其成员处身当代思潮，对现象学、对海德格尔哲学甚为熟悉，对康德、费希特、谢林等人的德国哲学也很熟悉。超验托马斯主义是从马雷夏(Joseph Maréchal)开始，他是鲁汶耶稣会的教授，会院就设在鲁汶的贺微雷（Hervelee），我在鲁汶求学时住在贺微雷，曾特别跑去耶稣会会院，瞻仰他的遗物。马雷夏写了五巨册的《形而上学的起点》(*Point de départ de la métaphysique*)，到现在还是一部重要的经典著作，其主旨是用康德的理性动力重新诠释托马斯哲学。康德认为当我们在认知时，含有理性的指导作用。马雷夏把这指导作用视为一朝向无限的动力，当我们在下判断、认知之时，都有一动力，直指无限。当我在辅大念书时，袁廷栋教授便是研究马雷夏的，他的《伦理学》也属于超验托马斯主义，出版于光启社，主要受到法国超验托马斯主义德费郎斯（de Finance）的启发。可以说，在辅仁大学所接受的哲学教育多少与超验托马斯主义有关。

我过去在政大曾召开一个国际形上学会议，请了超验托马斯主义成员柯瑞特(E. Coreth)来台与会，邬昆如老师、陈文团教授都是他的学生，当时他们曾一起照相，也可说是士林哲学在台发展的一个重要事件，应该请他们把那张照片送一张到士林哲学研究中心悬挂，以资纪念。此外，像拉内(K. Rahner)的神学思想，此地已经有许多研究。在辅大哲研所，也有写关于拉内的博士论文。最近庆祝80岁生日的项退结教授，曾把布鲁格的《哲学辞典》翻译成中文，并加入自己的见解，当时我和许多人都参与了翻译工作。该辞典基本上就是超验托马斯主义的产物。其中每一条目都写得很精细，书后还附有一非常好的哲学史大纲。依我看，台湾对超验托马斯主义有一定的研究成果，这是值得珍惜的，必须持续做下去。以上我简略提到超验托马斯主义，在辅仁大学哲学研究所对此应该不陌生。

此外，方济各会对邓斯·司各脱(John Duns Scotus)、奥康(William of Ockham)，波纳文图拉(Bonaventura)的研究，也可济补前此过度偏于托马斯的缺遗。邓斯·司各脱虽出现在托马斯之后，仍有其关键性的地位，并不是士林哲学衰微的表现。大家知道，20世纪德国大哲海德格尔的升等论文，也是写邓斯·司各脱。至于波纳文图拉虽与托马斯约略同时，其哲学光彩并未被后者所遮掩。在纽约有一所波纳文图拉大学，他们出版了波纳文图拉全集英译本，还有一系列对波纳文图拉的重要研究作品。除此以外，一些过去被忽视的哲学家，像波提叶的吉尔伯特(Gilbert de Poitier)、彼得隆巴特(Peter Lombard)、尚波的威廉(William of Champeaux)等，在欧美各地研究越来越多，也越详细。

这些研究方向共同的精神，就是迈向多元、强调多样化，并注意中世纪其他传统，像巴黎的学者黎贝拉阿兰(Alain de Libera)，重视伊斯兰传统，他觉得过去的中世纪研究对伊斯兰不够公平。像托马斯的《驳异大全》(*Summa contra Gentiles*)便把伊斯兰与犹太传统当作异端来处理。但事实上中世纪的士林哲学家承受于伊斯兰教哲学的影响很大。大家要知道，虽然现在巴格达被西方或美国打得惨兮兮，然而，在12世纪，亚里士多德著作在能被西方中世纪学者阅读之前，先是在巴格达做了很好的研究与翻译，后来才有机会让西方学者研读。其实，各种传统皆有许多正面价值需要重新被了解。黎贝拉阿兰在《中世纪思想》(*Penser au Moyen Age*)一书中特别强调阿拉伯传统①。他也研究大阿尔伯特(Albert the Great)。以前哲学史写到大阿尔伯特，总写他是预备托马斯的出现，教托马斯是他一生最大的成就，其实不然。大阿尔伯特在科学和哲学上都有了不起的成就。就此而言，黎贝拉阿兰说，"我们必须忘记托马斯"。换言之，不要老只想着托马斯，使得我们对别人都没办法欣赏了。当然，并不一定要忘记托马斯，不过要知道，除了托马斯以外，还有很多思想家都有非常积极的贡献。

其实，即使在托马斯的思想中，也可以找到开放、多元的想法。这一点也是后来研究的重点。托马斯的著作，无论是大全(Summa)或问题讨论(Questio Disputate)，都是先写明问题，再写别人的意见，跟这些意见讨论，再说"Sed contra"(然而，应该

① Libera, Alain de, *Penser au Moyen Age*, Paris : Edition du Seuil, c1991. 又见氏著 *La philosophie médiaevale*, Paris : Presses Universitaires de France, 1993。

说……)。可见,他都是在跟许多人对话,并在对话中思考问题。这种问答法(questio)不像庄子的"两行",任是任非,各行其是;也不像黑格尔的辩证法,先肯定,再否定,再否定的否定,不断弃劣扬优,将劣的去掉,将优的综合到更高的体系。其实,托马斯是在与许多人交谈,一方面思考别人思考过的成果,也因此在托马斯的著作中引述很多人,对历来思想的成果作了综合,也让我们了解了很多的思想家;另方面他也负起思想家的责任,在跟别人交谈时,一一讨论他们思想的要点,然后提出自己认为应该怎么想,怎么判断。这其中,交谈的过程甚为重要。

在中世纪科学思想方面,除了大阿尔伯特以外,还有格罗赛特斯特(Robert Grosseteste)。20世纪70年代,鲁汶大学分裂为新鲁汶与老鲁汶。在我回国以后,新鲁汶聘请了一位新的老师麦其沃(James McEvoy),他是研究格罗赛特斯特的专家,他的研究证明格罗赛特斯特在科学史上是一位非常重要的思想家。不过,有时候人往往会特别强调自己所研究对象的重要性。麦其沃就认为格罗赛特斯特知识的渊博和思想的深刻,远胜过他之后两百年的思想家,其中也包含了托马斯在内[①]。至于老鲁汶,则有德寇特(Jos Decorte)参考福柯的思想,以研究士林哲学,著有《理性的疯狂》(*the Madness of Intellect*),讨论中世纪的理性和巫术。这是鲁汶学派的近况。

福利堡的英巴贺(Ruedi Imbach),原先写博士论文时研究托

① McEvoy, J. J., *The philosophy of Robert Grosseteste*, Oxford: Clarendon Press; 1982; McEvoy, J. J., *Robert Grosseteste : new perspectives on his thought and scholarship*, Steenbrugis: In Abbatia S. Petri, 1995.

马斯和爱克哈特大师，如今则专注研究平信徒在中世纪的角色，注意到除了神职学者以外，那些一般教友对哲学的贡献。

此外，荷兰的欧哈外野（Olga Weijers）与贺次（Louis Holts）等人研究早期大学的制度性条件与知识管理、教学方法和手稿处理等问题。最近在北美甚至有人研究中世纪时的记忆术，其中涉及的图像化以及对大脑的认知，都是很有意思的研究趋势，焉知将来不会从其中启发新知？

现在让我简单提一下多伦多的情况。刚刚提到，欧洲在梵二以后新托马斯主义逐渐淡化，但有超验托马斯主义兴起。然而在北美，在多伦多出现了一位哲学家，是耶稣会神父罗纳根（Bernard Lonergan），他结合康德哲学、科学思想和托马斯哲学并赋予新诠。大家若上过关永中教授的课，应该知道罗纳根。他对于科学、哲学和新思潮都很娴熟。《时代》杂志曾对他作了一个比较夸张的评介，说迄今最重要的哲学家有三位，一是柏拉图，一是亚里士多德，一是罗纳根。罗纳根除了《洞见》（*Insight*）和《神学方法》（*Method of Theology*）这些出名的著作以外，写的东西还很多，他的科学和数学都很好，甚至写到经济学上汇率的问题、教育的问题，都有很深刻的见解，实在是了不起的一位思想家。

辅大哲研所早就引进了罗纳根，以前我在念研究所时，葛慕蔺神父已开始教《洞见》一书。现在罗纳根所有的文章、遗物、录音带……都保留在多伦多的"罗纳根研究中心"，原先位在玛利亚路端的一栋大楼，现在则迁到我家隔壁的雷济斯学院（Regis College），各位如果有兴趣，可以来做研究。既然辅大与多伦多大学已经签了合约，总要有人来做做研究，一方面可以到宗座的中世纪研究院，一方面也可以去阅读罗纳根的材料，听听他的录音带，很可能受到启发。辅大化学系的柏殿宏教授为了推动宗教与科学关系研究，曾特别到罗纳根中心来看过。罗纳根是一个富于创造性的思想家，对于托马斯、康德哲学、当代科学与当代哲学和现象学，有自己一套综合方式，是一位富于原创性的哲学家，不能只算是做哲学史或思想史的学者。

在中世纪研究方面，多伦多的宗座中世纪研究院并不只研究士林哲学，对中世纪的文学、历史、哲学、图像、音乐、图书管理等，皆有所研究。卸任院长玛科尼卡(McConica)的研究集中于文艺复兴时期，对人文主义思想家伊拉斯谟（Erasmus）和莫尔(Thomas Moore)很有心得，也是文艺复兴百科全书的主编(Encyclopedia of Renaissance)，此外，他对于中世纪大学的兴起，以及支持并散播人文思想的机制，也卓有研究。如今，伊拉斯谟全集及其书信集都已经由多伦多大学版社出齐。晚近多伦多的宗座中世纪研究院整理爱留根纳(John Scotus Eriugena)文集，由饶诺教授(Edouard Jeauneau)负责，名为《约翰·爱留根纳文集》(*Scotti seu Eriugenae Periphyseon, The Collected Works of Johannes Scottus Eriugena*)，可谓非常仔细而全面。由于爱留根纳的《论自然的区分》(*Periphyseon or De Divisione Naturae*)在爱留根纳在世之时便一再修改了好几次，现在整理的总共有五种不同的版本。《论自然的区分》是一部皇皇巨著，对往后的哲学思想有很大的影响。我自己在多伦多闲来没事，对他较小的著作《圣约翰福音序言阐义》(*Homily on the Prologue to the Gospel of St. John*)也进行翻译，并打算取与传统中国思想做比较。爱留根纳心目中的神学家典型是圣约翰，以神鹰飞扬为喻，并对圣约翰福音的序言作了深邃的评述，其中多有与中国传统哲学内涵相通之处。从其原名，取名为《神鹰灵音》。

爱留根纳文集的出版有很深的意义，跟过去编的集子不一样，它呈现文本的动力与不同版本的变化，显示一个思想家在思想和写作时的曲折过程，其中的趣味颇值得注意。以上是我对士林哲学与中世纪研究的过去与现在的简略评述。

三、展望将来：台湾中华士林哲学研究展望

以下我想从重新脉络化与辅仁大学使命的观点，谈谈台湾的中华士林哲学研究的展望。台湾的士林哲学研究应该有自己的特色。我刚刚已经指出来，以上这些重要的研究路径，都跟辅仁大学的士林哲学教育多少有关。从鲁汶学派到多伦多学派，到超验托马斯学派，乃至于罗纳根的哲学，都跟辅仁大学有某些关系。现在我们必须思考一个问题，也就是历史意识的觉醒以及在地化特色的形成，这尤其与辅仁大学的使命和特色有关。

大学的教学虽应尽量完整，但研究则应该有自己的特色。由于信息的发达与便利，现在的研究不应该只是复制别人的成果，现在的信息太容易了，做复制工作毫无意义，却应该建立起自己的研究路向。前面提到，我在说服多伦多宗座中世纪研究院与辅大合作时，提出“中国人做士林哲学研究”的观念，于是他们同意合作。这其中主要的是应该把士林哲学研究发展与中国哲学联结起来，其实，这个工作一直是被忽略的。忽略士林哲学在近代以降中国哲学

的正确地位，这也是中国哲学史研究自近代以来的思想发展有所忽视、有不公正的地方。我想，今后应注意以下几个重点研究方向：

（一）中华士林哲学史与中国哲学史的重建

在我看来，中国哲学的发展可分为四个阶段。先秦诸子百家的蓬勃发展，构成第一个阶段；东汉时佛教传入，于隋唐时期形成中国大乘佛学，八宗并建，是为第二个阶段；后来宋明理学、心学、实学构成了第三阶段。至于中国哲学的第四阶段，则是始自利玛窦等人引入西学，带来西方的哲学、科学、基督宗教以及其他相关思想。在这第四阶段，中国哲学开始消化并且面对西方的挑战，这一工作在明末清初就已经开始。除了像利玛窦、艾儒略等耶稣会会士以外，当时的基督宗教在中国的三位台柱，就是徐光启、杨廷筠、李之藻，他们都已经做了不少融合的努力。之后还有许多华人基督徒作家，例如夏大常、张赓、德沛等人，他们在士林哲学的影响之下已经写了不少东西，形成中西初融的作品，可谓中华新士林哲学的雏形，却往往被我们忽略了。其实我们应该重新整理。西方的思想是从那时候开始引入，最先引入的是士林哲学，意义重大，对中国哲学史的重建也是重要的。第四阶段中国哲学史的重建不应该只是片面的，应该注意西学的挑战与早期华人基督徒的贡献。凭良心说，这一点迄今一直没有得到足够的重视。

1. 早期士林哲学的引进、发展与明、清哲学史的改写

各位知道，第一位有系统地被引进而且翻译为中文的西方哲学家，是亚里士多德。在明末已经有四本亚里士多德的书被翻译或更好说改写为中文：《范畴论》（*De Categoriae*）节译为《名理

探》,《论灵魂》(*De Anima*)改写为《灵言蠡勺》,《论天》(*De Coelo*)节译为《寰有诠》,此外还节译或改写亚里士多德伦理学讲义为《修身西学》,还有其他,且不一一列举。总之,当时耶稣会士是有系统地予以引进的。按照当时耶稣会的教育章程,关于亚里士多德的教学,需按逻辑学、物理学、伦理学、形上学、自然神学的秩序①。其实,《名理探》属逻辑学,《寰有诠》属物理学,《灵言蠡勺》属人学、伦理学,这些著作即使在今天仍是值得用心去讨论的。此外,艾儒略的《西学凡》将西方各种学术的分类作了很完整的介绍。在《西学凡》、《名理探》里,可以看到古希腊与中世纪许多哲学家的名字和思想,都是中国人第一次听闻到的。中国人对西方哲学的认识是从那时候开始。这在今天看起来,尤其是就中西哲学互动的角度,有很重要的意义和价值。

更重要的是,不只徐光启、杨廷筠、李之藻三位有重要著作,明末清初还有许多华人基督徒对西学加以消化,提出中国人初步的综合。这些著作收集在《天学初函》、《天学续函》、《天主教东传文献》一、二、三集,以及最近出版的《耶稣会罗马档案馆明清天主教

① Monumenta paedagogica Societatis Jesu: quae primam Rationem studiorum anno 1586 editam praecessere, ediderunt Caecilius Gomez Rodeles, Marianus Lecina, Fridericus Cervos, Vincentius Agusti, Aloisius Ortiz, e Societate Jesu presbyteri, Matriti: Typis Augustini Avrial, 1901. 当时耶稣会士系统地引进亚里士多德的其他理由是:一、耶稣会士认为亚里士多德的哲学系统既合乎人的理性要求,又与基督教义相合,并且可以作为科学、技术、伦理与宗教之间的中介与接引。二、耶稣会士们认为此一亚里士多德教程有助于培养中国修士和高等中国信徒,尤其有助于在思想上训练他们来对抗道家与佛家。他们想利用亚里士多德的实体概念、逻辑方法、物理学、人学等,来对抗佛教主张以"空"为终极真实、新道家主张以"本无"为道,或宋儒朱熹主张的"太极是理"。他们也想透过亚里士多德的伦理学,接近爱好道德思想与伦理价值的中华文化,并提出一个足以导向基督宗教的神学与信仰的人学理论或人性论。

文献》、《法国国家图书馆明清天主教文献》里面，更有丰富的华人基督徒哲、神学作品。辅大士林哲学中心应该把这些著作，针对华人地方性的、本土的成果，好好研究。天主教在中国唯一的大学就是辅仁大学，辅仁大学不做这些研究，谁会去做？有关这一部分，国际上历史方面的研究已有很多，例如目前旧金山大学利氏学社进行了礼仪之争的研究，然而，哲学的讨论仍非常缺乏。其实，其中最重要的意义就在哲学，这是颇值得做的。我希望辅仁能把这些研究落实，不要再继续忽略。的确，这些研究材料之中实在含有许多宝贵的东西。

举例来说，大家都知道，台湾的中华新士林哲学和当代新儒家之间有一些争论，但你可能不知道这些争论早在那明末清初便已经浮现重点。我且举一个例子来说，在庞迪我（Didacus de Pantoja）撰述、杨廷筠校梓的《七克》一书中，主张某种"压抑性的德行概念"（repressive concept of virtue），强调德行是对于七罪宗的克服，以谦让克服骄傲，以仁爱克服嫉妒，以慷慨（舍财）克服吝啬，以忍耐（含忍）克服愤怒，以淡泊克服贪饕（饮食迷），以贞节（绝欲）克服贪欲（色迷），以勤于天主之事克服懈惰于善（用勤劳克服懒惰）。这些教导十分近于当时的佛教徒和新儒家。佛教徒主张克制感官欲望，认清色即是空；宋明儒学则教导人们去人欲，存天理。这多少不同于亚里士多德以德行为能力的卓越化，或者先秦儒以德行为关系的和谐化，后者我称之为一种"创造性的德行概念"（creative concept of virtue）。就强调克己、克服欲望以遵循义务而言，明末清初耶稣会士引进的德行观，趋向自我控制。这可以从华人基督徒陈亮采给《七克》的序中得到印证：

"夫戒慎恐惧以率其天命之性而达于上天之载，此吾儒之真本领，真学问也。但恐愚俗不知天为何物，而以为在于苍茫穷具之表，故权而昭之曰'天即在吾心是也。'而后之学者遂认心为天，以为横行直撞，真机彷徨，摆落规条，快乐自在，而卒流为无忌惮之小人。……"①

这段话甚有意义。一方面可见，陈亮采所重视的是"压抑性的德行概念"，其所谓戒慎恐惧，是在基督徒省察良心的意义下理解；另一方面，他也提出对晚明王学将人心绝对化的一些批评，反对将人的主体性自我封闭，乃至以为"天即在吾心"，或"认心为天"，认为这种想法会影响伦理行为，甚至会放纵自我，肆无忌惮。人虽可合于天，但人不就是天，若以人心为天，在道德实践上将有自欺或狂妄的后果。对此，明末清初的中国基督徒已然知之，并与当时心学派的新儒家就此辩论。这一问题已然种下中国基督徒与心学新儒的长期争论，一直到当代中国基督徒，如天主教哲学、基督教神学与牟宗三所代表的当代新儒家，仍对此有所争论。我们可以说，这一论争迄今还是有它的现代意义。

再举一例。《耶稣会罗马档案馆明清天主教文献》第十册，一打开就是由一位本名夏大常，署名夏玛第亚的中国天主教徒所著的《性说》，其中有谓：

① Ibid.，pp. 704—705.

"明于性者,必通三才之理。尽乎性者,将予造物同归。三才者,天道地道人道也。天道无形,地道有形,人道则兼处乎天道地道之间。灵性者,无形之体,同于天道也。肉身者,有形之物,同于地道也。故,人道能兼天道地道焉。人道所以相同于天道,而大异乎飞潜动植之诸物者,岂非为此灵性之尽美而尽善也哉。"[①]

所谓"性说",旨在讨论人性,其实是"论灵魂"的延伸或转变。亚里士多德的灵魂论,当时译为《灵言蠡勺》,但由于中国有悠久的人性论传统,而无灵魂论传统,也因此,艾儒略已将其对灵魂论的著作名为《性学觕述》[②]。这是将灵魂论转译成人性论。这位夏玛第亚的文采不错,其思路有华人特色,从中国哲学的三才与人道的特性来讨论,主张人兼天地而有之。

进一步,夏大常认为,每一个人的灵魂都是上帝所亲造,因而与其他由水火土气四大要素所造的万物不同。值得注意的是,夏大常用的是古希腊或亚里士多德所谓的四大要素论,而不是中国传统的五行论。灵魂既为天主亲造,人应尽其性以报答上帝恩宠。他说:

"广生之物,舍皆取材于此水火土气中,随取随生,随用随

① Ibid. ,Vol. 10,p. 3.

② 艾儒略,《性学觕述》,收入 Nicolas Standaert and Adrian Dudink, Chinese Christian Texts from the Roman Archives of the Society of Jesus(《耶稣会罗马档案馆明清天主教文献》),Vol. 6, Taipei: Taipei Ricci Institute, 2002, pp. 45—378。

> 足，无烦天主再造焉。为此灵性者，独为天主所宝爱，颗颗粒粒，皆从天主特意而生之。用其全能，从无造有，亲造之，亲赋之，一如慈父贻子者，必取嘉美之物贻之。天主赋性于人类，人类自当尽性以答天主之洪恩。"①

夏大常经常引述诗、书、孔、孟，以表明人性与仁义礼智等美德本身皆是善的，他说：

> "书言降衷，衷者善也。诗言懿德，懿者善也。孔子言天生德于予，德者善也。中庸言知仁勇者善也。孟子言仁义礼智者善也。皆言人性之善者，无异词矣。"②

当时还有许多重要的华人天主教徒学者，像张星曜、严谟、李九功等人皆是，我读他们的文章，觉得他们事实上是华人天主教徒思想家的先锋，能开始消化亚里士多德、托马斯等士林哲学内涵，与中国哲学进行融合，这一重要工作，并不始于今日。可见此一历史溯源工作必须要更积极地进行，也许今后这段中国哲学史的图像也会有所改变，这其中仍有许多值得研究的地方。

2. 近代中华士林哲学与当代中国哲学发展

除了明末与清代的士林哲学发展，华人的士林哲学自 19 世纪

---

① 艾儒略，《性学牖述》，收入 Nicolas Standaert and Adrian Dudink, Chinese Christian Texts from the Roman Archives of the Society of Jesus(《耶稣会罗马档案馆明清天主教文献》), Vol. 6, Taipei: Taipei Ricci Institute, 2002, p. 4。

② Ibid. , p. 5.

末、20世纪初迄今的发展，其中有很多研究成果，也值得仔细整理，寻出一些道路出来。我记得在大学的时候，读过常守义的《哲学史缩型》，王昌祉的《诸子的我见》、《伦理学》、《现代问题的解答》等。更早的马相伯、后来的吴经熊，大家熟知的方豪神父、于斌校长、罗光总主教的作品，以及后来李震神父、项退结教授、邬昆如教授的作品等，其中多有宝贵的研究成果，其正面精神可以进一步再推广，其不足之处可以加以检讨，寻求济补。针对我刚才提及的内涵有很多还可以再思考、再筛选、再整理，作为以后进一步研究的指标。

总之，自明末清初以来，中华士林哲学的发展，有许多很好的资料，希望大家在其中挖宝，找到值得做的东西，把其中的历史发展内涵加以厘清，因为人若不知道过去，便会一再犯错；没有好的成果整理，往往会自以为是第一个开始做，其实有许多是前人已经做了的，这一点认识也会使我们为学更加谦虚一点。

（二）士林哲学、宗教、神学的相关议题

除此以外，士林哲学和很多其他的领域相关，值得去注意和研究，尤其哲学和宗教是密切相关的。士林哲学家所写的东西大部分也是神学著作，像托马斯的《神学大全》(*Summa Theologica*)曾被推崇为上个千年最伟大的书之一，但大家知道这是一本神学著作，与宗教信仰有密切关系。我于2003年7月时，曾担任辅大中世纪文化学程，由于学生里很少哲学专业的，为此讲到托马斯时，我就选了他的《神学撮要》(*Compendium Theologiae*)，英译本名为*Light of Faith*(信仰之光)，这是托马斯死前两年为他的朋友雷吉纳德(Reginald)修士写的一本简明扼要的神学作品，内容按

照信、望、爱的顺序撰写，十分浅近易懂，学生读来较为容易。我曾为学生选读两篇，论“人的目的”一篇，另一篇论善与恶，这些虽属伦理学的内容，但都与神学内涵有关。

其次，士林哲学与其他传统的互动，也值得注意。事实上，士林哲学在发展过程当中，与其他传统有密切的关系，像先前的亚里士多德传统、新柏拉图主义传统，当时面对的阿拉伯哲学、犹太哲学等。我刚才提到里尔的阿兰（Alain de Lille），曾注意到犹太的传统，并透过驳斥错误、论定真理的方式与他们交谈。阿贝拉尔（Peter Abelard）著有《哲学家、犹太人与基督徒的交谈》（*Dialogus inter philosophum，judaeum et christianum*），则是侧重哲学理性与基督宗教信仰和犹太思想的交谈。托马斯的《驳异大全》（*Summa contra Gentiles*），虽说从名称看来是在驳斥异教，其实是在与犹太人、伊斯兰教教徒的哲学和宗教进行交谈。今天来讲，这些都处在一种与其他传统互动的情况。其实，中世纪并不只有天主教的士林哲学，此外还有犹太哲学、阿拉伯哲学。它们在互动过程中达到知己知彼，以上这些著作都是它们互动的明证。其中若有批判与驳斥，也可以注意到他们对别的传统，已经做了选择，有弃有取，尤其是托马斯，他把其他传统的思想论点都拿来，跟他们讨论。他用问题的方式，来与别的传统讨论与筛选，最后并提出自己负责任的论点。总之，士林哲学与他者的互动，与其他传统的交谈，颇值得研究。

再次，士林哲学与宗教密契的关系，也值得注意。我把“Mysticism”一词译为“密契论”，是因为“神秘主义”这语词已经有些贬义。用“密契”翻译 Mysticism，表示密切契合于终极实在的状态，音也合，义也合。对于不同传统，终极真实不一定是神，也因此有些密契论主张契合于神，有些密契论（例如道家）主张契合于道。无论如何，契合于终极真实，这很吸引传统中国哲学思想或有宗教倾向的思想趋势。我们过去花很长的时间一再重复研究托马斯的学说，不过，像初期希腊教父的著作，既有希腊哲学成分，也有密契成分，如果能早一点加以介绍和翻译，对于与中国哲学的交谈，将会有很大的帮助。我前面提到的爱留根纳（John Scotus Eriugena），是其中一个很宝贵的例子。《论自然的区分》区分四种自然，预示了后来 Spinoza（斯宾诺莎）所谓的能产的自然（natura naturans），与被产的自然（natura naturata）的区分，也预示了黑格尔的辩证法。他深切地体会到，神虽然超越世界，但神也在世界之内，其中的密契经验，与形上学有基本的相合性。

在中世纪的密契思想中有许多值得与中国思想相比较之处。像笔名狄奥尼索斯（Pseudo-Dionysius）论“神的名称”、“无”的思想，宣信者马克西姆斯（Maximus the Confessor）论“神的肖像”，圣伯纳德（St. Bernard of Clairvaux）论“爱”，爱克哈特大师（Master Eckhart）、圣十字约翰（St. John of the Cross）与圣大德兰（St. Teresa of Avila）等人的密契思想的确深邃迷人，值得探索，并与中国原有灵修传统比较。这些密契思想颇能吸引人的心灵，至少就我个人来讲，随着年岁的增长，日愈感受到其中瞻之在前、忽焉在后的吸引力。

（三）士林哲学与其他中世纪文化层面

除此以外，士林哲学应与其他中世纪的文化层面关联起来研究。现在辅大重视特色发展，应多做中世纪研究。像历史系可以重视中世纪历史的研究，英文系可以推出对中世纪英文文学，例如乔叟的研究，等等。无论文学、艺术、美学，都值得做。其实，每一个科系在这方面都可以找出一些相关的东西，整体配合起来辅大就可以有一配合使命的重要特色。各科系可加以发展，透过彼此更多的互动与交谈，这一研究方向与成果会越来越重要，而且也不会与后现代脱节。因为新的时代都需要更多新的启示、启发承先启后的历史路标。我在今年7月时，讲授了波埃修(Boethius)的《哲学的安慰》(*De Consolatione Philosophiae*)，这是一篇非常精彩的作品，它继承了古希腊的哲学思想，又开启了尔后人文教育的先锋。在文学类型上，既有叙事，也有诗的形式，几乎与佛经的形式相近，可以取来做比较。那些诗本身也可以拿出来独立研究，且每一首诗都对先前讨论的哲学问题作了巧妙的综合，本身既是哲学的论述，可又很有文学的趣味。历代以来对他的评注甚丰，乔叟也曾将之译成英文，而且做了一些研究性的评注。可见，《哲学的安慰》对文学与哲学都非常重要。

再以里尔的阿兰为例。里尔的阿兰的《自然的怨叹》(*De Planctu Naturae*, *The Plaint of Nature*)[①]，与《哲学的安慰》颇为相似。在《哲学的安慰》里，哲学以女士的形象，展现给狱中的波埃修；在《自然的怨叹》里，自然也以女士的形象，展现给里尔的阿兰，其中论及自然的概念与自然律，论及对立元的和谐，与中国哲学里

---

① Alain of Lille, *The Plaint of Nature*, translated by James Sheridan, Toronto: Pontifical Institute of Mediaeval Studies, 1980.

的阴阳观念很接近，而不同于近现代科学的自然律，其中有很多可以比较之处。《自然的怨叹》呈现散文与诗交错的形式，既是哲学，也是文学。里尔的阿兰另有一书名为Anticlaudianus《反克劳德》，英译本加上"论善与完美的人"（*Anticlaudianus*, or the *Good and Perfect Man*）①，用类似戏剧和小说的体裁写作，塑造一个全新的、完美的人。书中把人的能力人格化，有感性，有智性，有实践理性，有德行，都一一人格化，他们公推实践理性（Prudentia）去向上帝要一个完美的灵魂。在这过程中对七艺、五官、哲学、神学一一讨论，一层一层地超越，最后超越神学境界，到达上帝那里，获得完美的灵魂回来，加在自然所型塑的身体上，结合成一个完美的人。该书运用故事的体裁，叙事的文体，带有浓厚的文学趣味，巧于引喻，但却传达着很深刻的哲学思想。这书很富于可读性，和大家过去念的士林哲学不太一样。我很佩服里尔的阿兰这个人，他真是博学深思，文采又好，丝毫没有枯燥无味的文字，可以欣赏到文学与哲学甚至美学的趣味。

（四）士林哲学与历史、政治社会发展的关系

除此之外，士林哲学也与中世纪的历史情境，例如与大学的兴起与发展、当时的修会的兴起与事业、书籍的保存与流通、宗教的发展与冲突等，密切相关。在今天来讲，有关艺术史、美学史的部分，特别值得注意。我推荐各位去阅读潘诺夫斯基（Erwin Panof-

① Alain of Lille, *Anticlaudianus*, *or The Good and Perfect Man*, translated by James Sheridan, Toronto: Pontifical Institute of Mediaeval Studies, 1973.

sky)的中世纪艺术史、哥特教堂建筑研究。

其实,中世纪研究可以有十分宽广的出路。像现在很有名的艾科(Umberto Eco),也是研究托马斯美学出身的。现在很卖座的电影“魔戒”(*The Lord of the Rings*),其原著作者是中世纪学者托尔金(J. R. R. Tolkien),书里所反映的正是中世纪世界的秩序,且诗文并茂。《魔戒》之迷人,正显示中世纪的世界图像与想象之吸引当前人心。

最后,士林哲学中的政治哲学内涵,也甚值得注意。我在今年的课程里曾分析托马斯的《论王治》(*De Regimine principium*, *On kingship*, *to the King of Cyprus*),这是一部重要的政治哲学著作①。其实,在亚里士多德的《政治学》之后,《论王治》是最重要的一本政治哲学经典之一。其中有很多新观念,像今日所谓“公民不服从”(civil disobedience),在《论王治》里就有所谓的“抵抗权”,意即暴政危及百姓生存时,百姓有抵抗权。《论王治》一书在晚近受到许多学者的注意和研究。

四、简单的结语

最后,我要指出,人的自我形象,是在与多元他者互动之中形成的。在今天,全球化历程正如火如荼地展开,大学中的研究更要有自己的特色,而特色的形成一方面要留意自家本有的资源,另一

① St. Thomas Aquinas, *On kingship*, *to the King of Cyprus*, done into English by Gerald Phelan and revised by Th. Eschmann, Toronto: Pontifical Institute of Mediaeval Studies, 1967.

方面也要注意创新的开展。在全球在地化(glocalism)的趋势当中,辅仁大学的使命与特色的形成,必须兼顾两者。中世纪与士林哲学的研究,一方面除了历史的兴趣,包含本国的历史资源与欧洲中世纪的资源,还须展开新的视野,与当代思潮对话,不断吸取新的观念,创造新的思想。我想,建立相关性,才有创造性可言。如果不一再建立相关性,只死守一方,思想与研究很容易萎缩。为此,今后的研究必须不断探求本有资源,并不断建立新的相关性,与时俱进。

附录四　书评：赖醉叶《理性的希望》[1]

《理性的希望》(*L'Espérance de la Raison*)和《可能者的时间》(*Le temps du possible*)可以说是赖醉叶先生生前最后出版的两本著作。《可能者的时间》从哲学的责任一直讨论到适然存在之物的时间性，而以本书讨论"理性的希望"来压轴并总结。本书实际上是一本文集，收集了赖醉叶先生近二十余年来分散各处发表的论文，其中有两篇是发表于20世纪70年代后期，三篇发表于1980年代，六篇发表于1990年代，可说是他生前较为晚近的作品，其中包括《合理性与讲道理》(*Le rationnel et le raisonnable, 1998*)，《自然与理性》(*Nature et Raison, 1997*)，《理性的变迁》(*Le devenir de la raison, 1999*)，《理性之诸面貌》(*Les figures de la raison, 1991*)，《理性的命运》(*Le destin de la raison, 1992*)，《理性的希望》(*L'Espérance de la Raison, 1995*)，《可否用哲学思考希望》(*Peut-on philosophiquement penser une espérance? 1997*)。由这些论文的题目与内容看来，思考人类理性的种种相关问题及其命运与希望，是赖醉叶先生一生最后阶段，也就是生前

---

① Jean Ladrière, *L'Espérance de la Raison*, Edition Peeters, Louvain-Paris, 2004.

的最后十余年，最为关怀的问题。

全书计分三大部分。第一部分为历史的参照点，分别以圣托马斯(St. Thomas)、怀特海(A. N. Whitehead)、布隆德(M. Blondel)为其思考的参照点。第二部分则论及理性的议题，论及合理性与讲道理的区分、自然与理性、理性的变迁、理性之诸面貌、理性的命运诸议题。第三部分则论及理性的终局，主要探讨理性与末世论、理性的希望、对于希望的哲学思考等。

关于第一部分，书评作者很高兴看到赖醉叶先生以圣托马斯、怀特海、布隆德为他思想的参照点，因为我自己在辅仁大学的硕士论文，便是研究圣托马斯的超越属性(transcendentalia)与中国哲学相关议题的比较。其后，我在赖醉叶教授指导下完成的博士论文，则是针对怀特海的"创新"(creativity)与布隆德的"行动"(action)进行对比，以作为我建构对比哲学的参照点。赖醉叶先生首篇《哲学当前处境与圣托马斯思想》，出版于 1981 年，是我从鲁汶毕业，返台在政大教书的第二年，该文特别指出托马斯的默观思想贯穿了思想与行动、哲学与神学，尤其是他对于创造、人的位格与自由、启示的可能性等议题的思考，富于永恒价值，即使随着年代的变化，仍保其思想的力道，掌握人类理性的命运，并以批判精神而有自觉地明示理性的成果与限制。

关于怀特海，赖醉叶欣赏的是他贯穿科学、宇宙论和对神的论述，展现在其《历程与实在》(*Process and Reality*)一书中所定义的默观哲学："一种建立一套圆融、逻辑、必然的普遍观念体系之尝试，借之吾人经验的全体因素皆可获致诠释。"赖醉叶非常推崇怀特海哲学的恢宏气度，并赞誉道："让我们当下指出怀特海哲学思想的精华，在于一以贯之地提出了对人的诠释、对世界的诠释与对上帝的诠释。”至于布隆德，赖醉叶非常推崇其《行动》（*L'Action 1893*）一书，认为是一呈现人透过行动不断体现其走出自己，终抵至善的历程的哲学论述，然而，论述有其限度，终须不断重新开始，以便不断诠释行动不停向前、向上的运动，而焕发出新的意义。唯有在行动当中，论述才能不断地推陈出新，以便创造意义，逼近真理。赖醉叶以上的见解，是在鲁汶大学于1973年成立布隆德档案中心（Centre d'Archives Maurice Blondel）时，发表《“行动”作为实际体现的论述》一文时，根据布隆德1893年的博士论文《行动》（*L'Action*）一书而提出的，当时档案中心方始成立，此一论述可谓一针见血，然尚未立基于布隆德的全部著作集、日记、书信与杂文。布隆德其后出版的鼎著，《行动》（*L'Action*）、《思想》（*La Pensée*）、《存有与存有者》（*L'Etre et les êtres*），更有系统地处理了行动、思想与存有的关系。这套书也是海德格尔参考过的著作，据海德格尔本人表示，他要不然就不阅读，只要感兴趣，一定读完全集。

随后第二部分与第三部分所收集的各篇论文，也都是赖醉叶先生在不同时期、不同场合发表的，按照他自己的说法，其中第二部分“较属描述的性质，讨论理性变迁的主要阶段与面貌”，而第三部分“则较属默观的性质，引入理性的终局论”，其中最重要的语词，是“终极时刻”（eschaton）一词，而理性的希望，也是要联系着终极时刻的目的论来说的。在赖醉叶看来，凡属必然之物项，是无希望可言的；唯有亚里士多德所谓的可能之物，也就是具有偶然性（contingence）之存在，（或者，按照我引用庄子的语词，“适然”之物），需要在时间中开展，因而有其历史性（historicité）的存在者，在迈向终极时刻的过程中，始有希望可言。由于人自己的存在以及其所生活其中的世界，都是在虽有限定而须在时间中开展的存在物之间揭示的，也因此人是生活在希望的世界中；在其中，人的理性既会对整体的融贯性、相互相关性与法则或秩序达成理解，也会透过自由的行动来启动有意义世界的建构，展开并实现诸种可能性，承担责任，最终达成全面的自我了解。这是人类理性所向往的希望。希望总是综合了理解、实践与情感。赖醉叶认为，这样的看法，旨不在作为一种明证，而在作为一种诠释。他说，“这种诠释包含了理解，是一种精神的洞见，而其自身则是其所诉说的希望的表述。希望是一致令信任的同意，在此它是属于情感，也是属灵之物。希望是一精神态度，其中同时作证了对于所宣示之物的认知，对于所提呈之物的证成，对于所信任之物的等待，虽不乏明证而又超越明证。”

赖醉叶先生这本《理性的希望》由于是一本文集，而不是一本系统写作的专书，也因此在体系性与全面性方面，不如布洛赫三巨册的伟著《希望的原理》（*The Principle of Hope*），该书系统地探讨了在白日梦、童话故事、民间文化、文学、戏剧、各种艺术形式、政治与社会乌托邦、哲学与宗教等之中，如何以各种不同形式含藏着投向更好生活的乌托邦梦想，后者往往被马克思主义视为意识形态加以批判，而忽视其中所包含的质疑资本主义社会而指向终极解放的力量。

布洛赫的三册《希望的原理》可谓意识型态批判与批判性文化研究方面的洋洋巨著，相形之下，赖醉叶先生这本《理性的希望》只是一本哲学的文集而已。话虽如此，赖醉叶集中心力于哲学，关心人类理性命运与责任，联系精神生命的动态视野与诠释，却要比布洛赫具有更强的论证力道与默观哲学的趣味，而且他对于终极时刻的阐述与期待，也比布洛赫更坦诚地表现了一位基督徒思想家衔接理性与信仰的终极关怀。总之，这是一本出自哲学大师的深思明辨之作，值得向中文学界推荐，也希望早日出现信达雅的中文译本，以飨更广大的中文哲学读者。

第三部分

中华新士林哲学

第十一章　中华新士林哲学的肇始者:省思利玛窦来华启动的相互外推策略

意大利耶稣会士利玛窦(Matteo Ricci)于1583年抵达广东肇庆,从此启动了中西文化交流大潮,尤其他和艾儒略(Giulio Aleni)及其他耶稣会士们,携来亚里士多德及其文艺复兴时期科音布拉学院(Coimbra College)的评注本,并开始有系统地加以翻译,以便和中国哲学交谈,特别尝试将之与先秦儒学融合,于是肇始了中华新士林哲学。由于其不只是奥古斯丁和托马斯等人的士林哲学,而且还与中国哲学融合,是以称为中华新士林哲学,其之所以新,远在19世纪新士林哲学与近代科学或德国哲学结合之前。然而,中华新士林哲学的形成与发展,是在更大的历史脉络中形成的。为此,本文必须交代,他们在文化适应的大方向下,所采取的相互外推策略,这一策略即使在今天全球化的大趋势下,仍然饶富意趣,值得省思。

由于全球化,跨文化互动日趋密集,文明交谈愈显急迫。我提出一个文明交谈的策略,透过外推与相互外推的方式,分就语言、实践与本体三个层面来执行,并以西方现代性形成初期,利玛窦来华,带来西方科技、伦理、哲学与宗教,启动了中西文化交流大潮,甚至肇始了中华新士林哲学，作为案例，进行省思与检讨，以发掘其中仍历久弥新的文明交谈范式。首先，检讨利玛窦与初期来华耶稣会士们在语言层面相互外推的策略，涉及他们的中西互译运动，该运动隐含一文明交谈的平等模式，亦即利玛窦《交友论》所示的“友谊”范式 。他们介绍孔子与“四书”给西欧，并引入亚里士多德作为第一个系统译成华语的哲学家，诚如艾儒略在《西学凡》中所述，这样做是为了使“东圣西圣，一体融通”，换言之，使中西文明在经典上进行交谈与会通。

在此之上，利玛窦与初期来华耶稣会士和华人教友更进行了实践外推。他们将西方流行的灵魂论，转成中国的人性论，就如毕方济《灵言蠡勺》、艾儒略《性学觕述》与夏大常《性说》所显示。耶稣会士们主张德行伦理学，视德行乃对欲望的压制，颇类似朱熹所谓“去人欲而存天理”，与先秦儒家与亚里士多德以卓越为德行相去甚远。然而，这种压抑的德行论，却同时出现在南逃汉人教友夏大常的《性说》和也是教友的清朝领兵亲王德沛的《实践论》中。

在实践外推之上，利玛窦及其追随者亦进行本体外推。然而他们用理性方式证明天主存在，并用实体的天主观来与朱熹的“理”、道家的“无”、佛家的“空”论辩，招致对方严厉批判。幸而有夏大常对中国宗教性质的查考，为中西初融的中国宗教学立下雏形。最后，我将检讨利玛窦等人的外推策略，尤其针对其仅论述对天主的理性证明，惜未尝多论及对终极真实的体验，若当时能引进希腊、拉丁教父及中世纪的密契论述，对中、西宗教的相互了解将会更有帮助。

一、引言：省思的线索——全球化与跨文化互动

由于全球化历程加深，各文化不断跨越国界并与其他文明互动。不同文化、哲学与宗教传统的相互比较、诠释与对话，须摆脱排他性的国族主义，或东方主义、学术殖民的观点，重新安置在各文化传统和政治社会团体在全球化历程中向外延伸并与多元他者相遇、互动的脉络中来进行。

然而，全球化是经历整个复杂的历史过程，才走到今天的地步。例如，在一次与我同台发表论文时，德国哲学家阿沛尔(Karl-Otto Apel)主张古希腊时期亚历山大进入印度，是第一次全球化。到了中世纪，蒙古人跨越欧亚进行的军事与商业行动，也是全球化历史阶段之一。许多学者，如魏泽福(Jack Weatherford)认为：中世纪时蒙古人进行了商业的全球化。到了近代，近代西方帝国主义扩张与殖民运动也是其中的一个过程。例如，由于葡萄牙的殖民，澳门从16世纪下半叶便成为中西文化交流与西方现代性入华的前站。本文将集中处理的，正是这个时期。不过，我想以意大利传教士利玛窦及其后继者来华为例，在其中抽绎出符合今日全球化所需的友谊平等交流精神，而非近代性的殖民宰制态度。

就今天而言，我们正生活在一个全球性的多元文化时代。目前世局的任何重要议题，无论是经济、政治、疾病防治、犯罪防治、移民、安全、环保等，都不是在一个国家内部，用一套办法就能解决的。相反地，没有一项议题不需要多国的参与，多管齐下，这就涉

及不同观念、文化、做法的协调与合作。本人把“全球化”定义为“一个跨越界域的历史进程,在此过程中,人的欲望、内在关联性与可普遍性在整个地球上实现出来,并在现今与不久的将来体现为扩张至全世界的市场、跨国际的政治秩序和文化的全球在地化(glocalism)。”①

总之,文化互动应建立在“相互丰富”的原则上,没有任何文化可以独断独行。思想、哲学与宗教皆起自文化,也因而不同的文化脉络会有不同的思想、哲学与宗教。不同的文化传统应透过相互外推,以便达到相互丰富。我将集中在近代性兴起的时候,从其中抽绎出一个仍适用于今日的互动典范,那是由利玛窦来华所建立的外推策略,透过友谊交谈达致中西文化的相互丰富。

二、文明交谈的策略:外推与相互外推

(一)外推的意义

我提出外推作为全球化时代的文化互动策略,并将文明交谈视为相互外推。“外推”(strangification)原出自儒家的“推”概念,如孔子云“推己及人”;在《礼记·孔子闲居》中子夏云“善推其所有”;孟子说“故推恩足以保四海,不推恩无以保妻子。”此外,我也吸纳了瓦尔纳(Fritz Wallner)所提出的 strangification (Verfrem-

① 沈清松:Michael Hart and Antonio Negri, *Empire*, (Cambridge: Harvard University Press, 2000, 478pages+xvii)一书书评,《哲学与文化月刊》,第 361 期,台北,2004 年 6 月,页 109—112。

dung)作为科际整合研究的认识论策略,由我加以修正,并将之从科际整合的知识论策略,扩展到文化交流和宗教交谈的领域,使其成为跨文化哲学的策略。我所谓的“外推”,意指一种走出自我封闭,走向多元他者的行动,从自己熟悉的圈子走向陌生的外人,从一种文化脉络走向另一种文化脉络。

(二)外推三层面:语言外推、实践外推、本体外推

外推策略依序可以分为三个步骤。第一步是要进行“语言的外推”,就是把自己文化传统中的论述或语言翻译成其他文化传统的论述或语言,或其他传统所能够了解的语言或论述,看它是否能借此获得理解或因此反而变得荒谬。如果可理解,这代表此一论述有更大的可普化性;如果是后者,则必须对这传统进行反省和自我批判,没有必要采取自卫或更激进的护教。当然,这其中总会有一些不能翻译的残余或意义的硬核,但其中可共同分享的可理解性便足以证明它自身的可普化性。如果只在自己的传统中夸耀自家文化,至多只证明了它自身的局限性。

第二步,是“实践的外推”。借此我们可以把某一种文化传统中的理念或价值或表达方式,从其原先的实践组织中抽出,移入到另一组织脉络中,看它在新脉络中是否仍然可行,或是不适应新脉络而变得无效。如果它仍然能起作用,这就意味着它在实践上有更高的可普化性,否则就应该进行自我反省和批判。

第三步,是“本体的外推”。借此我们从一个微世界、文化世界或宗教世界出发,经由对于实在本身的直接接触或经由终极真实的开显的迂回,进入到另一个微世界、文化世界、宗教世界。尤其

当人们进行宗教际的对话时,这一阶段的外推就显得特别重要。如果对话者本身没有参与终极真实的体验,宗教交谈往往会流于肤浅表面。我们对于终极真实的体验,如果确实是终极的,就该具有可普化性和可分享性,否则若只自我封闭地一味坚持自己的真理唯一,这至多只能是宗教排他主义的一个借口而已。

(三)"文明交谈"作为"相互外推"

文明之间的交谈应该建立在相互外推的基础上。详言之,在A文明群体和B文明群体的交谈中,在语言外推的层面上,A应该把他主张的命题或理念、价值、信仰系统转换成B的语言或对于B来说能够理解的语言。同时,B也应把自己主张的命题或理念、价值、信仰系统用A的语言表达或转化成A能理解的语言。

在实践的外推层面,A应该把自己主张的命题、设定的真理、文化表达形式、价值、宗教信仰等,从自己的社会、组织、实践脉络中抽出,将它重新放置于B的社会、组织、实践脉络中。同时,B也应该把自己的主张、设定的真理、文化表达形式、价值、宗教信仰等,从自己的社会、组织、实践的脉络中抽出,并将它重置于A的社会、组织、实践脉络中。

在本体外推的层面,A应致力于经由实在本身的迂回,如对人、对某一社会群体、对自然或终极真实的亲身体验,进入B的微世界、文化世界或宗教世界。同时,B也应该努力经由实在本身或终极真实的迂回,进入A的微世界、文化世界或宗教世界。以上是简述如何透过相互外推以达至相互丰富。

三、初期来华耶稣会士的语言外推：中西互译

(一)中西互译的先锋

利玛窦(Matteo Ricci，1552—1610)和耶稣会早期来华的会士们，了解到为了平等交流，应该把彼此最好的经典，拿出来翻译，以促成深刻的相互了解，所以他们在这方面做了语言外推的工作，并与中国哲学交谈，因而肇始了中华士林哲学的传统。利玛窦与早期来华耶稣会士带到中国的，有西方的科学、技术、伦理道德、艺术、文学、宗教等著作，但他们也清楚认识到其中必须有理论基础。也因此，他们有系统地译介了亚里士多德(Aristotle，384—322 BC)。中西文化交流史上第一位被系统地引进中国的西方思想家，正是亚里士多德；他们也将中国经典译介到西欧，借以"习取"中国人的榜样与论述，而第一位被译介到欧洲的中国哲人是孔子，他们并把"四书"、《易经》等译介至欧洲。可以说，当时担任中、西互译的接引者，是这些耶稣会士。可见，中华新士林哲学于奠立之初，便有衔接中西之志向与思想趣味。

(二)文明交谈的平等模式：友谊

利玛窦的第一本著作是《交友论》(*De Amicitia*)，其中引述许多西方作者，如亚里士多德(Aristotle，384—322 BC)、普鲁塔克(Plutark，ca. 46—120)、塞内卡(Seneca，ca. 4 BC—AD 65)、西塞

罗(Cicero,106—43 BC)、奥古斯丁(Augustinus,354—430)、安波罗修(Sanctus Ambrosius,ca. 340—397)等人对于朋友的说法,例如说“朋友宛如自我的另外一半”。这其中的思想,是朋友以友情和平等友善相待;又说,“交友之旨无他,在彼善长于我,则我效习之;我善长于彼,则我教化之。是学而即教,教而即学,两者互资矣。”[①]利玛窦这种平等友善互资论,颇接近我所提倡的“相互丰富”的主张。

这一平等而友善相待的想法含蕴着一个根本的典范转移。原先由近代性产生的帝国宰制对其殖民地而言是不平等的,但现在利玛窦由于心灵的敏锐、道德的操守和宗教的热忱,他要从平等而友善的角度,来与中国文化交往,而不是从帝国主义者对待南亚各国那样文明对野蛮的暴力宰制。这是在互动模式上的基本改变,在今天仍可以有重要的启发。

其实,《交友论》是在当时中国社会风气启发之下撰写的。利玛窦在序言中忆及,湖南建安王曾在宴会中移席而来,握利玛窦的手,问说:你们西方人对友谊有何看法?这一友谊的邀请,促使他把手边所携西方人书中对于友谊的论述,加上他的想法,编成了《交友论》。

(三)亚里士多德为第一个系统译成华语的哲学家及选择亚里士多德的理由

西译为中,是西学东渐的一个重要因素。把西方经典翻译为

---

① 利玛窦,《交友论》,收入李之藻辑,《天学初函》(一),台北:学生书局,1972,页212—213。

中文，也有中国士人的协助，例如徐光启、李之藻、杨廷筠等，这三位被称为早期天主教在华的三大支柱。亚里士多德是他们第一个系统译成华语的哲学家。在引介亚里士多德生平时，他们都会选择一些中国士人会感动的故事。例如在介绍亚里士多德时，说他是帝王师，是亚历山大大帝（Alexander the Great，356—323BC）的老师，而且亚历山大大帝曾亲口说："我为天下主，不足为荣。唯一得亚里士多德而师之，以是为荣耳。"[①]在一篇改写自亚里士多德《论睡眠》（*De Somnia*）的《睡答》中[②]，说亚里士多德睡觉时，手持一颗铜球，下面放一个铜锣；当他睡着时，手一松，铜球掉落到铜锣上，敲出锣响，于是就醒来，继续用功。可见，像亚里士多德这样一位大哲，也有像中国"发悬梁，锥刺股"的精神，这一故事树立了亚里士多德勤奋用功的典范。

在《名理探》这本对于亚里士多德《论范畴》（*De Categoria*）改写的书中，写到中世纪流传的故事。亚里士多德晚年退休到欧伯亚（Euboea）的查尔西斯（Charcis），在那里，海潮每天涨、退七次，亚里士多德总是想不通。他不断思考，不顾疲倦，经年探索，到最后生病了。临终前，亚里士多德向造物者祈祷说："万物的第一根源，请你悲悯我，告诉我这项真理。"[③]《名理探》讲这故事的意思，是人类单靠自己获取的知识有限，为此必须从人学转往天学。天

① 利玛窦，《交友论》，收入李之藻辑，《天学初函》(一)，台北：学生书局，1972，页59。

② 参见毕方济：《睡答》，收入《耶稣会罗马档案馆明清天主教文献》第六册，台北：利氏学社，2002，页414—415。

③ 傅泛际（Franciscus Furtado）、李之藻译，《名理探》，北京公教大学辅仁社，1926。台北：台湾商务印书馆，民54。同样故事亦见于艾儒略，《性学觕述》，收入《耶稣会罗马档案馆明清天主教文献》第六册，页371。

学的主旨是认识创造万物的造物者，祂知道宇宙一切奥秘。可见，亚里士多德被视为人学与天学的中介，也因此亚里士多德在中世纪被当作耶稣的先行者了。

除了前述理由，还有三项重要原因，说明为何耶稣会士选择亚里士多德：

第一，按照耶稣会的教育文献（Monumenta paedagogica Societatis Jesu）记载，其中的教学规程（Rationem studiorum）十分强调亚里士多德的学习。耶稣会在世界各地办了许多学校，都遵循该会一定的教育方针与教育规程。我在20世纪90年代曾经拜访从菲律宾碧岳迁回台北辅仁大学的神学院图书馆，内藏耶稣会历年的教育规程；我翻查过1586年度那一本，[①]其中计有63页提到亚里士多德的名字。可见，亚里士多德在文艺复兴时期因着"经典的再生"而受到重视的一斑。加上耶稣会在学术上承接了亚里士多德与圣托马斯（St. Thomas Aquinas，1225—1274）一脉相承的传统，为此教学亚里士多德体系比较合乎耶稣会的要求。在文艺复兴时代，欧洲总共有四种亚里士多德全集与评注本出版，其中最体系性的评注，是出自耶稣会在葡萄牙的科音布拉学院（Coimbra College），由耶稣会学者们根据圣托马斯的思想，对亚里士多德每本著作都作了详细的评注，我读到的该套丛书是在科隆（Koln）出版。耶稣会1586年的教育规程明确规定"对于亚里士多德的教学

① *Monumenta paedagogica Societatis Jesu：quae primam Rationem studiorum anno 1586 editam，praecessere*，ediderunt Caecilius Gomez Rodeles，Marianus Lecina，Fridericus Cervos，Vincentius Agusti，Aloisius Ortiz，e Societate Jesu presbyteri（Matriti：Typis Augustini Avrial，1901）.

必须按照以下顺序:逻辑学、自然哲学、道德哲学、形上学。”[①]

实际上,中文本的翻译或改写基本上就是按照这一顺序。例如,亚里士多德的《论范畴》(*Categoria*),中译本作《名理探》,属逻辑学著作。进一步,是物理学的著作,如亚里士多德的《论天》(*De Caelo*),中译为《寰有诠》;至于《论灵魂》(*De Anima*),中文本有《灵言蠡勺》,此外《性学觕述》的内容也多属之。关于亚里士多德的伦理学著作,尤其是《尼可马可伦理学》(*Ethica Nicomachea*),虽未有全译本或改写本,不过,在明末之时,也有王丰肃(又名高一志)(Alfonso Vagnoni,1566—1640)改写的《修身西学》。至于亚里士多德的《形上学》,或许太难了,要不然就是当时的修士还用不到,所以没有译出。

第二,是因为耶稣会士们认为亚里士多德提供了一个从自然、到人、到天主,从理论、到实践、到创作的一套有系统的学问,可以联系理论与实践、个人与群体,人学和天学。亚里士多德哲学在理论上包含了物理学和形上学。物理学部分,包含了一般自然哲学(自然观、时间、空间、运动等)天文、气象、博物(包含植物与动物)、魂论等,主要关心的是运动变化与生命体,连睡眠这样的生理现象都有所讨论。耶稣会士特别凸显其自然与天象的讨论,以这方面的翻译显示他们了解自然,了解天体运行,可以处理大清朝廷在天

① “In logica, et philosophia naturali et morali, et metaphysica doctrinam Aristotelis profiteri oportebit.” *Monumenta paedagogica Societatis Jesu: quae primam Rationem studiorum anno 1586 editam, praecessere*, ediderunt Caecilius Gomez Rodeles, Marianus Lecina, Fridericus Cervos, Vincentius Agusti, Aloisius Ortiz, e Societate Jesu presbyteri (Matriti: Typis Augustini Avrial, 1901), p. 461.

文、历法方面的问题与需求，然在自己不足的地方，例如历法的修正，则曾推荐伽利略。当时开普勒（Johannes Kepler，1571—1630）也认为只有伽利略可以帮中国修正历法，因而也推荐伽利略。可惜，当时伽利略正忙着应付宗教裁判。反倒是开普勒回应了在华耶稣会士们所询问的天文学问题，并对他们多所协助。①

此外，亚里士多德的实践哲学研究做人做事，伦理学处理个人的德行与幸福；政治学先讲家庭经济，再论政权的类型与城邦的幸福。至于创作事物，包含了对技术（techne）的讨论，尤其是修辞学、诗学与戏剧。然而，亚里士多德的第一哲学是形上学，讨论存有者作为存有者（to on e on，being qua being），其主要的结构是"存有者·实体·神学"，在所有存有者中最核心的是实体，而所有实体中的最高实体、第一实体是神，神是"思想思想其自身"（noesis noeseos），是全面自觉的思想与最高的善。如此一来，亚里士多德用人的理性从大自然一直探讨到神，从人学一直到天学，被视为是最有系统的思想，可以取来和中国交流。

第三，耶稣会士需要一套进行教育与文化对谈的经典材料，尤其是提供在修道院中培养修士所需教材，或者提供教友学者们的参考，透过这些经典了解天主教的宇宙观与世界观。例如当时的徐光启、李之藻、杨廷筠，他们都因为读了这些书，因而有一套论理依据来厘清己见或与别教论辩。可见，无论面对中国士人教友及

① Pasquale M. D'Elia, S. J., *Galileo in China, Relation through the Roman College between Galileo and the Jesuit Scientist-Missionaries (1610—1640)*, translated by Rufus Suter and Mathew Sciascia, Cambridge: Harvard University Press, 1960, pp. 17—59.

其友人的需要，或培养中国修士的需要，都要有一套参考书籍。对此，亚里士多德的著作是最适合的，也因此成为首译上选。

举例而言，《名理探》这本书其实是对亚里士多德《论范畴》的改写，其中讨论十大范畴，包含实体（substance）与其他九种附性（accidents）。如果以桌子为实体，它的数量、性质、关系、习惯、时间，处所、方向、主动、被动等，这些都属于附性，然而所有的附性皆必须依附于实体。推诸形上学，只有实体才能创造万物，如果连实体都不是，只是附性，如何能创造万物？换言之，讨论实体和附性，有助于当时士人或修生根据逻辑推论进行区别与论辩。比方说，朱熹的“理”基本上是一种关系，而关系是属于附性；既然只是附性，就不能创造万物。利玛窦因此认为，理不是造物者。根据这点，教育训练与宗教论辩就有了一定的依据。用于宗教论辩，譬如佛教的“空”或道家的“无”，既然都不是实体，如何能创造万物？也因此不是造物主。可见，亚里士多德著作的译介，对于那些与耶稣会友善的中国士人及修士们，为了论证的依据或教育训练使用，编译亚里士多德是有必要的。

（四）艾儒略在《西学凡》中的陈述

至于进行中译、西译、中西互译的主要理由，是前面说过的耶稣会的文化适应政策，以及友谊平等的交流原则。在此原则下有一基本观念：要让中、西双方圣贤的思想彼此相遇。这在今天来讲是意义深远的。耶稣会士们想在经典的交流中促成双方圣贤的对谈，这一点可以从艾儒略（Giulio Aleni，1582—1649）在《西学凡》这本广泛介绍西方学术概论的书中所说，得到印证。他说：“旅人九万里远来，愿将以前诸论与同志翻以华言。试假十数年之功，当可次第译出，更将英年美质之士，乘童心之未泯，即逐岁相因而习之。始之以不空疏之见，继加循序递进之功。洞彻本原，阐发自广，……使东海西海群圣之学，一脉融通。”①

也就是说，耶稣会这些人冒险九万里远道而来，发愿要把《西学凡》书中先前提到（主要是亚里士多德）的重要经典，用十几年的工夫，翻译为华语，使得东、西方圣贤的学问可以相互融通。当说到“英年美质之士，乘童心之未泯，即逐岁相因而习之”，也显示其有为年轻修士们预备教材的用意。

这一“让东西相遇”的想法，在今天依然非常有意义，亦即《西学凡》所言，“东海、西海群圣之学一脉融通”。在西贤的部分，主要是选择了亚里士多德，这也是早期来华耶稣会士的选择。在西欧中世纪有一种论点，认为亚里士多德是耶稣的先行者。对于耶稣会士们来说，亚里士多德的哲学系统，可以从人学导往天学。在中国部分，则主要选择了孔子、孟子等先秦儒家。让东海、西海群圣之学一脉融通，正是中华新士林哲学在奠立初期的初衷。

以上，耶稣会士根据科音布拉学院耶稣会学者的评注本，译介了亚里士多德著作及其托马斯评注，并试图与中国哲学交谈，要使“东海西海群圣之学，一脉融通”，可以说肇始了中华士林哲学的动机与初基。

① 艾儒略：《西学凡》，收入李之藻辑，《天学初函》，台北：学生书局，1965，页59。

四、初期来华耶稣会士与华人教友的道德论述与实践外推

在实践外推方面，涉及初期来华耶稣会士与华人教友在伦理道德方面的论述，其中包含人性论、德行论以及实践论三方面，可以说奠立了中华士林伦理哲学的初基。以下将逐一讨论。首先将讨论涉及人性论的艾儒略《性学觕述》、毕方济《灵言蠡勺》与夏大常的《性说》。

（一）从灵魂论到人性论

早期来华耶稣会士的著作，有两本涉及亚里士多德《灵魂论》，其一是艾儒略的《性学觕述》，于1623年出版，署名西极艾思及先生儒略"译注"，可见有翻译也有注疏[①]。第二本是《灵言蠡勺》，在1624年出版，是由毕方济口述，李之藻达辞，则是减缩式的改写。《性学觕述》并不止于亚里士多德的《灵魂论》，且艾儒略知道中国重视人性论。所以艾儒略命名该书为《性学觕述》。不过，该书第七卷、第八卷这最后两卷的页眉书名印为《灵性觕述》，可见其本意是想要讲论灵魂，因为"灵性"两字是用来称呼人的灵魂的[②]。

在此有两层转折须加以注意。第一，亚里士多德的《灵魂论》

---

① 不过在以下各卷卷首，又署名"西海后学艾儒略著"。按，艾儒略，字思及，所以是同一人。但"译著"与"著"之间，并不完全一致。其实该书有译、有著、有改写、有编著。

② 按，从《性学觕述》第六卷开始，已经开始论述灵性。

本来在亚里士多德哲学系统中是属于自然哲学,他在《灵魂论》里讨论植物、动物和人的魂。对他而言,魂是“生命的形式”,在植物里有生魂,借之植物可以进行营养;动物有觉魂,借之动物可以进行感觉运动;到了人的生命,则有灵魂,可以进行认知和意欲。这三魂都是生命的形式,而生命是属于自然哲学的研究范围,以人的灵魂为最高。但在圣托马斯批注亚里士多德《灵魂论》时,将它由自然哲学转为主要讨论人的灵魂,以人学为中心,认为其他生魂、觉魂都是灵魂的预备,而且,由于更高形式的魂会综摄其下各魂的功能,所以,灵魂也会统摄较低的营养、感觉等功能。所以,这第一个转折是由自然哲学的灵魂论转成人学的灵魂论。

第二个转折是由托马斯人学的灵魂论,转成了中国人习于讨论的人性论。比较起来,《灵言蠡勺》是亚里士多德《灵魂论》的改写本,所以尽量保留“灵言”(De Anima)的原意。但是,到了《性学觕述》就有呼应中国哲学人性论的意思了。至于夏大常的《性说》,则说的就是人性论,但其实仍在讨论人的灵魂。由圣托马斯人学的灵魂论到配合中国哲学论述的人性论,这是第二层转折。

(二)艾儒略《性学觕述》、毕方济《灵言蠡勺》与夏大常《性说》

首先,艾儒略的《性学觕述》有三点值得注意。第一,这是一本用中文来教导亚里士多德《灵魂论》的书,主要的根据是天主教的诠释,不过它要比后来的《灵言蠡勺》更忠实于亚里士多德,而且在哲学上的程度较高,意义较大。第二,艾儒略《性学觕述》的主旨,是为了向中国知识分子讲论天主教有关灵魂的教义,以及灵魂与上帝的关系。第三，艾儒略的《性学觕述》，是想就亚里士多德和托马斯及其他天主教哲学家对于人的精神能力的看法，来与中国思想和文化，尤其是其中的人性论，相互对话。

所以，虽说在《性学觕述》中充满了士林哲学的语言和天主教思想，也颇愿意与中国哲学对话，但艾儒略基本上还是非常忠实于亚里士多德的《灵魂论》。该书可以说是在明清之际引入亚里士多德《灵魂论》思想的著作中，最忠实于亚里士多德的。艾儒略不但使用了亚里士多德对“灵魂”的定义，而且详细讨论了灵魂的三个功能，譬如亚里士多德《灵魂论》所论生长、运动、感觉，而在感觉这部分里也讨论了看、听、味、嗅和触，以及对自我的感觉，乃至于人的更高级的能力：如理智与意志等。

在我看来，《性学觕述》是早期耶稣会士的中文论著中最富于哲学趣味与哲学论辩的一本重要著作，即使在今天仍然值得仔细阅读与研究。历来的中国哲学史家之所以加以忽略，要不是由于没有机会读到，或者由于带着误会去读，甚至因为认定它只是传教作品，因而忽视了艾儒略的哲学。其实，艾儒略被时人称为“西来孔子”，不是没有道理的。他的学问真好，且思想慎密。他在书中对生魂、觉魂和人的灵魂皆有完整的论述。关于灵魂，他立基于天主教立场，特别指出每个人的灵魂都是独特的，可谓在传统上不太重视个人的中国思想里，给了个人的独特性以一个灵魂论和神学的基础，认为每个人之所以有独特性，是因为每个人的灵魂都是天主所专给、独一无二的。

艾儒略说，有人提出疑问：“孟子云：尧舜与人同。心之所同然者何也？礼也、义也。曰同。分明万人一性，万人一心，有何差别?"这个问题的预设是:所有人的本心应该是一样的,是不是同一性,同一心?就像陆象山所说,前圣后圣都是同一个心。换言之,都是同一个灵魂?

"万人一性,万人一心"的主张有点类似阿拉伯哲学家阿维罗伊(Averroes,1126—1198)和阿维森纳(Avicenna,980—1037)的世界魂(world soul)的意味。其实,在我看来,艾儒略在此所针对的一心之说,更好说是针对受到佛教《大乘起信论》"一心"说的影响,认为在真如境界,唯有一心,没有个体。如果个人认为自己有个体,那只是一种形而上的幻觉,就好像一滴水认为自己有个体,其实一滴水只有落入大海才有它真实的存在。在宋代儒学里,尤其是陆象山所说的,我的心,我朋友之心,数千年前圣者之心,数千年后圣人之心,都是同一个心。心的实体是无限的,如果能完整发展你的心,你就会与天合而为一,同一个心。我想,佛教与陆象山所说的一心,才是艾儒略所针对的。

在此,艾儒略主张人的灵魂的独特性,是天主特别为每一个人所造。此种对于灵魂独特性的强调,是用以对抗这种天下一心或一魂的思想。艾儒略在中国的情况,不像圣托马斯当时议论的时空背景是在和阿拉伯思想家对话,现在艾儒略是在中国,面对的是宋明心学或佛教的一心思想,而不必多事批评阿拉伯哲学,其论述的时空完全不同。艾儒略批评一心,或所谓东圣、西圣、前圣、后圣都只是一心,尧舜其实并无差别,他所关切的是:如此将使个体性不显。艾儒略的主要论证有二。第一,如果讲一心或一个魂,完全没办法解释人的个体性。在西方中世纪的时候有对个体(individum)的强调,而文艺复兴时期有对个人(individual)的强调,利玛窦、艾儒略等人将之带进中国，这也是中国开始有凸显个体性或个人的想法。第二，艾儒略指出人的魂或心虽然可以与天主合而为一，但魂不就是天主。人虽可以开悟，达到天人合一，但"合一"并不就是"等同"或"为一"，天人合一不是说人与天主成为一个，不是"天人为一"。

其次，关于《灵言蠡勺》。方豪先生曾指出明末有四本亚里士多德的翻译本，《明理探》、《寰有诠》、《灵言蠡勺》，以及亚里士多德的伦理学。一些研究者认为《灵言蠡勺》是对亚里士多德《灵魂论》的翻译。然而，我曾查对亚里士多德原著，以及葡萄牙科音布拉学院(Coimbra College)对亚里士多德《灵魂论》的评注。其实，它并不是翻译，而是一本比较自由的改写与节录，是由毕方济口授，由徐光启达辞，让它辞意通顺且适合中国。我做过比较，亚里士多德《灵魂论》的科音布拉学院评注本总共有五六百页，其中包含三个部分，第一个部分从14页到47页，第二部分从48页到342页，第三部分从343页到559页。然而《灵言蠡勺》全书只有141页，而且只包含两部分，第一个部分1页到85页，第二部分86页到141页。显然这是个节录改写本，怎么可以说是翻译呢？

《灵言蠡勺》一开始就诉诸《圣经》和天主教信仰，说："欲尽通亚尼玛之妙，非二事不可，一者依天主经典所说。二者依我信德之光也。"[①]显然，从起头这就不忠实于亚里士多德《灵魂论》，因为在古希腊的亚里士多德，怎会讲要依天主经典和信德之光呢？随后

① 毕方济口授，徐光启达辞，《灵言蠡勺》，收入《天学初函》(二)，台北：学生书局，页1134。

文本也有忠实于亚里士多德，只在改写过程中加入天主教的信仰的。例如该书在引言中指出，《灵魂论》是灵魂之学，在哲学中为最有益、为最尊，的确是亚里士多德说的话。但是，随后一转就说是为了"认己"，转成自我的认知，如此一来，就变成人学了。其实，自我的概念是文艺复兴以降才有，是近代性产出的重要概念。但是，《灵言蠡勺》居然说是因为要认识自我而视灵魂论为哲学里最有益处、最值得尊重的科学，甚至是所有科学的基本，因为一切事物都要归诸认识自我。其实，这是近代性的说法。

《灵言蠡勺》用"亚尼玛"(anima)称呼人的灵魂，其实在亚里士多德那里，该词包含了生魂、觉魂和灵魂。毕方济用的不是亚里士多德意义的"魂"，表面上看起来好像是在翻译亚里士多德，但其实已经相当幅度改变了原义。他是用《圣经》和天主教信仰来理解灵魂。他在处理灵魂的主题时，常引述柏拉图、圣奥古斯丁和圣伯纳德(Bernard of Clairvaux，1089—1153)[①]，而不止于翻译亚里士多德灵魂论。《灵言蠡勺》和《性学觕述》一样，特别要讲清楚"魂不是气"，这点是针对中国脉络讲的，而不是如圣托马斯是针对阿拉伯思想家。可见，毕方济写作时也是针对中国"一心"的理论和自然哲学理论来加以批评。根据以上的理由，我不赞成方豪先生所讲《灵言蠡勺》是亚里士多德《灵魂论》的翻译。

其实，亚里士多德也讲开显的真理，是由主动理智开显事物的形式。主动理智有如光，当人的感觉对某一事物形成了可感觉的

---

① 圣伯尔纳铎乃中世纪的一个修道院的密契论者，他有首圣歌也被翻译为《圣梦歌》。见《耶稣会罗马档案馆明清天主教文献》第六册，台北：利氏学社，2002，页 435—464。

象（species sensibilis，sensible representations）之后，主动理智(agent intellect)便以其光明光照之，开显出其可理解的象(species intelligibilis，intelligible representations)，也就是事物的形式，并因而认识了该事物的本质。这一想法也被圣托马斯所继承。《灵言蠡勺》并没有把亚里士多德这些思想细节弄清楚。《灵言蠡勺》说，明悟，也就是我们今天所谓“理智”，区分为二：作明悟（也就是主动理智）和受明悟（也就是被动理智）。毕方济说：“作明悟者，作万像以助受明悟之功。受明悟者，遂加之光明，悟万物而得其理。”[①]可见，《灵言蠡勺》把主动理智和被动理智的功能弄相反了：毕方济弄错了，认为主动理智（作明悟）作“万像”（各种感觉之像）来辅助被动理智，是被动理智提供了光明，悟万物而得其理，也就是得到可理解的像，又称“灵像”。其实，这完全相反于亚里士多德和圣托马斯的想法，反而把主动理智的光明给抹杀了，变成被动理智在扮演。别忘了，主动理智才是光明的来源，主动理智的功能并不在于辅助被动理智（如毕方济言“以助受明悟之功”），而且对于亚里士多德，只有主动理智在人身体死亡以后还能不朽！《灵言蠡勺》对于两者没有掌握得很清楚，甚至有点颠倒混淆。

亚里士多德《灵魂论》进入中国以后的两本改写本或节译本大致分析如上。此外还有重要的一点：到底中国士人，尤其是早期的中国天主教徒，他们对于改写过的亚里士多德《灵魂论》如何接受，如何把它重新脉络化。这也是我所谓“语言习取”(language appropriation)的一部分。习取他者的语言以改造自己原有的哲学

① 《灵言蠡勺》，天学初函（二），页1169。

传统,往往是在互译互动以后重新脉络化思索的结果。这部分迄今也还未见讨论。很幸运地,在2002年左右影印出版的《耶稣会罗马档案》里,可以看到早期中国天主教徒的文献。其中,夏大常是一位浸润在儒学传统的中国士人,领洗成为天主教徒,取圣名为玛第亚。他有一些著作署名"夏玛第亚",可见是一位虔诚的天主教徒,甚至会用自己的受洗圣名来署名。他所著的《性说》(主要是人性论)就是署名夏玛第亚。可见,他是以天主教徒身份重新思考人性论的问题。

在《性说》里,我们可以看到夏大常吸收了亚里士多德、柏拉图等的灵魂论,来改造传统儒学最关心的性善或人性论的论述。然而,不同于毕方济和艾儒略对于亚里士多德和天主教灵魂论的改写,《性说》是透过传统中国人性论来习取亚里士多德和天主教的灵魂论。换言之,如果说毕方济的《灵言蠡勺》和艾儒略的《性学觕述》是一种"外推"的结果,《性说》则是一种"习取"的结果。为此,从《性说》一开始,夏大常就表明:凡认识人性者,必须理解宇宙三才之理;凡能尽性者,必须能够重返与其造物者为一。所谓三才者,就是天之道、地之道以及人之道。天之道无形无象,地之道有具体形象,人之道居于两者之间。所以人的灵魂是无形的实体,类似天之道;人的身体则是具体的形象,类似于地之道。也因此,在人之内综合了天之道和地之道。人之所以类似于天之道,而不同于植物与动物者,无论是在天空飞、在地上走、在水中游的动物,主要都是来自其魂的美善。

由上述可见,人在三才之中,综合了天、地二才;人的灵魂类似于天之无形无象,而人的身体则是类似于地之有形有象。如此论述，夏大常已经把人的灵魂等同于人性，所以他才能从《灵魂论》转成《性说》，而且进一步指出（如同毕方济和艾儒略），每个人的灵魂都是神最优美而独一无二的赏赐。也因此夏大常所论的人不同于其他的宇宙万物，因为人的灵魂都是由上天所赐予的，而其他万物则都是来自四大，亦即地、水、火、风组合的结果。必须注意：在这里夏大常使用的是“四大”，而不是中国传统的“五行”。可见他已经采取了亚里士多德的“四大说”，而有别于中国传统所讲的“五行说”。就这点而言，他是把人性的尊严建立在人天生的组成因素，以人的灵魂论证人的尊严，因为上帝把最优美的人性赐给人类，所以人类也应该为此而尽性，也就是全面展开他的人性或灵魂的善性，以便回报天主的恩宠。

从中国哲学的角度看夏大常是怎么读亚里士多德的，其实，他是从中国人的道德善恶的价值中心角度来阅读亚里士多德。亚里士多德的《灵魂论》本来只是自然哲学理论的一部分，但夏大常既然反对性恶论和善恶混，而致力于证成性善论，他已经是站立在中国传统哲学里面，以价值哲学中心的想法，去阅读亚里士多德的《灵魂论》。而且，在证成人性本善以后，他进一步表示，人性的善表现在人的三种能力上，也就是艾儒略和毕方济所讲的灵魂的能力，有理智、意志和记忆。他不同于亚里士多德的记忆论，而是采纳了柏拉图和圣奥古斯丁所讲的记忆说，视记忆为人性中很重要的能力之一。

中国士人在亚里士多德理论内部做选择的时候，并不注意其中有关知识论的一些人学依据。亚里士多德讨论主动理智、被动理智，讲论人的主动理智与抽象能力如何能抽出某一事物的形式，交给被动理智，发表为该事物的本质概念，而该本质概念再用语言表达出来，则成为该事物的定义等。然而，这套体系性的哲学思考，并非中国士人所关心的。也因此夏大常会用价值论来读亚里士多德，同时在有关理智运作的分析方面，也不关心亚里士多德所讲的抽象论。即使是作为一位天主教友，他也没有兴趣去讨论什么是主动理智、什么是被动理智。他的重点是在强调这三个能力（理智、意志和记忆）都是人可以借之以达到天主作为他的人生向往的最高对象。

可见，艾儒略和毕方济的外推工作，现在有了一个由华人习取的成果。在夏大常看来，人性的这三种能力都可以止于至善，达到天主作为最终极的目标。夏大常说：天主是至高的善，我的身体没有接近天主的门道，然而我的意志可以接近天主，天主可以作为我意志的伙伴；我的眼睛不见天主，但我的理智可以看见天主，天主就是我理智的伙伴；我外在的身形无法接触天主，然而我的记忆却能接触天主，并且以天主作为我的伙伴。[①]从这角度来看，人与天主的关系成为夏大常诠释中国传统"天人合一"的方式。所谓"天人合一"或"天人合德"，现在被受到亚里士多德《灵魂论》影响下的天主教徒，理解为人和天主的关系，尤其是人有理智、意志与记忆三种能力，可以卓越到止于至善，与天主为伙伴。

夏大常引述周敦颐的话说："士希贤，贤希圣，圣希天"，用白话来说，一般士人希望达到贤人的地步，贤人希望达到圣人的地步，圣人希望达到天的地步，总之，人是可以达至于天，与天合一。如

① 《灵言蠡勺》，页12—13。

果我能够全面展开我的理智、意志与记忆的能力，将自我与天主合一，天主一定可以增益我的理智、意志与记忆，以便照亮我心。在心灵亮处有天主，我就能够与祂在彼处合一。当天主在天的时候，我能够与祂在天合一；当天主下降于地的时候，我也能够与祂在地合一；我将可与天主毫无分离，而天主将永不弃我。由以上这些话语，可以见到夏大常是从儒家本性能力的论证，也就是人拥有“性善”的论证，加上了天主教徒“恩宠”的观念，他似乎可以达到某种密契的论点，也就是把与天主密契结合视为是我展开我的自然本性，并与天主的恩宠结合，达致天人合一的密契经验。

柏拉图主义以及中世纪对亚里士多德《灵魂论》的诠释，造成了中国士人在习取亚里士多德《灵魂论》时，对于中国传统人性论的改造也有一个不良的后果。从以上的论述，我们可以看出有某种二元论，甚至是身心冲突论存在。更糟糕的是，夏大常把身体视为恶的来源，认为身体不但无法接近天主，而且身体好像是恶的。他把善性放在灵魂，是由灵魂论转向性善论。然而，在他看来，恶的根源就在于身体。这点与利玛窦和艾儒略那种二元的道德论是相合的，类似“去人欲而存天理”，尊德性而抑身体的想法。

这种对于人的灵肉二元论看法，可以说是自早期耶稣会士们引进了亚里士多德《灵魂论》和天主教伦理学以后，十分一致地发展，成为中国天主教人性论的基础。此一思路的不良结果，在于失去了灵肉合一的想法。其实，亚里士多德本人曾做了非常大的努力，试图维系身体与灵魂的合一。来华耶稣会士引进的亚里士多德的灵魂论以及在早期华人天主教徒的性善论中，所得到的是相反的结果，强调灵肉二元论。这在实践上也造成在道德上鄙视身体,心存于用抽象的理想提升灵魂,反而轻视了欲望本身的创造性,因而走向抑制性的德行观,失去了创造性的德行观。就此而言,明、清的中国基督徒在人性论、伦理学、神学上,也都有类似的问题。从夏大常的例子,可见一斑。

建立在上述灵肉二元论上,耶稣会士及其所影响的教友,很自然地便倾向于主张压抑身体欲望而发扬灵魂善性的伦理学,换言之,主张压抑的德性论,因而不同于古希腊或古典儒学的创新的德行论。

(三)耶稣会士的德行论伦理学:压抑的德性论 vs 创新的德行论

像利玛窦这样的传教士,在进入中国之后,由于他们都是学养极佳、品德高超的人,而中国人的道德意识一向敏锐,也因此他们的道德修养定会受到中国士人的佩服。即使反对他们的人,也不会否定他们的道德。中国人本是道德的民族,对于有德之人,即使立场不同有所争执,内心多少还是会暗自佩服对方的人品。

关于伦理学论述,在利玛窦的著作里,如《交友论》、《畸人十篇》、《二十五言》、《天主实义》等,以及庞迪我(Didace de Pantoja, 1571—1618)的《七克》,谈的都是如何克服欲望以陶成德行。因为明末当时的社会力释放,挟泥沙俱下,虽然一方面社会文化创造力丰富,另一方面则有如孟子所说"人欲横流",个人道德与社会伦理不易维系。庞迪我撰《七克》,论述如何克服七种欲望以陶成德行,也就是说,人要克服骄傲、悭吝、迷色、忌妒、愤怒、贪饕、懒惰七种欲望,至于德行则是在于克服这些欲望,转成谦卑、慷慨、贞洁、欣赏、忍耐、知足、勤劳等美德。这样子的想法比较接近后来的德国哲学家康德(Immanuel Kant,1724—1804),后者同样也主张克服欲望,服从良心中的道德法则或义务,并以此为德行。对于这种以克制欲望为德行的想法,我称之为“压抑性的德行观”。

基本上,利玛窦、庞迪我及其他明末清初的耶稣会士,大抵都是持压抑性的德行观。他们比康德要早一个多世纪,因为康德哲学是要到 18 世纪末叶才提出其道德哲学,主张压抑性的德行观。我用“压抑性的德行观”来对比于孔、孟或亚里士多德的“创新性的德行观”,后者认为“德行”是在于自身本有能力的卓越化。人本有一些善根或向善的良好能力,如有恻隐之心,有不忍人之心,将之发展,使之卓越化,便成为“仁”德;有认知能力或“是非之心”,将之发展,使之卓越化,便成为“智”德。依同理,仁、义、礼、智皆可成德。亚里士多德也是如此,对他来说,德行就是良好能力的卓越化;智慧、勇敢、节制和正义,都是人本有良好能力的卓越化。

比较起来,先秦儒家的德行观也有不同于亚里士多德之处。先秦儒家除了讲本有良好能力的卓越化,还讲关系的和谐化,视之为德行。人致力于与父母关系和谐,是为“孝”;弟致力于与兄关系和谐,是为“悌”;此外,恭、宽、信、敏、惠等,这些德行也都是关系性的德行,都是取得良好甚至和谐的关系。总之,在先秦儒家里面,德行包含了能力的卓越化和关系的和谐化,两者都是创新性的、动态性的,并不主张压抑欲望,亦非以为压抑欲望就可以达至德行。

利玛窦这些人虽然向往先秦儒家,但他们之所以向往,是因为其中有对天的敬仰,至于他们对于先秦儒家创造性的德行观,并没有深切的体会,反而是从压抑的德行观来理解“克己复礼”之意。

这和他们对于人学和人性论的看法有关系。照他们看来，人有灵魂，有肉体，而灵、肉二元对立：肉体是欲望的来源、是罪恶的渊薮；灵魂则是善的，心中向往天主。然而，人要亲近天主，就必须克制肉体欲望，陶成美德。这是一种二元论的人性论。他们认为：此世只是暂时的过旅，真正的人生目的是在天堂。为此，必须否定此世的欲望，陶成德行，致力于永恒的生命。

利玛窦等人来华，着儒服，行儒礼，说儒言，为什么人们会尊敬他们？理由不但与他们的品德高尚有关，另方面也与当时的中国伦理思潮有关。其实，这种二元论的伦理思想和压抑性的德行观，基本上和朱熹的"去人欲，存天理"十分接近；与佛家"去三毒"（贪、嗔、痴），恢复三善根，也颇类似。与道教清心寡欲、恬淡无私的想法也颇接近。即使利玛窦等人与宋明儒学、佛教、道教彼此有批评、相争论，但中国各教，只要是有德之人，心中总会暗自相互景仰。孔子早说过"德不孤，必有邻"。也因此，他们的伦理思想能够在中国受到欢迎，很大的原因是因为宋明儒学、佛教、道教等已经在中国文化的土壤里为他们预备了友善的环境。所以，我同意法国汉学家谢和耐（Jacques Gernet）的说法："利氏把佛教及和尚们当作主要敌人，但其实当时的道德与利氏的教导最为相合者，正是来自佛教。"[①]谢和耐只提到佛教，其时当时的儒家与道家也都与利玛窦一致，持压抑性的德行观。

换言之，以上这些宗教在挽救世风上，其道德论述颇为类似，

---

① Gernet, J. *Chine et christianisme, Action et réaction*, Paris: Gallimard, 1982, p. 94.

这恐怕也是时局使然。在西方文艺复兴时期，由于从中世纪的禁锢中获得解放，人欲横流。这从当时绘画、文学、民风中的寻欢纵欲可以见之。在明末的中国，也是如此。虽然说由于明末社会解放、人欲横流，各教只能从道德上要求节欲以成德，透过压抑欲望来约束人心。到了清初，社会逐渐被新的政权纳入控制，也要求克己复礼，节制欲望，以便政权容易控制民间活力。道德的约束与政治的控制不同，然其目的都在控制欲望，结果出现禁欲性、压抑性的德行观，也失去了原始儒家的创新性，与先秦儒家以追求能力卓越与关系和谐，有所不同。

（四）“实践论”：以德沛为例

我个人感到最有意思的，是在满族入主中原以后第一位进天主教的亲王德沛，著有《实践录》，收录在法国国家图书馆收藏的《明清天主教文献》第十二册。一位清代早期亲王对于儒学有深刻体验，且将儒学和天主教思想初融，令人刮目相看。

《实践录》认为，儒家的道统在《大学》和《中庸》里说得最明白，也因此德沛认为《大学》、《中庸》是道统之本。他进而认为，《孟子》更能发源继本，充其广大。所以，若要懂《大学》、《中庸》的实践之途，要从《孟子》下手来了解。为此，他常会引证孟子来讨论其实践之方。

德沛的基本论点是：《大学》的宗旨是“在明明德，在新民，在止于至善。”他认为“明明德”所要点亮的光明，就是我本性原有的至善，也就是我的灵魂。由于德沛的天主教信仰，如同夏大常一般，他也认为“性”就是本性的至善，也就是人的灵魂。所以，他以《中庸》所讲“天命之谓性”就是天主教思想所讲的上帝创造人的灵魂。在《圣经》理，上帝创造每样东西，都说是善的；到了人，则是用上帝的肖像来造，更是善的。德沛以下这段话颇能显示他的儒学修养：

> “大学所言明其明德，自得之。又推以及人以新之，而在止于至善也。明德者，本性之至善，天命之道也。为气质所牵，失其本善，……天命人之性者，非如万物阴阳寒热燥湿上下之性。乃推明格物至善之灵性也。”①
>
> “大学之道也，学之言大者。……乃孟子所谓从其大体为大人之大也。……从其大体为大人，从其小体为小人。……先立乎其大者，则其小不能夺也。此为大人而已矣。夫心乃一身主宰，为性之官，非血肉之心。”②
>
> “夫大体之灵性，秉天之命，大公而无私，纯善而无恶者也。”③

在德沛看来，《大学》讲明明德，既然是指人本性的至善之德，是天命之性，也就是天主给每一个人所准备的灵魂。每个人更要进一步透过实践，推己及人，日新又新，一直到止于至善。个人必须不断推广内在本有灵性的至善，这是来自于天主所赐的虚灵不昧的灵魂（明德），也因此人不同于万物，人的存在在万物中有它的

① 德沛：《实践录》，《法国国家图书馆明清天主教文献》第十二册，台北：利氏学社，2009，页95—96。

② 同上书，页96—98。

③ 同上书，页98。

独特性。在这一点上，满人的德沛，正如同汉人的夏大常一样，都同样奉天主教信仰，都强调人的性是灵魂，有虚灵不昧之心。人至善的灵性，不同于万物阴阳、寒热、燥湿、上下之理。就此而言，朱熹讲的阴阳之道，只适用于天下万物。然而，人不仅止于阴阳；在阴阳之上，人还有灵明，也就是灵魂。

《大学》之所以为大，是因为它是尊从大体的成德之学。所谓的大，要从孟子下手，就是孟子所说"从其大体为大人，从其小体为小人"。所以，要先"立乎其大者"（陆象山的话），以大体为主，其小者就不能夺了。心是一身的主宰，如果人秉天之命，明其明德，大公无私，那就会成就纯然的善。心就是大体，身只是小体。所以，在德沛的实践论里，最重要的就是要先立乎其大者，要以心向德行的要求为主，大公而无私。这一点并不止于个人修身，须更提振于公共事物。实践的方向，除了伦理实践，还有军事、政治等各方面。

不过，德沛的基本论点仍是灵肉二元，大体、小体对立的思想。他认为，灵性的大体都愿意尽忠尽孝，灵魂才会安心；然而，躯壳小体只图自己安逸。他说："如待漏侍朝于君，问安视膳于亲，灵性大体，惟愿致身竭力，以尽其忠孝乃安。若躯壳小体，则避寒暑奔劳，而惟安逸是乐。"[①]可见德沛在实践论上和夏大常一样，都秉承早期利玛窦等人引进的灵肉二元论思想。对他而言，小体指身体及其欲望，大体则指灵性修德之心，虽然说大体、小体在伦理上（如侍亲），在政治上（如侍君），可以有不同的表现，但无论如何，人必须

① 德沛：《实践录》，《法国国家图书馆明清天主教文献》第十二册，台北：利氏学社，2009，页99。

克制欲望，才能达到德行。若是譬诸军事作战，用兵行阵，又如何解，如何实践呢？德沛的诠释是："用之行阵合战，灵性则知舍生不避锋刃，尽天命以思报于朝廷。小体唯恐利镞之穿骨，肉身之难当，而求邀幸遯避耳。"①

德沛本人很有儒者风范，他到处讲论儒学，甚至在军中也讲，每讲完之后若部下有所补充，德沛都会在聆听以后，走下台阶向部下表示佩服。当然，这也可以视为满人学习统治中国的一部分技巧，然而我们不能说因为满人需要儒学来统治中国，就忽略了个别人物的儒学风范。综合起来，德沛又引孟子之言说："孟子又曰，仁义忠信，乐善不倦，此天爵也；公卿大夫，此人爵也。古之人，修其天爵而人爵从之。今之人，修其天爵，以要人爵。"由此可见，德沛的政治批判除了反省政治劣迹，还包含了揭橥理想。他认为理想的情况应该是，个人修好德行，才获取人爵。换言之，道德的实践应该优先于政治和军事的实践。这也是孔孟之道一贯的精神。

诸德行中，德沛特别强调"仁"与"勇"，主张伦理的实践是"仁"，政治与军事的实践则是"勇"，并认为到了至仁大勇，就可以守住灵性的大体，而不受小体利害的负面影响。"如至仁大勇，守灵性大体者，岂肯为小体利害所夺哉。"②在他看来，陆象山所谓"先立乎其大者"就是以仁、勇为先；先修好仁勇之德，便不为小体的利害所夺。仁、勇这些德行的获得基本上属于压抑性的德行，而且把世俗所谓的福当作祸、当作苦；把世间所谓的祸、苦当作是福。基本

① 德沛：《实践录》，《法国国家图书馆明清天主教文献》第十二册，台北：利氏学社，2009，页 99。

② 同上书，页 103。

上是激励人抑欲进德。须知当时天主教强调压抑欲望，在宗教上不强调求福。德沛说："世之所谓福者，道之所谓凶也，人之所谓祸者，理之所谓大吉也。"[①]所以他不接受世俗的祸福标准，要克制小体对世间福乐的追求，克制欲望才能成就德行，完成至仁大勇之德。

原则上，德沛的灵肉二元论与压抑性德行观，都与明末清初的天主教思想和儒释道伦理思想一致。就此也可看出，无论夏大常或是德沛，一位是汉族士人在逃难中思考问题，一位是新统治者满族亲王，虽因政权转移，祸福不一，但他们都信仰了天主教提供给他们的核心思想，并在这核心上融合天中西传统。在我看来，无论是在朝在野，这个中西思想的初步融合逐渐形成了清代的一种思想趋势。虽然其中仍有不少问题值得检讨，但我们也可以看出他们中西融合的努力，以及他们对融合天儒的贡献。

五、初期来华耶稣会士与华人教友的宗教论述与本体外推

初期来华耶稣会士与华人教友们对于终极真实（Ultimate Reality）的论述，奠定了尔后中华新士林哲学的形上学与宗教哲学论述的大要，兹分数点讨论如下：

（一）天主的观念与天主存在证明

首先，在语言的外推上，很难把这一神论的信仰用适当的中文

① 德沛：《实践录》，页105。

语词表达。例如，对于三位一体的神，在语词方面到底是使用哪个语词好？用《诗经》、《尚书》中使用的“上帝”？或其后耶稣会士订定的“天主”？从其最初的文献可以看到，耶稣会内部也开会讨论，做过论辩。在日本，也曾用“天道”“天尊”“天主”等语词，但方济·沙勿略(Francis Xavier，1506—1552)最后仍决定使用音译原则，译为“陡斯”，这是拉丁文 Deus 一词的音译。在中国，由于罗明坚、利玛窦等人对中国经典的熟悉，也深知在中国“文采不彰，其行不远”，所以，他们虽也用过“陡斯”一词，但他们也深知，该词于音虽勉强类似，但于义则并不雅驯。若用中国经典中的“天”或“上帝”，则会导致与多神论纠缠的问题，因为中国的“天”或“上帝”都仍与四方、山川、河流诸神同在且密切相关，是多神论的脉络。此外，他们也担心如此采用“天”与“上帝”，好像是说中国人不经启示便早已认识了宇宙的创造者，却又主张多神论。基于谨慎，耶稣会士曾经多次论辩，也开过几次会议，最后在 1628 年的嘉定会议中，决定禁用“天”与“上帝”等词，而承认利玛窦采用的“天主”一词，虽然这一语词仍有不少问题，他们也清楚认知到了。

在哲学上，对于“天主”存在的证明，当时利玛窦是运用圣托马斯的五路证明(Five Ways，拉丁文 Quinque viæ)，加上一些他认为较切近中国心灵的论证。五路证明的前三个，基本上都属于因果论证；第四个是等级论证，说的是所有美善都有等级，从美善，到更美善，到最美善，那也就是天主。最后，第五路是目的论证或设计者论证：看到宇宙万物如此有秩序，应该是出自一伟大的设计者，按照目的来设计的。这五路证明，对于中国人来讲，太过抽象。中国人按照宋明理学所认为，人可以从内心“对越在天”，来感应于终极真实，[1]也就是从道德体验出发，超越到对于天的感应。对此，利玛窦也有所觉察，所以他在《天主实义》中，在提出五路证明之前，先讨论了道德论证。可惜，这点到了后来，没有再获得发挥，等于是略而未详，没能详加论证，或深入发展，来与中国哲学由内在而超越的思路相互交谈。

此外，利玛窦追随圣托马斯，视天主为最高实体，是第一实体，是纯粹的精神，这对于中国人的吸引力不大；虽然这对西方学术而言，有其重要意义。这一从亚里士多德的实体形上学发展出来的天主观，曾在中世纪赋予了宇宙秩序以一理性的最后基础。这暗示近代科学发展的根本精神来自中世纪的根源，因为宇宙所以可以让人不断探讨而认识其法则，对整个宇宙给出一个彻底的解释，除了宇宙中含藏理性结构之外，应该还有一个最终根源，其本身就是理性的。但是，这样的想法对于当时中国士人的心态，与中国人由内心的道德感动出发，由内在而超越，并不相应。另一方面，天主是实体，是第一实体，如同利玛窦他们所论证的，是因为只有实体才能够创造万物，这种实体观使早期来华耶稣会士们无法深入了解儒、释、道不执着于实体的思想与信仰，以致实体的天主观与中华传统哲学格格不入，甚至冲突。

然而，中国人却一直采取非实体，或者不执泥于实体的形上学。对于亚里士多德而言，终极真实是“思想思想其自身”（noesis noeseos）的纯粹实体，也就是全面自觉的思想实体。但对于中国

---

① 原出于《诗·周颂·清庙》：“济济多士，秉文之德；对越在天，骏奔走在庙。”然而，在本文中指的是由内在的道德而超越至天之意。

人而言，朱熹的“理”是非实体的；老子的“道”也不是有位格的实体；佛家的“空”或“一心”也不是实体；儒家的“天”也是非实体的，或许会思、会想、会体察民意、同情老百姓的痛苦，但并不代表祂一定是个有位格的实体神。以上都是非位格的终极实在，中国人在设想终极真实的时候往往不愿将它定位为实体。

（二）天主为实体与朱熹的“理”、道家的“无”、佛家的“空”

首先，关于“实体”与“无”。在这种“存有·实体·神·学”的思想架构下，利玛窦及其他耶稣会士很难体会道家或佛教所讲的“无”或“空”的概念。首先比较“实体”与道家的“无”。简单说起来，第一，在《老子》形上学、存有论里面，“无”与“有”是“道”开显的两个环节。按照我的阅读，“道”先开显为奥妙无尽的可能性，称之为“无”；在所有可能性里面只有一小部分实现为“有”。所以，奥妙无穷的可能性优先于有物。在形上学上面，无限奥妙的可能性不能以实体视之。可惜，利玛窦等人没有了解到这一点。

第二，“无”也代表内心的自由，如老子曰：“故常无，欲以观其妙”，“有之以为利，无之以为用”，其中的“无”，意为内心的自由，不被“有”所限制。对照起来，“有”是实现，是充实，是实在。故曰“有之以观其徼”，常有之、实现之，才可以看出的实现的痕迹与限制。唯有透过“常无，以观其妙”，看到奥妙的可能性，内心才会自由。这两者是互动的，并不是说重无轻有，它只说人一生中常要做“有”的行动，以感到生命的充实和界限；但在其中也常要观想“无”的可能性，使内心得到自由。可见，“无”是有关于奥妙的可能性和内心的自由，然而利玛窦及其他耶稣会士在实体形上学的架构下看不见这一点，只看到最低的形器层面。

在第三层面，也就是形器层面的有与无，在或不在，呈现或不呈现。就此而言，利玛窦等人要问：不呈现、不在、非实体的东西怎能成为万物的原因呢？由于这层认定与诠释，在中、西交谈的时候，就发生了困难。其实，基督宗教这一方也可以反思，所谓天主"无中生有"(creatio ex nihilo)，到底那"无"是什么意思？是在"空无一物"的"无"中创造？还是在奥妙的可能性中创造。这也是值得在形而上学层面上再加以反省的。

其次，有关佛家的"空"。在佛教里面，"空"一词虽然有很多意义，基本上也可归结为三层意思。第一层意思，是形上层面的"空"，意指"缘起性空"，所有万物的存在都不是由于以自己为原因，使自己存在的；每一物的存在都是因为相互依赖的因果，是一种依他起的、依赖缘起、相互依存的，所以各物皆没有自性，称之为"空"。换言之，每一物都没有自己的实体，没有实在性。对比起来，在亚里士多德来说，"实体"就是自立体，自立体就是其他附性所依赖的底基。附性虽变化，但实体依旧在。"缘起性空"并不是说"空无一物"，而是讲因缘生灭，物无自性；讲"缘起"而不讲"实体"；讲相互依赖而不讲直线因果。

"空"的第二层，是心理层面、精神层面的意义，也就是"不执着"的意思。如《金刚经》所言"应无所住，而生其心"，也就是说心不应有所执着，不执着于喜怒哀乐这些心理现象，不执之作"我"，也不执着于一个先验的"我"。没有我执，没有法执，毫无所执。即使有所成就，也不执着于自己的成就，例如，不执着于自己是一个大思想家，或自己的文化有多优越；甚至连"空"这一概念都不应执着。连“空”都要“空”掉,因为你一旦执着于“空”,那就是“顽空”了。由于不执着,所以给出了彻底的精神自由,这一精神自由要比道家的“无”还要彻底,因为它连“空”都不执着。“缘起性空”和无执的自由都是“空”的要旨,但是利玛窦他们并未体会及此,以致没法与佛教深入交谈。

“空”的第三个意义,是语言层面上的“空”,是说人所使用的所有语言,包括“身体”、“桌子”、“杯子”等话语,都是人建构的,在实在的世界中没有真正的对应物。就语言哲学而言,是说所有的语言都没有固定的指涉(reference),都只是人的“语言的建构”(linguistic construction),就连“身体”也是出自人的语言建构,名不当实,实不当名。

总之,当时的耶稣会士们并没有了解到佛教“空”的真义与深意,而佛教也未能体验到耶稣会士对于天主的深刻的宗教经验。换言之,他们论辩概念者多,交换经验者少。于是,无论交谈或批评就不易深入,反而招致更多彼此的批评和反对,于是彼此往往捉住对方肤浅、表面的东西来相互批评,造成更多的误会。换言之,西方的“第一实体”和道家的“无”和佛教的“空”,都是在宗教层面对于终极真实及在各自的信仰中最为关键的概念。在宗教交谈之时,天主的实体性与佛教之“空”和道家之“无”,无法达成相互了解。其实,在天主教来讲,天主也有“隐藏的天主或上帝”(Hidden God)的一面,举凡人所有的言说、论述,无论科学、神学、哲学想要去论述祂,也都不能够穷尽,换言之,隐藏的天主或上帝,天主本身在人的建构之外无限后退;天主教也讲论灵魂或精神的超越性与自由,略可比拟于精神义的空或无。这些意思其实与“空”和“无”

所要表达之意，可以相互沟通。

（三）夏大常对中国宗教性质的查考

在礼仪之争前后，耶稣会动员了他们影响的中国士人，致力提供中国经典与民俗材料与诠释，让耶稣会士们为其文化适应路线的正确性辩护。同时，他们也重新整理了中国经典，找寻文本根据，并加以适当诠释，来证明祭祖、祭孔不是在崇拜其他神明以代替天主，借此也厘清了中国人祭祖、祭孔的宗教性质。礼仪之争有一部分重要议题涉及一些中国宗教现象的了解和诠释。这有如今天所谓的宗教学研究。夏大常对于中国礼仪相关文献非常娴熟，虽在逃难之中遗失典籍，但仍能靠记忆写出很多文章，富于中国宗教研究的学术涵义。基本上，夏大常的论述有中国经典文本支持，并赋予这些经典文本以富于宗教学意涵的诠释，可谓中西初融时的重要中国宗教学者。

首先，针对祭祖，夏大常的基本论点是：祭祖是出自儿女对父母的孝心。子女于父母在世时要能侍养，父母去世后要能祭祀，好像仍在供养他们一样。孝心是人最重要的天性，是应该保存的。所以，祭祖是完全出于尽孝、慎终追远之心，并不是把父母当作神来崇拜。

其次，关于祭孔，理由也颇类似，是为了尊重圣人。孔子是中国文化思想的开创者，所以，所有的文人都要尊敬孔子。但这种尊敬并不代表把孔子当作神来崇拜，而是基于对文化、理想和人可以达到的圣人典范的推崇。所以，目的不是在求孔子的降福保佑，而是尊师重道的表现。

再次，关于其他的祭祀，譬如生祠或死后立庙，夏大常也做了很详细的考察，认为立生祠的意义主要在于尊敬某人的功劳、功勋，崇敬他是一位人间英雄；至于死后立庙，则是纪念他所做过的善事或功德，或立功、立德、立言的三不朽，而不是把某人奉为神明，更不是向他求福。

透过夏大常的书写，我们可以了解到他对中国古代礼仪的理解与诠释。初期的天主教徒中国士人，他们虽然在形而上思想、人性论、实践论上作了某种雏形的中西融合，但他们对于中国文化的了解，基本上仍继承中国传统士人的诠释理性，换言之，是立基于对中国经典的诠释来思考。虽然他们在西学影响下，思路比较系统化，也可以说是在“诠释中建构”。底子里的精神还是中国哲学的精神。[①]本文特别集中在夏大常论述祭祀的性质与人天关系上。他在讲解《礼记·礼器篇》时又说：

> “君子曰，‘祭祀不祈’，……乃是孔子教人奉祭之心，惟当尽道，不当求福也。得其道者，是言尽我诚敬之心也。若能尽诚敬之心，便为受福之道。……可知中国祭礼，并无求福之心矣。”[②]

---

① 基于两个理由，我不赞成黄一农在《两头蛇》一书中将这些早期天主教徒儒者称为“两头蛇”：其一，正如我以满族亲王德沛和汉人学者夏大常为例说明的，他们已经初步程度在形而上思想、人性论、实践论上作了某种雏形的中西融合，不再是“两头蛇”；其二是，他们底子里还是中国儒者的精神，立基于对中国经典的诠释来讲中国文化。另外，我不知道黄一农在如此命名时，有没有想到中国有关见到两头蛇将会不幸的传说，或有思及孙叔敖打两头蛇的故事。如果有，则如此的命名，在意向上值得商榷。

② 夏大常：《性说》，页88。

夏大常诠解《礼记》孔子之言，以明中国祭礼之义不在求福，而在表达孔子所说“诚敬之心”，这点可以印证《论语》中孔子所言“祭神如神在”之意。这话说出了礼仪的本质在于诚敬之心，而不是为了一种功利的交换：我向你祭祀，你赏给我福报。换言之，宗教行为之义不在于功利主义，更不在利益交换，而是出自人的宗教情感诚心地宣泄，包含对自己尊崇的人、或对自己的亲人的一种怀念。人若不如此做，是不会安心的。

夏大常进一步引《祭义篇》说：“君子生则敬养，死则敬飨，思终身弗辱也。”指出中国礼仪中祭拜祖先的性质只是一个不忍忘亲之念。所以，他解孟子言“大孝终身慕父母”之意时说：

> “终身云者，非终父母之身，乃终孝子之身也。生则敬养者，尚未欲以我之爱亲者，而求亲之爱我。惟于死则敬飨之日，亲既不能显爱于我，而我独能爱亲于不忘焉。斯为大孝终身慕父母矣。”①

很有意思的是，夏大常这一诠释，虽指出“生则敬养”、“死则敬飨”都出于孝爱之情，在爱父母上都是相同的，但是“生则敬养”还有“求亲之爱我”的相互性的意思；然而，“死则敬飨”则是再无相互性之意，因为父母过世了，再也不能因我之爱他们而爱我，是完全超越了相互性之爱的表现。在此，夏大常很了不起地指出了中国

① 夏大常：《性说》，页 89。

宗教情操与礼仪有其超越相互性、甚至超越功利性、交换性的层面，而纯属爱的表现。更有意思的是，他在如此讲完“斯为大孝终身慕父母矣”之后补上一句：“此与未见天主而信天主者，约相同矣”，以对父母纯粹爱的表现来讲对天主的信仰。请注意：“约相同矣”一句，初稿原来写作“同此心矣”，后来大概意识到“终身慕父母”与信天主只有模拟的关系，同中仍有不同，所以其后改为“约相同矣”。

以上，夏大常大体上讲明了中国祭祀礼仪的意义。他在探讨中国宗教现象时引经据典，加以诠释，以回答耶稣会士们的询问，同时也顺便把中国人自己的礼仪分析清楚，这中间已经有针对中西沟通、天学与儒学关系的探讨。同时，这也是最早在跨文化视野下，提出的中国宗教研究，惜仅止于雏形。更可惜的是，尔后由于中国人自己的忽视，未能继续发展，倒是后来西方学者成为中国宗教研究的领航者。

最后，夏大常也讨论中国礼仪与天主教义有否不兼容关系的问题。夏大常基本上是从中国所谓“立教”之意，指出其与西方“宗教”有不同而实相通。夏大常认为：中国是以礼“立教”，是为了让人们发挥其“人性”，使生活有所依循；至于宗教则是为了发挥人的“超性”，以侍奉天地万物的主宰天主。必须先通人性，否则安能通于超性？中国人以礼立教，不能因为礼会有被滥用的弊端，就禁了礼本身。夏大常说：

> “祭礼亦犹是也。若禁祭礼，中国人心必疑圣教中人，来乱教法矣。故立教者，惟当去其毒害人心之实，不必改此空疏

无用之名。求福之祭当禁矣。追养继孝之祭，不当禁也。土神之祭，当禁矣。视死如生之祭，不当禁也。犹之生子者，惟当禁邪淫，不可尽其生子，以绝人类也。”①

换言之，如果祭祀里有迷信求福等不当之处，可以改之，但不必因噎废食，禁掉全部祭祀之礼。中国以礼立教，在五礼当中以祭为先。祭的不同种类，各有其意义。祭祖先是为了奉飨，安孝子之心，显示诚意，秉告祖先，不敢自专等，有这许多合乎人性的意义，因而不可废祭之名。他说："求福之祭当禁"，表明如果是为了求福之祭，是一种功利式的、交换式的祭祀，是应该禁。但若是追养尽孝之祭，则不当禁。若是塑造土神模型，当作神明来膜拜，这当禁。若是视死如生之祭，像祭孔子这样的圣人，不当禁。就像人要结婚，有男女之事，要生小孩，可以禁止人邪淫，禁人到处拈花惹草，宣泄情欲，可是人总要延续后代，总要生小孩，这是不能禁的。所以，祭不能禁，就像人要生小孩不能禁一般。换言之，中国以礼立教之意，是出于人性的需要。所以夏大常在辨明中国宗教的意义之后，进一步表示祭祀不能禁。他进一步说明，祭祖之礼并不与天主教的诫命有实质上的冲突。他说：

"中国立祭之心，原相合于天主教人孝顺父母之诫矣，唯此一祭之名，特恐有碍于钦崇一天主之义，然亦只是此名相碍，并无伤碍之实。奉祭天主者，奉其为天地万物之大父母。

① 夏大常:《性说》，页82。

奉祭祖先者,不过奉其为一家一身之小父母而已耳。”①

夏大常指出,祭祖之礼合乎天主教规十诫中第四诫“孝顺父母”;然而他也意识到,用祭祀来表达孝心,按天主教这边的觉识,有可能会妨碍到第一诫“钦崇一天主于万有之上”。然而,他也指出这种冲突,只是由于“祭祀”此一名义的相似性,因为天主教所献于天主的弥撒,也称作“祭献”。然而,夏大常认为,这只是名目上的,并无实际上的任何伤碍。可见,他区分“名义上的冲突”(nominalist conflict)与“实质上的冲突”(substantial conflict),认为祭祖只是和弥撒有表面上的、名义上的冲突,实质上毫无冲突。他这一分辨,以及对中国宗教的定性,重点放在其内在实质的意义,认为不能只停留于表面,甚至望文生义。换言之,他不赞成唯名论的宗教阅读。他的主张,是在实际上天主教的第四诫不会与第一诫相冲突;就中国而言,第四诫孝顺父母,其实是与第一诫孝顺天地的大父母是一致而延续的。他说:“奉祭天主者,奉其为天地万物之大父母。奉祭祖先者,不过奉其为一家一身之小父母而已耳。”②

这一想法试图把中国人与父母的关系、甚至家庭的概念,扩张到理解天主教会,理解人与天主的关系。这是一般中国人比较容易接受的关系性思维:天主是创造天地万物的大父母,天主教会是由天地大父母与众子女形成的大家庭,这样的想法使得天主教显

① 夏大常:《性说》,页 91。
② 同上。

得颇有亲和性。其实，孝敬父母、祭拜父母，跟弥撒祭拜天主，并不相冲突。一个是祭祀天地大父母，一个是祭祀一个家庭里的小父母。就此一家庭之爱而言，他认为在父母、爱等名相上，本性与超性并不相反，却有所契合。他说：

> "况乎本性中之立名者，亦多有合乎超性中之名者矣，言超性者，曰爱天主也；言本性者，亦曰爱父母矣。言超性者曰，敬天主也；言本性者亦曰，敬父母矣。言超性者曰孝天主也，言本性者亦曰，孝父母矣……"①

夏大常透过扩大化的"家庭关系""父母""孝、爱、敬"等概念来看，认为即使在名义上其实也无冲突可言，从祭父母一直到祭天主，在名义上也不相反。表面上，肤浅看，好像名义相反；事实上，本性的立名者，像孝顺父母、爱父母这些名称，也都合乎超性的孝顺天主、爱天主。所以他主张：超性和本性可以相合。他用这一伦理论证来讲儒家发挥了人本性之义，而天主教进一步发展了超性之义。不应该以超性废本性，因为本性也是由超性所造；也不该只停留在本性而忽视人有其超性根源。就此而言，夏大常已经订定了一个天主教与儒家融合的良好理论基础。他说：

> "超性不能相通于本性者，亦非真为超性者也，西洋言超性者，即为中国所言天道矣，天道人道其理一也。谓超性之

① 夏大常：《性说》，页92。

奥，无过三位一体，然有粗像可比也。论天主全能全知全善，真为人世无可比拟之处。然而朝廷之威莫测，圣人之出类超群，可比也。超性固当反本报始于天主，本性亦当反本报始于父母矣。"①

在此，夏大常将西学所讲的超性与中国所讲的天道相比拟。在中国哲学言，天道与人道是相通而连续的，不是相背反的、相压制的。他也认为知道天主教三位一体的道理最为深奥，"谓超性之奥，无过三位一体。"可见，夏大常是个深于教理的天主教徒。关于三位一体，这是天主教的一个基本教义，极其玄奥难懂。不过，夏大常认为，天主圣三虽奥妙难明，然也有圣三画像，虽然画像粗糙，也粗可获得类比的了解；对于天主的全知全能，人世虽无可比拟，然亦可在朝廷之威与圣人之超凡获得类比的理解。类比(analogy)之哲学意义曾在圣托马斯那里获得深入的发挥；夏大常在此则用于他的伦理论证，并使用类比的方式来理解本性与超性的关系。"超性固当反本报始于天主，本性亦当反本报始于父母矣"。对于夏大常来讲，中国经典和书籍是圣人之教。圣人体察人的本性而能够任万物的面貌睹现，因此知道人应如何发展本性，不但不相反于超性，而且可进一步衔接超性。也因此他另外写了《性说》，综合了中西人性论，其中衔接了人性与超性，助耶稣会士们发扬超性之理于中国。这其中有一贯串的道理，那就是"追本溯源"，正如同人的生命是来自父母、祖先；天地万物也可追溯到最初来自

① 夏大常：《性说》，页92—93。

天主的创造。夏大常用以连接本性与超性的“报本返始”概念,仍有其深刻的启发。

六、结论

平心而论,当时耶稣会如果多谈一些自己对终极真实的体验,少谈那些抽象的天主存在证明;不但引进亚里士多德和托马斯的理性论,也引进拉丁教父、希腊教父,或像爱克哈特大师(Meister Eckhart,1260—1328)等人的密契论,一定可以获得同样关心终极真实的儒释道各教的共鸣。换言之,如果当时耶稣会士,除了引进西方科学与理性论以济补中华文化的不足之外,而且更能与中国士人分享他们对终极真实的体验与感怀,他们对隐藏的天主的体会、宗教奥秘的体会,还有基督宗教所讲的自由与关系的想法等,进一步邀请彼此来相互体会,再发为相互可懂、设身处地为对方着想的言论,或许天主教能和道家、佛家有更为深入的交流。

总之,在明末首先译介并引进亚里士多德,有好也有坏。好的是,在逻辑与科学思想方面有很大的贡献;不好的是,无法碰触到中国士人的心底。我有时会想,如果当时引进的是希腊教父或拉丁教父或中世纪的密契论大师的著作,他们的文采好,关心人内心的体验,而且心怀对奥妙的惊异,甚至论及对天主的爱,更有密契论的深度,或许更能亲近中国的思想家。或许,当时应该在这方面多从事翻译与著述的工作。可惜当时耶稣会为了表现他们的思想体系与教育体系的科学性、逻辑性与理性,以及自我认识的重要性，而这已经触及文艺复兴时期重视理性与主体的近代性精神，因而作出的外推抉择，以致在内心体验、心怀奥妙与密契论深度方面，没有多加发挥，殊甚可惜。

第十二章　士林哲学“实体”概念的引进中国及其哲学省思

利玛窦与其他耶稣会士来华，引进西方哲学，结合中国哲学，不但开始形成中华新士林哲学传统，而且对于中、西跨文化哲学互动意义深远。在他们的著作中，提到西哲人名如苏格拉底（Socrates）、柏拉图（Plato）、亚里士多德（Aristotle）、奥古斯丁（St. Augustine）、伯纳德（St. Bernard）、圣托马斯（St. Thomas）等人，[①]让中国人第一次听闻他们的大名和思想，可谓中西哲学互动的一段重要历史。早期来华耶稣会士引进西学的最主要目的，一如艾儒略在《西学凡》中所述，是为了要促成中西圣贤思想的相互融通。艾儒略说，

> 旅人九万里远来，愿将以前诸论与同志翻以华言。试假十数年之功，当可次第译出。……使东海西海群圣之学，一脉融通。此真圣明御宇，千载之一时，梯航跋涉，抱此耿衷。[②]

---

① 例如，在傅泛际《名理探》和艾儒略《西学凡》中随处可见古希腊与中世纪哲人名字。

② 艾儒略:《西学凡》，收入李之藻集，《天学初函》，台北：学生书局影印，1965，页59。

艾儒略所指的西海群圣,在《西学凡》中特别突出了亚里士多德。其实,在西方哲学家之中,第一位最早被系统地翻译、引进中国的西方大哲学家,也是亚里士多德。亚里士多德可以说是奠立了士林哲学的基础哲学体系,不过,利玛窦等人所引进的,基本上是文艺复兴时期的亚里士多德。在文艺复兴时期,西欧有四套亚里士多德全集评注本出版,其中由耶稣会士在葡萄牙科音布拉学院(Coimbra College)编辑并评注的一套,是初期来华耶稣会士所采用的本子。由于当时葡萄牙是海上帝国,船舰与航海技术发达,意大利耶稣会士来华,须至葡萄牙乘船,得以先经葡萄牙修习并携书来华。

耶稣会士进入中土之后致力于翻译亚里士多德为中文。按方豪的说法,在晚明时期有四本亚里士多德著作译为中文,其中《范畴论》(*De Categoriae*)由傅泛际(Francisco Furtado)、李之藻译为《名理探》;《论天》(*De Ceolo*)也由两人合译为《寰有诠》;《论灵魂》(*De Anima*)由毕方济(Francesco Sambiasi)和徐光启合译为《灵言蠡勺》;还有高一志(Alphonsus Vagnoni)的《修身西学》,译介了亚里士多德伦理学思想。[①]

不过,我在多伦多大学善本书图书馆(Thomas Fisher Rare Book Library,University of Toronto)对照1583年出版的Commentarii Collegii Conimbricensis Societatis Jesu,查核的结果,发现这些所谓"中译本"并不是逐字逐句翻译的结果。《名理探》、《寰有诠》、《灵言蠡勺》三者,虽说是立基于科音布拉学院评释的亚里

---

① 方豪:《李之藻研究》,台北:台湾商务印书馆,1966,页103。

士多德著作 *De Categoriae*、*De Caelo* 和 *De Anima* 的思想要旨，虽也多有选译之处，其实可以说是为中国人重写（rewritten）的节本（abridged edition）。[①]

此外，对照之下，还可增列毕方济的《睡答》，可谓改写了亚里士多德的 *De Somno et Vigilia and De Somniis*；亚里士多德的《论睡眠》和《论睡眠占卜》部分内容也可见于艾儒略的《性学觕述》中，也是立基于科音布拉学院评注本，不过其中也增加了不少涉及中国思想的材料。[②]至于署名"高一志撰"的《空际格致》，其第一部分其实是来自科音布拉学院评注本的亚里士多德《论生成与毁灭》，尤其其中有关四大元素的部分；而第二册中有许多材料则是来自科音布拉学院评注《自然诸短篇》中的气象学（Meteorologia）。

一、从亚里士多德 Ousia 到中世纪 substantia 到中文"自立体"

本章所要讨论的，是亚里士多德学说里的 ousia 思想经过中

---

① 以《名理探》为例，该书署名傅泛际 Francisco Furdato"意译"，李之藻"达辞"，所依据的版本是 *Commentarii Collegii Conimbricensis Societatis Jesu*：*In Universam Dialecticam Aristotelis Atagiritae*，Nunc Primum in Germania in lucem editi. Coloniae Agrippinae，Apud Bernardum Gualtherium，1611。《灵言蠡勺》是依据科音布拉学院评释的亚里士多德著 *De Anima* 的节本与改写，署名毕方济"口授"，徐光启"笔录"。至于高一志（另名王丰肃）的《修身西学》、《齐家西学》，则是对于（经过托马斯和科音布拉学院评释过的）亚里士多德伦理学和政治学部分内容的意译和改写，而不是单纯的翻译。

② *Commentarii Collegii Conimbricensis Societatis Jesu in Libros qui Parva Naturalia appelantur*，Coloniae：Ompensis Lazari Zetzneri，1603. pp. 19—36，36—48，48—54.

世纪与来华翻译所经历的改变。Ousia 一词，中世纪拉丁文翻译，以及文艺复兴时期的科音布拉评注本都作 substantia，然耶稣会来华译为“自立体”，而如今中文哲学教本和论著多用“实体”一词。为了便于讨论，我在本文中将顺此俗成译法。“自立体”（实体）所译的是 ousia 的拉丁文译词 substantia。此外，在英文中，也有将 ousia 译为 essence（本质），则是来自 ousia 的另一个拉丁文译词 essentia。按照多伦多大学宗座中世纪研究中心（Pontifical Institute of Mediaeval Studies）的欧文斯教授（Joseph Owens）所指出，substance 一词的缺陷在于它未能表达 being 与 ousia 之间在语源学上的联系。至于译为 essence 的缺陷，则在于自中世纪哲学以降，essence 总与 existence（存在）对比，可是亚里士多德的 ousia 并不含此种对比。[①]诚如古希腊哲学专家余纪元所说，

> 关于 ousia，现有译法“substance”或“essence”皆来自拉丁文。拉丁文译者在译 ousia 这个词时，力图反映它与 to on 的衍生关系，便根据拉丁文阴性分词发明了 essentia 一词，昆体良、塞涅卡等人都是这样译的。波埃修斯在评注亚里士多德逻辑著作时，根据 ousia 的意思（ousia 在逻辑中意思为主项或主体、载体），以“substantia”（站在下面）一词译之，不过他在神学著作中仍用“essentia”翻译。但由于波爱修的逻辑注释在中世纪十分有影响，逐渐地，substantia 便成为 ousia

① Joseph Owens, *The doctrine of being in the Aristotelian metaphysics: a study in the Greek background of mediaeval thought*, Toronto: Pontifical Institute of Mediaeval Studies, 2nd edition, 1963.

> 一词的主要译法。……现代英译，主要是牛津标准本译本，一般采用 substance，但当 substance 实在别扭时（如 ousia 作为定义的对象等）也采用 essence。①

关于英文翻译，余纪元教授主张用 reality 一词，他认为："Reality 倒是最合适的词。它既反映了亚里士多德的两层用法，又反映了亚里士多德的中心意思，即 ousia 是最真实、最根本的'being'。"②为了保持亚里士多德希腊文 on 与 ousia 在字根与语意上的联系，他提议将 on 译为"是"，而将 ousia 译为"本是"，其余相关语词，如 ti esti，余纪元主张译为"是什么"，将 to ti en einai 译为"恒是"。

我虽然同意，亚里士多德的 ousia 一词，就其与 to on 在字源上的关系言，似乎更适合译为"本是"，不过，由于一方面在担任中文哲学术语时，"本是"一词在论述中会有些不方便或不顺畅；另一方面，当我们讨论的是输入中国的文艺复兴时期的亚里士多德学说，而不是古希腊的亚里士多德用语之时，"本是"一词虽合古意，却不能畅言引进中国的新意。余纪元教授并未注意到，古希腊的亚里士多德思想和输入中国的文艺复兴时期亚里士多德学说略有不同。此外，余纪元建议以"本体"一词来翻译 ousia，甚至认为比"实体"一词更妥。我觉得，由于"本体"一词在中国哲学里有长久而复杂的历史，近世纪以来又被用以翻译康德哲学中的 noumenon 一词，为免纠缠更深，我暂不拟考虑。但我同意余教授所言，Reality 一词

---

① 余纪元："亚里士多德论 on"，《哲学研究》，1995 年第 4 期。

② 同上。

似乎颇能译出亚里士多德用 ousia 一词的某些重要含义。堪培拉大学的麦克斯(John Makehame)教授也使用 reality 一词,来翻译熊十力在《新唯识论》书中所用的"实体"一词。[①]

总之,从亚里士多德的 ousia,到中世纪拉丁文哲学著作将其诠译为 substantia 和 essentia,到早期来华耶稣会士依 substantia 这条思路译为"自立体",甚至到晚进华文哲学教本与论著译为"实体",显示了一个历经变迁而且有翻译便有诠释的历史过程。为了对此一过程进行思索与检讨,我不拟改弦更张,以免使问题更为复杂。为此,我在以下使用的,是初期来华耶稣会士用的"自立体",和当前学界用的"实体"一词。

二、逻辑学中的"实体"概念

在亚里士多德哲学中,"实体"是最为重要的概念之一。这一概念的哲学影响深远,从古希腊一直到牛顿物理学影响的世界观。"实体"概念从亚里士多德逻辑学,经过物理学、灵魂论,一直到形上学,发挥了一以贯之的系统作用。如此重要的概念,会被纳入耶稣会士译介亚里士多德的计划当中,不足惊讶。举其要者,无论是《名理探》的范畴论(逻辑学),《灵言蠡勺》和《性学觕述》中的灵魂论(人学、人性论),还是《天主实义》中的天主论(神学),都是以"自

---

① John Makeham, Xiong Shili's Understanding of the Ontological and the Phenomenal, paper presented at the Conference on Conceptions of Reality: Metaphysics and its Alternatives in Chinese Thought, April 29—30, 2013, School of Humanities and Social Sciences, Nangyang Technological University, Singapore.

立体(实体)”为栋梁概念。

《明理探》立基于科音布拉学院亚里士多德《范畴论》评注本,由傅泛际(Francisco Furdato)“意译”,李之藻“达辞”。关于《名理探》对“十伦”或十大范畴的翻译,特别值得注意的是亚里士多德的“自立体”或“实体”(substance)范畴,以及九大依赖者或偶性(accidents)中的“关系”范畴。简言之,这是因为亚里士多德的“实体”范畴始于逻辑、语言结构上的“主词—谓词”结构;相对照之下,中国哲学主张动态关系的存有论,而且没有明显的“主词—谓词”结构及其逻辑推理。

按照法国语言学家本维尼斯特(E. Benveniste)在《思想范畴与语言范畴》中的研究,语言规定了思想以及思想对于存在界的把握。亚里士多德的范畴论,作为在逻辑上对于称谓全体存在的谓词的最大分类,是立基于希腊语言。[①] 不过,我们观察亚里士多德从《论题篇》(*Topica*)到《范畴论》(*Categoriae*)的演进,可以看到他的范畴论由语言学的考虑,逐渐转往存有论,也就是对存有物的考虑,而以逻辑学为其中介。亚里士多德在《论题篇》表明:“它们在数目上有十:实体、质、量、关系、地点、时间、姿势、状态、主动、被动。”在《范畴论》中,这十大范畴,或《名理探》译“十伦”,计有“自立体(实体)”一项,以及“依赖者(偶性)”九项(accidents):性质、数量、关系、处所、时间、位势、状态、主动、被动等。的确,“实体”是来自希腊语法中的名词,尤其是个体和类的名词。“性质”、“数量”是

---

① Benveniste E., *Problèmes de linguistique générale*, Paris: Gallimard, 1974, vol. I, pp. 63—64.

希腊语法中的两种形容词。"关系"是另一种形容词。"处所"、"时间"、"位势"是两种副词。"状态"、"主动"、"被动"则是动词。不过,整体说来,范畴论探讨的既是人赋予谓词(predication)的运作,也是人在思维与认识存有物时的思想运作。换言之,人在认识某一存有物时,首先必须认识它是实体或是哪一种偶性,才能进一步认识其本质并加以定义。

《名理探》译介亚里士多德《范畴论》,引入其对实体(译做"自立体")和偶性(译做"依赖者")的思想。"不合而谓者,或指自立体。或指几何者。或指何似者。或指相视者。或指切所者。或指何时者。或指体势者。或指受饰者。或指作为者。或指底受者。"[①]其中,以"几何"译"数量",以"何似"译"性质",以"相视"译"关系",以"切所"译"处所(空间)",以"何时"译"时间",以"体势"译"状态",以"作为"译"主动",以"底受"译"被动"。[②]

值得注意的是,拉丁文 substantia 一词中的 sub 前置词表示"在下"之意,而 stantia 来自动词 sto,表示"站立"之意,合而言之表示"站立在下面",其翻译所强调的是希腊文 hupokeimenon(躺在下面)之意,不过已经正面凸显"站立"之意了。当翻译成中文"自立体",更从下面站立了出来,主体、实体之意更显,而不只是作为载体,无论那载体是躺着或站着。至于后来使用的"实体"一名,

① 对照英译"Of things said without any combination, each signifies either substance or quantity or qualification or a relative or where or when or being-in-a-position or having or doing or being affected." *Categories* 1b25, in *The Complete Works of Aristotle*, Edited by J. Barnes, Princeton: Princeton University Press, 1984, vol. 1, p. 4。

② 此略不同于稍早出版的利玛窦《天主实译》,后者译"性质"为"何如","关系"为"相视","处所"为"何所","受饰"为"穿得",等等。

则既不躺着，也不站着，然着重其存有学上的实际、实在、具实之意，甚至还带着"实"字其他丰富意含可能有的理论暗示，但若关涉亚里士多德哲学与士林哲学，仍常须慎加分辨。

须知自古及今，西方哲学出现过好几套范畴论。简略比较来说，古希腊大哲亚里士多德的范畴论，是立基于希腊语言的逻辑分类，进而影响及对存有物的分类。至于近代哲学家康德（I. Kant）的范畴论，则是先验性（先于经验地内在于主体的认知能力而又能使经验成为可能）的先天概念的总纲，用以解释牛顿物理学甚或一般经验得以成立的可能性条件。20 世纪大哲怀特海（A. N. Whitehead）的范畴总纲（categorical scheme）则是针对爱因斯坦以后的宇宙观中的存在、解释与规范的最高概念总纲。

至于什么是 ousia 或今所谓"实体"呢？亚里士多德在《形上学》第五卷解释各种名词时，对于"实体"（ousia）提出四种解释，他说，"我们所谓的实体指 1. 单纯物体：如地、火与水和其他这类事物，和由这些单纯物体组合而成的一般物体，例如动物实体和神性实体，以及他们的各部分。这些之所以被称为实体，是因为他们不是某一主体的谓词，而是其他谓词的主词。2. 那呈现在上述物体中的部分，不作为某主词之谓词，而是作为上述物体存有的原因，例如魂是一动物存有的原因。3. 那呈现在上述物体中的部分，限定这些物体，使其成为个体，此部分一旦毁灭，该物体全体立即毁灭……4. 本质亦是每一物体的实体，本质用语言表述，即为定义。"亚里士多德进一步综合前述，说"实体"可总摄二义："一、不再作为任何事物谓词的最后底基；二、使某物之所以为某物，亦因此而可以分离的形式。”①

按，前面所谓“某物存有的原因，例如魂是一动物存有的原因”说的是形式因，魂是一生命体的形式。至于所谓“上述物体中的部分，限定这些物体，使其成为个体，此部分一旦毁灭，该物体全体立即毁灭”说的则是使某物整个成为个体的质料成分，换言之，是那质料成分限制了某物体成为个体，一旦该质料成分毁了，该物体即毁。至于后来亚里士多德综合之时说到的实体，先说的是个体、主体、载体；然后，更重要的是形式、本质或实体形式（substantial form 如在死后仍能离身体而独立的灵魂）。由此可见，亚里士多德对于实体的看法，从《范畴论》中受到语法（赋予谓词）的看法，到《形上学》的存有论发展，其间虽有演进，但仍有连续性，而且其中的自然哲学部分也与他的“形质论”（hylemorphism）有关。

比较起来，中国古典语言并没有明白区分名词、系词、形容词、动词、副词等等。并不是说中国古典语文没有包含这些词项，而是说中国一直没有显态发展出语法对于各类词项的分解；而“主词＋系词＋谓词”以及其中“赋予谓词”的语言行动，也不是古典中国语文的关心点。我这样说并没有以这一点为古典中国语文的缺陷之意，相反地，古典中国语文的精彩处并不依赖这种主谓式的语法构造，而且古典中国语文中并不缺少如此构造，只是没有语法学加以抉发而已。

一般而言，相对于亚里士多德透过希腊语法以探究思维法则

① Aristotle, *Metaphysics*, 1017b 10—23, in *The Complete Works of Aristotle*, vol. 2, pp. 1606—1607.

(逻辑),透过思维法则以探究存在归类,中国的理论论述在形式上并不运用逻辑与数学结构表述,亦未对自身的语言结构进行语法式的解析,以达到有意识地建立一套或数套能控制理论论述的语法和逻辑系统。最早有系统的中国语法著作,像马相伯、马建忠兄弟合著,于1898年出版的《马氏文通》,也是仿西方语法,更精确地说是仿效拉丁语法,借以整理中国语法来撰述的。

顺便提一下,逻辑和数学的思维是相通的。除了《名理探》的逻辑哲学之外,早期来华耶稣会士也为中国带来了西方数学,如《几何原本》。中国自古在数学上早有非凡之成就,但多仅限于用数学来记录经验数据,不用来组织理论命题。相比之下,欧几里得几何学对于伽利略的天文学意义重大。利玛窦在徐光启协助下,将其师丁先生(Clavius)的欧氏几何讲义翻译为中文《几何原本》。利氏在《译几何原本引》中,正确地把几何当作是其他更实际的科学和技术所根据的基本科学。这种观念有助于在知识论上形成更符合近代知识的立场,假如发展得当,甚至可以达到以全体科学为一演绎体系,而以数学为其根本的科学观。① 可惜,此时中国人注重的是数学在现实上的实用性,而忽视其在理论上的理趣。诚然,欧氏几何亦有其缺陷,笛卡尔在其著名的《方法导论》中曾加以批评,其后欧氏几何逐渐让位于解析几何。但当利氏在世之时,尚未发展及此。

---

① 《几何原本》之《界说三十六则》:"凡立法、地理、乐律、算章、技艺、工巧诸事,有度有数者皆依赖十府中几何府属。"因书里讲"有度有数者",属"十府"中涉及"若干、多少"的"几何府",为此书名"几何"。利玛窦在《译几何原本引》中说:"几何家者,专察物之分限者也,其分者若截以数,则显物几何众也;若完以为度,则指物几何大也。其数与度,或脱于物体而空论之,则数者立算法家,度者立量法家也。"

就欧氏几何而言，其推论过程，在结构上与亚里士多德形式逻辑的三段论证(大前提、小前提、结论)十分相关。欧洲近代科学的发展曾受到逻辑研究和知识论反省很大的帮助。其实伽利略本人就曾在巴都亚学派(School of Padoua)当过学生和教师，该学派在文艺复兴时期正是研究亚里士多德哲学的重镇。[①]虽然伽利略在科学方法和知识论原理上与亚里士多德颇有不同，也批评亚里士多德，但伽利略的科学是有知识论反省作为基础的，是有哲学基础的，就这一点而言，他与亚里士多德在精神上是一致的。

利玛窦将《几何原本》译为中文，使本质上由三段论证逻辑组成之欧几里得几何学，得以引入中国的学术界。这正好与《名理探》的语法和逻辑思维相得益彰。传统上国人不发展逻辑语法，又把数学当作实用性、经验性的工具。济补于此，利玛窦译《几何原本》，把几何当作是其他实用科技的理论基础；这与傅泛际、李之藻所译《名理探》引进的亚里士多德逻辑学，虽未在古老的中国促成类似西方近代的科学运动，但他们引进的数学、逻辑与科学方法对于后来的中国学界，意义重大，例如对乾嘉学派的治学之方有深刻影响，也促使颜李学派重视实学与实践，对清代整体学术，诸如哲学、语言学、考据之学与为学之方的影响甚大。

三、人学与伦理学中的“实体”：灵魂论

前面提到，亚里士多德的实体观，就实体作为某物的本质形式

① R. Klein, *La forme et L'intelligible*, Paris: Gallimard, 1970, pp. 327—338.

言，以动物生命的“实体”为例，指的是动物的魂。[①] 虽然说，在亚里士多德看来，灵魂论属于自然哲学，其中包含了生魂、觉魂与灵魂，其中以人的灵魂为最高，但皆在自然哲学范围之内；然而，到了中世纪的圣托马斯，灵魂论的重点是人学，讨论的是人的灵魂，认为人的灵魂提升并综摄了生魂与觉魂。来华耶稣会士所译亚里士多德《灵魂论》，基本上是追随这一条思路，以灵魂论属人学，不再止于自然哲学范围。

的确，《灵言蠡勺》一书是经过天主教义诠释过的亚里士多德《论灵魂》（*De Anima*）中文改写本。该书由毕方济（Franciscus Sambiasi）口授，徐光启笔录。毕方济在该书序言中指出，“亚尼玛之学，于费禄苏非亚中为最益，为最尊。……谓认己者是世人百千万种学问根宗。……其所称认己，何也？先识己亚尼玛之尊。”[②]意思是说灵魂的科学作为人认识自我的科学，被视为是哲学中最为有益，也是最为尊贵的，甚至是最为基本的科学。认识自我的目的是为了妥善预备自我，控制欲望，以理指导欲望，一旦情感受到影响，便能加以节制使之从理。同样的原则也适用于治国，其中控制、指导与节制的方法都十分相似。[③]《灵言蠡勺》全书重点在于强调灵魂是自立的实体，是一不朽的（本自在的）实体，并且与神相类似，[④]其中，理智（明悟）、意志和欲望是三项最基本的能力。理智

① Aristotle, *Metaphysics*, 1035b14, 1037a5, 1043b1—4 etc. in *The Complete Works of Aristotle*, Vol. 2, pp. 1635—1637, 1647.

② 毕方济：《灵言蠡勺》，收入李之藻编，《天学初函》，第二册，台北：学生书局，1986，页 1127。

③ 同上书，页 1128。

④ 同上书，页 1134—1137。

被视为最可尊贵的精神能力，是人类这一小宇宙（小天下）的推动者，[①]包含了主动理智（作明悟）和被动理智（受明悟），两者亦是互补的。[②]理智和意志属于人的理性作用，两者的发展形成了仁爱和智慧两德行。[③] 这些都是十分基本的士林哲学人学概念。人性被视为向天主开放的，人的灵魂则被视为天主的肖像。[④]人的灵魂可以通于天主，人可以达致的一切完美的根源，也就是天主。[⑤] 人与天主由于彼此的相似性而有爱在其间，"亚尼玛既与天主相似，即亚尼玛之所向所爱，应是天主。"[⑥]最后，人的至福是来自上帝的恩宠。[⑦]

早期的耶稣会士尝试在中国哲学中也找到一些有关灵魂论的主张，例如在《性学觕述》里，有以下的表述：

> ……或谓之"灵心"，以别于肉块之心；或谓之灵神、神体指其灵明而不属形气者。或谓之"良知"，谓之灵才，指本体自然之灵者也。或谓灵台，谓方寸，指其所寓为方寸之心、为灵魂之台也。或谓之真我，明肉躯假借之宅，而内之灵乃真我也。或谓天君，指天主所赋予我以为一身之君也。或谓元神，

---

① 毕方济：《灵言蠡勺》，收入李之藻编，《天学初函》，第二册，台北：学生书局，1986，页 1185、1187。

② 同上书，页 1168—1169。

③ 同上书，页 1209。

④ 同上书，页 1213—1221。

⑤ 同上书，页 1129。

⑥ 同上书，页 1233—1234。

⑦ 同上书，页 1236—1268。

以别于元气，二者缔结而成人也。大学谓之明德，指其本体自明，而又能明万理者也。中庸谓之未发之中，指其本体诸情之所从出也。孟子谓之大体，指其尊也。总之称各不一，而所指之体惟一。①

然而，中国哲学本身感兴趣的是人性论，而不是灵魂论。儒家的人性论可追溯至孔、孟、荀以来的长期传统。当亚里士多德的"灵魂论"被引进中国之后，很快便被转变为"人性论"，这也可以视为耶稣会在中国文化中进行语言获取与外推的结果。也因此，艾儒略便将其对灵魂论的著作命名为《性学觕述》。不过，有趣的是，在其第七、八卷的书眉中，却仍刻着"灵学觕述"，可见其原先关心讨论人的灵魂的用心。②

值得注意的是，在晚近出版的《耶稣会罗马档案馆明清天主教文献》中，我们可读到一位本名夏大常、署名夏玛第亚的中国基督徒所著《性说》。之所以特别值得注意，是因为其中呈现了亚里士多德和托马斯的灵魂论对于中国士人信徒的影响之迹，以及中国传统哲学在中国士人信徒吸收西学时所扮演的角色。夏大常的《性说》表示：

"明于性者，必通三才之理。尽乎性者，将与造物同归。三才者，天道地道人道也。天道无形，地道有形，人道则兼处

① 艾儒略：《性学觕述》，收入钟鸣旦、杜鼎克主编，《耶稣会罗马档案馆明清天主教文献》第六册，页 103—104。

② 同上书，页 283—378。

乎天道地道之间。灵性者，无形之体，同于天道也。肉身者，有形之物，同于地道也。故曰，人道能兼天道地道焉。人道所以相同于天道，而大异乎飞潜动植之诸物者，岂非为此灵性之尽美而尽善也哉。”①

在以上论述之后，夏大常进一步指出，每一个人的灵魂都是上帝所亲造，因而与其他由水火土气四大要素所造的万物不同。注意，夏大常用的是古希腊或亚里士多德所谓的四大要素论而不是中国传统的五行论。至于灵魂，既为天主亲造，人应尽其性以报答上帝恩宠。他说：

“广生之物，舍皆取材于此水火土气中，随取随生，随用随足，无烦天主再造焉。为此灵性者，独为天主所宝爱，颗颗粒粒，皆从天主特意而生之。用其全能，从无造有，亲造之，亲赋之，一如慈父贻子者，必取嘉美之物贻之。……天主赋性于人类，人类自当尽性以答天主之洪恩。”②

夏大常引述诗、书、孔、孟，以表明人性与仁义礼智等美德本身皆是善的，他说：

“书言降衷，衷者善也。诗言懿德，懿者善也。孔子言天

① 夏大常：《性说》，收入钟鸣旦、杜鼎克主编，《耶稣会罗马档案馆明清天主教文献》第十册，台北：利氏学社，2002，页3。

② 同上书，页4。

生德于予，德者善也。中庸言知仁勇者善也。孟子言仁义礼智者善也。皆言人性之善者，无异词矣。”①

大体上，利玛窦以降的来华耶稣会士，跟随士林哲学传统，把人定义为“理性动物”，认为人具有不朽之灵魂，在肉体死亡之后仍以实体形式继续生存，并且比较强调人的推理能力。然而，检讨起来，人与多元他者的关系则尚未能整合到其哲学的人观之中。我想，如果当时的基督徒能更多强调人迈向多元他者的能动性，更重视“情”之为人的原初存在样态，更提倡身心的统合观，更重视“讲理”(reasonableness)而不只是理性(rationality)，似乎更可以和中国哲学顺利对话，产生共鸣。对于中国哲学而言，人性不能经由任何推论式的概念来予以定义，人之灵妙是超越名言的，而且人的心灵与肉体融而为一，道德与理性圆融和谐，中国哲学强调人的“讲理”，也因此不同于西方哲学的“理性”观念。可惜，人性中迈向他者的内在动力，并未被中国哲学充分强调，尤其是在后期华严、天台与禅宗影响下，着重在人内心寻求灵修资源，而忽视迈向多元他者的原初慷慨。

针对此，基督宗教有了可以在中华文化着力之处，致力于内在与超越、自我与他者，天与人的均衡与互动。惜利玛窦与早期来华耶稣会士未能着重这点。虽然说在“爱天主于万有之上，并爱人如己”此一爱的律令中，含有终极他者和他人的优先性，但由于其哲

① 夏大常：《性说》，收入钟鸣旦、杜鼎克主编，《耶稣会罗马档案馆明清天主教文献》第十册，台北：利氏学社，2002，页5。

学论述太过凸显理性，对于人性则重灵魂而轻身体，在道德上强调压抑性的德行观（如《七克》），终究未能在人性论与伦理学层面阐明对多元他者的慷慨佳音。

四、终极真实作为实体与终极他者

关于实体论的最后、也是最高的层面，是对于终极真实的讨论。来华耶稣会士在亚里士多德和托马斯的实体观指导下，以天主为最高实体，第一实体，纯粹精神的实体，是创造万物的第一因。就哲学言，利玛窦在《天主实义》一书中提出一系列天主存在的证明，作为合乎人类理性要求的论证，其中大部分是取自圣托马斯的五路证明。利氏的第二证明，乃根据无生物的运动所做之证明（“物之无魂无知觉者，必不能于本处所自有所移动，而中度数使以度数动，则必借外灵才以助之……”），大体上相应于托马斯的第一路证明。利氏的第三证明，乃根据动物之运动所做之证明（“物虽本有知觉，然无灵性，其或能行灵者之事，必有灵者为引动之。”），这是托马斯的第一路证明与第五路证明的混合型。利氏的第四证明，是根据万物需要动力成因的证明（“凡物不能自成，必须外为者以成之”），大致为托马斯的第二路证明。利氏的第五证明，乃根据事物的秩序的证明（“物本不灵而有安排，莫不有安排之者”）是相应于托马斯的第四路证明。利氏的第六证明，乃根据物种元始之因的证明（“……推及每类初宗，皆不在于本类能生，必有元始特异之类化生万类者，即吾所称天主是也。”）则可视为托马斯第二路证明的另一种陈述方式。①

检讨起来,各大宗教与大部分的哲学系统皆肯定有某终极真实,但后者不一定是一终极他者。例如,朱熹以"太极"为终极真实,但是他认为"太极就是理",并不具有终极他者的向度。②对于天主教徒,天主的存在与奥秘,是终极真实,但由于其深不可测的奥秘,永远超越任何限定,天主既是终极真实,也是终极他者。对于天主,利玛窦与某些早期来华的耶稣会士,他们的信仰之诚、之深,应能深刻体会天主既是"终极真实",又是"终极他者"的道理。

不过,上述利玛窦关于天主存在的理性证明,毕竟是建立在因果律的有效性上的。用因果法则来证明天主的存在,是把一个理性的原理扩张到终极真实上,因而显示出天主教徒的世界观是全面理性的,但同时也凸显了人类理性的内在性,即使针对"终极他者",也要将之化为理性规则可以说明或证明的对象。就积极面而言,这种全然理性的世界观供给了近代欧洲科学发展的理性观一个深刻而彻底的支持。利玛窦与其他耶稣会士将之引入中国,原本可以具有极重大的意义。在利玛窦之前,佛学中虽然已有缘起论的因果之说,但并未发挥其中积极的科学意义,只用以支持"缘起性空"、"应无所住"的形上学观点。相反地,在因果论证的理性论述中,天主教的"天主"观念赋予了一切科学理趣以最彻底的基

① 以上各证明,见利玛窦:《天主实义》,收入《天学初函》第一册,台北:台湾学生书局,1965,页382—388。

② 参见本人《建构体系与感谢他者——纪念朱子辞世八百周年》一文,收入沈清松:《对比、外推与交谈》,台北:五南图书出版公司,2002,页347—369。

础。但是,在利玛窦引入其“天主”观念之后,遭到许多中国思想家的排斥或有意的忽略,中国士人多只撷取利玛窦的伦理和科技,此一事实似乎亦暴露出,至少有部分的中国哲学家和哲学传统无兴趣于——甚或无力于——在形上学的层次,提供科学发展以一终极的理性的支持。

不过,这一缺陷同时也反衬出中国哲学家钟爱的另一论题:人与万物、人与人、人与天的内在相关性,一切的终极真实都必须立基于这种内在相关性的心灵经验才能达致。中国哲学比较能接受以人的存在为起点的终极真实的证明。利玛窦似乎也已经注意到这一点,因此他把依据人的良知良能所做的证明,摆在其他依据因果律的证明之前。他在第一证明中表示:“吾不待学之能为良能也。今天下万国各有自然之诚情,莫相告谕而皆敬一上尊,被难者吁哀望救如望慈父母焉,为恶者扪心惊惧一敌国焉,则岂非有此达尊能主宰世间人心而能使之自能尊乎。”①

利氏此一论证涉及《孟子·尽心篇》所言:“人之所不学而能者,其良能也。所不虑而知者,其良知也。”认为从人本心内在本具之良知良能出发,尽力发扬人的内在心性与天的关系,终究可以尽心、知性、立命、事天。孟子的论证要旨在于:“尽其心者,知其性也。知其性,则知天矣。存其心,养其性,所以事天也。殀寿不贰,修身以俟之,所以立命也。”②孟子的这一论证被宋明儒家所接受和发展,其要点仍然在于肯定人的存在内在地与天关联,此种内在

① 利玛窦:《天主实义》,见《天学初函》,页381。

② 《孟子·尽心上》,见朱熹:《四书章句集注》,页349。

相关性正显示在人心及其良知良能上，若能扩而充之，予以完全实现，则将能使人达致完美。利玛窦虽然注意及此，并赋予此一论证以优先地位，但行文中仍有因果律的思考夹杂其间，并着重于因果论证。很可惜，利玛窦也没有把此一论证在义理上的后果，充分予以发挥。

我们要问：早期入华耶稣会士既然已经注意到此种内在关系性的论证，为什么仍然不能予以完全发挥，用以结合基督宗教思想和中国思想，使双方文化皆蒙其利呢？我想，亚里士多德和托马斯重视实体的存有学地位，将“关系”视为“依赖者”或“附性”，恐是原因之一。更深一步说，利玛窦同许多在他之前和之后的西方哲学家，都持着一种建立在“存有·实体·神学构成”(onto-ousio-theological constitution)的形上学的天主或上帝观念。

首先，在亚里士多德和托马斯“存有物”、“实体”观影响下，利玛窦对“存有”和“虚无”的看法仅及于形器(ontic)层次，而尚未达到本体或存有论(ontological)层次。这一点从他对于道家的“无”和佛家的“空”的批判可以清楚看出来。利玛窦认为“有”比“无”尊贵，而“无”不能成为万“有”之原因，显见利玛窦之“有”仅为“在”之意，利玛窦之“无”仅为“不在”之意。为此，利玛窦不能明白佛、道存有论层面的“空”和“无”，也不能明白精神层面“空”和“无”的灵虚与自由意义，而不只是单纯的不存在。对佛教言，“空”表示存有学层面的缘起性空、无自性、无所得；“空”也表示精神层面无所执着、无所挂碍，甚至不执着于“空”。此外，“空”在语言层面表示语言是出自人的建构，并无固定指涉，亦即僧肇所谓“名实不当”。对道家而言，“无”也并非“有”的单纯否定，而是在存有学层面意指奥妙的可能性，在精神层面指人心灵的自由与空灵的境界，总之，“无”涉及了深刻的心灵自由及奥妙的可能性领域。就此而言，在天主教传统里，尤其在其密契经验中，也有空虚自己和空无的思想，应可彼此交谈。惜利玛窦并无相关论述，遑论在这方面进行外推与交流。①

第二，在利玛窦对朱熹“太极即是理”的批判中，清楚引用亚里士多德的实体（“自立者”）与附性（“依赖者”）的理论，指出“理”只是附性，必须依附在某实体之上，若只有附性则不可能成为万物的原因。天主既为万物的第一因，就一定是实体，而不是附性。对利玛窦言，天主是第一实体，是最高实体。②

第三，利玛窦以因果原理证明天主存在，清楚显示他以天主为万有的第一因。这与第一点综合起来，正符合海德格尔所谓形上学的“存有·神·学构成”。海德格尔说：“当形上学从一切存有者本身共同的基础来思考存有者，此时形上学是一种‘存有—逻辑’之逻辑。当形上学从说明万物原因的最高存有者来思考存有者本身之时，此时的形上学是一种‘神学—逻辑’之逻辑。”③存有学思考一切存有者最共同普遍的一面——其存有者性（beingness）；神学则提出最高存有者——神——作为说明一切存有者的原因。合而言之，即为形上学的“存有·神·学构成”。这种思考将语言作

① 本人曾就基督宗教与佛教相关概念的交谈加以讨论，参阅沈清松：《觉悟与救恩——佛教与基督宗教的交谈》，收入沈清松：《对比、外推与交谈》，页483—509。

② 利玛窦对道家的无、佛家的空、宋明儒家的太极等的批评，参见《天主实义》，收入《天学初函》（一），页399—418。

③ M. Heidegger, *Identity and Difference*, translated by T. Stambaugh, New York, Harper and Row, 1969, pp. 70—71.

为“开显性的言说”，转变为一种符应性的科学论述。我在《物理之后》一书中曾指出，在亚里士多德思想的发展中，他由提出“存有学”，转而成为“实体学”，再由“实体学”转而为“神学”。不同于海德格尔的“存有·神·学构成”，我认为应将这种思考模式称为形上学的“存有·实体·神·学构成”。①

无疑地，利玛窦对于“天主”的哲学论述，是建立在一种“存有·实体·神·学构成”的形上学上面。简言之，对于利玛窦来说，天主是第一存有，第一实体和第一原因。这种“存有·实体·神学”的天主观，和把天主当作给予世界以终极理性和组织的大几何家、大钟表匠的天主观，基本上是十分相配的。两者合起来正好构成一个完全理性的世界图像，有利于科学和理性主义伦理学的发展。但是，比起大部分中国哲学派别所钟爱的内在关系论——认为人性期盼神性智慧之圆满，而天即是人心最内在之动力，又为其终极目的——则“存有·实体·神·学”的天主观显然缺乏了一些鼓舞和温暖的力量。不过，无论是利玛窦所提的全盘理性的天主观，或先前在禅宗“明心见性”影响下的中国哲学内在关系的存有论，都朝向内在化发展，而忽视了终极他者的面向。在亚里士多德实体观影响下的早期耶稣会士，并没有以显题方式提出上帝或天主是“终极他者”的哲学论述。

① 沈清松：《物理之后》，台北：牛顿出版社，1987，页116—130。

五、亚里士多德"实体"思想与中国哲学中的终极他者

然而,利玛窦的中国友人杨廷筠、徐光启等,虽然继承了利玛窦的天主观,但他们似乎更强调天主是造物者与大父母。可见,中国士人比较容易从亲子关系来理解人与上帝的关系。实体思想中的主体义,的确也对他们发生影响,也因此杨廷筠、徐光启等人都认为,宋明理学所谓的"理"若不是"灵才",或有智慧的主体,便不能造物,也因此唯有天主才是造物者。他们虽用了耶稣会士引进的士林哲学"实体"和"附性"的区别,但更加入了经由儒家五伦关系的模拟来加以诠释。他们认为,朱熹的"理"只是附性,不是实体,不能造物。唯有"灵才"方是实体,才能造物。对于人天关系,杨廷筠以天为人的"大父母",更强调人与天的亲子关系,也因此人应"爱天"、"敬天"。至于人与他人、人与万物,则因为共有大父母而成为兄弟关系,于是将"实体"思想与耶稣"我们的天父"祷词,以及中国本有的关系存有论相结合。

早期中国思想中有"终极他者"的成分,例如老子"道可道,非常道"、"寂兮寥兮"(无形无声)之说。我们从徐光启和杨廷筠的耶稣画像赞辞,可以看出他们对于终极他者的开放,一方面认为天主是"无形无声"的,另一方面又相信耶稣"取得人形"。耶稣会士将天主和耶稣画为人形,供讲解教义与信徒崇拜。杨廷筠和徐光启都强调天主的无形无声或无形可拟。例如,杨廷筠在回答别人对天主图像的批评时,尝谓天主原是无形无声,于圣殿中只存经典,

直至降生成人，始取得形声，而可表诸图像。[①]至于徐光启，他也在《耶稣像赞》中说：

> 立干坤之主宰，肇人物之根宗。推之于前无始，引之于后无终。弥六合兮靡间，超庶类兮非同。本无形之可拟，乃降生之遗容。显神化以博爱，昭劝惩以大公。位至尊而无上，理微妙而莫穷。[②]

该赞辞中，天主之"无形无声"、"无形可拟"，说出了天主是"终极他者"；至耶稣降生成人，则可拟诸图像，显降生之遗容。天主的可图像化与不可图像化之间的强烈张力，正显示某种终极他者的认知存在于早期接受福音的中国天主教徒思想家心中。

六、结语

天主教在明朝末年，为中国已然烂熟的内在性文明与主体性日趋膨胀的中国思想，带来了他者的佳音，试图以亚里士多德和托马斯的温和实在论，为这古老文明带来理性的秩序与向他者开放

① 值得注意的是，杨廷筠音译的天主教重要名词，仍有可商榷之处，例如 Pater（父）作"罢德肋"，Filius（子）作"费略"，Spiritus Sanctus（圣神）作"斯比利多三多"等。参见 N. Standaert, *Yang Tingyun, Confucian and Christian in Late Ming China, His Life and Thought*, Leiden: E. J. Brill, 1988, pp. 124—125. 由此可见，当时天主教的语言外推仍是一个问题。

② 钟鸣旦等人编：《徐家汇藏书楼明清天主教文献》第三册，台北县：辅仁大学神学院，1996，页 1133。

的契机。其取亚里士多德和托马斯的士林哲学传统，与中国哲学传统，尤其古典儒学相结合，因而奠立了尔后中华新士林哲学的发展。不过，立基于亚里士多德的“自立体”（实体）思想及其科音布拉评注，在逻辑学、灵魂论与终极真实观三方面，虽然带来新的学术方向，但从以上的检讨看来，如此的哲学论述在促成更深入的文明交谈方面，仍有所不足。耶稣会士们在实践上发挥了道德上与宗教上的原初慷慨，带来了他者的佳音。他们在中西交流上贡献良多，但在哲学论述上，毕竟还没能对当时中华文明的真正需要对症下药。其所携来的逻辑与数学思维、科技知识与哲学论述在传达原初慷慨和终极他者的讯息上有其限制，且其二元论的人性（灵魂）论不足以发扬整全、创造的人性动力，其理性的神学架构不足以宣示终极他者的奥妙与密契。本文的哲学省思和检讨不是为了指陈在思想史上已然无法弥补的缺失，而只期盼中、西文化的互动，精义所在，不断发扬；不足之处，积极改善。对话的双方，应各秉持原初的慷慨、利他的仁爱，向多元他者开放，透过更为恢宏而不失精密、继承传统又与时俱进，透过相互外推进行交谈，以促成彼此的文化创新。

第十三章　当代中华新士林哲学与现代性困境的超克

本章拟从超克现代性困境的角度来阅读并品评当代的中华新士林哲学。西方现代性立基于人的主体性，强调人的理性，以及人所建构的表象文化。在其中，主体透过理性与表象的建构，操弄权力，宰制他人与他物，于是造成种种窘困，弊端丛生。新儒家强调人的主体性并用以重建中国哲学和奠立中国现代化的先验依据，然而忽视了他者的向度，尤其忽视人对终极他者的开放性。当代新儒家作为一种主体哲学，以“仁”为主体的自觉而不讲论与实践爱的伦理学，不易克服现代性困境。相较起来，当代中国的天主教学者，尤其是中华新士林哲学，在融合中华文化的过程中，虽强调人文精神，但仍力图维系对终极他者的关系。虽然他们用基督信仰所诠释的，并不必然是中国哲学的历史图像，但他们努力要指出中华文化和中国哲学中具有不可化约为人性内在的超越向度，并提倡与实践虚己谦逊、爱天爱人的伦理学，确是弥足珍贵。他们所建立的哲学体系，能从本体论、宇宙论、人性论、伦理学、修养论的角度，超克现代性的困境。由于篇幅所限，本章仅举于斌（第二节）、罗光（第三节）、李震（第四节）、项退结（第五节）四人为例，说明其思想走向与生命实践如何能在方法上吸纳现代化的必要，又能在实质上超克现代性的困境。

一、中华新士林哲学、当代新儒家与现代性

在当代中国哲学,尤其是在台湾近六十年来的哲学思想发展中,中华新士林哲学(Chinese Neo-Scholasticism)可以说继承了利玛窦以来的传统,而有了比前此更进一步的重要发展,一方面运用西方古典与中世纪哲学的系统与概念结构,以及晚近的新士林哲学思想,来与中国哲学交涉求通;另方面又从中国哲学的关心点与敏感度,重新诠释了西方古典与中世纪哲学,并且形成新的综合体系。此一思想走向由于超越了西方近代以来所强调的人的主体性,因而比起在主体哲学架构中思考并企图以之奠立中国现代性的当代新儒家,更能提供一跨越现代性困境的思想与实践走向。

1583 年,意大利天主教耶稣会士利玛窦(Matteo Ricci)抵达肇庆,带来了西方的科学、哲学与天主教,对于中国的思想界产生新的挑战。西方他者主动前来叩门,带来了他者的佳音。其本意便有期盼、邀请中国从其中心主体性的坚持,朝向他者开放,或更好说是朝向多元他者开放。可以说,从此整个近代中国哲学思想工作的重要课题,就是面对西方思想的挑战,进而融合西方的思想。

然而此一他者的佳音,从现实的角度来看,有其双重性。一方面,利玛窦等人来华时期,正值西欧近代性兴起[①],西欧民族国家

① 本文所用的"现代性"、"近代性",视文字脉络而替换,其意视为等同,在英文皆是指 modernity 一词。

在获取近代性的过程中也获取了实力，并借其实力扩充主权，争夺市场利益，以致像葡萄牙、西班牙、荷兰、英国、法国等国帝国主义横行，往往以“带文明给其他地区”作为殖民借口。欧洲帝国主义者所谓“文明”的内涵中，当然也包含了基督宗教。基督宗教的传教士赴远方传教，虽然出自散播与分享信仰的热诚，但也需要有利的政治环境与工具支持，例如安全、船只、邮务等。处在这种情形下，传教士也受到牵连。

然而，另一方面，若从文化交流与宗教热诚的角度来看，利玛窦及其他传教士的来华却是意义深远，而且可以说是完全出自对他者的慷慨。他们千里迢迢，远渡重洋，历尽千辛万苦，不惧旅途艰辛与随时可能失去性命的危险，不但给中国带来了天主教的福音，而且带来了西学的挑战，其中包含了西方的科学、哲学与基督宗教。换言之，他们虽带来了他者的佳音，但并未带来近代性的祸根。他们如此以生命与好礼相赠，是出自双重慷慨的行为，一方面勇于自我走出，走向不可知的异文化，其中有着潜藏四伏的危险；另一方面他们也携带着自身文化最佳的内涵，作为给予对方的不求回报的赠礼。

士林哲学（Scholastic philosophy）原是欧洲中世纪在学院中讲授的哲学，其中最大的一支属亚里士多德——托马斯传统，以发扬永恒哲学为职志，有系统地探讨形上学、知识论、哲学人学、宗教哲学等各方面的哲学问题。可以说，这是西方欧洲近代性萌发之前的哲学体系，其本身自不受限于近代的主体性哲学。而且这种跨文化的努力自身就有一种自我超越与沟通他者的意趣。

为什么我们要从现代性困境的跨越的角度来重新品评中华新

士林哲学的意趣呢？主要原因是现代性乃立基于人的主体性，强调人的理性，以及人所建构的表象文化，使得主体得以掌握权力，透过理性与表象的建构，宰制他人与他物，造成种种困境，弊端丛生，于是自上世纪70年代出现了后现代思潮，对于西方现代性多所质疑。按照我的看法，西方现代性强调人的主体性、表象文化、理性作用与宰制性，其根本问题在于人封闭于其主体性之内。简言之，现代性的困境如下：

1. 由于主体的膨胀造成主体的自我封闭与权力的膨胀，甚至导致尔后主体的幻灭。

2. 专注于表象文化的建构，甚至变本加厉转为“拟象”(simulacre)。表象的建构与拟象的虚构，失去了经验的深度与参与的向度。

3. 理性化历程走向纪律的控制与专业分化，价值理性萎缩，工具理性膨胀，人们没有什么值得献身的理想。只重视理性反而使理性贫乏化。

4. 宰制化的倾向是由于主体封闭，为己利而运用表象的建构性与操作性，透过理性的组织与效率，来对多元他者进行化约，不但化约了多元他者的多元性与丰富性，甚至化约了多元他者的主体地位，使其成为遂行主体意志的工具或奴隶。

针对上述困弊，在上个世纪70、80年代产生后现代思潮，对现代性加以质疑、批判与否定。后现代思潮由“主体性”转向“他者”，质疑理性与表象而转向参与，批判宰制，并从对宗教的排斥转向重新肯定信仰。虽然后现代思潮也有其问题，但非本文旨趣。我只在此指出，由于士林哲学产生于现代性之前，强调人的开放性与超越性便有很重要的参照价值。人在对不可知的未来感到恐惧不安之时，总可以在前此的思想与智慧中找到一些指引。

当初，利玛窦及其他耶稣会士如艾儒略（Giulio Aleni）、傅泛际（Francisco Furtado）、毕方济（Franciscus Sambiasi），及高一志（Alphonsus Vagnoni）等人，在其著作如利玛窦《交友论》、《天主实义》，艾儒略《性学觕述》、《西学凡》，高一志《空际格致》、庞迪我（Didacus de Pantoja）《七克》等著作，或所译西方著作如葡萄牙科音布拉学院（Collegium Conimbricenses）编撰评注的亚里士多德著作，将 *De Categoriam* 译为《名理探》，*De Caelo* 译为《寰有论》，*De Anima* 译为《灵言蠡勺》、伦理学译为《修身西学》等，其中一方面引介西哲如苏格拉底（Socrates）、柏拉图（Plato）、亚里士多德、奥古斯丁、托马斯等人，可以说是中国人第一次得以听到他们的大名和思想。另一方面他们也在这些著作中，选择中国哲学里的适当语词和理论，来译介西方哲学理论，并做出局部的融合，借此开启了中华新士林哲学的传统。这一途径也由当时的文人如徐光启、李之藻、杨廷筠等，以及后继的中国天主教徒如夏大常、德沛、张赓等人所接续。

利玛窦与徐光启等人开始的中西融合事业为当代台湾天主教学者所继承，其后更加上了 20 世纪以来的西方思潮，尤其梅西耶枢机（Cardinal Mercier）、吉尔松（Etienne Gilson）、马利丹（Jacques Maritain）、马雷夏（Joseph Maréchal）、拉纳（Karl Rahner）、罗纳根（Bernard Lonergan）等人的新士林哲学，综合于其哲学思想之中。由于中华新士林哲学所继承的古希腊与中世纪哲学有深厚的前现代经验，且其投向超越界的宗教深度与对外邦人的伦理关怀与对宇宙万物的知识兴趣，使其不封限于主体性，而更重视交流与沟通的向度，因此与着重人的主体性，以近代德国观念论融合孟子与陆王的当代新儒家有所不同。

整体说来，当代新儒家所从事者，是以主体性为基调的哲学体系。牟宗三早在《认识心之批判》一书中便已对此义言之甚详。他说："吾所形成者，乃是摄逻辑于'知性主体'之'主体主义'。……主体有二：一曰知性主体，一曰道德主体。"[①]我想，当代新儒家的兴起，主要是在主体哲学的架构中思考并追求中国哲学的现代性，虽不强调表象文化，也不强调宰制性，也因此有所不同于西方的现代性。当代新儒家主要关心的是民主、科学与文化，仍是"五四"的基本议题，而非后现代情境中，全球化与在地化张力下的哲学议题，然欲更进而从哲学角度在中国人的主体性中奠立民主、科学与文化的先验基础。可以说，新儒家是要在中国哲学的精神所点化并达成自我了解的主体性上，来为"五四"时期追求的现代性奠定哲学基础，并化解当时中华文化异化的危机。

当代新儒家一方面习取西方近代德国观念论，尤其康德与黑格尔的哲学语言，但并不是用以进行慷慨的外推，而是用以返回自身，重构中国哲学史，在其中讲明中国哲学之旨趣，借以显明认识主体与道德主体的结构与动力。另一方面，新儒家也试图以此主体性作为民主与科学的先验依据，借以奠立中国现代化的心性根基。当代新儒家在人的心性主体中探索民主、科学与文化的先验依据，采取主体哲学进路，是想从主体来统摄系统，从意义来生发

① 牟宗三：《认识心之批判》，上册，香港：友联出版社，1956，页 i—vi。

结构，因此也强调整体理性的作用，尤其是理性提出有关心灵境界的大叙述，以证成个体与群体命运的指导作用。然而，他们并不赞成工具理性的膨胀，也不顺从西方的表象思维，反而要返回直观的认知，例如牟宗三所谓的“智的直觉”；至于西方近代文明中的宰制(domination)精神，则是新儒家所要反对的，而欲代之以“对列”(coordination或“协调”)的精神。当代新儒家于修养功夫的论述与实践不甚着力，牟宗三解“仁”为主体的自觉，诚亦可贵，然未及爱人之义，其哲学体系以主体性为中心，并无他者的地位，更遑论多元他者，且不讲论与实践爱的伦理学。整体说来，当代新儒家所从事者，是以主体哲学为基调的哲学体系，基本上仍框限于现代性之中，至于如何跨越现代性的困境，仍有待其后继者去思考。

新儒家强调人的主体性并用以重建中国哲学和奠立中国现代化的先验依据，而忽视了他者的向度，尤其忽视人对终极他者的开放性。相较起来，当代中华新士林哲学在融合中华文化的过程中，虽也重视人文精神，仍力图维系对终极他者的关系。虽然他们用基督信仰所诠释的，并不必然是中国哲学的历史图像，但他们努力要指出中华文化和中国哲学中具有不可化约为人性内在的朝向终极他者超越的向度，且勤于实践，确是弥足珍贵。由于篇幅所限，以下仅举于斌、罗光、李震、项退结等四人为例，说明其思想与实践如何能超克现代性的困境。

二、于斌的三知论及其教育哲学

当代天主教哲学在当代思潮与中国哲学的脉络下，继承了利玛窦以来的士林哲学传统，可称为中华新士林哲学。从于斌开始，中华新士林哲学便有意识地避免将哲学基础封限于人的主体性，而是置于人与天、与物的关系脉络中。

于斌才华横溢，使他成为一位宗教领袖、教育家、文化思想家与政治家，而不是一位专业哲学学者。不过，中华新士林哲学在台湾的振兴，与于斌促使北平辅仁大学在台复校，以及于斌本人的三知论有密切关系。他是辅仁大学在台复校的首任校长，在复校时的指导思想，是他在1959年的“文化与修养”讲座中提出的三知论。三知论一开始就把对人的认知放在知天、知人、知物的脉络中，也因此不只是关心人自身，更不会只关心人的主体性。他说：

> “所谓‘三知论’，实际上就是三知配合论。三知在我们中国古书上是有根据的，所谓知人、知物、知天。‘一物不知，儒者之耻’，‘欲知人不可以不知天’。所以三知论，实际上是中国古来传统的知识论。所谓知人、知物、知天，三才者，不是偏于一隅，……而是一种平衡的发展，调和的发展。对于人、物、神，都有一种平衡的理论，而且可以说到今天作为人性指导的原则。”①

三知论成为于斌办理辅仁大学的理念依据，也因此吴经熊先

① 于斌：《三知论——1959年3月讲》，收入《于斌总主教哲学言论集》，台北：新动力杂志出版社，1961，页86。其出处是《中庸》所谓“思修身，不可以不事亲；思事亲，不可以不知人；思知人，不可以不知天”。(《中庸》第20章)“一物不知，君子所耻。”语出刘知几《史通·杂说中》。

生称“三知论”为“辅仁之精神”所本，并特别强调其中开阔、求新的开放精神。[①]此一精神基本上是属于中国哲学里开放的人文主义一脉，于斌将大学教育宗旨放置在文化的脉络中思考，对于当时由于西方现代性没落造成的各种文化问题与危机皆有深入的观察。在他的谈话中显示他对欧美现代性，尤其是对封闭的人文主义对人主体性的过度强调，使得人的主体性自我封闭，失去对他人、对世界、对天的开放精神，以及这种封闭的人本主义所造成的文化危机，有深刻的洞察。他很早便注意到，当时的西方文化、欧洲文化已然发生问题。他在《中西文化之比较》一文中说：

> “尤其近代许多欧洲学者已经开始感觉到文化发生了问题。许多人认为欧洲的文化是没落了。也有人认为欧洲文化虽然没有没落，整个前途也非常悲观。当然欧洲文化的颂扬者是很多的，不过因为世界人类的问题发生了大的震荡，使我们过去生活的理想发生了动摇。”[②]

于斌对于文化危机的论断并非出自空谈，而是出自他自己对于世界文化相当广博而具体的了解。他在《中西文化之比较》、《中西文化比较研究》等文中谈抽象画，谈披头士，谈学生运动，谈当时文学与艺术之媚俗，也谈及科技发明对于人性的冲击，甚至对于科技造成的自动化问题有深刻的洞见。当他谈及自动化之时，也指

① 吴经熊：《辅仁之精神》，《哲学论集》，台北：辅仁大学，1973，页1。

② 于斌：《中西文化之比较》，收入吴经熊等著，《中西文化论集》，台北："国防"研究院中华大典编印会，1966，页356。

出自动化假定人应先备齐道德条件。[1]

在西方现代性产生危机之时，于斌特别关心以创新方式继承中华文化传统。他的三知论实是出自中国哲学，尤其是出自《中庸》所言："唯天下至诚，为能尽其性；能尽其性，则能尽人之性；能尽人之性，则能尽物之性；能尽物之性，则可以赞天地之化育。"于斌主张由知人、知物、知天三知发展出四类科学，包含自然科学、人文科学、社会科学与宗教科学，并认为"这四种科学，在我们中国就叫知物、知人、知天。所谓'欲知人，不可不知天。'"[2]

于斌认为，三知论及其所含的四类科学，应该是为人的物质文化和精神文化服务。他主张人不应自我封闭于主体性，而应更为关心交流与互动。他最为关心文化交流及其取舍标准。关于文化取舍的标准，在物质文明方面，他主张以"用"为标准。就此而言，他并不看轻功利主义，而是将功利主义定位于物质层面。他说："物质方面，只要合用都可以接受。"[3]在精神文明方面，他主张以善、真为标准。他说，"用真善来作高级文化现象和高级文化思潮批判的标准……用真善作标准来批评，就是讲是非的、讲善恶的，并不是讲功利的。"[4]在此脉络下，于斌的思想与视野并不局限于中华文化，而是以中华文化为主，进行文化交流，择善而从，截长补短，订定标准。他说：

---

① 于斌：《中西文化之比较》，收入吴经熊等著，《中西文化论集》，页 396。
② 同上书，页 367。
③ 同上书，页 368。
④ 同上书，页 370—371。

“实际上文化包含的内容，就是这几项。物质生活就是体，精神生活就是德、智。”“人性的要求，是德、智、体。”“因为体的关系，物质文明是重要的。要使身体能生存，要合理的生存，要合乎公共卫生的生存，甚至要生活得舒服一点，多有一点时间来做点文教工作。”①

在三知论与文化视野的脉络下，于斌的教育哲学注重以通识教育解决技术与人文脱节问题。于斌关心技术教育与人文教育脱节的问题，因而特别重视大学中的通识教育。他在《中西文化比较研究》一文中以哈佛的通识教育为例，指出“技术教育与人文教育脱节，……尤其在有传统文化思想的人看起来，这个问题要不解决，教育的前途颇难乐观。”“今天的科学、技术教育已经危害到人文教育，人一成了个专家，便不是一个普通人了。换句话说，愈专这个人味愈不多了。”②其次、他强调做人先于做事，重视伦理教育：于斌枢机继承了中华文化和天主教对伦理道德的重视，认为大学教育还是要先教做人。“我们的教育是教做人，不是教做事。教做事是后话，先是教做人。所谓六艺之教，固然有许多技术问题、做事问题在里面，可是主要的还是做人。……‘大学之道，在明明德，在亲民，在止于至善。’是这样一个了不起的理论。……所谓‘大学者，大人之学也’‘大人者，与天地合其德’，这是圣人。所以大学就是圣学。换句话说，要求的水平愈高，道德修养也愈高，才

① 以上各段引文见于斌：《中西文化之比较》，收入吴经熊等著，《中西文化论集》，页366—368。

② 同上书，页406—407。

合乎中国古人的理想。"[①]

此外，于斌特别重视哲学教育和宗教教育。他主张教育应有哲学基础，并重视哲学教育，但认为哲学本身应中和而不偏激。他把宗教教育视为大学教育的重要一环。他批评封闭的人文主义，主张开放的人文主义，认为人不应该"画地自限"。[②]"普通学校提倡四育，我较则五育并重，灵知德体群。……圣在宗教上讲，是天人合一，灵魂与上主契合。"[③]也因此，辅仁大学是以"圣、美、善、真"为校训。不过，于斌在宗教方面的态度是很先进的。不同梵二之前的保守态度，于斌枢机主张宗教多元与宗教交谈，并实际推动宗教团结运动，可以说是领世界的风气之先。他说："我们不能否认，宗教是多元的存在。……今天这个世界的宗教，也走进大团结的一个阶段。这是一个世界的趋势。在我们中国，也可以说我们是先进。……二十年前我们就开始，现在才成了一个宗教界正式的联合组织。"[④]

从上可知，中华新士林哲学是以超越的精神和向多元他者开放的精神，克服现代性主体封闭的危机。这种向多元他者开放的精神，活生生地表现在于斌的言行之中。于斌在教育、文化与宗教方面有整体而深入的洞见，然而，毕竟他并没有工夫来细部整理中国哲学与基督信仰的关系，更无法从形上学方面来超克现代性的困境。这一工作是由罗光及其他人来承担的。

① 于斌：《中西文化之比较》，收入吴经熊等著，《中西文化论集》，页 382。

② 同上书，页 394。

③ 《于斌枢机三知论原流》，台北：大众康宁互助会，1988，页 6—475。

④ 于斌：《中西文化比较研究》，页 440—441。

三、罗光的形上生命哲学与中华新士林哲学体系的形成

罗光兼治中国哲学与士林哲学，并融合二者于其形上的生命哲学之中。罗光原先在意大利教授哲学，所浸润与获取的，是西方的士林哲学传统，所潜心关注的，则是中国哲学。他曾表示自己在“哲学方面的书很单纯，都是关于中国哲学；介绍西洋哲学的书，只有两册《士林哲学》，以及三册比较哲学研究的书。”[①]关于士林哲学，罗光著有《士林哲学——理论篇》、《士林哲学——实践篇》两巨册，是用中文系统地整理并诠释了士林哲学体系的两部巨著，不过其中仍不乏须与新士林哲学后来的发展俱进与更新之处。早在他著述士林哲学之前，已经在香港出版《中国哲学大纲》两册，由香港商务印书馆出版。罗光自己表示在传信大学讲授中国哲学，“为别国同学，讲中国哲学，是用拉丁文讲，只能讲大纲；为中国同学，当时有三十余人，则讲得更为详细。我是想用系统的方法，把三家哲学，各为一系统。”[②]返台之后，他又以士林哲学的观念架构，融合中国哲学的内容与精神，重写中国哲学史，著有《中国哲学思想史》九巨册，从先秦哲学一直写到民国，包含当代新儒家。又著《生命哲学》一书，自许为“自己的哲学”。他说：“而我自己的哲学思想，则是形上生命哲学，这部哲学，前后五册，但以后三册为定本。”他

---

①　由于本人撰写本文时，人在多伦多，无法翻查本人在木栅的数据，本注及以下四条批注出处参见 http://lokuang.blogspot.com/2010/08/blog-post.html。

②　同上。

以此书比拟于唐君毅的《生命存在与心灵境界》和方东美的《中国哲学之精神及其发展》。方、唐两位是罗光最为佩服的两位当代哲学家。不过,罗光自我要求行文要更为通俗易读,以接近一般读者。

罗光所谓形上生命哲学,不是以哲学来讲生命,而是以生命来讲哲学,并以此精神来承合儒家哲学与士林哲学。其书浅易中自有系统,分从本体论、宇宙论、知识论、理性心理学、伦理学、宗教哲学,层层转论生命的体认、生命的本体、生命与宇宙、生命的创造、生命的旋律、生命的超越。换言之,罗光心目中的宇宙图像是这样的:无限的天主创造宇宙,宇宙生生不息的过程中出现生命,从生命历程中出现人,人继续发展生命,一直到回归天主,与万物与人在爱中圆融。这是一个有坚实的形上基础的生命哲学,足以充分超克现代性的根本困境。罗光称之为"形上生命哲学"。他说:

> 我乃沿用士林哲学论变动来解释,构成了一个系统的形上生命哲学,存在即是生命,生命是内在之动。内在之动是造物主,创造宇宙,为一动力,称为创生力。宇宙为一动力,每一实体也是一动力,全宇宙是动,动为创造之动,创生力由造物主的创造力,常在动的状态。这种动是种内在之动,称为生命,因此说宇宙万物都有生命。①

① 由于本人撰写本文时,人在多伦多,无法翻查本人在木栅的数据,本注出处参见 http://lokuang.blogspot.com/2010/08/blog-post.html。

罗光的形上生命哲学，立基于士林哲学丰盈创造的存有观，以结合中国哲学生生不息的变易观。他认为宇宙万物之有，是来自创造者天主，天主本身是一无限而能创生的大有，其所创造的万物也是在不断变易的有物。由于天主的创生与万物的变易形成了生生不息的历程，为此整体存有界可以视为一生命之历程。

对罗光而言，从形上学看来，存有乃一切万物之根本。凡存有者，或属自有，或属依他有。天主是自有者，具创生力，从无中创造物质，生化万物。万物是依他有，虽属被造之物然仍兆于变化。就形上学言，天主为一切变易的存有学根基，不但是一切万物最后的解释性原理，而且也是其存有学原理。天主创生万物，是“生生”的第一义；万物也在不断变易历程中，依各自之理而发展其性，是“生生”的第二义，这是因为万物虽为依他有者，仍从天主那里分受了内在的动力，能在变易中求发展。在变易之中，一方面有生发之历程，另一方面亦有稳定之结构。所谓“道”即为变易中的生发原理，属动态；“理”则为变易中的结构原理，属静态。理在各存在物而言即成为各物之本质——称为该物之“性”。万物各有其性，依其性而群分类别，各从其类，不断变化。罗光说：

> 形上生命哲学主张宇宙由造物主所造，造物主以自己的创造力，创造了一种力量，称为创生力。创生力的质，即是物质，由造物主从无中造成，创生力的理，为造物主之创造理念，创生力、物质和理合成今日的宇宙，宇宙乃是创生力。创生力和创造力相结合，常相通。圣托马斯常说创造是继续的创造，创造力使创生力常动，使宇宙物质按造物生的创造理念，引起

变化。动为生命。动为本体内在的动，由创生力而发，不是外力引起的动。①

如此，罗光从这生生的形上学引申出一套生生的宇宙论。天主是一切万物的存有学根基，其根本活动在发显其创造之力而化生万物；天主所化生之万物的根本活动及其存在之完成，在于参与天地的创造活动。整个变易历程乃按照互补互成、时位中庸、联系和谐等原理来进行的。进而，在上述的本体论与宇宙论的基础上，罗光建立了新士林哲学的人性论与伦理学。

在人性论上，罗光形上生命哲学的主要概念是仁。《易》曰："天地有好生之德。"朱熹亦以天地之心为好生。罗光的人性论秉承其宇宙论，认为人得天地之心为心，故仁。人一方面要发挥其人性的生命，另一方面亦要发挥万物的生命。尽己性，尽物性，始能赞天地化育与天地参。在这一点上，罗光可以说从其形上生命哲学体系响应了于斌的三知论。他更进而认为：人有理智，追求真；有意志，追求善；有才情，追求美。人性可以不断创新发展，扩充自我之重重圆周，由己立立人，己达达人，到形成大同世界，到万物一体，到天人合一，经历此四重圆周而实现其自性。

就此而言，罗光是一开放的人文主义者。人虽可与天合一，但人不就是天。更且，罗光主张空虚自己、观过、空虚自我意识，超越自我封限，迈向爱的圆融，于是形成他的伦理学和修养论的基本论

---

① 由于本人撰写本文时，人在多伦多，无法翻查本人在木栅的数据，本注出处参见 http://lokuang.blogspot.com/2010/08/blog-post.html。

点。我必须说，这不只是一种学术论点而已，而是他一生的生命实践与道德修养所在。我们很少看到一位著作丰繁、成就斐然的作者会如此谦虚。正如他在出版感言中说的：

> 全书出版，我无所有，只是一个名字，但是代表我一生的工作。好坏我自己不能说，别人说好说坏，我都献于天主。……我自己只有如圣路加福音所载基督的话："你做完主人要你做的事，你要说：'我是无用的仆人，做了我该做的事。'"①

像这样的谦逊之德，我尚未能在哪一位新儒家身上看见。我很难想象，若无罗光如此深沉的宗教体验，并以天主为最终所向来修身立德，如何能有如此虚己、谦虚之德。然如此谦虚，并不妨碍他热爱天主，愿与之共融。他甚至认为，人既可以与天主圆融，也可以与万物圆融。可见，他是用天主教的爱的密契论，也就是以人与天主、与万物在爱中的圆融，来诠释并实践中国哲学中的天人合一之说，并在此人生至境，融合天主教信仰与中国哲学，而不至于像西方现代性的人学的大叙述那般，封限于人的主体性之困境。罗光的哲学思想，不但能从本体论、宇宙论、人性论、伦理学、修养论的角度，超克现代性由于主体膨胀所造成的困境，而且他是在谦虚、祥和与热爱的伦理与宗教实践中，迈向与万物、与人、与天主的共融。

---

① 由于本人撰写本文时，人在多伦多，无法翻查本人在木栅的数据，本注出处参见 http://lokuang.blogspot.com/2010/08/blog-post.html。

四、李震开放的人文主义

当代中华新士林哲学的另一位代表李震，则是从对宇宙论的关心，对人与上帝关系以及人性的超越性，指出一条超克现代性困局的思路。李震是极少数当代中国哲学家中曾对宇宙论加以探讨并有所著述的哲学家。[①]他对于上帝与人的关系也做了长久而仔细的研究。也因此，他在哲学方面，有《宇宙论》、《基本哲学问题》，以及在九卷本的《人与上帝》对中、西无神论的研究。[②]此外，他的才情挥洒于文学与哲学之际，他写诗，写哲学散文，也评论文学家的作品，著有《由存在到永恒》[③]、《永恒的追寻》[④]、《灵心语丝》[⑤]，以及《杜斯妥也夫斯基的精神世界》等书[⑥]。综合说来，这些书都透露了一个核心观念：关心人，也就是关心人性中的超越性。人由于深自心灵指向上帝，因此是介乎现实与永恒之间；人的存在是即有限而无穷，即内在而超越。

李震神父是一位人文主义者，肯定人发自内在而迈向成全的动力；然而，不同于那些故步自封于人的内在性的人文主义者，李震并不将人框限于自己的内在，而是将之放在人与宇宙的关系，人

① 李震：《宇宙论》，台北：台湾商务印书馆，一版 1967，二版 1994；《哲学的宇宙观》，台北：学生书局，初版 1978，增订再版 1990。

② 李震：《人与上帝》，台北：辅仁大学出版社，1986—2008。

③ 李震：《由存在到永恒》，台北：台湾商务印书馆，一版 1969；二版 1995。

④ 李震：《永恒的追寻》，台南：闻道出版社，1970。

⑤ 李震：《灵心语丝》，台北：辅仁大学出版社，1981。

⑥ 李震：《杜斯妥也夫斯基的精神世界》，台北：辅仁大学出版社，1975。

与存有的关系，人与上帝的关系之中，是一开放的人文主义者。对他而言，人的内在动力，正是一不断自我走出、自我超越、自我成全的动力，也就是说，人文的开放性表现在人本有的超越性上。李震最用心思考的哲学基本问题有二，一是存有与虚无的问题，一是存有的本根的问题。对于第一个问题，他认为生命意义的基础是存有的满盈而不是虚无。对于第二个问题，他认为存有的本根是上帝。而且，对于此二问题的答复，要求人自由地、实存地抉择。他说："人必须在有与无之间，在有神和无神之间抉择，这是人生最根本最重要的抉择，在此抉择中，存在表现最大的自由。"[①]综言之，李震对于存有与虚无的探讨，使其抉择了存有的满盈；由于以上帝无限完美的存在作为全体存在的本根，肯定人发自内在追求无限的动力，使他关心内在与超越的辩证；在伦理上，李震以仁爱和慷慨为伦理实践的要旨。

首先，关于人与上帝的关系：基本上，李震神父的思想展示了基督徒对于人性远景的深刻动见，也呈现了此一洞见在哲学上的合理性与一致性。对于基督徒而言，人除非在绝对完美的存在者中达至终极的完美，否则人的存在焦虑是会与时俱增的。李震的哲学一方面指出人的有限性，另一方面又力陈其中迈向无限的动力。人的生命意义所赖以建立的基石，是由内在建立起来的，然而，人性的本然倾向就是即内在而趋超越，即有限而趋无穷。如果把人生的远景完全建立在内在性上，也就否认了人性的超越性，而人性在其内在性中的自我封限，也就成为无神论的根源。李震说：

① 李震：《由存在到永恒》二版，台北：台湾商务印书馆，1995，页70。

"把人生完全建立在内在性原则上面而否定任何超越原理的可能，最后必将走向无神主义的路子。"[①]

李震在《人与上帝》一套书中，对古希腊的无神论者、文艺复兴的无神论者、理性主义、经验主义、启蒙运动等中的无神论、以及康德、费希特、黑格尔、马克思、恩格斯、列宁、密尔、孔德、叔本华、尼采、伯来得理、罗依斯、詹蒂莱、克罗齐、杜威、罗素、萨特、梅洛·庞蒂、加缪等人的无神论，一一加以爬梳整理，尤其是针对那些无神论的人文主义者，他都耐心地与他们对话，更清楚地分析出人性的内在动力与超越动力的辩证出路。他指出，人的心灵和精神若能向着天主而开放，那么，因着来自天主的光明，绝不会自我封闭，尤其不会封闭在内在的人文主义。迈向他者而不自我封闭，这是因为心中有爱，正是天主教的人文主义的基本精神。李震指出："天主教的人文主义是使人复归无限的存有，在此天人关系中实现自我。无神的人本主义却是要把人带离无限存有，否定天人之际的超越关系，因而必需虚无的危机。"[②]在此，李震把超越与内在的天人关系与存有与虚无的关系联结起来。人之所以即内在而超越，是为了返回存有的满盈；至若封限于人自我的内在性而否认天人关系，则终会堕入虚无的危机之中。

其次，关于存有与虚无：对于李震神父而言，人生意义问题建立在对于以下此一基本问题的答复："存在的最后根本是什么？是有？还是无？"他认为，如果"有"是真实的，是站立得住的，如此世

---

① 李震：《人与上帝》卷一，台北：辅仁大学出版社，1986，页9。

② 同上书，页462。

间才有道德和真理可言，也才有万物的最后基础，亦即神的存在可言。如果绝对的虚无才是真实的，而且存在只能建立在非有、矛盾和空虚的基础上，那么人的存在与神的存在是同样虚伪的存在，荒唐的存在，毫无意义的存在。[①]人生意义的基础是存有的满盈而不是虚无。这是士林哲学的基本原则，也是李震的基本原则。基本上，李震神父所排斥的，是绝对的无、非有与虚空。这是士林哲学的基本立场。他认为，我们之所以有虚无的观念，是因为有限物的缺陷而来。我们在经验中发现许多有是有限的，由于有限物本身的不足与缺陷，使我们兴起了"无"的观念。至于恶，只是善的缺乏。李震引用圣托马斯的说法："恶无非是善的缺乏，这正是所谓恶不是存有，也不是善。因为存有本身是善的，存有的缺乏包含善的缺乏。"[②]

对于基督徒而言，上帝是位格性的终极实在，是最完美的精神性的存有，祂是整个宇宙的创造者，全体人类和其他一切有生之物与无生之物皆来自于祂。上帝本身是不能够用一切人为的论述，包含哲学、科学和神学来解释和言喻的。即便是现存的任何对于宇宙的源起的科学或哲学或宗教的论述，都不能相称于上帝本身的奥秘，也不能满足人在这方面的好奇。换言之，一切的科学或哲学或宗教的论述，都不足以作为全体存在之基础，但这并不表示存在本身是没有基础的。对于基督宗教而言，上帝才是真正的基础所在。上帝创造万物，也是万物完美实现的目的所在。李震所阐

① 在本文中，"有"与"存有"，"无"与"虚无"基本上是同一语词，只为了文辞的对仗，而将"有"与"无"并用，"存有"与"虚无"并用。

② 李震：《人与上帝》卷二，页 415。

述的存在的最后基础，存在的本根，仍在于存有的满盈，在于能提供万物无穷无尽的可能性的完美的上帝。

最后，关于爱的伦理学：相似于罗光，李震所主张与实践的是爱与慷慨的伦理学。从存有的满盈与不断的超越出发，他认为上帝是爱，上帝的大爱，走出自己，走向万物与人。人也应返回于爱，返回于上帝无限的爱。李震说："上帝是爱，他因此大爱创造人类，借此大爱使远离他的人回归自己。人出于爱，其终极目的也是爱，只有在无限的爱中，人才能找到真正的自我，使生命获得圆满的实现。"[①]换言之，上帝创造万物，虽然需要理性的计划，但在精神上创造是一赠予的行动，这是一伦理的行动，在其中，上帝走向万物与人，将存在与本质赠予人和万物。也因此，创造并不是如黑格尔(G. W. F. Hegel)所言，来自上帝的缺乏与无聊，而是来自上帝存有的满盈，来自上帝慷慨的赠予。人与万物的创造，无论其历程在人看来是如何缓慢与复杂，都是来自上帝的爱与慷慨。既然以爱为存在的本根与伦理的本质，则人生的意义不难确定，就在不断从自私的思想、行为与要求中断然撤出，不断以无私的善行还归大爱，不断地慷慨施予。在《由存在到永恒》一书中，李震有如下深刻的陈述：

> 一个缺乏爱情的存在，也是最贫乏的存在。当存在将自己局限于自己的小圈子里，将逐渐失掉活动的自由，因而感到空虚的压迫、自私的空虚。在自私的空虚中，个人的生存已经

① 李震：《人与上帝》卷二，页462。

失掉意义，它的末日将会如影随形，接踵而至，即使挣扎着生存下去，也只是一个空虚的躯壳而已。[1]

爱并不泯灭自我，反而会成全自我。爱中的共融，并不排斥自我的成长与探索。相反地，人的存在仍要求超越共融与合一的关系，不断返回自我，也在不断超越中，投向至善。由于人与神的爱所带来的善，是人间的爱与人对万物的爱的基础。李震说："心灵的自由在爱情中圆满实现，爱情是存在与存在之间的共融与合一。然而存在也需要时时超越这些关系，返回自身，投向至善，在与至善的单独来往中，吸取爱情的力量，充实自我的独立性。"[2]这一段话可以说是出自他一生爱的实践的深刻体会。既然李震考虑到人须一方面不断返回自我，另一方面不断自我超越，认为内在的我奔向爱的圆融，超越的爱则足以丰盈自我。由此看来，他并不是要否定近代哲学所发挥的主体性，而是要用超越的爱加以满全。超克现代性，并不是要否定现代性的宝贵遗产，而是要用爱的思想和实践来予以成全。

五、项退结为中国哲学在方法上寻找出路

前面无论于斌、罗光或李震，虽然在实质精神上颇能超越现代性的困境，然他们显少从方法学观点吸纳现代化的长处，对中国哲

① 李震：《由存在到永恒》二版，台北：台湾商务印书馆，1995，页72。
② 同上书，页73。

学的未来加以检讨或省思。这一点正是项退结教授的学术研究用心所在。项退结可谓台湾中华新士林哲学各位研究者中，最重视方法问题的人，这和他起自心理学与西洋哲学研究的背景有密切关系。他在早期出版的《中国民族性研究》中，第一章便讨论研究方法，由于所讨论的问题属心理学，对直接观察法与各种心理测验的优缺点都有所讨论，但由于项退结撰写该书时旅居德国，找不到足够的中国人做心理测验，因此只得应用间接材料。当时采用的方法，包含了三个要点：一、文化史的进路，认为中国文化史中所揭露的文化型态，尤其中国人特有的文字与语言，可揭露中国人的性格；二、中外人士对中国人性格的描述，尤其涉及某些性格特征时，中外人士的意见若不约而同，便应当是客观事实的反映；三、用最能代表中国人成就的绘画和音乐来找出中国人的性格，并取与由前述方法得到的性格特征进行比较。在这部分，项退结使用了心理测验法。

项退结返台工作后，任教于辅仁大学哲学系。由于工作关系，研究重点逐渐由心理学转往西洋哲学，但仍与先前熟悉的心理学思想家密切相关，研究成果发表在1972年出版的《迈向未来的哲学思考》一书中。其中除了论及荣格、弗洛姆等心理学家，也讨论了马尔库塞、布洛赫、马塞尔、萨特与其他存在主义哲学家，以及罗素、维特根斯坦、卡尔纳普等分析哲学家的哲学思想。就哲学上而言，该书引进了分析哲学的方法，重视语意分析与逻辑规则，以及存在哲学的方法（主要是现象学方法）。在这一阶段，他也显示出对中国哲学的关切，书中虽仅列两章，但认为这是他核心关切的问题。整体说来，本书显示了项退结由心理学往更为整全的人学或人性论的关切的过渡时期。

随后，项退结先生对一整全人学的研究，表现在其《人之哲学》一书中，该书综合了作者所娴熟的中、西哲学，兼及印度哲学资源，试图建构一合乎自己要求的生命哲学或人学。对于中国哲学，全书强调三点：（一）中国哲学的人观是由道德热情产生的；（二）中国哲学的人观需要的形上基础不应止于道家等所主张的普遍秩序而已，而应进一步基于《诗经》、《书经》所提出的位格际关系；（三）中国哲学重视"天人一体"的意境，但其正解不在否定差异，而在肯定宇宙间一切个体在不同层次趋向整合。最后，项教授将全书在历史面与概念面的研究，归结为生命的三个特性：个体性、联系性和发展性，并认为人的最高发展，是与《诗经》、《书经》传统与基督宗教传统所言至高完美的上帝形成位格际的关系，而非如结构主义或道家所言授决定于无意识、非位格的道、法则或结构，造成意识与位格关系的幻灭。基本上，该书采历史的陈述，对历史上中、西、印各家各派皆全面关照；其次，重视批判反省的态度，对各家各派的优缺点都一一指陈，可谓有述有评；最后，他采取士林哲学的实在论立场，肯定亚里士多德及托马斯所谓"存在的是个体"之说。[①]

项退结先生晚年的研究重点都专注在中国哲学上面，并且特别关心中国哲学的方法学问题，意图为中国哲学，甚至为中国人，找到一条可行的道路，甚或是一条康庄大道。这时期的著作有《中国人的路》、《中国哲学之路》等著作。可见其所谓方法，并不只是

① 详见沈清松：《项退结教授著〈人之哲学〉评析》，《哲学与文化》，1993，第21卷，第11期，页1072—1079。

技术上可循的严格步骤，而且是可循以走出开展方向的道路。由“方法”来寻“道路”，这是项先生思考的一向作风。溯至他的《中国民族性研究》一书，乃始自对方法的检讨与讨论，而终于其所谓“今后的路”。至于《迈向未来的哲学思考》一书本来就有借鉴西方心理学与哲学思想家并参照中国人性论来为未来探路的意思，尤其是要借一整全的人学或人性论来迈向未来。更不必说，《中国哲学之路》是以探讨中国哲学研究的方法学问题为主，来探讨中国哲学之路。至于《中国人的路》一书，更是明明白白地在借哲学思想来探问中国人的路。总之，项退结的中国哲学研究方法的讨论，特别凸显了从“方法”到“路”之意。

项退结对于中国哲学方法论的讨论，主要集中在《中国哲学之路》一书中。项退结对一切思想与研究的根本态度，是一切以真与善为依归。即使对于中国本有的传统，也一概以真善为依归。他这信念是来自天主教信仰与士林哲学，从他早期以至晚年之作，有其连续性。早在《中国民族性研究》一书结论为中国人寻求出路时，他便已指出：

> 我们在思想上、宗教上所应追求的是最高的真和善，因此大可不必把自己限在一个小圈子里面。儒释道三教中有真与善的成分，但真与善并不限于此。也有人根本失去了自信心，盲目地接受西方的一切。这些人往往对西方文化没有真的了解，只窥其皮毛，往往把人家的渣滓都当作宝物收藏起来。[①]

---

① 项退结，《中国民族性研究》，台北：台湾商务印书馆，1966，页131。

项退结先生如此来看待问题，一方面表达了对自家传统的自信心与维护之志；另方面，他也从更高的真与善的观点，对自家传统采取批判思考的态度。以追求最高真与善为最后鹄的，这点赋予他的研究方法以最后的形上价值依据。

基于求真和善的根本原则，项退结针对中国哲学的研究方法，提出“主导主题研究法”，将“三千年以来的中国哲学”归纳为几个题材，称之为“主题因素”。他先是在1981年发表的《中国哲学对人的思考》中，提出“政治”、“道德”、“主宰之天”、“大自然与人事相互感应”、“万物根源”、“万物与人事的常道（简称‘常道’）”、“天地人一体”七个主题因素；其后在1989年发表的《中国哲学的主导题材》一文中，又增列了“大自然”，一共八个，并改称为“主导题材”。项退结在《中国哲学之路》一书中，一方面从古代中国典籍中归纳出这八个主导题材，他表示，“八个主导题材并不来自任何认定，也不应用外来的术语，而是由三千年的文献直接归纳而得。”[①]另一方面，他又运用这八个主导题材来分析或比较各家学说，应用这些主导题材来评断某些著作的性质，并把它们当作试金石。这中间应该还有一些未解决的问题：如何一个由归纳而得的主题表列，可以进一步成为试金石或评断标准？可惜，项退结并没有回答这一问题。他运用这八个主题来分析中国哲学，并发现，最早文献中（甲骨文）以主宰之天与大自然这两个主题为主；《诗经》、《书经》已扩充到政治、道德、主宰之天、大自然、常道、大自然与人事相感应

① 项退结：《中国哲学之路》，台北：东大出版社，1991，页20。

这六个主题;《论语》与《墨子》仅取其中五个主题,即政治、道德、主宰之天、大自然、大自然与人事相感应,而未发挥大自然常道思想(政治与道德仅限于人事常道)。

早期儒家仅有五个主导题材;而道家恰好发挥了儒家所未发挥的的三个主导题材,放弃早期儒家所重视的主宰之天及大自然与人事互相感应两个题材;荀子思想则不但吸收了道家发挥最多的自然常道与宇宙根源两个题材,而且也跟着道家忽视主宰之天的题材。……《易传》更兼容并蓄,综合了八个主导题材及思想内容的全部;宋明理学除了发挥甚至《易传》思想以外,尚融合了佛学思想的一部分。从这一线索看来,八个主导题材的确发挥了试金石的功能。[①]

关于这个主题研究法的方法学地位,项退结时而以为其乃由归纳而得,时而以之为试金石,甚至以之为具有海德格尔诠释学所谓理解的"先起结构"的地位,或至少认为与之"不谋而合",认为这是"每一个人由文化背景及个人条件而来的固有想法和立场,正如同每个人不可避免地有其地域性限制与出发点一般。"[②]其实,在我看来,既是归纳而得,而且还可增减,理论上便不可能成为"先在结构"。不过,我可以了解,项先生的重点在于表明:人应理解自己的有限见地而克服成见,狭隘的视域应向更广的视域开放,而诠释的任务与过程正在于不断地融合各种不同的视域。根据这一远大的视野,他对中国哲学与中国文化,都有所寄望。基本上,项退结

① 项退结:《中国哲学之路》,台北:东大出版社,1991,页12—14。

② 同上书,页20。

对这主题研究法是寄以厚望的。

> ……因此今日的中国哲学必须让每个人体会到一视域的局限性，努力与别人的视域作更广泛的融会，并从自然科学、政治、道德各层面去实现人事与大自然各层面的常道常规，尤其培养出真正的法治。唯有这样，每样事物才会依其本性及固有的常规展现，而不再听凭权力人士操纵；也唯有这样，特权政治始能消失于无形，人与人之间才会有真实的公正与平等。然而，要使哲学发生实际效力，方法论的开阔与严正确是必经之路。[①]

由以上这段话，可以看出项退结对于中国哲学与中国现实的洞见、针砭与期待。也难怪他会认为，中国哲学方法论包含着中国哲学甚至中国人要走的道路之意。不过，项退结也一再表达谦虚之意，并且表示，自己的方法既非完整、亦欠有系统。只不过这是他切身体会到而躬行实践的方法。他认为，“尽管以后还可以找到其他许多方法，但如违反本书所列的方法，中国哲学将会误入歧途，或陷入此路不通的局面。”[②]换言之，他的方法至少在消极上有防弊的作用，若有违反，则会误入歧途，甚或此路不通。

按照项退结自己的分析，他所提议的这一主题研究法包含了几个层面：一、哲学史的溯源方法，包括考证在内。二、现代诠释学

---

① 项退结：《中国哲学之路》，台北：东大出版社，1991，页26。

② 同上书，页III—IV。

所强调的视域交融法,切忌滥用一己观点于不相关的事上。三、逻辑与字义语义的分析。四、与西洋哲学作适当的比较。

就哲学史的溯源方法而言,项退结强调的是必须符合历史脉络,包括考证的结果。整体说来,他认为自己所使用的方法是哲学史的研究方法,但此所谓哲学史相当宽泛,不限于历史中出现的文本,也包括考证的发现。项退结甚至认为他将主导题材研究法应用到《易传》的结果"所获得的结论和考据学家的结论,若合符节"。项退结先生此处所谓"考证的发现"主要是指的疑古时期,也就是《古史辨》时期的一些讨论,虽然稍嫌老旧了些;不过,比较起来,有一些当代哲学学者仍沉溺于概念的讨论,对考证丝毫不感兴趣,项退结对于考证研究的开放态度是相当可贵的。如果假以时日,他一定会对晚近简帛的新发现与李学勤所谓"走出疑古时代"的新发展,感到兴奋。他一定也会了解,考古与考证的知识是要不断更新的。

关于现代诠释学,尤其伽达默尔(H. G. Gadamer)所强调的"视域交融"(fusion of horizons),切忌滥用一己观点于不相关的事上,项退结强调的是切忌主观性,保持对其他观点的开放,并且努力寻求视域的开放。他说:

> 正如同每个人不可避免地有其地域性与出发点一般,然而这一类先起理解在跟别人及文献接触以后,逐渐会被更适当的见解所取代。[①]

① 项退结:《中国哲学之路》,台北:东大出版社,1991,页20。

项先生虽批评主观性，强调客观性，也强调科学的发现，但他也批评科学主义，批评科学实证主义。他所能接受的客观性（objectivity），较接近不断开放的互为主体性（intersubjectivity）。

关于逻辑与字义、语义的分析，逻辑本是长远哲学传统的一部分，但项退结对逻辑的重视，并不止于用来约束思想的主观性，而有其较为长远的想法。一方面逻辑思维所代表的理性精神，应是人类意识发展的一个重要关卡；另一方面，他对语义分析的重视，则是因应20世纪分析哲学的出现造成语义转向的结果。项退结在《迈向未来的哲学思考》一书中，以三章八十余页的篇幅，讨论罗素、维特根斯坦、卡尔纳普三位分析哲学健将的思想，特别强调对语言的逻辑分析与对经验的重视。①

最后，有关与西洋哲学作适当的比较，项退结除了有向其他视域开放之意以外，也是想从西方哲学学习到一些东西，提供借镜以便更认识自己。对于项退结而言，西方哲学重视“普遍概念、逻辑推理及知识的一再批判”②，而且自西潮冲击中国以来，西方哲学“提供了使现代中国改头换面的文化及政治思潮。”③我自己也一向主张，欲了解自己，须自我走出，与不同传统进行对比，以达到相互借镜与相互丰富之效，这意思并不是要拿西方哲学或西方概念来强套在中国哲学上面。我相信项退结的用意也在此，对于这一点，有些学者并不一定真能了解。

总之，项退结先生对于中国哲学研究方法的严谨态度，其所提

① 项退结：《迈向未来的哲学思考》，台北：东大出版社，1988，页69—152。
② 项退结：《中国哲学之路》，台北：东大出版社，1991，页4。
③ 同上书，页36。

议的主导题材研究法，虽仍有一些值得改进的地方，但他对方法的讲究与执着，实在令人敬佩。他也了解到自己的方法既非完整、亦欠有系统，但这只是他的谦虚之词，更重要的是，他亲身体会并躬行实践他的方法。最重要的是，他以更高的真、更高的善，作为一切方法的鹄的，使他对所有的学派与个人的思想，自有一更高的衡量尺度，并且期盼更大的开放态度。

六、结论

平心而论，对于主体的地位、结构与深度的探讨，仍是近代哲学最宝贵的遗产。然而，主体若封限于一己之内，运用单向度的理性，操弄表象，争取权力以宰制他人他物，也会造成现代性的根本困境。当代新儒家能在中国哲学园地内开发了人的主体性，使中国的民主、科学与文化有了来自中国人本心的根源，是其贡献。然而，若因此过度昂扬甚至膨胀人的主体，会有使之趋于自我封闭的危险；加上当代新儒家强于论述而实践不足，难以为此刻正囚于现代性困局的人们，竖立人格典型。就此而言，中华新士林哲学在于斌、罗光、李震、项退结及其他天主教学者的努力下，很早就意识到现代性蕴含人的主体封限的危机，而能在形上学、人性论、伦理学、教育哲学、文化哲学、修养论、方法学及基本哲学问题方面，建立一既内在又超越的哲学体系，能以持平的立场看待实在界，发扬人性，且能实践爱的伦理学与谦逊虚己的修养，爱天主、爱人、爱万物，是可以为现代性的困局，带来超脱的契机，既纳入现代哲学的宝贵遗产，又超克现代性的弊端。

第十四章　百年中国哲学中罗光生命哲学的意义与评价

本章将在百年哲学在中国的脉络下，评估罗光先生形上生命哲学的意义。我将百年来中国哲学发展分为四个时期，其中罗光的哲学出现于第三期。本文将取百年来继续进行的传统中国哲学，并挑选几个在这百年中出现的主要思潮的重要哲学观念，来进行比较，借以评比罗光的形上生命哲学中较具原创性的哲学观念。

罗光兼治中国哲学与士林哲学，融合二者于其形上的生命哲学之中，并以此为“自己的哲学”。他不是以哲学来讲生命，而是以生命来讲哲学，并以此精神来承合中国哲学与士林哲学。比较起传统中国哲学只讲宇宙万物的化生，罗光虽肯定此一创生力，然更进而提出与此密切相关而更深远的创造力。比起20世纪引进中国的自由主义将人心视为白板，或将历史传统纳入无知之幕，罗光尊重人的历史性以及由此发展出来的历史传统。自由主义主张选择的自由，罗光更进而主张创造的自由、意志的自律与止于至善的自由。比起马克思主义所讲的人的社会性或关系性与对劳动与交往的重视，罗光不但要肯定人类的动态关系，由自己到家庭、到社会、到国家、到天下，且要将此动态关系扩及万物与造物者天主。而且，罗光主张来自天主创造力由上而下的动力，与由下而上的生命发展所形成的“生命的旋律”。

罗光是一开放的人文主义者。人虽可与天合一，但人不就是天。罗光主张空虚自己、观过、空虚自我意识，超越自我封限，迈向爱的圆融。这些构成了他的伦理学和修养论的基本论点，也是他一生的生命实践与修养所在。同于新儒家对于继承中国历史文化的高度历史意识与对人自律的自由的肯定，罗光还要讲论与实践爱主、爱人如己以及谦逊之德，不以人的主体性为中心，可谓指出了一条超克现代性困境之路。

一、引言

今年庆祝罗光先生百岁诞辰，本文除了要评述罗光先生的生命哲学，并且希望能与百年来的一些重要哲学思潮，包含其中继续进行的传统中国哲学，略做比较与交谈，以显示罗光生命哲学的时代意义与地位。整体说来，这百年来的中国经历了从热衷追求西方现代性，觉醒到有必要发展自己的中华模式现代性，一直到晚近接受后现代与全球化的挑战的历程。今日我们了解到“现代性”(modernities)是一多元概念，因为从不同的历史与文化，可以有不同途径进入并发展不同模态的现代性。话虽如此，现代性论述的主要参照系统仍是西方现代性范型。我曾从哲学上将西方现代性定性为:主体哲学、表象文化、理性与宰制性。[①]我认为西方现代性是立基于人的主体性,运用理性建构表象,使主体得以掌握权力,宰制他人与他物,也因而不断强大,并自1840年鸦片战争以来,不断侵伐与压迫我国。

为了响应西方宰制性的挑战,我国菁英自清末改革运动以降,转向追求西方现代性,借以启蒙国人或救亡图存,于是造成西风压倒东风之景况。其后,抗日战争唤醒了国人的民族精神,转而追求中华式的现代性。然而,自1970年代兴起后现代思潮,随后全球化历程加深,无论国家发展或文化与哲学思潮皆进入了新的国际脉络。为此,我将百年来哲学思想兴起与发展分为以下四个阶段:

第一阶段:习取西方近代哲学与现代性:从1911年中华民国肇造,经过1919年的五四运动,国人一方面对旧秩序与价值痛加批判与解构,另方面也试图建立以西方民主、科学为理想价值的现代性,引进西学,力求厕身现代,借着对西方哲学的论述习取(discourse appropriation),试图进入现代性。此段时期,除了一般地引介西方近代哲学,更引进了自由主义、实用主义、新实在论、进化论,以及批判西方现代性的尼采哲学与马克思主义,其中以自由主义与马克思主义影响最为深远。

---

① 本人对于西方近代性的批评要点在于:一、人的主体性的膨胀造成主体的自我封闭与权力的膨胀,甚至导致尔后主体的幻灭。二、专注于表象文化的建构,甚至变本加厉转为"拟象"(simulacre),失去了经验的深度与参与的向度。三、理性化历程走向纪律的控制与专业分化,价值理性萎缩,工具理性膨胀,人们没有什么值得献身的理想。只重视理性反而使理性更为贫乏化。四、宰制化的倾向:由于主体性的自我封闭,为己利而运用表象的建构性与操作性,透过理性的组织与效率,来对多元他者进行化约,不但化约了多元他者的多元性与丰富性,甚至化约了多元他者的主体地位,使其成为遂行主体意志的工具或奴隶。

第二阶段:民族精神与传统中国哲学的复兴:从 1928 年至 1937 年国人逐渐感到国家建设需要自家的文化基础。随后八年抗战,国家处于存亡继绝危机,于是唤醒了国人的民族大义,这也是传统中国哲学研究复兴与中国哲学精神昂扬之时,其中熊十力(1885—1968)是此时期最富原创性的哲学家,奠立了尔后当代儒家的发展。此外还有冯友兰(1885—1990)的新理学体系,贺麟(1902—1992)的新心学、朱光潜(1897—1986)与宗白华的美学思想,以及方东美抗战期间向全国广播《中国人生哲学》,唐君毅撰《道德自我之建立》。分析哲学方面,有金岳霖的《论道》、沈有鼎的逻辑研究与整理传统经典之作,如《周易卦序分析》《墨经的逻辑学》等。

第三阶段:中西融合体系的形成:1949 年以后,有几位哲学家建立了融合中、西的哲学思想体系。此时期有方东美机体主义的综合体系,唐君毅、牟宗三为代表的当代新儒家综合体系,吴经熊、罗光、李震等人为代表的中华新士林哲学综合体系,也有结合逻辑分析与中国哲学研究的陈大齐与殷海光等。罗光的生命哲学体系也出现于这一时期。

第四阶段:全球化、台湾地区主体性觉醒与后现代反思:20 世纪 70 年代欧美兴起后现代思潮,于 80 年代波及台湾地区。到 80 年代后半,全球化历程加深,全球化论述热门,甚至吸纳了后现代论述。在全球化与本土化的对比张力下,台湾地区主体性意识高涨。从此,哲学界面对全球化、与国际接轨,以及接受后现代的挑战。此外,由于两岸关系与政治氛围影响,哲学界也涉入台湾地区主体性的论述与思维的讨论。

本文拟从与当代几个重要哲学思潮如自由主义与实用主义、马克思主义与当代新儒家，以及继续发展的传统中国哲学，进行比较，探讨罗光的形上生命哲学中较具原创性的哲学观念，并从中华现代性的追寻、形成与超越的角度，来凸显其独特的意义。

罗光兼治中国哲学与士林哲学，并融二者于其形上的生命哲学，自许为是“自己的哲学”。罗光原先在罗马讲授士林哲学与中国哲学，返台之后又以士林哲学的观念架构，融合中国哲学的内容与精神，著有《中国哲学思想史》九巨册，从先秦哲学一直写到民国，包含当代新儒家。他以自己的形上生命哲学比拟于唐君毅的《生命存在与心灵境界》和方东美的《中国哲学之精神及其发展》。方、唐两位是罗光最为佩服的两位当代哲学家。不过，罗光自我要求行文要更为通俗易读，以接近一般读者。

大略言之，罗光的形上生命哲学以对越天主的宗教经验为源起，继承源远流长的士林哲学与中国哲学两大传统，立基于士林哲学丰盈创造的存有观，结合士林哲学由“能”而“行”以至于“成”的变化观，与中国哲学生生不息的变易观，认为宇宙万物皆是来自天主无限的创造力，天主是生命本身，其所创造的宇宙万物也富于创生力而生生不息。整体存有界因而可视为一生命之历程。基于此一形上基础，罗光建立了中华新士林哲学的人性论与伦理学。他的人性论的主要概念是“仁”。他认为人一方面要发挥其人性的生命，另一方面亦要发挥万物的生命，如此一来始能赞天地化育，与天地参。人有理智，追求真；有意志，追求善；有才情，追求美。人性可以不断创新发展，扩充自我之重重圆周，由己立立人、己达达人，到形成大同世界，到万物一体，与万物圆融，与天主圆融。

从此一形上生命哲学体系，我要凸显以下几个特点，分别与中国百年来几个重要思潮略做比较与交谈，借以显示罗光生命哲学的特色。

二、历史传统与自由的深度

罗光继承了16、17世纪由利玛窦、艾儒略、庞迪我、徐光启、杨廷筠等人开始的融合西方士林哲学和中国哲学的传统，并且对此一传统有其贡献。明末清初来华的耶稣会士与早期华人天主教精英合作，翻译或改写了亚里士多德著作，并在所著《天主实义》、《性学觕述》、《七克》等著作中引介亚里士多德、托马斯的思想，来与中国哲学交谈、会通。诚如艾儒略在《西学凡》中所言，"旅人九万里远来，愿将以前诸论与同志翻以华言。试假十数年之功，当可次第译出。……使东海西海群圣之学，一脉融通。此真圣明御宇，千载之一时，梯航跋涉，抱此耿衷。"[①]此一会通事业为当代台湾天主教学者所继承，并加上20世纪以来西方思潮与新士林哲学研究成果，可称为中华新士林哲学，包含吴经熊、罗光、赵雅博、项退结、李震、邬昆如等人。其中罗光提供了一个综合士林哲学与中国哲学的广包而系统的综合体系，并重构中国哲学史。罗光先生在百年中国哲学发展的第三阶段，提出一套综合中、西的哲学体系，堪称当代中华新士林哲学的代表。

---

① 艾儒略：《西学凡》，收入李之藻集，《天学初函》，台北：学生书局影印，1965，页59。

罗光所综合的士林哲学和中国哲学皆是源远流长、历史悠久的哲学传统。罗光原先在意大利教授哲学，浸润于亚里士多德、托马斯的士林哲学传统，著有《士林哲学》理论篇与实践篇。理论篇的第一册讲名学，包括理则学和认识论；第二册讲形上学，包括本体论、宇宙论和心理学；实践篇讲宗教哲学、伦理学和美术哲学；其中主要的论点属亚里士多德、托马斯的士林哲学传统，并更新以近现代西方哲学、科学与人文的知识，随时补充中国哲学的观点，并在要紧处提出自己的批评、综合，以及自己的论点。就今日言，其中仍不乏须与新士林哲学后来的发展与时俱进、与世界思潮对话，进而改良与更新之处。

其实，罗光先生心目中真正关注的，是自身所秉承的中国哲学传统，尤其是儒家传统。他一生大部分的哲学著作都是关注于中国哲学。他曾在《罗光全书序》中表示自己在“哲学方面的书很单纯，都是关于中国哲学；介绍西洋哲学的书，只有两册《士林哲学》，以及三册比较哲学研究的书。”[①]即使是他的《士林哲学·理论篇》、《士林哲学·实践篇》二巨册，所关心的也是中国人的需要，他说：“在中国，我认为却正需要这种书……况且中国出版界，还找不得一本用系统方法介绍全部哲学的书。”[②]这两部书正是用中文有系统地整理并诠释了士林哲学体系的巨著。关于中国哲学，早在罗光著述士林哲学之前，他就已经在香港出版《中国哲学大纲》两册，由香港商务印书馆出版。罗光自己表示在传信大学讲授中国

① 罗光：《罗光全书序》，《罗光全书》册一，台北：学生书局，1996，页1。

② 罗光：《士林哲学·理论篇》，收入《罗光全书》册二十，台北：学生书局，页7—8。

哲学，“为别国同学，讲中国哲学，是用拉丁文讲，只能讲大纲；为中国同学，当时有三十余人，则讲得更为详细。我是想用系统的方法，把三家哲学，各为一系统。”①返台之后，他又以士林哲学的观念架构，融合中国哲学的内容与精神，重写中国哲学史，著有《中国哲学思想史》九巨册，从先秦哲学一直写到民国，包含当代新儒家。

罗光对中、西两大传统的重视，显示他是一位深具历史意识的思想家，承认历史性是人的特性，他说：“历史是人的专有物，没有理性的物体没有历史，超越时间变化的精神实体也没有历史。历史乃是人类生活的历程，也就是人生命发展的历程。”“历史须有变，有新，所以只有人是心物合一体，才能创造新的事件，才能有历史。”②为此，罗光尊重历史传统，并透过现代知识与自己的批判反省给予传统思想以地位，认为历史中的“理”还活在现在人的心中。他说：“历史的史事是活的，是因为史事所具有的人性之理和发生时的心理，在现代人的生活里还是活的。”③至于文化传统，则既是个人的创造，也是民族的集萃。他说：“文化，建立在人类生活上，人类的生活是每个人的发展。……创造生产的工具，思想的体系，艺术，构成民族的文化。……各种民族文化的特征是各民族的生命的位格。民族生命的位格，由集合民族中每个个人的位格而成。”④

为此，罗光主张必须尊重个人的位格与集体的位格，及其在历

① 罗光：《士林哲学·理论篇》，收入《罗光全书》册二十，台北：学生书局，页3。

② 罗光：《形上生命哲学》，台北：学生书局，2001，页290。

③ 罗光：《罗光全书序》，《罗光全书》册十九，页596。

④ 罗光：《形上生命哲学》，页310。

史中的集结。此一论点大不同于自由主义为了强调个人自由与公共决策的正义，因而悬置历史传统的重量，如洛克(J. Locke)将人心视为“白板”(tabula rasa)，或如罗尔斯(J. Rawls)将由传统而来的知识与信念放入“无知之幕”(veil of ignorance)。

对于中国所追求的现代性，自由主义(liberalism)以人的自由选择与经验陶成来界定人的主体性及其形成，并着重逻辑的、科学的方法与理性作用。胡适所引进的自由主义，不同于严复的“群己权界”论，而更强调以个人自由选择为基础，并重视自由的政治层面。他曾在《自由主义》一文中总结：“自由主义的第一个意义是自由，第二个意义是民主，第三个意义是容忍，第四个意义是和平的渐进的改革。”[①]此外，胡适并以自由主义配合实用主义(pragmatism)的引进。实用主义主张从实践经验中学习与成长。胡适尝译 pragmatism 为“实验主义”，并介绍实用主义要义，引述詹姆士(W. James 1842—1910)在《实用主义》一书中所说：“要把注意之点从最先的物事移到最后的物事；从通则移到事实，从范畴移到效果。”[②]胡适在《介绍我自己的思想》中曾说：“杜威先生教我怎样思想，教我处处顾到当前的问题，教我把一切学说理想都看作待证的假设，教我处处顾到思想的结果。”[③]这些思想态度对于国人影响颇巨。简言之，如果说自由主义的引入是从人是具有自由选择权

---

① 刘军宁主编：《北大传统与近代中国自由主义的先声》，北京：中国人事出版社，1998，页 25。

② 詹姆士：《实验主义》，参看《胡适文存》卷二，上海：亚东图书馆，1926，页 95。

③ 胡适：《介绍我自己的思想》，见《胡适论学近著》第 1 集，卷五，上海：商务印书馆，1935，页 630。

的主体的角度来界定国人对于现代性的主体精神的探索，实用主义则是从经验、科学方法与逻辑推理的角度，界定了国人对于现代性的理性精神的追求。

然而，如今检讨起来，个人的自由选择与科学理性虽然重要，但仍不能因此忽略个人与群体是在时间中成长发展的，因而有其历史并承接所生活其中的传统这一事实，以及在着重逻辑与科学理性之时，也不能无视于人的历史性与文化传统。其实，早在西方近代性形成初期，自由主义的鼻祖洛克(J. Locke)便主张将心灵视为"白板"，人在这白板上获取的知识，只有那些由感觉经验获取的观念和人心按照逻辑组合的观念才是可靠的，其余来自历史传统的知识或信念，皆宛如培根(Francis Bacon)所称种族偶像、洞穴偶像、市场偶像、剧场偶像等。这一说法固然有还原人心、批判错误的用意，然而，人心并非白板，反而是继承了许多传统的价值与观点；历史传统虽须经过批判的继承，但不能将经验与逻辑以外的知识或信念皆放入错误的范畴。洛克将知识仅封限于人对外在事实之知，至于自由则成了人对外在对象的选择。

类似这种将历史传统与信仰放在私人领域或不相干的位置，好使得公共事务的参与者能以公开可验证的知识在公共论域中参与决策，这在当代自由主义理论中仍可见于罗尔斯(J. Rawls)的"无知之幕"概念。罗尔斯将来自不同历史传统与信仰对于生命意义的看法，以及社会实践方面的宇宙整合式或宗教上的视野，都放入所谓"无知之幕"之中，好使得人们能在多元主义的公共领域中，依循大家都同意的最少规则，确保最大限度的行动范围。既然将攸关生活意义和生命奉献以及自我与群体认同的来源的历史、文化、传统与信念，都放入了无知之幕的幕后，人们所做所为并不是来自其刻骨铭心的人性呼唤，而且无视于年龄、种族、性别、宗教等种种差异，人在公共领域中只讨论程序与分配的正义。自由主义将历史传统经由不断演进而得来的价值与美德都放入私人领域。在公共领域中，人们只关心竞争与分配的公共规则。如此将伦理、历史与宗教信念逐出公共领域之外，放入了“无知之幕”之中，为的是让公共行动和公平竞争可经由形式上无瑕的正义程序，依据大家同意的权利结构，获得国家公权力的保障。其立意虽可以了解，然其实际结果，则是私利竞奔，有累积与资本者赢之，终究无法提供公民足以高尚其志的动机体系。

关于自由主义所强调的自由人权，如思想的自由、言论自由、集会结社的自由、出版的自由等，基本上也都是罗光所赞同的，不过，在哲学上说，罗光并不自限于胡适所主张的政治的自由，而是从生命哲学的观点，主张心灵生命唯有自由才有创造。他说：“有自由，心灵的生命才能成全，才能有创新。……不能有自由，便不能有创新。”[①]更且，自由主义所主张的自由，基本上是选择的自由，无论是心灵上对于信念、观念、知识的选择；市场上对于货品的选择；选举时对于候选人的选择；等等。罗光也重视这些自由，但他更追随士林哲学对于选择自由的分析，认为在选或不选；如果选，是选甲或乙或丙；等等之前，选择者在心理上有一种对于诸选项的“超然的自由”(libertas indifferentia)，而且对于自由选择的后果，罗光强调责任的伦理学。他说：“自由的行为，是我自己的行

① 罗光：《形上生命哲学》，页 117。

为，由我自己负责。”[①]罗光虽肯定选择的自由，但对于善与恶的抉择，他认为一定要选善，不能选恶。他说，“普通一般人，认为自由在于自己任意选择，不受规律的拘束，不受外力的干涉。然而在善与恶之中，不能有任意的选择，必要择善而固执。”[②]“杀身成仁，舍生取义”……选择仁义虽是我必要选的，然而仍是我的自由，因为是我自己愿意，而且要用非常坚强的意志。”[③]

于是，罗光从心理的自由，上升到自律的自由，从自律的意志出发，来进行选择，也因此他认为人要为自己的行为负责任。在此，罗光不同于康德，康德虽区分自律的意志（Wille）与选择的意念（Willkür），但强调的是意志的自律，并未进一步说明如何由自律下来进行选择。然而，后者正是日常生活中人们的行为的道德性所在。不同于此，罗光强调自律的自由要进而做出选择，并为自己的选择负责。他说，“意志是人心灵为选择作决定，作了决定而去实践。我心灵有自由，是因我自己能作主，能决定。自由代表人心灵的中心，……我的行动由我自主，我既作主，对行为我就负责。”[④]

不止于此，罗光对于“自由”还有更高的期待。因为生命的发展终究要求成圣，所以他更向往圣人的自由。他说：“圣人的自由，像孔子自己说：‘七十而从心所欲，不踰矩。’才是真正的自由。”[⑤]可以说，罗光所向往的最高的自由，是止于至善的圣人的自由。

---

① 罗光：《形上生命哲学》，页113。

② 同上书，页115。

③ 同上书，页113。

④ 同上书，页114。

⑤ 同上书，页115。

三、生命的根源：创造力与创生力

罗光自谓其形上生命哲学，不是以哲学来讲生命，而是以生命来讲哲学，并以此精神来融合中国哲学与士林哲学。其书浅易中自有系统，分从本体论、宇宙论、知识论、理性心理学、伦理学、宗教哲学等，层层转论生命的体认、生命的本体、生命与宇宙、生命的创造、生命的旋律、生命的超越。换言之，罗光心目中的宇宙图像是这样子的：无限的天主是生命本身，由祂发出无穷的“创造力”，创造了变化无已的宇宙万物；其所创造的宇宙也因此富于生命力，称为“创生力”。在宇宙生生不息的过程中出现了人，人要发展精神生命，一直到回归天主，并与万物、与他人在爱中圆融。从天主的“创造力”，到宇宙万物的“创生力”，到人的“精神生命”，是他在哲学上的重要区分。他说：

> 我乃沿用士林哲学论变动来解释，构成了一个系统的形上生命哲学，存在即是生命，生命是内在之动。内在之动是造物主，创造宇宙。为一动力，称为创生力，宇宙为一动力，每一实体也是一动力，全宇宙是动，动为创造之动，创生力由于造物主的创造力，常在动的状态。这种动是种内在之动，称为生命，因此说宇宙万物都有生命。①

① 罗光：《罗光全书后记》，见 http://lokuang.blogspot.com/2010_08_01_archive.html。

罗光的形上生命哲学结合了士林哲学丰盈创造的存有观和变化观，与中国哲学生生不息的变易观。他认为宇宙万物之有，是来自创造者天主。天主本身是一无限而能创造的大有，其所创造的万物也是在不断变易的有物。由于天主的创造力与万物的创生力，形成了生生不息的历程，为此整体存有界可以视为一生命之历程。

对罗光而言，从形上学看来，存有乃一切万物之根本。凡存有者，或属自有，或属依他有。天主是自有者，具“创造力”，从无中创造物质，生化万物。万物是依他有，虽属被造之物，然仍兆于变化、生生不息，因而富于“创生力”。就形上学言，天主为一切变易的存有学根基，不但是一切万物最后的解释性原理，而且也是其存有学原理。天主秉其创造力创造万物，是生命的源起，可称为第一义的生命；宇宙整体及其中的万物在受造之后，也拥有“创生力”，并且在不断变易历程中，依各自之理而发展其性，可称为第二义的生命。这是因为万物虽为依他有，仍从天主那里分受了内在动力，能在变易中求发展。在生命的变易中，一方面有生发之历程，另一方面亦有稳定之结构。所谓“道”即为变易中的生发原理，属动态；“理”则是变易中的结构原理，属静态。理在各存在物而言即成为各物之本质——或称为该物之性。万物各有其性，依其性而群分类别，各从其类，不断变化。罗光说：

> 形上生命哲学主张宇宙由造物主所造，造物主以自己的创造力，创造了一种力量，称为创生力。创生力的质，即是物质，由造物主从无中造成；创生力的理，为造物主之创造理念；

创生力、物质和理合成今日的宇宙，宇宙乃是创生力。创生力和创造力相结合，常相通。圣托马斯常说创造是继续的创造，创造力使创生力常动，使宇宙物质按造物生的创造理念，引起变化。动为生命。动为本体内在的动，由创生力而发，不是外力引起的动。[①]

罗光对于天主的“创造力”与万物的“创生力”的辨析，认为其间既有区分又有密切关系，不但结合了士林哲学与中国哲学的形上学，而且将他们纳入互补，协助彼此的形上义理，使其相互丰富。在士林哲学中，原先在无穷完美的天主与有限而变动的世界之间，容易落于两边：一方面，天主是完美(perfect)，也就是再没有什么可做了，没有变化，归于寂静；另一方面，世界是有限的，由于不完美而追求完美，不断变化不已。现在，在罗光提出的“创造力”与“创生力”虽相关而有别的概念架构下，一方面，天主无穷的创造力不断创造万物，而创造力本身的无穷动力，可谓“动而愈出”，且天主亦以其创造力参与其所创造的万物的变化历程；另一方面，万物不但各有其创生力，且整体加起来更展现化生不已的创生力，使万物朝向至善而变化发展。如此一来，天主的创造力是动而愈出，不是不动；万物的创生力是出自天主的创造力，且朝向至善的天主，也因此两者既不会落于两边，且两者合为继续生生不息的创进历程，增益了整体存在界的丰富。

在传统中国哲学方面，原先对于道的分殊化、复杂化(如“一生

① 罗光:《形上生命哲学的意义》。

二、二生三、三生万物”所表达的整体创生历程，或是黄老道家与张载、王夫之等儒家，所主张的气化的宇宙论，强调一气化生万物的整体化生动力，或是郭象所谓万物的自生、独化这种个体的生化力量，罗光都称之为“创生力”，也因此这些中国哲学观念在罗光生命哲学中都能获得肯定。然而，郭象所谓万物的自生、独化的个别创生力——所谓“然则生生者谁哉，决然而自生耳”[①]，或是《易经》的太极，或老子的道或黄老的气，其作为万物终极根源的地位，单就只有创生力而言，总还可以在哲学上再来商榷。换言之，如果没有创造力为依据，创生力如何能创生？对此，罗光的“创造力”概念，及其与“创生力”的区分与关联，正解决了此一困惑，而且仍保持万物各自的创生力与宇宙整体的创生力两者极为重要的形上地位。

四、生命的旋律：自然与人文中的动态关系

罗光从生生的形上学引申出一套生生不息的宇宙论。由从上而下的秩序看来，天主是一切万物的存有学根基，其根本活动在于发显其创造力来创造万物；天主所创造的万物的根本活动及其存在之完成，在于参赞天地的创生活动。整个变易历程乃按照互补互成、时位中庸、联系和谐等原理来进行。进而，在上述的本体论与宇宙论的基础上，罗光建立了中华新士林哲学的人性论与伦理学。

然而，宇宙万物的生命在被造之后，另有一由下而上的历程，

① 郭庆藩：《庄子集释》，台北：顶渊文化出版社，2001，页50。

罗光称之为“生命的旋律”。从自然世界开始，由于万物各具的创生力，以及宇宙整体的创生力，自然世界彼此相互联系，因而不断动态发展。罗光说：“宇宙万物相互联系，宇宙万物合成一体。这是自然界的客观事实。但只有人能体验到这种事实，……人的心是灵明，心的灵明可以照到自然界的事实现象。”[①]于是，从自然世界上升到人文世界。罗光引用托马斯所发挥的普罗提诺(Plotinus)和狄奥尼索斯(Dionysius)的洞见“善是散播自己的”(Bonum est diffusivum sui)作为原理，来建构他的传达(沟通)或交往理论，认为“生命为最高善，……生命中最高贵的为心灵生命，心灵生命必常散播。我散播心灵生命，别人接受这种散播；别人散播心灵生命，我予以接受。一散一接，乃形成心灵的传达。”[②]既是有散播、有接受，罗光称为“传达”，其实，称之为“沟通”、“互动”或“交往”亦可也。罗光根据此一原理，来讨论符号的产生、语言文字的意义，以及人文世界的生活，乃至历史文化的形成。罗光把自然与人文关联起来，说：

> 我的精神生命，和万物相互联系。创生力从宇宙万物中流出，在万物中周流，我的精神生命既放出创生力，又接受万物对我的生命所放出的创生力，我的生命和万物的生命建立了一种旋律，互相周流，互相衔接。……生生创造力乃是“仁”。仁的爱，由我放射到“非我”，贯通宇宙的人、物，带回来

---

① 罗光：《形上生命哲学》，页 237。

② 同上书，页 243。

宇宙人、物的爱。互相接受的爱，织成旋律，我的生命更形活跃。①

以上既由上而下，又由下而上，不断动态辩证发展的历程，增益了整个存在界的丰富与密切互动。人处于其中，可以不断创新发展，扩充自我之重重圆周，由(一)己立立人，己达达人，到(二)形成家庭、社会、国家到大同世界，到(三)万物一体，到(四)天人合一，经此四重圆周而实现其人性。这样的存在观，要比马克思建立在劳动与交往的人观与关系的存在观更为开阔和深入。

在中国百年哲学发展第一阶段引进国内的马克思思想，后来经历了许多重大变化，曾发展出结合中国具体情况的中国马克思主义，在国际共产主义中独树一帜；在上世纪80年代后期发生了“苏、东、波”浪潮之后，国际共产主义退潮，而中国的共产主义则发扬中国特色建立中国特色的社会主义。如今，中国正朝中国特色的社会主义道路前进。然而，无论晚近国际与中国的马克思主义命运如何，马克思思想本身仍有其对当代人值得启发之处。尤其当我们把马克思思想与当前资本主义全球化问题联系起来看，自从苏俄与东欧在上世纪80年代末期陆续放弃共产主义，而资本主义一时之间扬扬得意，颇有“提剑四顾，敌手何在”的气概。曾几何时，在资本主义全球统治之下，今日整个世界遭逢金融危机，经济衰退，国际战乱四起，研究者必须重新思考资本主义的问题与马克思思想的意义。

---

① 罗光：《形上生命哲学》，页275。

马克思强调人在历史中、在社会中进行交往，也对自然进行劳动，其所含藏的理想在于自然的人性化，与人性的合乎自然。不像黑格尔那样，以辩证为人的精神自我出走上升以至完成于绝对精神的步骤；也不像恩格斯那样，将辩证视为自然甚或宇宙全体所遵循的法则。对于马克思，自然和人文在动态关系中辩证发展，实属洞见。可惜，马克思的辩证法终究否定、敌对与扬弃者多，积极创造、保存与友爱者少，更别说视宇宙万物与人的互动为仁爱的关系。

马克思的合作者恩格斯将辩证视为自然、历史甚或宇宙全体所遵循的法则，这在第二国际以及其后的共产主义统治中被取来作为证成全能统治宰制人的历史与自由的借口。我赞成将马克思的思想与其后恩格斯的嫁接史分别开来。然而，如此的看法并不是要忽视宇宙向度，将人框限在“太过人性”的、封闭的人文主义中，而是主张朝向自然、向宇宙开放的人文主义。从马克思到恩格斯的转折，泄露了从人至其宇宙关联的必要发展，有必要在宇宙之中重新定位人。可惜的是，恩格斯将此僵化为宇宙和历史的法则，其后更被用来作为执政者宰制人的历史性的借口。于今，我们所需要的是具有宇宙向度，能开展人的自由与创造，鼓励人与人、人与万物的仁爱关系，发挥人“参赞天地化育”“天行健，君子以自强不息”的开放的人文主义精神，而这正是罗光自然与人文的动态关系的论旨所在。

面对当前资本主义的全球统治，马克思的启发，一方面要回到人群在历史中呈现的生活世界；另一方面，马克思更指出人的劳动、交往与价值的普遍性，绝不可化约为某种特定的劳动形式、劳资关系与金钱价值；人群由于相互交往而形成的社会，也绝不能化约为资本主义的社会关系。马克思既批判金钱拜物教，也主张无宰制、无异化的交往，值得向往。

然而，在我看来，人是出生并成长于多元他者之间，自始即动态地指向多元他者，以不断的外推（strangification）与内摄（appropriation）的辩证历程，产生有意义的世间。人不只有狭义的劳动性，更可透过种种物质生产、声音、图像、语言、艺术创作、人际交往、政经社会制度、伦理关系、宗教信仰等，用以表现并规定其动态发展的人性，也可以将这层层表现、层层推进的历程，视为人整体（兼物质与精神）的劳动历程。人由于原初慷慨，不自我封限地走出自己，经由外推历程而形制产品，并经由相互外推而相互交谈。资本主义把这人性中的原初慷慨闭塞于私己的占有与享用之中，将人的理性封限于算计理性与策略理性，使得资本的网络不断自我扩张，吞噬所有的能动力为其所用。马克思的批判的确有助于了解资本主义的困境与出路。然而，在此脉络下，我们也更能体会罗光在自然与人文中所见的“生命的旋律”及其以仁为核心的思想，更能鼓舞人性发挥原初慷慨的能动性，在与多元他者的交往中共建有意义的世间。

五、生命的圆融：仁爱与谦逊

在人性论上，罗光的形上生命哲学的主要概念是仁。《易》曰：“天地有好生之德。”朱熹亦以天地之心为好生。罗光的人性论秉承其宇宙论，认为人得天地之心为心，故仁。人一方面要发挥其人性的生命，另一方面亦要发挥万物的生命。尽已性，尽物性，始能赞天地化育与天地参。他更进而认为：人有理智，追求真；有意志，追求善；有才情，追求美。人性可以不断创新发展，扩充自我之重重圆周，由己立立人，己达达人，到形成大同世界，到万物一体，到天人合一，实现其自性。

就此而言，罗光是一开放的人文主义者。人虽可与天合一，但人不就是天。更且，罗光主张空虚自己，观过，空虚自我意识，超越自我封限，迈向爱的圆融，于是形成他的伦理学和修养论的基本论点。这不只是一种学术论点而已，而是他一生的生命实践与道德修养所在。我很少看到一位著作丰繁、成就斐然的作者会如此谦虚。正如他在出版感言中说的：

> 全书出版，我无所有，只是一个名字，但是代表我一生的工作。好坏我自己不能说，别人说好说坏，我都献于天主。……
>
> 我自己只有如圣路加福音所载基督的话："你做完主人要你做的事，你要说："我是无用的仆人，做了我该做的事。"[①]

我想，罗光所代表的中华新士林哲学，由于其所继承的古希腊、中世纪哲学与中国哲学，皆有深厚的前现代经验，且其投向超越界的宗教深度与对外邦人的伦理关怀和对宇宙万物的认知与感

① 罗光：《罗光全书后记》，见 http://lokuang.blogspot.com/2010_08_01_archive.html。

通，不会自我封限于人的主体性，而更重视交往与沟通的向度，因此与当代新儒家着重人的主体性，并运用近代德国观念论来融合孟子与陆王的思路有所不同。

整体说来，当代新儒家所从事者，是以主体性为基调的哲学体系。牟宗三早在《认识心之批判》一书中便表明："吾所形成者，乃是摄逻辑于'知性主体'之'主体主义'。……主体有二：一曰知性主体，一曰道德主体。"[①]当代新儒家第二代所完成的体系，一方面袭取西方近代哲学论述，但并非用以进行慷慨外推，而是借以返回自身，重构中国哲学史，以显明认识主体与道德主体的结构与动力。另一方面，新儒家也试图以此主体性作为民主与科学的先验依据，奠立中华现代性的心性根基。他们强调整体理性作用，提出有关心灵结构与境界的大叙述，以证成人的主体性对于个体与群体命运的指导作用。他们并不满足于形式逻辑规则，却要返回先验逻辑；他们不赞成工具理性膨胀，也不赞成西方的表象文化，主张返回直观的认知，如牟宗三所谓"智的直觉"；他们批判西方近代性的宰制精神，代之以"对列"的协调精神。这些论点都甚好。可见，当代新儒家的思想，多有可佩服之处，然亦有可检讨之处。例如，牟宗三解"仁"为主体的自觉，诚亦可贵，然未及爱人之义，其哲学体系仍以主体性为中心，并无他者的地位，更遑论多元他者，且不讲论与实践仁爱的伦理学。整体说来，新儒家仍框限于现代性的主体哲学，至于如何跨越主体困境，仍有待其后继者思考。

相较起来，当代中华新士林哲学在融合天主教思想与中华文

---

① 牟宗三：《认识心之批判》上册，香港：友联出版社，1956，页 i—vi。

化的过程中,仍力图维系对终极他者的关系。虽然他们用基督信仰所诠释的,并不必然是中国哲学的历史图像,但他们努力要指出中华文化和中国哲学中具有不可化约为人性内在的、朝向终极他者超越的向度,且勤于实践,确是弥足珍贵。罗光甚至认为,人既可以与天主圆融,也可以与万物圆融。可见,他是用天主教的爱的密契论,也就是以人与天主、人与万物在爱中的圆融,来诠释并实践中国哲学中的天人合一之说,并在此人生至境,融合天主教信仰与中国哲学,而不至于像西方现代性的人学大叙述那般,封限于人的主体性之困境。罗光的哲学思想,不但能从本体论、宇宙论、人性论、伦理学、修养论的角度,超克现代性由于主体膨胀所造成的困境,而且他本人是在谦虚、祥和与热爱的伦理与宗教实践中,迈向与万物、与人、与天主的共融。

总之,罗光代表的中华新士林哲学甚早意识到现代性主体封限的危机,建立了一个既内在又超越的哲学体系,以持平立场看待实在界,发扬人性,实践爱的伦理学与谦逊虚己的修养,或也是一种超越现代性困局的契机。

六、结论

从上文的讨论,可以看到,在与百年来一些重要的哲学思潮比较之下,显示出罗光融合中国传统哲学与西方士林哲学,形成他自己的形上生命哲学,可谓当代中华新士林哲学的典范,其中也展现了一些甚有意义的哲学观念。简言之,对于传统中国哲学只讲宇宙万物的化生,罗光用“创生力”概念予以概括肯定,然而,罗光更进而提出与“创生力”密切相关但更为玄远的无穷“创造力”概念。

其次，对于自由主义所主张的选择的自由，罗光虽予以肯定，然他更增益了创造的自由、意志的自律与圣人止于至善的自由；对于自由主义认为人心是“白板”，或将历史传统与信仰放入“无知之幕”，比较起来，罗光更尊重人的历史性以及由此发展出来的历史传统与信仰的价值。

对于20世纪引进中国的马克思思想，本文仅择取其所论人的关系性存在，以及人际的交往与对自然的劳动。就此而言，罗光皆予以肯定，然他不但要肯定人类的关系性，确保由自己到家庭、到社会、到国家、到天下的发展，而且要将此一动态关系扩及自然万物与造物者天主，也就是将此动态关系扩及整体存在界。而且，罗光既主张来自天主的创造力促使万物生生不息的由上而下的动态关系，也肯定与之相关、相应的由下而上的生命的旋律。

此外，同于新儒家对于继承中国历史文化的高度历史意识与使命感，罗光也肯定新儒家对于人的自律的自由的讲论，然而，罗光不但要讲自律，而且更要讲论并实践爱天主、爱人如己，以及谦逊之德，不以人的主体性为中心，而要空虚自己，爱主爱人。在此罗光指出了一条超克西方现代性封闭于人主体性的困境之路。

然而，对于这一切，罗光主教如果在世，他一定会谦虚地说，他的思想之所以能如此顾念整体而系统井然，是由于他所继承的士林哲学与中国哲学传统，使他能在其中汲取丰富而深湛的资源，至于他所完成的形上生命哲学，则是为了光荣天主而作的，而且也是为了在天主的爱内生活。

第十五章　新世局、新思潮与天主教思想本地化：以中华新士林哲学为例释

一、梵二与现代性

基本上，上世纪60年代天主教会梵蒂冈第二次大公会议（以下简称“梵二”）的举办，主要是为了面对现代性的问题。按照《梵二史》（*History of Vatican II*）的叙述，会议期间大多数参与者所关心的是：“针对信仰更可解的陈述，更符合《圣经》的神学与灵修，适应现代解除神圣的世界，让平信徒扮演更大的角色，更全面地承认宗教自由，更多承认其他基督教会的正面价值，与各种非基督教文明更有效地对话，以及能综合全球文化中更大的多元性与成长中的统一性的教会集中治理体系，能给予主教们对于普世教会更全面的责任。”[①]因而，在该会议中特别注意现代人，甚至现代性的

① *History of Vatican II*, edited by G. Alberigo, English version edited by J. A. Komomchak, Volume IV, Leuven: Peteers, 2002, p. 4.

问题，诸如现代人的焦虑、现代性起点的伽利略议题、现代家庭与婚姻与生育控制的议题、现代的军备竞赛和核子吓阻等，皆曾引起热烈的讨论，①《梵二史》特别指出，"梵二特以明显的方式重视天主教会与现代性的冲突"。②总的说来，正如《大公主义法令》所说，"本届神圣大公会议劝告一切公教信徒，认识时代的记号，殷勤地参加大公工作。"③

现代社会的种种讯息，被梵二视为是"时代的记号"。梵二对于现代社会的关心，最明显地显示在《教会在现代世界牧职宪章》，该宪章认为现代人"虽然对自身所有发明及技能，惊奇叫绝，但对现代世界的演变，对人在世界上的地位及任务，对私人及团体所做诸般奋斗的意义，对人类和万物的宗旨等问题，却往往感到踌躇不安"④。也因此，该宪章讨论现代人的处境，分析现代人的期望和焦虑，以及现代社会的深刻演变：一方面，"传统的地方性组织如：父系家庭、部落、支派、村镇和各式团体及社会关系，日益经历到更为深刻的变动。"⑤另一方面，"由于工业化、都市化日广月深，以致新式交通及通讯工具，迅速而广阔地传播新闻、思想及情绪，并连带激起许多反应。乃至大量移民，其生活方式亦为之改变。就这样，人们彼此间的接触，不断增多。同时，新的'社会化'又引起新

---

① *History of Vatican II*, edited by G. Alberigo, English version edited by J. A. Komomchak, Volume IV, Leuven: Peteers, 2002, p. 528.

② Ibid., p. 630.

③ http://www.vatican.va/chinese/concilio/vat-ii_unitatis-redintegratio_zh-t.pdf，本人认为其中 signa temporum（德文 die Zeichen der Zeit，法文 les signes des temps，英文 the signs of the times 中译本作"时代的特征"）一词，以改译为"时代的记号"为佳。

④ http://www.vatican.va/chinese/concilio/vat-ii_gaudium-et-spes_zh-t.pdf.

⑤ 同上。

的关系。但并不常有利于人格的成熟，亦不常使人们的关系更为人格化。诸如在心理、道德及宗教方面的演变，指陈现代世界的不平衡，并于其中分辨出人类的普遍愿望。”①

换言之，梵二不只向基督徒致辞，而且向处于现代世界的全人类发言，正如《教会在现代世界牧职宪章》所明白表示的：“不独向教会子女及信仰基督者致辞，而且亦毫不犹豫地向整个人类讲话，以期阐明教会寄居并活动于现代世界的意义。”②然而，就在梵二关心现代性的挑战，提出教会的关心与远见之后，世局与思潮又有了新的转变，自 20 世纪 70—80 年代起出现了后现代与后殖民思潮对于西方现代性多所批判，紧接着随即出现全球化论述，乃至整合人类生活世界的电子网络科技。

二、后梵二的新世局与思潮大脉络

梵二举办于上世纪 60 年代，当时的重点是要留意时代记号，也就是现代性的记号。然而，紧接着，在 70、80 年代出现了后现代文化思潮；而 90 年代更出现了全球化论述，甚至吸纳了后现代论述；乃至 21 世纪初期，密切联系人与人、甚至物与物的网络新科技开始普遍化，且日新月异地发展。且让我逐项叙述如下。

（一）从现代到后现代

梵二关心现代人及其遭遇，其中包含对现代性的适应与批判。

---

① http://www.vatican.va/chinese/concilio/vat-ii_gaudium-et-spes_zh-t.pdf.

② 同上。

然而,由于现代化历程中人性异化的加深,对现代性质疑与否定的声音愈发洪亮,于是在上世纪70—80年代出现了后现代思潮,针对现代性予以批判、质疑与否定。从梵二对现代性的批判看来,这毋宁是令人欢迎的;然而,其中也仍隐含与时俱进的时代记号,需要天主教会发挥智慧去予以分辨。

按照后现代的反省,“现代性”包含了(1)主体哲学:以人作为认知、权利和价值的主体,其优点在于尊重人的主体尊严,其弊端则在于主体中心,甚至自私自利;(2)表象文化:以科学、民主、艺术建构表象,用以代表和表演自我和世界,其优点在建构种种表象系统,其弊端则在缺乏临在与参与;(3)理性化历程:价值理性萎缩,工具理性膨胀,并提供整体化的大叙事,作为人类活动的正当性依据,于是理性占尽优势,然同情与仁爱之心反而减弱;(4)宰制化倾向:由于主体膨胀,自我封闭,运用表象的建构性与操作性,透过理性的组织与效率,来对个人、群体、殖民地甚至自然,进行宰制,失去本来应有的尊重人格、物各付物的精神。总之,现代性是以人为主体,借着理性来对自我与世界建立表象系统,进而对其进行宰制。

针对此,后现代主张由主体中心转向他者或我所言的多元他者;至于表象则更变本加厉,成为“拟象”(simulacre),或者相反表象与拟象,反而转向真实与参与;由理性转向强调共感、讲理与外推;由宰制转向慷慨赠予和相互丰富。后现代所反对的,是现代性中主体运用理性表象遂行的宰制现象,并因而转向对于多元并存、平等、参与、慷慨与相互丰富的追求;去除一元宰制,而走向尊重多元、杂然并陈,虽含有相对主义的危机,然亦有相互丰富的可能。

可见，后现代也有较为正面的、积极的、崭新的认知、价值与生活原则，而不仅只是一个消极概念。例如说，后现代的"没大没小"，虽会破坏理想的价值层级，然亦蕴含着众生平等、人性尊严的契机。可见，迈向并关怀多元他者，对多元他者无私慷慨，并在其中陶成自我，将是今后人类的伦理生活原则与价值泉源。此外，后现代艺术中兴起的崇高之感，也成为新颖而重要的美感价值，更是连接宗教、伦理与艺术领域的关键。

后现代思潮发生在西方国家，然而，在刚从被殖民地位解脱的非西方国家中，则流行着后殖民主义(post-colonialism)，重点在于控诉并批判西方现代性的宰制，陈述被殖民国家所承受的伤痛。后殖民主义也对西方现代性多所质疑、批判与否定；然却认为后现代属于西方社会，而曾受殖民之痛的国家则应标榜后殖民主义。像在台湾地区，便发生在比较文学与台湾文学领域争论热烈的后现代与后殖民主义关系问题。值得注意的是，如何超越萨义德(Edward Said)所谓"东方主义"(Orientalism)，避免以西方建构的有色眼镜来看待自家文化，甚或从西方观点来了解自我，将是今后研究自家(例如中华)文化的重要课题之一。

从正面来看，对现代性的批判仍含有积极性与建设性，不只是一味质疑、批判与否定，反而要呼唤出人类可以积极生活的崭新价值。或许，经由更多人的努力，将会出现一个更值得生活，充满意义的新时代。平心说来，梵二既继承了某些现代性的优点，也预示了后现代的缺点，也因此天主教会比较倾向于批判后现代，而并未正视其正面的时代记号，尤其针对主体的封闭性与自私自利的个人主义加以批判。例如，教宗约翰·保罗二世在《真理的光辉》通谕中,曾谴责主体中心的个人主义:"相反地,有一种倾向,给予个人独立决定善恶判准并据以行动的优先要求,概括上这同质于个人主义的伦理学,每一个人都面对自己的真理,不同于别人的真理。就其极端后果而论,这种个人主义会导向对于人性观念的否定。"[①]他又在《生命的福音》中批评道,"自由想从一切形式的传统和权威解脱,却从一切客观与普遍真理的明显证据前关闭,而这些真理才是个人与社会生活的基础。于是个人再也不把善恶的真理当成其选择无可争议的参照点,而是遵循其主观的、善变的意见,事实上是他自私的利益和奇想。"[②]

教宗本笃十六继承同样的批判精神,在 2005 年 6 月曾严肃地表示:"今天,对于教育任务的一个特别奸诈的障碍是相对主义在我们社会与文化中蔓延的临在,不承认任何确定的事物,只把自我及其欲望当成终极判准。用自由的仿制品使人封闭在每个人自己内,因为它令人们彼此分离,将每一个人封锁在他或她自己的自我内。"[③]继而,在当年的世界青年日,本笃十六又针对相对主义加以批评:"在上世纪我们经历到一个共同计划的革命,再也不从天主那里期待什么,而是承担了改变世界的全部责任。我们见到,这表示一个人性的局部的观点被视为绝对的指导原则。将不是绝对的给予绝对化,是所谓的集权主义。他并不能解放人,却剥夺了人性

---

① John Paul II, *Veritatis Splendor*, http://w2.vatican.va/content/john-paul-ii/en/encyclicals/documents/hf_jp-ii_enc_06081993_veritatis-splendor.html.

② Jean Paul II, *Evangelium Vitae*, http://w2.vatican.va/content/john-paul-ii/en/encyclicals/documents/hf_jp-ii_enc_25031995_evangelium-vitae.html.

③ BENEDICT XVI, *Address for the Opening of the Diocesan Ecclesial Meeting in the Basilica of Saint John Lateran* (6 June 2005): *AAS* 97 (2005), 816.

的尊严，使人成为奴隶。并不是意识形态化，而是返回生活的天主，我们的创造者，我们人自由的保障，也是真正善和真的保障，才能拯救世界。”①

由此可见，天主教会意识到，无论是现代世界的现代性，或从现代性转移到后现代，世人有从主体至上的个人主义转往相对主义移动的现象，其所批评的正是自私自利的个人主义，以及相对主义丧失了对天主的信仰。然而，对于后现代积极的时代记号，并未加以正视。

（二）全球在地化与多元文化

我们正生活在一个全球化时代。我将“全球化”定义为“一个跨越界域的历史进程，在此过程中，人的欲望、内在关联性与可普遍性在整个地球上实现出来，并在现今与不久的将来体现为扩张至全世界的市场、跨国际的政治秩序和文化的全球在地化（glocalism）。”②在全球化历程中，不同的文化传统都须走出自身，走向多元他者，与之相逢并对话。如此，应可在理想上达至相互丰富；否则，也会在对立与抗争中一再面对冲突。

当前世局的任何重要议题，无论是经济、政治、疾病防治、犯罪

① Benedict XVI, Apostolic Journey to Cologne on the occasion of the XX World Youth Day Youth Vigil Address of His Holiness Pope Benedict XVI, http://w2. vatican. va/content/benedict-xvi/en/speeches/2005/august/documents/hf_ben-xvi_spe_20050820_vigil-wyd. html.

② 沈清松：Michael Hart and Antonio Negri, *Empire*, (Cambridge: Harvard University Press, 2000, 478pages＋xvii)一书书评，《哲学与文化月刊》第361期，台北，2004年6月，页109—112。

防治、移民、安全、环保等，都不是在一个国家内部，用一套办法就能解决的。相反地，没有一项议题不需要多国的参与，多管齐下，这就涉及不同观念、文化、做法的协调与合作。更由于快速全球性人口迁移，人们无论为了任何原因，例如为了工作、求学、生活、商务、交流、生活，等等，种种理由而远赴异域，造成任何城市、任何国家、任何地区，都有不同族群、不同国籍或不同文化的人的存在，以至到处都是多元文化的状况。"多元文化"这一概念，诚如泰勒(Charles Taylor)所强调，应意含着尊重文化认同和文化差异。然不能仅限于此。泰勒的立场使他对于"多元文化"的理解局限于"相互承认"的政治[①]。对我来说，"多元文化"虽含有每一文化皆有其文化主体性并应尊重彼此差异，相互承认，然更进一步，更应意味着不同文化传统经由彼此的差异与互补，达到"相互丰富"，进而共同寻求可普遍化的成分[②]。文化的多元性是存在上的事实，然也是价值上的根源。终究说来，只有透过不同文化传统的相互交谈，才能获得相互的丰富。不同文化传统在哲学、宗教、神学各方的不同路径，透过相互的交谈和相互了解，可以开拓并丰富人们对于存在本身多层次、多面相的视野。

一般而论，天主教会领袖们由于同情全球化过程中的弱势团体，往往从伦理层面来责备全球化历程，因而忽视全球化在人类历

① Charles Taylor, "Politics of Recognition", in *Multiculturalism*, edited and introduced by A. Gutmann (Princeton: Princeton University Press, 1994), pp. 25—36.

② Vincent Shen, *From Politics of Recognition to Politics of Mutual Enrichment*, in *The Ricci Bulletin* 2002 (Taipei: Taipei Ricci Institute for Chinese Studies, number 5, February 2002), pp. 113—125.

史中的正面意义。例如，天主教教宗方济各在访问身受欧洲经济危机影响的意大利赛迪尼亚(Sardinia)时，特别责怪由贪婪所促动的全球化所造成的高度失业率，约有百分之五十的青年失业。他表示："我们不要这一对我们造成偌大伤害的全球化的经济体系。正如天主所要的，男人和女人应该是中心，而不是金钱。"①

在2015年封斋期的讲话中，教宗方济特别指出，全球化的负面现象，就是对于人的痛苦漠不关心。他说："在今天，这种漠不关心的自私态度已经取得全球的幅度，程度甚广，我们甚至可以说有一种冷漠的全球化。这是我们基督徒必须面对的问题。"然后他说："为了克服冷漠和自满，我邀请每个人在这封斋期，投入本笃十六所谓的'心灵的陶冶'。一颗慈悲的心并非一颗软弱的心。任何人若心想慈悲，必须有一颗坚强和稳健的心，向诱惑封闭，却向天主开放。一颗被圣神所穿透的心。沿途携带着爱带给我们的兄弟姊妹。"②

我非常同意教宗方济对于冷漠的全球化的批判，也正面呼应他对于爱和慈悲的号召，但同时也应指出，全球化有其在人类历史中正面的意义，必须与资本主义的全球化区分开来：各不同的国家、种族、文化与文明，在不断跨界域的过程中，须不断谦冲为怀，向不同的国家、种族、文化与文明，向不同的对方学习，以达到相互丰富。即使是基督宗教，也不例外。例如，在梵二甚有影响力的拉

---

① http://www.catholicnews.com/data/stories/cns/1304006.htm.

② Pope Francis, *Message of His Holiness Pope Francis for Lent 2015*, http://w2.vatican.va/content/francesco/en/messages/lent/documents/papa-francesco_20141004_messaggio-quaresima2015.html.

内(Karl Rahner)的“匿名基督徒”概念,虽在促使梵二向外教文明开放上扮演重要角色,但平心而论,仍然是基督徒中心的想法,而没有向多元文化学习的谦冲态度。

(三)网络科技发展与地方教会

第三个普世化现象是新科技,尤其传播科技与电子网络科技的迅速发展,已经某种程度地改变了人的生活与人机关系。自本世纪开始,电子网络甚嚣尘上,人人皆有 iPod、iPhone,甚至连偏僻的乡野都人手一机,无论在都市或乡村,每个人都成了低头族。人们忙于接收伊妹儿、查看信息甚或娱乐,隐隐活跃于其中的,是与某人、某世界建立联系的欲望。重点并不在于所企盼沟通者身体的临在,而更是沟通者能自由地进行联系,并且透过联系而使某人某物临在。此外,无论在走路、等公交车或在捷运车厢,都可以看到人人戴着耳机,陶醉在各式各样的音乐中,甚至当下形成了意义的孤岛。此时,我们更能体会到,“倾听”对于人的重要性。若就神学意义来说,我们更明白了拉内所谓“圣言的倾听者”的意义。如果说,传讯科技的发展一方面增加了人们的联系,使得天涯若比邻;另一方面,它也增加了人们自省与独处的机会,甚至可体会澹然独与神明居的意境。

可见,自省与联系,由于科技发达而更成为可能,远超过梵二时期所能想象。在今天,网络成为人们生活世界的重要成分,人们在其中与远方的朋友相会、买书订票、买衣服购物、上课与教学、分享兴趣与观念。换言之,网络再也不只是沟通的工具,而已然演进为一种文化环境。电子世界穿透了日常世界,它再也不是我逃脱现实的一扇门，而是丰富人们彼此沟通、建立关系的身心延伸。由于此一联系网络，即使远方的陌生人也可能成为我的近人。

这种情形深刻地影响福音传播，问题不再是如何透过媒介去传播基督徒的讯息和教会的训导，而且更要将此讯息和教导整合到这一新的文化环境中。这在神学上也有深入的影响，甚至预示了某种网络神学。基本上，存在界就是一广义的关系网络，而基督信仰本身就是在此网络中天主与人沟通的历史。历来天主透过各种不同的媒介，例如天使、先知、燃烧的荆棘、十诫石版、圣经，甚至祂自己的圣子，来与人沟通。更何况耶稣还说："你们要往普天下去，向一切受造物宣传福音。"（谷 16:15）可见，如今新的网络媒介出现，我们不只是要想如何运用电子网络，而是更要去思考，如何使网络的生活更有意义。

晚近，天主教教宗本笃十六特别针对新科技表示："这一欲望可以解读为反映了我们参与了天主沟通和统一的爱，它想将全人类变成一个大家庭。当我们听说有照样的需求，要更接近别的人，更认识祂，也让祂认识我们，那么我们正回应着天主的召唤，此一召唤就印记在我们的本性当中，是按照天主的肖像而受造的存在，而天主正是沟通的天主、共融的天主。"①

然而，本笃十六也不忘记批评媒介，他说："这将是一件悲伤的事，如果我们在网上维系并发展友谊的欲望，是借着牺牲家人、邻

① Benedict XVI, "New Technologies, New Relations. Promoting a Culture of Respect, Dialogue and Friendship" Message for the 43rd World Day of Social Communication, http://www.vatican.va/holy_father/benedict_xvi/messages/comunications/documents/hf_ben-xvi_mes_20090124_43rd-world-communications-day_en.html.

居、在日常生活中、在工作场所、在学校、在我们自由时间里遭逢的人们为代价。事实上，当虚拟的联系变成强迫观念时，其结果是人将自己孤立了起来，断绝了真实的社会互动。后果是休息、静默、反省的模式被打扰，而这些对于健康的人性的发展而言却是必要的。”①

值得注意的是，由于联系方式的改变，形成了新的群体、新的社区，也因此对于“地方教会”的概念亦有所影响。所谓“地方教会”不再只是以地理位置为中心的教会单位。现在，由于电子网络流动性的引入，原先圈限在地理领域的关系，变成SMARTPHONE可及的网络领域的关系。所以，地方教会的观念，早晚必须把这种联系关系的改变纳入考虑，且应更重视其文化内涵。就像过去交通工具的革新（火车、巴士、捷运等），造成人民集会方式的改变，乃至公共领域的变化，也造成祷告团体甚或教堂隶属的变迁；现在由于电子网络的便利和无远弗届，更在实体的教会中增多了虚拟的教会。网络也重新界定了“近人”的概念。如果说天主是沟通与共融的天主，教会也是沟通与共融的教会，那么由于网络新科技的出现造成沟通与共融方式的改变，且人们赖之而生活，显然教会必须留意在新科技条件下的灵修生活，甚至发展出网络神学。其实，若追溯梵二，当时已有对传播科技的积极肯定，并将之结合天主的创造。《大众传播工具法令》说：

“在惊人的技术发明之中，尤其现代人类的智慧赖天主助佑，

① Benedict XVI, “New Technologies, New Relations. Promoting a Culture of Respect, Dialogue and Friendship” Message for the 43rd World Day of Social Communication, http://www.vatican.va/holy_father/benedict_xvi/messages/comunications/documents/hf_ben-xvi_mes_20090124_43rd-world-communications-day_en.html.

从受造物所研究出来的事物之中，为慈母教会所接纳并予以特殊关注的，是关于人心的熏陶，及有利于传播消息的新工具。在发明物中，有一种最特殊的工具，它不单为个人且为整个人类社会有关系，具有影响力，如书刊、电影、无线电、电视等，因此堪称大众传播工具。

慈母圣教会明了这些工具如能善为利用，为人类诚有极大的帮助，既可散心消遣，又可陶冶身心，且于传扬天国及巩固天国亦大有裨益；她也深刻了解人们能把它用作违反天主圣意及人类本身利益之器具；对于妄用这些工具所产生恶果，危及人类社会之公共关系，更觉慈心悲痛。"[①]

该法令在梵二颁布当时，仅涉及大众传播工具，且将大众传播工具定为福音传播的工具，而工具是可以善用，也可以滥用的。然在晚近，本笃十六在2009年说及新科技的巨大潜能，并将之界定为"对人类的真正礼物"[②]。然而，无论"工具论"或"礼物论"，都尚未道出网络科技已然是人们生活世界的重要成员，而且也富于灵修的意义。也因此，本笃十六更在2011年指出，网络已然成为人类生活整体的一部分。他恳切地表示："我要邀请所有的基督徒，要有自信地，而且信息充沛并负责而创新，来参与此一电子时代造成的关系网络。不只是满足临在的欲望，而是因为这网络是人类生活整体的一部分。网络有贡献于崭新的智性和

① http://archive.hsscol.org.hk/Archive/database/document/v2im.htm.

② http://w2.vatican.va/content/benedict-xvi/en/messages/communications/documents/hf_ben-xvi_mes_20090124_43rd-world-communications-day.html.

灵修的新境界的发展。”[1]也因此，我们有必要进一步思考网络神学与灵修的意义何在？譬如《网络神学》的作者斯巴达若（Antonio Spadaro）所说，像储存（saving）、转换（conversing）、校正（justifying）、分享（sharing）等计算机语言也都具有神学意义，或更好说，皆可成为救恩（salvation）、皈依（conversion）、成义（justification）、分享（sharing）等的隐喻。[2]

三、梵二典范：关心现代人、超越现代性

在上述新局挑战下，梵二仍透露出天主教会对于现代人处境与基督福音的双重关怀；既关心现代人，而又超越现代性；既分享后现代对于现代性的批判与质疑，更批判后现代思潮的偏差。以梵二重要文献《论教会在现代世界牧职宪章》为例，其中所含的智能，要点在于掌握了人性即有限而向往无限的双重性，因而说：“一方面，在人性内，存在着许多互相水火的因素。一方面，由于人类是受造者，故感到自身受到多方面的限制；另一方面，又感到自身具有无穷的愿望，有走向更高级生活的使命。”[3]这一点，非常相似于中国哲学所启发的，人虽体质有限，然却向往无穷，甚至如庄子所言要“与造物者游”。更进一步，梵二特别指出，在人性中“潜伏

---

① http://w2.vatican.va/content/benedict-xvi/en/messages/communications/documents/hf_ben-xvi_mes_20110124_45th-world-communications-day.html.

② Antonio Spadaro, *Cybertheology*, New York: Fordham University Press, pp. 13—15.

③ http://www.vatican.va/chinese/concilio/vat-ii_gaudium-et-spes_zh-t.pdf.

着一种更为深远而普遍的愿望：私人及团体，渴望获得一个相称人性的、充分自由的生活，并渴望使现代世界可能提供的一切，全部为人服务。此外，各国亦日益致力于促成一个统治全球的普遍机构。”①

梵二对于现代世界中物质世界进步的肯定，可以说确立了物质世界与身体的地位，合乎基督“道成肉身”的道理；然它亦指出，人心向往更深刻的真理，甚至企求与天主的合一。在这方面，该宪章表现着深刻的洞见：“在我们这时代，人们对物质世界所做的研究与征服，得到了辉煌的成就。人类常常寻求并获致了更为深刻的真理……人的灵性可以而且应该借助智慧而玉成自身。智慧柔和地吸引人心，寻求并爱好真理及美善。人充满智慧，便能由有形之物而高举自身于无形的一切。我们这时代比以往更需要智慧，使人类所有新的发明为人服务。”②

基于对现代社会基本价值的肯定，尤其对于现代人强调的人格尊严与平等，梵二从耶稣基督福音的观点，重新肯定了人人平等及其在现实世界的要求：“基本上，人人一律平等。诚然，人们在肉体、精神和理智方面，并不拥有同等才能，但应克服并扬弃为了性别、种族、肤色及社会地位，或为了语言或宗教，而在社会及文化等基本人权上，有所歧视，因为这是违反天主的计划的。基本人权尚未在各地获得相当的保障，的确令人感到遗憾。例：否认妇女自由选择配偶及生活地位的权利，拒绝给予她们和男人平等接受教育

① http://www.vatican.va/chinese/concilio/vat-ii_gaudium-et-spes_zh-t.pdf.

② 同上。

及文化的权利。”[①]又说：“此外，虽然在人与人之间存在着合法的差异。但人格平等却要求更为人道及比较公平的条件。在人类大家庭内各成员、各民族间，所有经济、社会上过分的不平等，是一种耻辱并违反社会正义、公平及人性尊严，尤其危及社会及国际和平。各式人为的组织，无论其为私立或公立，应致力于替人性尊严并为达成人生目标而服务，同时应反对任何社会和政治的奴役，并在任何政治体系中，捍卫人们的基本权利。而且这些组织应逐渐适应人类的精神需求，因为精神高于一切，虽则为达成这目标，还需要悠长时间。”[②]

我们在前面提到的后现代、全球化以及传讯网络科技，都涉及本地化与普世化的张力。然在此崭新挑战下，天主教会一方面有许多正面响应，另一方面亦有不少不足，仍须努力之处。话虽如此，梵二精神仍含有许多真理，足以启发后现代、全球化与电子网络中的人类。所以在本文中所说的“之后”，既有时间上的“梵二以后”之意，也有范型上的“追随梵二”的双重意义。将时间的因素与典范的意义结合起来，可以说梵二是“典型在宿昔”，已然成为天主教会与时俱进的经典：

其一，尊重主体的自由选择，尤其表现在对于宗教自由的论述，尊重个体的自由选择信仰。但是反对自私自利的个人主义。正如《论教会在现代世界牧职宪章》所言：“人们对人格尊严、对人格高于一切、对人所有神圣不可侵犯的普遍权利和义务，其意识亦

① http://www.vatican.va/chinese/concilio/vat-ii_gaudium-et-spes_zh-t.pdf.

② 同上。

越加活泼。故此，必须提供人们一切必要条件，帮助他们度其真正适合人性的生活，如：衣、食、住、行和自由选择生活地位的权利，建立家庭和接受教育的权利，拥有就业机会、良好名誉并为人尊重的权利。还有获取适当通讯的权利、依随自己良心的正确指示而行事的权利、保卫私生活和宗教事务上的正当自由权利。”[①]而且，梵二强调尊重人格，主张人人有其不可侵犯的自我，更且“人人应将其近人视作第二个自我，一无例外，尤其应照料近人的生命，以及为度相称生活所需要的日用品。”[②]问题是：在网络社会中，到底谁是近人？这一问题需要天主教会以更宽广的视野来看待。

其二，大公主义本身具有全球化的精神，跨越种族、文化、国界，主张人性的普遍性与统一性，然而也奋力反对自私自利、见钱眼开的资本主义的全球化，甚至对于全球化的冷漠大加挞伐。《论教会在现代世界牧职宪章》说：“自教会历史肇建之初，教会使尝试以各民族的观念及语言，宣传福音，并设法以各民族的哲学智慧，诠解福音。目的是在可能范围内，就合众人的理解力，并适应哲人们的需求。这种就合人们文化而宣讲启示真理的作法。应当继续奉为传扬福音的定律。这样一来，便是鼓励各国的才能，以本地方式表达基督福音，同时。又促进教会同各民族所有不同文化之间的生命交流。”[③]现在必须加强的，是分辨出全球化作为人类历史进程的正面、积极的意义。

第三，在网络高科技方面，天主教会在梵二时期似乎只见传播

① http://www.vatican.va/chinese/concilio/vat-ii_gaudium-et-spes_zh-t.pdf.
② 同上。
③ 同上。

科技在福音传播上的工具性，而晚近更注意到这些高科技是恩宠、是礼物，然对于网络科技已然成为人们的生活世界的成员，其中颇富于神学意味，则尚未完全发挥。然而，梵二仍然正确地指出，科技的进步正在增加人类彼此的互动与关系，这一思路是必会导向新的神学思维，甚至教会论。以下的论点，不失其恒久的意义："人类彼此的关系日形增多，既成现代世界的特征之一。现代技术的进步对这点贡献特多。然而，为达成人类弟兄般交谈的目的，不在乎技术的改进，而在乎更为深入的，有赖于人们团体生活的调整。这生活需要人们互相敬重其精神尊严。为促进人与人间的共融，天主的启示裨益良多。这启示同时又导引我们，对社会生活法规，获致深刻的理解。而这法规是造物主铭刻于人类精神和道德的本性中者。"①

四、中华新士林哲学本土化的努力

以下我将以中华新士林哲学本土化的努力为例，说明天主教会在中国的本土化议题。其实，天主教会在中国本土化的历史，并不始于梵二。历史显示，天主教会自入华开始便发现必须配合在华主流思潮进行本土化。自公元635年，在我唐朝初期来华的景教，在语言外推上有其难题。首先采取佛教语言来翻译其经典，然译语不雅驯，例如《序听迷诗所经》将耶稣译作"移鼠"，圣母玛利亚作"末艳"，圣若望作"若昏"等。其后，发现唐朝皇室宗老子，信奉

---

① http://www.vatican.va/chinese/concilio/vat-ii_gaudium-et-spes_zh-t.pdf.

道教，于是改采道教语言传经，因而有《宣元至本经》、《志玄安乐经》等经之译，多用道教语词，如“道”、“玄”、“玄同”、“无”、“灵台”等。不幸，景教终于公元 845 年武宗灭佛时一并被铲除，仅残留一些道教基督徒。直到元代，基督宗教才再以耶里可温面目再度出现，然在融合天主教与中国思想方面无甚建树。以上是前现代时期基督宗教进入中国的概况。

其后，西方近代性兴起，西方各国凭着海上强权，四处殖民，并以“给万民文明化”作为借口，然而罗明坚、利玛窦等人，出自传教的慷慨，带来他者的佳音，更带来西方的科技、哲学、音乐、历法乃至基督宗教，促动了中西文化交流的大潮。罗明坚认识到中国文化的伟大，绝不能视为野蛮之地，不能用“给万民文明化”作借口，并著有《天主圣教实录》，开始融接儒家思想与基督信仰。利玛窦的第一本中文著作《交友论》，更进而提出一个平等交流、相互丰富的典范，开始了教会中国本地化的新页。

利玛窦《交友论》引述许多西方思想家对于友谊的说法，例如说“朋友宛如自我的另外一半”。其中表现的思想，是朋友以友情和平等相待。在利玛窦从此引进的观念中，“人人平等”是重要的内容之一。确实，这一平等而友善相待的想法含蕴着一个根本的典范转移。原先由近代性产生的帝国宰制对其殖民地而言是不平等的，但现在由于利玛窦心灵的敏锐、道德的操守和宗教的热忱，他要从平等而友善的角度，来与中国文化交往，而不是从帝国主义者对待南亚各国那样文明对野蛮的暴力宰制。这是在互动模式上的基本改变，在今天仍可以有重要的启发。

我必须指出，《交友论》之作，是在当时中国社会风气启发之下撰写的。利玛窦在序言中忆及，湖南建安王曾在宴会中移席而来，握利玛窦的手，问说：你们西方人对友谊有何看法？这一友谊的邀请，促使他把手边所携西方人书中对于友谊的论述，加上他的想法，编成了《交友论》。利玛窦在此提出了“友谊”，也就是平等而友善的交往作为新的中西文化交往典范，以彼之长，补己之短。利玛窦在《交友论》中说得很好：“交友之旨无他，在彼善长于我，则我效习之；我善长于彼，则我教化之。是学而即教，教而即学，两者互资矣。”[①]利玛窦这种平等友善互资论，颇接近我提倡的“相互丰富”的主张。

利玛窦和耶稣会早期来华的会士们，了解到为了平等交流，应该把彼此最好的经典，拿出来翻译，以促成深刻的相互了解。换言之，所谓交流不只是表面上的互动，而必须是在深层文化与高层理念上的相知。所以，利玛窦与早期来华耶稣会士带到中国的，有西方的科学、技术、伦理道德、艺术、文学、宗教等著作，总体说来包含了西方文化各方面，然而他们更清楚认识到其中必须有理论基础。也因此，他们在译介西方经典方面，有系统地译介了亚里士多德。中西文化交流史上第一位被系统引进中国的西方思想家正是亚里士多德；正如第一位被他们译介到欧洲的中国哲人是孔子，随后还有其他先秦儒家经典。换言之，就中西首度交流过程中引进欧洲的汉学而言，所谓东学西渐，虽也包含了中国文化各方面，但更核心的当属中国经典的译介，初期也都是由利玛窦和其他耶稣会士

① 利玛窦：《交友论》，收入李之藻辑，《天学初函》（一），台北：学生书局，1972，页212—213。

为之。为此，他们一方面翻译亚里士多德著作给中国，另方面也把《四书》、《易经》等译介至欧洲。

至于进行中译、西译、中西互译的主要理由，是耶稣会的文化适应政策，以及友谊平等的交流原则。在此原则下有一基本观念：要让中、西方圣贤的思想彼此相遇。这在今天来讲是意义深远的。耶稣会士们想在经典的交流中促成双方圣贤的对谈，这一点可以从艾儒略（Giulio Aleni，1582—1649）在《西学凡》中所说得到印证："旅人九万里远来，愿将以前诸论与同志翻以华言。试假十数年之功，当可次第译出……使东海西海群圣之学，一脉融通。"[①]

不过，在与当时中国各宗教的交流中，耶稣会士们尚未了解佛教"空"或道家"无"的真义与深意，而后者也未能体验到耶稣会士对于天主的深刻的宗教经验。换言之，他们论辩概念者多，交换经验者少。于是，无论交谈或批评就不易深入，反而招致更多彼此的批评和反对，于是彼此往往捉住对方肤浅、表面的东西来相互批评，造成更多的误会。换言之，西方的"第一实体"和道家的"无"和佛教的"空"，都是在宗教层面对于终极真实及在各自的信仰中最为关键的概念。在宗教交谈之时，天主的实体性与佛教之空和道家之无，无法达成相互了解。其实，在天主教来讲，天主也有"隐藏的天主"（Hidden God）的一面，因为人懂得的天主并不就是天主本身，举凡人所有的言说、论述，无论科学、神学、哲学想要去论述祂，也都不能够穷尽，正如罗明坚在《天主事情章之二》中特别说明的："凡物之有形声者，吾得以形声而名言之。若天主尊大，无形无声，无始无终，

① 艾儒略：《西学凡》，收入李之藻辑，《天学初函》，台北：学生书局，1965，页59。

非人物之可比，诚难以尽言也。”又说：“天主诚非言语之所能尽，吾直解其略耳。”[①]换言之，隐藏的天主，天主本身在人的建构之外无限后退，这一层意思其实与“空”和“无”所要表达之意，可以相互沟通。此外，三位一体的神学表明了天主既是实体，又是关系，而且是爱的关系。天主既是自由的，又是有关系的。这与中国哲学对于“自由”与“关系”的重视也可相互交谈。可惜这些议题当时并没有引发交谈，反而由于相互误会，产生严厉的相互批评，没法达到相互的丰富。如果能在本体层面进行外推，透过自己对终极真实的体会，接下来也许能够进入对方的思想。如果当时的耶稣会士除了引进西方科学与理性论以济补中华文化的不足之外，且更能与中国士人分享他们对终极真实的体验与感怀，他们对隐藏的天主的体会、宗教奥秘的体会，还有基督宗教所讲的自由与关系的想法等，进一步邀请彼此来相互体会，再发为相互可懂、设身处地为对方着想的言论，或许天主教能和道家、佛家有更为深入的交流。

利玛窦融合天主教与中华文化的努力，继续在当代中国天主教会中进行，以哲学而言，表现在当代中华新士林哲学的努力。在此，我特别要以于斌枢机和罗光校长为例，来简释天主教会、中华文化与现代文化的关系。首先，由于于斌枢机（1901—1978）推动辅仁大学在台复校，因而能有一学术机构促成中华新士林哲学在台湾发展。于斌枢机结合天主信仰与中华文化，提出三知论“知人、知物、知天”，以及他对现代性的省思，奠定了尔后辅仁大学与

① 罗明坚：《天主真教实录》，收入《天主教东传文献续编》第二册，吴相湘主编，台北：学生书局，1966，页669—700。

其中华新士林哲学发展的基本视野。他早在梵二之前便于1959年的“文化与修养”讲座中提出其“三知论”。他说：“所谓‘三知论’，实际上就是三知配合论。三知在我们中国古书上是有根据的……所谓知人、知物、知天，三才者，不是偏于一隅……而是一种平衡的发展，调和的发展。对于人、物、神，都有一种平衡的理论，而且可以说到今天作为人性指导的原则。”①三知论成为他后来续办辅仁大学的理念依据，为此吴经熊先生称“三知论”为“辅仁精神”之所本，并强调其中开阔、求新、开放的精神。②值此西方文化危机之时，于斌枢机特别关心以创新方式继承中华文化传统。他的三知论是出自中国哲学，尤其出自《中庸》“唯天下至诚，为能尽其性；能尽其性，则能尽人之性；能尽人之性，则能尽物之性；能尽物之性，则可以赞天地之化育。”于枢机主张由此三知发展出四类科学，包含自然科学、人文科学、社会科学与宗教科学，并认为：“这四种科学，在我们中国就叫知物、知人、知天。所谓‘欲知人，不可不知天。’”③

在三知论与中华文化脉络下，于斌枢机办理辅仁大学，一则重视通识教育，关心技术教育与人文教育脱节问题，他在《中西文化比较研究》一文中指出“技术教育与人文教育脱节……尤其在有传统文化思想的人看起来，这个问题要不解决，教育的前途颇难乐观。”④二则重视道德教育和伦理教育：继承了中华文化和天主教

① 于斌：《三知论—1959年3月讲》，收入《于斌总主教哲学言论集》，台北：新动力杂志出版社，1961，页86。

② 吴经熊：《辅仁之精神》，哲学论集，台北：辅仁大学，1973，页1。

③ 同上书，页367。

④ 于斌：《中西文化比较研究》，收入吴经熊等著，《中西文化论集》，页406—407。

对伦理道德的重视，于斌枢机认为大学教育还是要教做人。“我们的教育是教做人，不是教做事。教做事是后话，先是教做人。所谓六艺之教，固然有许多技术问题、做事问题在里面，可是主要的还是做人。”①三则重视哲学教育，于斌枢机主张教育应有哲学基础，重视哲学教育，并认为哲学本身应中和而不偏激。他说：“这个世界的教育，缺乏一个哲学的理论作指导，同时有哲学理论作指导的又太偏……因为我们用这个自由主义，已经使大家无可无不可了……自由这句话，好像代替了真理，代替了正义，代替了仁爱，代替了秩序”。②四则重视宗教教育，他批评封闭的人文主义，主张开放的人文主义，认为“精神生活一名灵性修养或内修功夫，在基督教育上占首要地位。普通学校提倡四育，我较则五育并重，灵知德体群……圣在宗教上讲，是天人合一，灵魂与上主契合。”③也因此，辅仁大学以“圣、美、善、真”为校训。

在宗教方面，于斌枢机的态度是很先进的。不同于纽曼枢机的梵二之前的保守态度，于斌枢机主张宗教多元与宗教交谈，并实际推动宗教团结运动，可以说是领世界风气之先。这点可以在于斌枢机的话里得到印证：“我们不能否认，宗教是多元的存在……今天这个世界的宗教，也走进大团结的一个阶段。这是一个世界的趋势。在我们中国，也可以说我们是先进……二十年前我们就开始，现在才成了一个宗教界正式的联合组织。”④

---

① 于斌：《中西文化之比较》，收入吴经熊等著，《中西文化论集》，页 382。

② 于斌：《中西文化比较研究》，页 409—410。

③ 《于斌枢机三知论原流》，台北：大众康宁互助会，1988，页 6—475。

④ 于斌：《中西文化比较研究》，页 440—441。

为了呼应梵二礼仪本地化的号召[①]，于斌枢机于1968年提倡祭天敬祖，并于1971年春节在师大附中大礼堂举行祭祖典礼，约有一千多人参加。1972年在台北主教座堂，举行敬天祭祖典礼。其后，罗光校长继承于斌枢机遗志，于1979年春，率全校教职员、工、生于辅大中美堂举行祭天敬祖典礼，并继续发扬融合天主教文化与中华文化的理念。

与梵二的精神一致，于枢机对于现代性多采取批判的观点。他采取跨文化思考方式，对于当时各种文化现象与文化问题皆有深入的观察。基于他对现代性的批判，于斌枢机深刻地意识到，当时的西方文化、欧洲文化已然发生问题。他在《中西文化之比较》一文中说："尤其近代许多欧洲学者已经开始感觉到文化发生了问题。许多人认为欧洲的文化是没落了。也有人认为欧洲文化虽然没有没落，整个前途也非常悲观。"[②]于斌枢机在《中西文化之比较》、《中西文化比较研究》等文中谈抽象画，谈披头士，谈学生运动，谈当时文学与艺术之媚俗，也谈及科技发明对于人性的冲击。当他谈及自动化之时，指出自动化假定了人的道德条件。[③]可见，于枢机注意现代性的议题，虽然他多以"文化问题"视之而倾向于批判，未论述其为"时代记号"。于枢机也未赶上全球化与新科技

① 梵二重视教会本地化，《礼仪宪章》说，"教会培养发展各民族的精神优长与天赋；在各民族的风俗中，只要不是和迷信错误无法分解者，教会都惠予衡量，并尽可能保存其完整无损"(37号)。《教会传教工作》法令也昭示人们了解、遵循并一直保存祖国的传统文化，并在基督内使之完美，好让基督的信仰及教会的生活，开始深入社会并转移风气(21号)。

② 于斌，《中西文化之比较》，页356。

③ 同上书，页396。

的时代，但他开放的心胸，尤其针对多元宗教的对话与合作的态度，实颇富先知性的远见。

在当时延聘的教师中，多位是在中国服务多年的传教士，例如圣言会的柴熙，他引进结合现象学与士林哲学的"意识的直接判断"论点。雷鸣远国际服务团的葛慕蔺神父则先从马雷夏开始，后来也是他最先引进罗讷根（Bernard Lonergan）的思想。葛神父是在台湾地区引进超验托马斯主义（Transcendental Thomism）的第一人，且奉行雷鸣远神父"全牺牲、真爱人、常喜乐"的灵修信条。柴、葛两位神父可以说是当时现象学与超验新托马斯主义的代表。袁廷栋神父教授伦理学，他的博士论文是研究马雷夏。他的伦理学发挥马雷夏启发的德菲蓝兹（Joseph de Finance）的路线，也属超验托马斯学派。另外则有项退结、赵雅博与后来的邬昆如等位老师。项退结老师教的主要是心理学、存在主义；邬昆如老师精研现象学、也谈存在主义，他的西洋哲学史十分严谨；赵雅博在诸位神父中最为广博，兼容各种思潮，从美学一直写到密契论。他引进许多当代思潮，中国哲学也研究得很深入。

然而，结合士林哲学与中国哲学最有成就者，则属罗光。他原先在罗马讲授士林哲学与中国哲学，返台之后，又以士林哲学的观念架构，融合中国哲学的内容与精神，提出一套融合中西的哲学体系。他以自己的形上生命哲学比拟于唐君毅的《生命存在与心灵境界》和方东美的《中国哲学之精神及其发展》。罗光提出一套综合中、西的哲学体系，堪称当代中华新士林哲学的代表。

罗光的形上生命哲学，是以生命来讲哲学，并以此精神来融合中国哲学与士林哲学。他有系统地从本体论、宇宙论、知识论、理性心理学、伦理学、宗教哲学等，层层转进，讨论生命的体认、生命的本体、生命与宇宙、生命的创造、生命的旋律、生命的超越。他认为：无限的天主是生命本身，由祂发出无穷的“创造力”，创造了变化无已的宇宙万物；其所创造的宇宙万物也富于生命力，称为“创生力”。在宇宙生生不息的过程中出现了人，人要发展其“精神生命”，回归天主，并与万物、与他人在爱中圆融。

罗光对于天主的“创造力”与万物的“创生力”的辨析，认为其间既有区分又有密切关系，借此他结合了士林哲学与传统中国哲学的形上学，并且使其相互丰富。他提出了“创造力”与“创生力”虽相关而有别的概念架构：一方面，天主无穷的创造力不断创造万物，可谓“动而愈出”，且天主亦以其创造力参与其所创造的万物的变化历程；另一方面，万物不但各有其创生力，且整体加起来更展现化生不已的创生力，使万物朝向至善而变化发展。两者合为生生不息的创进历程，增益了整体存在界的丰富性。

宇宙万物的生命在被造之后，另有一由下而上的历程，罗光称之为“生命的旋律”。从自然世界开始，由于万物各具的创生力，以及宇宙整体的创生力，自然世界彼此相互联系，因而不断动态发展。再从自然世界上升到人文世界，罗光发挥圣托马斯“善是散播自己的”(Bonum est diffusivum sui)作为原理，来建构他的沟通或交往理论。罗光根据此一原理，讨论符号的产生、语言文字的意义，以及人文世界的生活，乃至历史文化的形成。就人性论而言，他的形上生命哲学的主要概念是仁，本于其宇宙论，以认人得天地之心为心，故仁。人一方面要发挥其人性的生命，另一方面亦要发挥万物的生命。他认为：人有理智，追求真；有意志，追求善；有才情，追求美。人性可以不断发展，由己立立人，己达达人，到形成大同世界，到万物一体，到天人合一，实现其自性。

就此而言，罗光是一开放的人文主义者。他认为，人终究可与天合一，但人不就是天。为此他主张在实践上，空虚自己，观过，空虚自我意识，超越自我封限，迈向爱的圆融，甚至认为，人既可以与天主圆融，也可与万物圆融。他以人与天主、人与万物在爱中的圆融，来诠释并实践中国哲学中的“天人合一”，并在此人生至境，融合天主教信仰与中国哲学，而不像西方现代性的人学那般封限于人的主体性。罗光的哲学思想，不但从理论上超克了现代性主体膨胀的困境，且他本人也以谦虚、祥和与热爱的态度来实践之。

总之，罗光所代表的中华新士林哲学甚早意识到现代性主体自我封限的危机，而能建立一个既内在又超越的哲学体系。可惜，他对于现代性，以及后现代、后殖民、全球化等现象，乃至计算机与网络等的新科技，并未以“时代记号”而多加注意与着墨，也因此，虽能综合传统士林哲学与中国哲学，然惜未能与时俱进，此仍有待后人的努力。

五、结论

总的来说，今天全球化处境开展出来的跨文化视野，清楚无误地启发我们：思想与信仰有其文化根源，不同的文化产生型塑不同的哲学与信仰。也因此，今天西方哲学与神学独霸世界哲学神学论坛的局势，必须加以改善。在此一视野下，不但会有中国哲学与基督宗教融合的中华士林哲学，而且也会有中国天主教神学。诚如梵二神学家拉内所言：将来会出现非洲的、亚洲的、拉丁美洲的神学。拉内说："但如果教会是，或必须成为一个真正的世界教会，不只在理论上，而且在具体生活上和实践上，显然必要有不同于特定的欧洲的神学。在时间中，一个非洲的、一个亚洲的和一个拉丁美洲的神学必定会出现。"[①]然而，若从跨文化角度看来，拉内所谓的"匿名的基督徒"，虽然在二次大公会议扮演了天主教向外教文化开放的作用，但其有效性也仅限于此。因为"匿名的基督徒"仍然是基督徒中心的想法。但是，在今天，应该如此想：天主创造了这么多人种，发展了这么多文化，琳琅满目，各有所长，并不是要基督徒骄傲，以自己为中心；而是要教基督徒谦虚，细心去体会其他文化的长处。同样的话，也可用在中国哲学身上，切莫固步自封。盼今后经由相互的学习，能达至相互丰富之境。

从前面的评述，可以看出远自梵二之前，无论来华传教士或华人教会领袖，都在结合中华传统与天主教信仰上，不遗余力。然而，中华士林哲学对于梵二与时俱进的精神，及其对于现代人命运的关心，以及对利玛窦于文艺复兴时期携入的近代性精神，继承不多，反而从传统中国哲学与永恒哲学角度，对于现代性多所批判。如今，西方现代性虽已弊端丛生，因而产生后现代思潮，对于西方现代性多所质疑、批判与否定。然而，现代化仍是世界各地后殖民国家所追求的共同目标，而且，如今由于不同历史与文化可以获取

---

① Karl Rahner, *I Remember: An Autobiographical Interview*, New York, NY: Crossroad; and London: SCM Press, 1985, p. 91.

不同现代性，现代性（modernities）已经成为多数名词。为此，如何获取一个避免西方现代性弊端，发挥中华文化特色的中华现代性，仍是中国文化当前的重大议题。中华天主教不可以在此重大议题前缺席。如何继承梵二关心现代，超越后现代的精神，继续掌握时代的记号，从中提炼符合福音精神的讯息，在中华文化领域上发扬光大，是有待努力的一项重大任务。

如果说"地方教会"的概念如今已经有所调整，我们也要想到近四五十年来由于全球化人口快速移动造成花果飘零的海外华人，他们既是中华儿女，更也是天主的子女。如何身为教友，要能透过灵修日进于德，而且透过更慷慨的外推活动，与多元的文化他者接触，一方面要能灵根自植，另一方面要能进行跨文化交流，在现代文化脉络下不断前进。尤其必须扩大心胸，关切在当前中华文化花果飘零下如何进行天主教的福传工作的议题。

总之，在中华文化不断演进的脉络下，中华天主教会必须不断现代化，与时俱进。而且，针对后现代、后殖民与全球化的挑战，以及新科技产生的崭新生活世界与人际关系，应能发挥先知性的角色，发掘新时代的正面记号，并指陈新的灵修与成圣方向，发展出结合天主教思想与中华文化的学术思想，有贡献于中华现代性的陶成。诚如圣托马斯在《神学大全》中所阐释的，圣灵是爱，也是赠礼（Gift）[①]，为此天主教会应持仁爱之心与慷慨之德，秉持福音精神，辨识时代记号，发挥先知性的洞察力。针对过去西方中心的基督教义，甚至不应有"无名基督徒"这类基督徒中心想法，天主教应

---

① St. Thomas Aquinas, *Summa Theologica*, Part 1, Question 37, 38.

发挥谦虚教会的精神，继续向中华文化高明而道中庸、即有限而致无穷的精神学习。针对地方文化的特色与地方教会的崭新情势，中华天主教会应发挥交谈教会的精神，与各大宗教交换终极真实的经验，并共同实践对社会文化的关怀，达致相互丰富的境界。针对花果飘零的华人天主教友，甚至在文化适应上有困难甚至受苦的人们，中华天主教会应发挥无私教会、慷慨教会的精神，主动关怀与协助。针对种种文化差异与不同宗教，中华天主教会应继续发挥梵二以来的大公精神，推动深度的文化交流与宗教交谈，以呈现终极真实的多重而丰盈的面容。

附录五　中世哲学精神与中国哲学精神的会通

作者按：本文是本人约四十年前译吉尔松著《中世纪哲学精神》时所撰的译者序，虽时日飞逝，但其中仍怀不少洞见，值得参考，且可显示本人为学的一贯性，是以附录于此。

《中世纪哲学精神》是法国学术院士、中世哲学权威吉尔松(Etienne Gilson)先生所作的一本世界名著，主要阐述的是在西方哲学传统中，极为深远的士林哲学精义。士林哲学发展的时期，正与西洋中世纪基督宗教文明的发展相配合，而此一时期的基督教正属天主教，因此又称为"天主教哲学"，但其意义并不限于任何宗教派别，而在于其所代表的西方哲学传统。既然"深入认识西方"是今日中国文化发展的要务之一，本书的翻译深盼能有助于中国传统哲学和西洋士林哲学的比较研究和相互发明。国内关于此类对于中世哲学的全盘性、综合性研究的翻译迄今仍非常有限。民国二十三年商务印书馆曾经出版庆泽彭先生所译，而由比利时鲁汶大学教授伍尔夫(Maurice De Wulf)的名著《中古哲学与文明》，此后即再无同类、同水平之译作出版。吉尔松著《中世纪哲学精神》一书，可以说在哲学论述上远胜前者，希望借此能弥补国内学界在这方面的不足，并满足研究者和学生们的需要。最主要更希望它能有助于中西两大哲学传统的溯源返本与比较会通。

把中国传统哲学和西洋士林哲学，从流溯源，继而对照比较，无论在思想史的了解和新理论的建构上，都是很富启发性的工作。因为两者各自为东西方哲学的两大主流，各有深远辉煌的传统，亦各自不断综合各时代的知识和文化成果，并且开启后来的学术。这两道承先启后的学术生命，皆曾经是稳定各时代中西文化的擎柱。

综略言之，中国哲学自《尚书》与《易经》开其端绪：《尚书·洪范》昭示皇极的永恒哲学，秉承大中的精神，将它实现于道德规范和政治制度，使中华初民的宗教信仰，转变为普遍的道德精神；《易经》张举创造变化的历程哲学，一方面在道德与艺术中发挥其创造维新之精神，另一方面亦上索太初“易有太极”时的动力根源，据之为源头活水。此两大源头，历经诸位哲王，发展到先秦诸子百家，而骨干其间者，则为儒、道、墨三家：儒家意在显扬圣者气象，发挥一体之仁，并实现社会正义，订定典章制度，重视所谓“依象制器，以前民用”；道家则陶醉在诗艺化境之中，览照于玄之又玄、有无同出的形上境界；至于墨家则秉其宗教情操，摩顶放踵，为实现兼爱精神，利人利天，而提倡科学方法，讲求逻辑，辨明因果。综合而言，儒、道、墨三家的思想典要皆在于彰显道德与艺术理想，以安排人生实际。东汉以后，印度佛学传入，次第发展，用宗教精神、哲学智慧和严格的思辩语言，来提携中国固有的价值理想，锤炼中国哲学，于是产生隋唐中国大乘佛学各大体系。综其要义，乃在以苦心慧心谋求人类精神之灵明内照：在自然哲学中，则勘破因缘，悟其无自性；在知识论中，则以其繁杂之描述现象学，铺陈认识结构，又以其超越现象学，以求转识成智；在形上学里，则不滞空有，中道平等，以体察妙有之奥蕴；在人性论，则提倡众生皆有佛性，皆应反求智慧与行动的泉源而成大觉。如此发展迄至宋明，新儒学三系迭续发展，分别以格致性理、扩充本心、实用事功，三途径来求完成道德理想。最后降至清末民初，在西方文化与政治的干预与冲击下，国人乃丧失本有之创造力，学风转迎西方科学思潮，人性与世界日堕于物质平面，传统价值垂危欲泯，而原以价值哲学为本质的中国哲学，经此冲击，竟无力再推陈出新，甚至有"中国哲学死亡"之哀叹！

反观西方的士林哲学，则远承柏拉图、亚里士多德所已经综合的希腊思想，近纳新柏拉图主义、教父哲学（尤其圣奥古斯丁思想），自士林哲学之父安瑟尔谟启其序幕，历圣伯纳德、波纳文图拉等大师，而在 13 世纪的圣托马斯哲学中达到辉煌的顶点，正是既有传承又能创造。柏拉图提倡永恒的理想世界，敦促现实去追求分享，而德穆格神宛若一大艺匠，致力于塑合理相与物质。亚里士多德则剖示由原质以迄第一不被动之主动者，各层次之间由潜能而实现的发展体系，陆续展现于其理论哲学、实践哲学，而止于全面自觉的思想本身。柏、亚两位虽同为人类思想之佼佼者，但因为缺乏由启示而得之澈底而丰赡的创造观念，终未能完整深入于存有的奥秘。士林哲学采两者之优长，并以圣经中的宗教精神和思想（例如，创造的观念、存有本身、道成肉身……），提升两系统而予以调和，使理性与启示并容，而人生与宇宙亦共获根源与归趋。士林哲学巨擘托马斯更为圆融兼判明的集大成者，以存有哲学综览全体,使存有、人生与价值兼容并蓄,统筹发展。在形上学方面指陈存有本身之丰富创造力和万有的恰当地位,来结合永恒与变化,并指出存有界推陈出新的创造历程;在认识论上,则更详列入认识的结构与程序,由数理而心理而形上,步步追源,转知识成智慧,而后发为仁爱,产生道德行动。在人性论上,则人人皆是按天主的肖像——道(即圣言)——而造成。非但人如此,万物亦然。只要是存有者,便与天主肖似;只要是存有者,便自有道,便能归向道。于是,知识、道德、艺术与宗教的价值获稳当的安排;宇宙、社会与人生各得其定位。在托马斯以外,像伯纳德、波纳文图拉、邓斯·司各脱等人,亦皆共同持守这种天主教哲学的精神。及至奥康唯名论出,中世的旧士林哲学始见没落。没落的主因,诚如吉尔松所言,是由于各学派的后人入主出奴,争讼于语言之间,而忽略语言所表达的真实。中世士林哲学在完成了时代任务之后,不幸走上式微之途。但是,其主要的思想,仍然直接、间接地影响近代哲学。19世纪末叶之史学以为文艺复兴乃反对中世黑暗时代而起之新思潮,殊不知文艺复兴以及近代哲学多有承袭中世士林哲学者,此在今日已为不争之史实。吉尔松之其他研究,言之甚详,不再在此赘言。其次,中世哲学所用哲学术语,亦沿用至今,成为西方哲学语汇之富藏。观今日纷离堕落的西方文化中,若有三数可取之精神,往往是扎根于基督宗教或中世哲学与文明所表扬的价值。20世纪以后,中世研究勃兴,西方学术界又重新探索中世时代人类之经验与思想,才发现中世纪实为文学、艺术、宗教乃至哲学上之光明时代。对于士林哲学加以参考和研究常能启发伟大的思想家(例如,当代大哲海德格尔的教职论文是研究邓斯·斯各脱,海德格尔亦阅读托马斯)。19 世纪末,新士林哲学运动又起,在当代科学新知与哲学思潮刺激之下,新士林哲学再度蓬勃发展,一方面受托马斯、波纳文图拉等思想深度的号召,另一方面亦不断与康德哲学、黑格尔哲学、存在主义、现象学、诠释学等思想和各种当代科学新知,进行交谈,做批判、综合和拓新的工作。

由上可知,一个思想体系若持有深刻的洞见,一定不会死亡;只要创造力犹存,能透视新现象背后的深度,则常可以再造新机。士林哲学便是一个好例子。中国哲学本应如此,可惜当初传入西方文化之时,急切于学习西方近代之科技与政术,忽略了探索其根本基础,亦忽略其历史的连续性,以致受科技和军政的冲击与迷惑,自家创造力衰竭,无力再造新局。若是当初国人在西方冲激以后,能追溯西方文化深刻的底基,不迷惑于肤浅的选择,或许能不落入今日不中不西的局面。昔日受印度佛学影响而产生中国大乘佛学的伟大创造,今日受西方文化影响,本应可以再发新的光芒。然而许多人忘怀了西方文化之根源。轻视士林哲学,更不明察希腊思想,仅为其一例。此种只见表面的态度,终究无法把今日所急呼之科学与民主真正扎根落实。甚至有些倡唯物论或科学实证论的学者,受 19 世纪部分西洋史家歪曲的看法,对于士林哲学多所误解。像玄学科学论战之时,丁文江倡打倒玄学鬼,胡适之倡科学人生观,以科学为万能之主宰,而斥中世之士林哲学为玄空虚无之学。直到今天,历史教科书和历史论著仍然把中世纪称为黑暗时代,字典类书多将 Scholasticism 一词译为“烦琐哲学”。这类偏颇对于教育和文化都会产生错误的影响,使国人对西方文化源流产生错觉。至于哲学界,本应从思想深度中,来看出此种误解的肤浅之处。但毕竟亦无法免俗。追根究底，这些误解亦显示出中国传统哲学在某些哲学幅度上的缺点。

中国哲学界对于士林哲学的误解有以下数端：首先是把士林哲学当作是宗教价值为中心，而贬抑人文价值的思想体系，因而用轻蔑的意味来了解士林哲学所谓“神学仆婢”，认为中世纪无论形上学、知识论、伦理学、宇宙论，主旨都在于崇神抑人。表现在个人与社会生活上，则轻视此生，专务来世，鄙陋肉体，致修灵魂；以人生为尘埃，唯敬神得救援。人人皆污染于罪恶之中，唯信徒能得救等等。其实中世哲学言天主，并不贬抑人的价值，反而提升人的价值。因为它认为天主是一个无限、完美、充满创造力的存在者，人既然是祂依照自己肖像所造，当然亦分享了祂的美好与创造力。佛经谓众生皆有佛性，甚至一阐提亦具佛性；士林哲学则谓人人皆是按天主的肖像受造，即按道而生，人性自含道，若人能愈益求道，便愈益肖似天主。所谓道不远人，其形上根基在此。一切存有者，只要存在，便按其存有的程度而肖似天主。中庸谓人“赞天地之化育，与天地参”，士林哲学则认为人是天主持续不断的创造工程的赞助者。这就是士林哲学所持的真正的、完整的人文主义。尤其托马斯的哲学，便是一种兼综又富创造性的价值哲学，他的价值哲学有两大依据，一为存有学，一为哲学人类学。托马斯的哲学是存有的哲学(Philosophy of Being)，其整个哲学体系可以说是对存有的赞诵，对世界、对生命的赞诵，对人类的伟大的赞诵，对无限存有者天主的赞诵。由存有提供价值以无限的领域，使价值有了实现的基础。所谓价值乃存有精神性的创造活动。其次，托马斯的哲学人类学，对人类的才性与活动有逐层深入的探讨，抉发人的理智能力与意志能力的底蕴，使人类由感性的活性逐步下学上达，建构知识、艺术、道德、宗教领域，成为逐步登高的价值主观形式，使人文之价值有发展的基础。这种包容全体、迭分层次的价值哲学，展视于物理哲学、逻辑学、知识论、伦理学、宗教哲学、存有学和宗教实践里面，本末兼顾，巨细靡遗，高下相容，层层逼近，以致抵达存有的顶峰，然后更从彼最高精神光明下来，回照各层存在，统摄为一以贯之的系统。信仰与理性调合，宗教与哲学并重，这实在是人类思想之一大光明。

中国哲学界之所以未能看出士林哲学此层优点，而有前述的误解，撇开历史与环境的因素不谈，也显示出中国哲学里面的弱点：(一)没有明显的存有学之基础，传统中国哲学以价值理想为中心，来对宇宙、对有无采取看法，却不对存有做彻底的研究。其实唯有先致力于存有本身的探索，然后价值体系才不致悬空，价值创造才有无限的客观园地。(二)中国哲学对于哲学人类学，亦是透过价值理想来判定人类的才性与善恶。因此，中国传统的价值哲学并不是主要地以存有学和哲学人类学为基础，却是反过来，使其宇宙观与人性观皆以价值为基础、为枢纽。所以，当这个价值体系发展到成熟的高峰以后，便不能再予以发展，只有去予以体会和实践。一旦西方文化入侵，其所提供的物质环境和社会环境不适合这种实践型态以后，便面临了传统价值崩溃的危机，以致原本早熟的中华文化，现在却似乎踏上创造力衰退的下山之途。为了要再重新了解并扩展固有之价值体系，重振原有的创造力，把西方的哲学与文化取来与中华文化相对比，并从各种角度来探索前两项基础，乃十分必要之务。

其次，对于士林哲学的另一层误解，是认为士林哲学的研究方法只重理性玄想，轻鄙科学实验，而且其理性玄想又以概念之分析与组合为务，只会玩概念游戏，做概念建筑，因此国人讥之为“烦琐”哲学。这是因为一方面在西方科学思潮进入中国以后，科学化约主义倡行，国人偏重实用科学，排斥理论思辨。另一方面，传统中国哲学，重视实践，不尚空谈，一切理论贵在深切之体验与实践。至于凝思玄想，亦贵在从超越名言、消融主客的原始会上去把握，对于概念之明辨，理性之解析，则深深不以为然。

中世科学知识之不如今日，乃历史上可理解之事实，此亦中世文化型态对旧士林哲学的限制。中世纪实非伟大之科学时代，以物理学、生物学为例，迄托马斯止，大致还停留在亚里士多德时的状态，没有前进多少。但逻辑学则大量发展，可以说传统逻辑学于此已发展完备，近代人只是享用而已。无论如何，托马斯虽然受时代科学知识的限制，但仍然利用当时最好的科学知识，来予以理性思辨及批判。凡须用实验证实之事，托马斯必不允许理性越俎代庖。托马斯在著作中亦屡屡指出当时及前人在理性上的懒病，连他十分敬爱的亚里士多德，他亦曾指出其未经实验便遽下判断之弊。

须知士林哲学对于科学的看法，并不似今日科学主义那么偏狭。世界上最早的大学如巴黎、牛津等，皆成立于士林哲学兴盛之时，秉承士林哲学对于科学的分类，而有各种学术之分工，发展至今，始得以人才辈出、推动世界学术。若按今日科学主义者的看法，则唯有自然科学院始得成立。可惜这种科学主义的狭义科学观，正影响着当代国人的科学思想，所以造成种种文化偏差现象，例如神学不被教育部承认，哲学不被重视，各种文学系偏重读、写、讲等语文实际训练，而较缺乏语言学、语意学、文学批评等的科学训练。其实在西欧，只有后数者才列入大学课程，当作科学，而前者只是语文学校之事。前述科学观念的偏差，造成教育政策的偏差；教育政策的偏差，使得像外国文学系出来的学生，只能做外贸秘书、教外文，或其他非文学研究的工作，而留学生到了西欧大学的文学系研究，始发展自己科学训练太差，往往悔之已晚。需知西方大学教育的基础，便是在中世纪由士林学者们所建立起来的。他们对于科学不但有宽厚的胸襟，深刻的见地，而且把各种科学，按照对象及认识能力的高下予以价值区分。按照等级不同，而有各种相称的方法之应用，由高层次的科学来综摄较低层次的科学。凡是方法上的化约主义与一元论，皆不合乎科学精神。

再者，士林哲学在思辩方法上对于概念分析之详尽，综合之繁富，以及严格遵循形式逻辑，实在是12、13世纪学风所致，由于亚里士多德逻辑著作之翻译，各学校重视逻辑学，以至传统逻辑在这个时代达到最高峰的发展。今日现代逻辑的新发展，当然值得重视，而今日的哲学讨论，亦不必要遵循士林哲学的成规。但无论如何，思想结构之严密总是不可或缺之事，而且，正因为实在界有紧密的结构和转换的规律，逻辑与概念思维始得以立存于天地之间，这是士林哲学对我们的重要启发。若只注重抽象概念和逻辑形式之运作，一如今日部分分析哲学家之所为，则常会使哲学思想堕入平面的、只分不合、二元对立的危险，但大思想家们之所以伟大，即由于他们对实在界有深刻的、动态的把握，此即士林哲学所谓对存有的把握。存有哲学便是对于消融主客的存有做原始统会的、动态的把握，唯有如此，才能超越概念的平面性和逻辑的静态性，以及由两者所造成的二元对立。

以上中国思想界对于士林哲学方法缺乏同情的了解，也显示出传统中国哲学的一个弱点：对于理论系统欠缺重视。西方自希腊始，便要求对实在界做纯粹知识的探索，予以不断地理论化。我国仅在战国时，由荀子、惠施、公孙龙、墨子等的名学，主张辨名责实，但其理论化之体系要求仅具雏形，且其意向并不纯粹，多用以作为证明其世界观或政治见解的后设理论，而且后来亦未获进一步发展。迄今我国虽极力发展科学，但仍停留在实用科学阶段，尚未注意到创造性之根的理论科学；但若重视理论科学，则不能不兼重哲学基础之探索。吾人在西方科学化约主义入侵之后，连原有价值体系都不能保障，摇摇欲坠。如果只图谋发扬传统价值哲学，则至多只能把科学价值加入人生诸价值中，并予以定位，但却无法刺激科学理论之进展。若维持目前的心态，不重视理论体系与思考，则在来日文化的发展上，至多只能在教育、政治及个人生活中予科学以消极的、制约性的限制，却不能引发全面性的理智开发与统合。士林哲学科学观念的宽大与逻辑的严谨使用，根据存有的逻辑，来建立思想的逻辑，使他们能做到真正科学性的讨论；而他们由存有学和哲学人类学所支持的体大思精的价值体系，也正是文化创造的推动力所在。这些是很可以提供吾人参考，启发吾人思想之所在。

最后，有一种态度在哲学上虽然站立不住，却十分动人，那就是有部分中国哲学者有意或无意地认为士林哲学或西洋哲学再如何高明博大，都是外国的东西，总不如中国哲学亲切，大可不必理会，这种封闭式的态度，在今天是无法成立的。因为今日的学术与文化若没有世界性的高瞻远瞩，是无法发展出康庄大道来的。今天我们不但要认识西方，而且要认识西方传统中深远高明的部分，士林哲学正是属于这部分的西洋传统。

诚然，西方学术发展并不停留于中世纪，尤其近百年来，科学知识日新月异，世界的面貌日趋多元，人类的经验日趋繁复，必须有新的思想方法、新的综合精神与新的价值创造。为此，当代有分析哲学、科学哲学、现象学、结构主义、诠释学、批判理论等兴起，作为新的尝试。在其他科学方面，亦不断刺激新的哲学思考，并自行提出哲学问题：例如，在自然科学方面的生物学、物理学；在人文科学方面的语言学、历史学、社会学、人类学。这一切都要求吾人对于现世的知识与文化，做深度的哲学反省与综合。不过，深度的反省与综合谈何容易？我们在当代思想家中找不到一位像托马斯那样有深刻的见识和大气魄的综合力的。这种见识的深刻和综合的大气魄，正是处在今日的国人所应效法的。新士林哲学的兴起，便是为把士林哲学的深刻处，再取来面对新的知识、思想与文化，以刺激新的综合与创造。

但是，无论学术与文化再如何变迁，由士林哲学所得的以下这几点启发，恒可以光照吾人的哲学智慧：(一)深厚之哲学必有其存有学基础。就士林哲学的存有学而言，凡物皆是存有者，“存有”则是一切存有者的存在活动。存有者是存在活动之主体，存有则是主体的存在活动，两者相关但有差异。存有与存有者之差异，吾人称为存有学差异(ontological difference)。吉尔松似乎忽略此一差异，而直接把存有本身与无限、完美的存有者——天主——等同，并认为存有本身就是天主——不但无限、完美，而且充满了无穷奥妙的创造力，宇宙万物及其中日新月异的现象皆是由祂而来。关于存有学差异，译者在将要出版的《物理之后》一书中会有详细的讨论，读者可径行参考。吾人可以说，此存在动力才是真正的"玄之又玄，众妙之门"，真正的"不滞空有，妙有实相"。至于天主则是无限而完美的存有者，祂一方面透过超自然的启示而昭显于圣经和福音，进入其选民的历史之中；另一方面，又以自然的启示而显示于各民族的历史文化、经典文物所显示的求道历程中。（二）对于宇宙历程的永恒与变异的看法：存有本身奥妙无穷的创造力发而有宇宙万物，并使其日新月异，日新又新。理相乃出自天主永恒思想的本质，可被万物所分受的形式；物质则为天主在时间中所创造，作为万物的底基；两者皆出自天主完美的创造力，又借天主的创造力而组合成各种个体。万物不但是由形式与物质组合而成，亦由本质与存在组合而成，由此构成万物之偶性，而纵逝于迁变之中。但存有本身的创造行动连结永恒与变迁，亦提供有与无的问题最彻底的解决。但创造并非一劳永逸之工程，却是持续不断、日新月异的历程，人参与这种持续的创造，而为天主的助手，实可谓"赞天地之化育，与天地参"。（三）对于万物彼此的关系，采广大和谐之看法：万物皆由道（圣言）所造生，道自在其中，万物各自有道。举凡存有者，便相似天主，所以就存有言，万物真是平等。但此种存有学的平等并非平面的平等而是有深度的平等。万物在存有的完美程度上，越是实现高度的完美，便越肖似天主。人为万物之灵长，理当更肖似天主，也更能实现自己与天主的肖似。（四）对于人类学上的见解：认为人有理智；可以推展科学知识；人有自由意志,可以实现道德理想;人有爱德,可以仁民爱物,共同结合于对天主的原始之爱中;人有诸才性之和谐,可以从事艺术活动,援天地之美以达万物之理。总之,人是一个"位格","位格"的观念是基督的教义留给人类最富厚的遗产,而由士林哲学所最严格、清楚地表达者。(五)对于历史和文化的看法:认为历史乃价值创造之历程,文化乃价值创造之结晶,历史与文化,皆是道的展现与分受,亦指点回归于道的路程。回归于道便是回到与存有本身完美的相似。(六)在基督宗教和士林哲学中凸显了一个独一无二的宗教经验,那就是万物、人和神之间的一种亲密但又紧张的关系。人虽有限,却根源于无限,并迈向无限,但人并不消失在无限之中,却有其自由与独立地位;神超越一切,但又内在于万物,并不因其超越,就贬低万物;亦不因其内在,就致令万物丧失其个性,反而以其无限的爱提升万物,曲成万物。

除了以上的要点之外,士林哲学还有许多思想皆足以启发国人。这些思想的精要,都十分深入地铺陈在法国学术院士吉尔松(Etienne Gilson)所著《中世纪哲学精神》(*L'Esprit de la philosophie médiévale*)一书里面。所以译者不惭学疏识浅,特译为中文,以飨国人。该书原为20篇演讲稿,其发表经过请参阅作者原序。译者认为,本书有演讲稿的优点,读者可以不必搜寻中世原典,历经其严密之辩论,就能直接把握其中思想的深度意趣,从中获取新的启悟和创作。诚然,这类导引性的阅读并不能取代原典及其他系统著作的研读。但因为中世原典都是用拉丁文写就,对于国内大部分读者是一大难题。这类原典的英、法、德文翻译,都是用科学的方法、严谨的态度进行翻译而成的,可供参考。这类翻译，国内太少，尚有待饱学之士，从事精译，共襄盛举。其余合乎时代需要的学术研究，亦有待选择性的介绍和翻译，使国人更深入了解西方文化深刻的底基与其源流正变。至于像本书这类讲稿式的导引，供给中世哲学的研究以正确的认识，使有助于西方文化之了解，而于共同隶属和采取距离双重的思想辩证中，获更上层楼之帮助。若能有助于国人，于其中获得一、二启发性之观念，而能拓深其思想视野，亦足译者慰矣！

本书之翻译，主要根据当斯（A. H. C. Downes）的英译本（The Spirit of Mediaeval Philosophy，New York，Charles Scribner's Sons，1940），取其英文专有名词及术语，较适合于国人。但全书之译文内容，仍由中文译者，按照第二版法文原文 L'Esprit de la philosophie médiévale，deuxième édition revue：J. Vrin，Paris，1948 年全部校订过。至于名词之翻译，译者常参考项退结先生编译西洋哲学辞典（国立编译馆、先知出版社印行，1976 年于台北），特别在此致谢。至于人名之翻译，并不一定全部按照该辞典。甚至哲学术语，亦常按行文的需要做适当的修改。例如 being 常随该辞典译为存有，但大写的 Being，则按意义上的需要而译为"存有本身"或"大有"（取自易经），而多数小写的 beings，则译为"万有"，或按佛经译为"诸有"。单数小写的 being，有时按行文及意义的需要，对照前译"大有"而译之为"小有"。必须在此补充的是，吉尔松似乎把作为存在活动之存有本身与作为神性存有者的天主相等同，而忽略了前面述及之存有学差异。另外，Christian Philosophy 按西洋哲学辞典是译为"基督徒哲学"，在本书所指的特别是指中世纪的基督徒哲学，但在中世纪，新教（即现译"基督教”)尚未出现,当时的基督徒都只是天主教徒,所以将该词译为“天主教哲学”或“基督徒哲学”,以避免混淆。Christian 一词则有时按一般译为“基督徒”,有时特别指“天主徒”。Christianity 有时按辞典译为“基督宗教”,有时必须译为“基督的教义”,有时特须指明为“天主教义”。以上乃译中世思想史著作时特别应考虑的历史事实。

本书之翻译因缘,乃由于李振英和周克勤两位教授的敦促,并蒙项退结教授向“国立编译馆”推荐出版,特在此序末表示谢忱。全书之翻译是我于1975—1977年在比利时鲁汶大学求学期间利用研究之余进行的。译者犹记在那古色古香的校舍里,独坐孤灯,振笔疾书的情景。此外,内子刘千美女士帮忙抄誊原稿,刚诞生不久的女儿敬亭以哭声相伴的情景,亦犹历历在目。虽在译书之前后,译者之为学与思想有许多大转变与新发展,但士林哲学的精神的确给了译者稳当的基础,特志于此,以为纪念。

参考文献

中文

艾儒略:《西学凡》,收入李之藻辑,《天学初函》,第一册,台北:学生书局,1965。

——《性学觕述》,收入钟鸣旦、杜鼎克主编,《耶稣会罗马档案馆明清天主教文献》,第六册,台北:利氏学社,2002。

奥古斯丁著:《忏悔录》,周士良译,北京:商务印书馆,1963。

毕方济:《灵言蠡勺》,收入李之藻辑,《天学初函》,第二册,台北:学生书局,1986。

——《睡答》,收入钟鸣旦、杜鼎克主编,《耶稣会罗马档案馆明清天主教文献》,第六册,台北:利氏学社,2002。

陈鼓应注译:《黄帝四经今注今译》,台北:台湾商务印书馆,1995。

戴望:《管子校正》,台北:世界书局,1981。

《断句十三经经文》,台北:开明书店,1965。

方豪:《李之藻研究》,台北:台湾商务印书馆,1966。

傅泛济、李之藻:《名理探》,台北:台湾商务印书馆,1965。

——《寰有诠》,台南:状元书局,1995。

郭庆藩:《庄子集释》,台北:世界书局,1982。

何高济、王遵仲、李申译:《利玛窦中国札记》,北京:中华书局,1983。

胡适:《介绍我自己的思想》,收入《胡适论学近着》第1集,卷五,上海:商务印书馆,1935。

荆门市博物馆:《郭店楚墓竹简》,北京:文物出版社,1998。

赖蒙笃:《形神实义》,收入钟鸣旦、杜鼎克、蒙曦主编:《法国国家图书馆明清天主教文献》,第三册,台北:利氏学社,2009。
李霜青编:《于斌枢机三知论原流》,台北:大众康宁互助会,1988。
李震:《永恒的追寻》,台南:闻道出版社,1970。
——《宇宙论》,台北:台湾商务印书馆,一版1967,二版1994。
——《由存在到永恒》,台北:台湾商务印书馆,一版1969,二版1995。
——《杜斯妥也夫斯基的精神世界》,台北:辅仁大学出版社,1975。
——《灵心语丝》,台北:辅仁大学出版社,1981。
——《哲学的宇宙观》,台北:学生书局,初版1978,增订再版1990。
——《人与上帝》卷一~卷九,台北:辅仁大学出版社,1986~2008。
利玛窦:《天主实义》,收入李之藻辑,《天学初函》,第一册,台北:台湾学生书局,1965。
利玛窦口译,徐光启笔受:《几何原本》,收入李之藻辑,《天学初函》,第四册,台北:台湾学生书局,1965。
利玛窦:《交友论》,收入李之藻辑,《天学初函》(一),台北:学生书局,1972。
刘军宁主编:《北大传统与近代中国自由主义的先声》,北京:中国人事出版社,1998。
罗光:《罗光全书序》,收入《罗光全书》册一,台北:学生书局,1996。
——《士林哲学·理论篇》,收入《罗光全书》册二十,台北:学生书局,1996。
——《士林哲学·实践篇》,收入《罗光全书》册二十一,台北:学生书局,1996。
——《形上生命哲学》,台北:学生书局,2001。
罗明坚:《天主真教实录》,收入吴相湘主编《天主教东传文献续编》,第二册,台湾:学生书局,1996。
梅谦立:《晚明中西伦理学的相遇——从〈尼各马可伦理学〉到高一志的〈修身西学〉》,《中国文哲研究集刊》,台北:"中央"研究院文哲研究所,第三十九期,2011年9月。
牟宗三:《认识心之批判》,香港:友联出版社,1956。
庞迪我:《七克》,收入李之藻辑,《天学初函》,第二册,台北:学生书局,1985。
沈清松:《物理之后》,台北:牛顿出版社,1987。

——《项退结教授著〈人之哲学〉评析》,《哲学与文化》,1993 年,第 21 卷,第 11 期。

——《中世纪哲学精神》,台北:"国立"编译馆,1985。

——《建构体系与感谢他者——纪念朱子辞世八百周年》,收入沈清松,《对比、外推与交谈》,台北:五南书局,2002。

——《在批判、质疑与否定之后——后现代的正面价值与视野》,收入沈清松《对比、外推与交谈》,台北:五南书局,2002。

——《觉悟与救恩——佛教与基督宗教的交谈》,收入沈清松著,《对比、外推与交谈》,台北:五南书局,2002。

——Michael Hart and Antonio Negri, *Empire*, (Cambridge: Harvard University Press,2000,478pages+xvii)一书书评,《哲学与文化月刊》,第 361 期,台北,2004 年 6 月。

《圣经》,香港:思高圣经学会,1980。

圣托马斯·阿奎那:《神学大全》第六册,台南:碧岳学舍/高雄:中华道明会联合出版,2008。

王明编:《太平经合校》,北京:中华书局,1992。

吴经熊:《辅仁之精神》,《哲学论集》,台北:辅仁大学出版社,1973。

吴经熊等著:《中西文化论集》,台北:"国防"研究院中华大典编印会,1966。

夏大常:《性说》,收入钟鸣旦、杜鼎克主编,《耶稣会罗马档案馆明清天主教文献》,第十册,台北:利氏学社,2002。

项退结:《中国民族性研究》,台北:商务印书馆,1966。

——《迈向未来的哲学思考》,台北:东大出版社,1988。

——《中国哲学之路》,台北:东大出版社,1991。

徐光启:《增订徐文定公集》,卷一,上海:慈母堂,1909。

杨惠南:《佛教思想发展史论》,台北:东大书局,1993。

印顺:《印度佛教思想史》,台北:正闻出版社,1988。

于斌:《于斌总主教哲学言论集》,台北:新动力杂志出版社,1961。

于斌:《中西文化之比较》,收入吴经熊等著:《中西文化论集》,台北:"国防"研究院中华大典编印会,1966。

余纪元:《亚里士多德论 on》,《哲学研究》,北京:哲学研究编辑部,1995 年,第

4 期。

詹姆士:《实验主义》,参看《胡适文存》卷二,上海:亚东图书馆,1926。

钟鸣旦等编:《徐家汇藏书楼明清天主教文献》,第三册,台北:辅仁大学神学院,1996。

朱熹:《四书章句集注》,北京:中华书局,1983。

外文

Alain of Lille, *Anticlaudianus, or The Good and Perfect Man*, translated by James Sheridan, Toronto: Pontifical Institute of Mediaeval Studies, 1973.

Alain of Lille, *The Plaint of Nature*, translated by James Sheridan, Toronto: Pontifical Institute of Mediaeval Studies, 1980.

Anselm, St., "Proslogium", in *St. Anselm Basic Writings*, La Salle: Open Court, 1962.

Aristotle, *Metaphysics*, translated by W.D. Ross. 2 vols. Oxford: Clarendon Press, 1924. reprinted 1953 with corrections.

Aristotle, *The Complete Works of Aristotle*, edited by J. Barnes, Princeton: Princeton University Press, 1984.

Aristotle, "On the Soul", In vol. 1 of *The Complete Works of Aristotle*. edited by Jonathan Barnes, trans. J. A. Smith, pp. 641 — 691. Princeton: Princeton University Press. 1984.

Baesler, E. J., "The Prayer of the Holy Name in Eastern and Western Spiritual Traditions: A Theoretical, Cross-Cultural, and Intercultural Prayer Dialogue," in *Journal of Ecumenical Studies*: 38, 2001.

Bamford, C. *The Voice of the Eagle: the Heart of Celtic Christianity*, Great Barrington: Lindisfarne Books, 2000.

Benedict XVI, "New Technologies, New Relations. Promoting a Culture of Respect, Dialogue and Friendship", message for the 43rd World Day of Social Communication, http://www.vatican.va/holy_father/benedict_xvi/mesages/comunications/documents/hf _ ben-xvi _ mes _ 20090124 _ 43rdworld-communications-day_en.html.

Benedict XVI, *Address for the Opening of the Diocesan Ecclesial Meeting in the Basilica of Saint John Lateran*, 6 June 2005: *AAS* 97 (2005), 816.

Benedict XVI, Apostolic Journey to Cologne on the occasion of the XX World Youth Day Youth Vigil Address of His Holiness Pope Benedict XVI, http://w2.vatican.va/content/benedict-xvi/en/speeches/2005/august/documents/hf_ben-xvi_spe_20050820_vigil-wyd.html.

Benveniste E., *Problèmes de linguistique générale*, Vols. I, II, Paris: Gallimard, 1974.

Bouillard, H., *Blondel et le Christianisme*, Paris: Seuil, 1961.

Blondel, M., *L'Action (1893). Essai d'une critique de la vie et d'une Science de la pratique*, Rprt., Paris: P. U. F., 1950.

Blondel, M., "Principe élémentaire d'une logique de la vie morale", in *Les Premiers Ecrits de M. Blondel*, Paris: P. U. F., 1956 .

Blondel, M., *Le lien substantiel*, traduit par Claud Troisfontaines, Louvain: Nauwelaerts, 1972.

Blondel, M., *Carnet intimes*, Tome I, Paris: Cerf, 1961.

Boileau, David A., *Cardinal Mercier: A Memoir*, Leuven: Peeters Publishers & Booksellers, 1996.

Brennan, M., *Guide to Eriugenian Studies 1930—1987*, Paris: Editions du Cerf, 1990.

Burckhardt, Jakob, "Die Kultur der Renaissance in Italien(1860)", *The Civilization of the Renaissance in Italy*, translated by S.G.C. Middlemore, London, 1878.

Carabine, D., *The Unknown God—Negative Theology in the Platonic Tradition: Plato to Eriugena*, Louvain: Peeters Press, 1995.

Taylor, Charles, "Politics of Recognition", in *Multiculturalism*, edited and introduced by A. Gutmann, Princeton: Princeton University Press, 1994.

Chenu, Marie-Dominique, *Les Etudes de philosophie médiaevale*, Paris: Hermann, 1939.

Chenu, Marie-Dominique, *Toward understanding Saint Thomas*, Chicago: H. Regnery Co., 1964.

Chenu, Marie-Dominique, *Nature, man, and society in the twelfth century: essays on new theological perspectives in the Latin West*, Chicago: University of Chicago Press, 1979.

Commentarii Collegii Conimbricensis Societatis Jesu in Libros Meteorlogicos. Coloniae: Ompensis Lazari Zetzneri, 1603.

Commentarii Collegii Conimbricensis Societatis Jesu in Libros qui Parva Naturalia appelantur, Coloniae: Ompensis Lazari Zetzneri, 1603.

Commentarii Collegii Conimbricensis Societatis Jesu in Quatuor Libros De Coelo, Meteorologicos. Coloniae: Ompensis Lazari Zetzneri, 1603.

Commentarii Collegii Conimbricensis Societatis Jesu in Tres Libros De Anima Aristotelis Stagiritae. Hac Quarta Editione, Graeci contextus Latino, in Germania editi, Coloniae: Ompensis Lazari Zetzneri, 1603.

Commentarii Collegii Conimbricensis Societatis Jesu in Universam Dialecticam Aristotelis Stagiritae, Nunc Primum in Germania in lucem editi. Coloniae Agrippinae, Apud Bernardum Gualtherium, 1611.

Commentarii Collegii Conimbricensis Societatis Jesu in universam dialecticam Aristotelis. Mit einem Vorwort von Wilhelm Risse, Hildesheim: Georg Olms Verlag, 1976 reprint.

Copleston, F., *A History of Philosophy*, Vol. II, Westminster: The Newman Press, 1960.

Coreth, E., *Metaphysik: Eine methodisch-systematische Grundlegung*. Innsbruck; Wien; München: Tyrolia, 1961.

Coreth, E., *Metaphysics*, English Edition by Joseph Donceel, New York: Herder and Herder, 1968.

Coreth, E., *Grundfragen der Hermeneutik: Ein philosophischer Beitrag*. Freiburg i. Br.; Basel; Wien: Herder, 1969.

Coreth, E., *Was ist der Mensch?: Grundzüge einer philosophischen Anthropologie*. Innsbruck, Wien, München: Tyrolia, 1973.

De Raeymaeker, L., *Cardinal Mercier et L'Institut Supérieur de la Philosophie de Louvain*, Louvain: Publications Universitaires de Louvain, 1952.

De Wulf, Maurice, *Histoire de la philosophie médiaevale*, 6th edition, Louvain: Institut Supérieur de Philosophie, 1934—1947.

Dronke, Peter, *A History of twelfth-century Western philosophy*, Cambridge: Cambridge University Press, 1988.

Dronke, Peter, *Sources of inspiration: studies in literary transformation, 400—1500*, Roma: Edizioni di storia e letteratura, 1997.

Düring, I., *Aristotle in the Ancient Bibliographical Tradition*. Göteborg: Institute of Classical Studies of University of Göteborg, 1957.

Eriugena, J. S., *Periphyseon* (The Division of Nature), trans. by Sheldon-Williams and revised by J. O'Meara, Washington DC: Dumbarton Oaks, 1987.

Gilson, Etienne, *L'esprit de la philosophie médiaevale*, 2nd revised edition, Paris : J. Vrin , 1948.

Gilson, Etienne, *Being and some Philosophers*, Toronto: Pontifical Institute of Mediaeval Studies, 1952.

Gilson, Etienne, *René Descartes: Discours de la méthode: texte et commentaire*, Paris: J. Vrin, 1962.

Gilson, Etienne and Langan, Thomas, *Modern Philosophy: Descartes to Kant*, New York: Random House, 1963.

Gilson, Etienne, *Recent Philosophy: Hegel to the Present*, New York: Random House, 1966.

Gilson, Etienne, *Elements of Christian Philosophy*, Wesport Conn: Greenwood Press, 1978.

Gilson, Etienne, *History of Christian Philosophy in the Middle Ages*, London: Sheed and Ward, 1980.

Grabmann, Martin, *Die Geschichte der scholastischen Methode*, Freiburg im Breisgau: Herdersche Verlagshandlung, 1909—1911.

Heidegger, M., "Wozu Dichter", in *Holzweg*. Frankfurt: V. Klostermann, 1938.

Heidegger, M., *Identität und Differenz*. Pfüllingen: Gunther Neske, 1957.

Heidegger, M., *Identity and Difference*, trans. T. Stambaugh, New York: Harper and Row, 1969.

History of Vatican II, edited by G. Alberigo, English version edited by J.A. Komomchak, Volume IV, Leuven: Peteers, 2002.

Jeauneau, J., *Homelie sur le Prologue de Jean*, Paris: Editions du Cerf, 1969.

John of the Cross, St., *The Collected Works of St. John of the Cross*, translated by Kieran Kavanaugh, O. C. D. and Otilio Rodriguez, O. C. D., Washington DC: Institute of Carmelite Studies, 1979.

Klein, R., *La forme et L'intelligible*, Paris: Gallimard, 1970.

Kretzmann, Norman and Anthony Kenny, editors, *The Cambridge History of Later Mediaeval Philosophy—from the rediscovery of Aristotle to the Disintegration of Scholasticism, 1100 – 1600*, Cambridge: Cambridge University Press, 1988.

Ladrière, J., "Défense de la forme", in *Les Carnets de l'Escholier* (III), Louvain, Edition de la Maison des Etudiants, 1943.

Ladrière, J., *La démocratie*, (Collection Etudes ouvrieres), Bruxelles : Editions du Centre d'information et de Culture Populaire, 1947.

Ladrière, J., *Les limites internes des formalisme, Etudes sur la signification du théorème de Gödel et des theorems apparentés dans la théorie des fondements des mathématiques*, (Collection de Logique Mathématiques—Serie II), Louvain/Paris: E. Nauwelaerts/Gautier-Villars, 1957.

Ladrière, J., *Anthropologie du marxisme et le marxisme soviétique*, Paris: Association Catholiques du Coopération Internationale, 1963.

Ladrière, J., J. Milhau, *Foi, science et propriété privée et quelques autres problèmes vus par un chretien et par un marxiste*, Bruxelles : Cercle d'Education Populaire, 1965.

Ladrière, J., Meynaud et Perin, "La décision politiques en Belgiques", in *Le pouvoir et les groupes*, Bruxelles/Paris: Armand Colin, 1965.

Ladrière, J., *Philosophie du langage*, Louvain, Service d'impression des cours, 1970.

Ladrière, J., "La philosophie de la logique: problème de fondement", in J. Havet, *Tendances principlales de la recherche dans les sciences socials et humaines*, Paris/La Haye/New York, Mouton/Unesco, 1978.

Ladrière, J., *L'articulation de sens*, Vol.1, *Discours scientifique et parole de la foi*, 1984,Paris :Les Edition du cerf, 1984.

Ladrière, J., *Vie sociale et destiné*, Gembloux, Duculot, 1973.

Ladrière, J., *Philosophie politique et philosophie analytique*, in Jean Ladriere, Van Parijs, *Fondements d'une theorie de la justice*, *Essais critiques sur la philosophie politique de John Rawls*, Louvain-la-neuve, Edition de l'Institut Superieur de philosophie, 1984.

Ladrière, J.,"Le rationnel et le raisonable", in ed., Edgar Morin, *Le défi du XXIe siécle—Relier les connaissances*, Paris : Editions du Seuil, 1999.

Ladrière, J.,*L'Espérance de la Raison*, Louvain-Paris: Peeters, 2004.

Ladrière, J., *La Foi chrétienne et le Destin de la raison*, Paris: Les Edition du Cerf, 2004.

Laveille, A.,*A Life of Cardinal Mercier*, translated by Arthur Livinstone, New York, London: The Century Co., 1928.

Leclercq, Jacques, *Introduction à la Sociologie*, (Edition nouvelle mise à jour par Jean Ladrière), Louvain: Editions Nauwalaerts, 1958.

Levinas, E., *Totalité et infini*, *Essai sur l'extériorité*, La Haye: Martinus Nijhoff, 1971.

Libera, Alain de,*Penser au Moyen Age*, Paris: Edition du Seuil, 1991.

Lonergan, Bernard, "Metaphysics as Horizon: A Critique by Bernard Lonergan," in *Gregorianum* 44(1963): 307 — 318; also included in Emerich Coreth, *Metaphysics*, English Edition by Joseph Donceel, New York: Herder and Herder, 1968.

Lyotard, J.B., *Leçon sur l'Analytique du sublime*, Paris: Editions Galilée, 1991.

Mansion, Augustin, *Introduction à la physique aristotélicienne*, Louvain: Institut Supérieur de philosophie, 1946.

Maréchal, J., *Le point de départ de la métaphysique*, Cahier Ⅰ, *De l'antiquité à la fin du moyen age: la critique ancienne de la connaissance*, Bruxelles: L'Edition Universelle, 1944.

Maréchal, J., *Le point de départ de la métaphysique*, Cahier Ⅱ, *Le conflit du rationalisme et de l'empirisme dans la philosophie moderne avant Kant*, Bruxelles: L'Edition Universelle, 1944.

Maréchal, J., *Le point de départ de la métaphysique*, Cahier Ⅲ, *La Critique de Kant*, Bruxelles: L'Edition Universelle, 1944.

Maréchal, J., *Le point de départ de la métaphysique*, Cahier Ⅳ, *Le système idéaliste chez Kant et les postkantines*, Bruxelles: L'Edition Universelle, 1947.

Maréchal, J., *Le point de départ de la métaphysique*, Cahier V, *Thomisme devant la philosophie critique*. Bruxelles: L'Editione Universelle, 1949.

Maréchal, J., "L'action de Maurice Blondel" Texte inédit de Joseph Maréchal présenté et commenté par André Hayen, SJ, in *Convivium Estudios Filosoficos*, Num. 4, Ano Ⅱ, Fasc. 2 Julio-Diciembre, 1957.

McEvoy, J., *Robert Grosseteste: new perspectives on his thought and scholarship*, Steenbrugis: In Abbatia S. Petri, 1995.

McEvoy, J., *The philosophy of Robert Grosseteste*, Oxford: Clarendon Press, 1982.

McEvoy, J. and Dunne M., *History and Eschatology in John Scotus Eriugena and His Time*, Leuven: Leuven University Press, 2002.

McGinn, B. and Otten W., editors, *Eriugena: East and West*, Notre Dame: University of Notre Dame Press, 1994.

McLean, George F., ed., *An Annotated Bibliography of Philosophy in Catholic Thought 1900－1964*, New York: Frederick Ungar Publishing Co., 1967.

Mercier, D., *Les Origines de la psychologie contemporaine*, Louvain: Institut Supérieur de Philosophie, 1897.

Mercier, D., *Les Origines de la psychologie contemporaine*, Louvain: Institut Supérieur de Philosophie, 1897.

Mercier, D., *Letter sur le modernism*, English translation as *Modernism*, translated from the French by Marian Lindsay, London: Burns and Oates, 1910.

Mercier, D., *Oeuvres pastorals: actes, allocutions, lettres*, Bruxelles: Albert Dewit, 1911—1913.

Mercier, D., *Patriotisme et Endurance* (Noël 1914), Paris: Maison de la Bonne Presse, 1915.

Mercier, D., *Cours de philosophie* Ⅰ, Ⅱ, Englsh translation as *Manual of Modern Scholastic Philosophy*, authorized translation by T.L. Parker and S.A. Parker, Vol. I, London: Kegan Paul, Trench, Trubner & Co., Ltd., 1916.

Mercier, D., *Critérologie générale, ou théorie générale de la certitude*, 7th edition, Louvain/Paris: Institut Supérieur de Philosophie/Felix Alcan, 1918.

Mercier, D., *La vie intérieure: appel aux âmes sacerdotales: Retraite prêchée à ses prêtres*, Louvain: Em. Warny, 1934.

Migne, J.P., *Patrologiae Cursus Completus*, Series Latina, Vol. 122, Paris: Migne, 1863.

Moran, D., *The philosophy of John Scotus Eriugena: A Study of Idealism in the Middle Ages*, Cambridge: Cambridge University Press, 1989.

Muck, O., *The Transcendental Method*, Foreword, New York: Herder and Herder, 1968.

O'Meara J. and Bieler, editors, *The Mind of Eriugena*, Dublin: Irish University Press, 1973.

Owens, J., *The doctrine of being in the Aristotelian metaphysics: a study in the Greek background of mediaeval thought*, Toronto: Pontifical Institute of Mediaeval Studies, 2nd edition, 1963.

Panofsky, Erwin, *Gothic Architecture and Scholasticism*, Cleveland: World Pub. Co., 1972.

Plato, *Parmenides*, in *Collected Dialogues of Plato*, edited by E. Hamilton and H. Cairns, New Jersey: Princeton University Press, 1971.

Poetry and Philosophy in the Middle Ages: a festschrift for Peter Dronke, edited by Marenbon, John, Leiden: Brill, 2001.

Pope Leo XIII, *Eaterni Patris, Encyclical letter on the restoration of Christian philosophy, according to the mind of St. Thomas Aquinas, the angelic doctor*, Rome: Vatican, 1879. Also read: Le cinquantenaire de l'encyclique "Aeterni Patris", Universite Laval, Ecole superieure de philosophie, Quebec: l'Action Sociale, 1929; Brezik, Victor B. editor, *One hundred years of Thomism: Aeterni Patris and afterwards: a symposium*, Houston: Center for Thomistic Studies, University of St. Thomas, 1981.

Rahner, K., *I Remember: An Autobiographical Interview*, translated by H. D. Egan, SJ. New York: Crossroad, 1985.

Riet, Georges van, *Problèmes d'epistemologie*, Louvain: Publications universitaires de Louvain, 1960.

Riet, Georges van, *Philosophie et religion*, Louvain: Publications universitaires de Louvin, 1970.

Rodeles C. G. and others, *Monumenta paedagogica Societatis Jesu: quae primam Rationem studiorum anno 1586 editam, praecessere*, ediderunt Caecilius Gomez Rodeles, Marianus Lecina, Fridericus Cervos, Vincentius Agusti, Aloisius Ortiz, e Societate Jesu presbyteri Matriti: Typis Augustini Avrial, 1901.

Scolnicov, S., *Plato's Parmenides*, Oakland: University of California Press, 2003.

Shen, Vincent, "On the Nestorian Introduction of Christian Monotheism into China(635—845): A Preliminary Evaluation of Its Strategies of Strangification", in *Fu Jen International Religious Studies*, Taipei: Fu Jen Catholic University, pp.15—42.

Shen, Vincent, "From Politics of Recognition to Politics of Mutual Enrichment", in *The Ricci Bulletin 2002*, Taipei: Taipei Ricci Institute for Chinese Studies, number 5, February 2002.

Shen, Vincent. *A Review of Robert Wardy's Aristotle in China: Language, Categories and Translation*, Cambridge: Cambridge University Press, 2000, in *Review of Metaphysics*, Vol. 55, No. 3, Mar., 2002.

Spadaro, Antonio, *Cybertheology*, New York: Fordham University Press, 2014.

Standaert, N., *Yang Tingyun, Confucian and Christian in Late Ming China, His Life and Thought*, Leiden: E. J. Brill, 1988.

Thomas Aquinas St., *Commentary on Aristotle's Physics*, Translation and Introduction by John Rowan, Notre Dame, Indiana: Dumb OX Books, 1999.

Thomas Aquinas St., *On kingship, to the King of Cyprus*, done into English by Gerald Phelan and revised by Th. Eschmann, Toronto: Pontifical Institute of Mediaeval Studies, 1967.

Thomas Aquinas St., *Summa Theologiae*, http://www.thelatinlibrary.com/aquinas/p1.shtml.

Thomas. St., *Aristotle's De Anima in the version of William of Moerbeke and the Commentary of St. Thomas Aquinas*, translated by K.Foster and S.Humphries, London: Routledge and Kegan Paul Ltd, 1951.

Van Steenberghen, Fernand, *La philosophie au* XIII *siècle*, Louvain : Publications Universitaires de Louvain, 1966.

Van Steenberghen, Fernand, *Introduction a l'étude de la philosophie médiaevales*, Louvain : Publication Universitaires de Louvain, 1974.

Van Steenberghen, Fernand, *Maître Siger de Brabant*, Louvain : Publications Universitaires de Louvain, 1977.

Wardy. R., *Aristotle in China: Language, Categories and Translation*, Cambridge: Cambridge University Press, 2000.

Whitehead, A.N., *Process and Reality*, New York: The Free Press, 1978.

Yu, Jiyuan, "The Language of Being: Between Aristotle and Chinese Philosophy", *International Philosophical Quarterly*, 39 (4), 1999.